WER

De Boor-Newald

Geschichte der deutschen Literatur

Band I

GESCHICHTE
DER DEUTSCHEN LITERATUR

VON DEN ANFÄNGEN BIS ZUR GEGENWART

VON

HELMUT DE BOOR

UND

RICHARD NEWALD †

ERSTER BAND

C. H. BECK'SCHE VERLAGSBUCHHANDLUNG
MÜNCHEN MCMLXXI

DIE DEUTSCHE LITERATUR

VON KARL DEM GROSSEN BIS ZUM BEGINN
DER HÖFISCHEN DICHTUNG

770-1170

VON

HELMUT DE BOOR

Mit einem bibliographischen Anhang von
Dr. Dieter Haacke

Achte Auflage

C. H. BECK'SCHE VERLAGSBUCHHANDLUNG
MÜNCHEN MCMLXXI

ISBN Leinen 3 406 00703 1
ISBN Broschur 3 406 00704 X

Einbandentwurf von H. H. Hagedorn, Hamburg
Umschlagentwurf von Christl Kreutner, Landshut
© C. H. Beck'sche Verlagsbuchhandlung (Oscar Beck) München 1949
Druck der C. H. Beck'schen Buchdruckerei Nördlingen
Printed in Germany

Der Plan zu unserer Literaturgeschichte

entstand im Jahr 1946 aus der unmittelbaren Notlage der Zeit. Dem Studenten sollte ein knappes Lernbuch in die Hand gegeben werden, das seine nächsten Bedürfnisse befriedigte. In der Ausführung hat sich der Plan zu einer ausführlichen Gesamtdarstellung in einer Reihe von Einzelbänden ausgeweitet, aus einem Leitfaden ist ein Lehr- und Handbuch geworden. Geblieben ist die Blickrichtung auf die Bedürfnisse des Lernenden und Studierenden; das Werk soll ihm Helfer in seinem Studium sein und ihn in seine künftigen Berufe begleiten.

Damit ist Art und Umgrenzung der Darstellung bestimmt. Es kommt uns nicht darauf an, neue Ergebnisse vorzulegen, neue Methoden oder Betrachtungsweisen zu erproben. Wir wünschen vielmehr die Summe aus der heute gültigen Forschung zu ziehen und sie so übersichtlich geordnet darzubieten, daß der Studierende ein geschlossenes Bild erhält und zugleich Ausgangspunkt und Anstoß für die eigene Arbeit findet. Vollständigkeit des Stoffes, wie sie etwa Gustav Ehrismann anstrebte, konnte nicht unser Ziel sein. Der hier vorgelegte erste Band freilich beschäftigt sich mit einer Epoche des Beginnes, aus der literarische Zeugnisse nur spärlich und oft bruchstückhaft auf uns gekommen sind. Hier wird alles, was wir besitzen, kostbar und bedeutsam, daher wird man hier kaum etwas vermissen. Schon vom zweiten Band an wird eine Auswahl unumgänglich sein; sie richtig zu treffen ist die verantwortliche Aufgabe jedes Darstellers umfänglicher Literaturperioden. Den Maßstab gibt etwa die Erwägung ab, was man in einer großen literarhistorischen Vorlesung erwähnenswert finden würde.

Der Student soll und will zuerst Wissen erwerben. Die Achtung vor dem „bloßen Wissen" ist auf der einen Seite vorschnell und überheblich als „Positivismus" abgetan worden, auf der anderen Seite in der Not der Zeit weithin verlorengegangen. Mehr als sonst muß der Student wieder geistige Verantwortung lernen und zu dem Bewußtsein erzogen werden, daß man verantwortlich nur beurteilen kann, was man weiß. Sonst bleibt alle „Deutung" schöngeistiges Gerede. Darum legen wir besonderen Wert darauf, den Stoff auszubreiten; wir sind bemüht, Kenntnisse nicht vorauszusetzen, sondern zu vermitteln.

Der Student soll und will aber danach auch lernen, daß jede geistige Leistung Probleme stellt, und daß Wissenschaft bedeutet: Probleme zu sehen und ihre Lösung zu versuchen. Eine Gesamtdarstellung der

Literatur eines Volkes kann die Problematik nicht für jeden Einzelfall ausbreiten, die Streitfragen aufrollen, die widerstreitenden Meinungen nebeneinander stellen. Sie wird notwendig die erwogene Meinung des Verfassers mitteilen und darin immer ein persönliches Gepräge tragen. Doch haben wir uns bei allen bedeutsamen Fragen bemüht, die Problematik sichtbar werden zu lassen, Lücken und Mängel unseres Wissens nicht zu verdecken, auf künftige Aufgaben hinzuweisen und in methodisch wichtigen oder instruktiven Fällen auch die verschiedenen Meinungen zu Worte kommen zu lassen. Nicht selten sind dabei Namen von Forschern genannt; denn wir halten es für gut, daß auch der Student einiges von der Geschichte unserer Wissenschaft weiß. Endlich ist die Darstellung so angelegt, daß dem Studenten bewußt wird, von wie verschiedenen Seiten die Erforschung eines literarischen Werkes angepackt werden kann.

Das Werk soll eine Geschichte der deutschen Literatur werden. Es beginnt daher nicht mit den üblichen Rückblicken auf die germanische Dichtung, und es läßt auch jene Werke der lateinischen Literatur des Mittelalters beiseite, die meistens im Rahmen einer deutschen Literaturgeschichte dargestellt werden. Germanische wie lateinische Literatur gehören zu dem Wissenskreis, mit dem der Forscher wie der Student der deutschen Literatur sich vertraut machen muß. Aber sie ruhen auf eigenen Voraussetzungen, und ihre Erforschung und Darstellung verlangt ihre eigenen Methoden. Was der Benutzer unserer Literaturgeschichte hier vielleicht vermißt, soll in eigenen Ergänzungsbänden zu der ihm gebührenden Gesamtdarstellung kommen.

Helmut de Boor   *Richard Newald*

INHALTSÜBERSICHT

EINLEITUNG

Die Geschichte der deutschen Literatur beginnen wir bewußt erst mit dem Einsetzen deutschsprachiger Schriftdenkmäler, d. h. mit der zweiten Hälfte des 8. Jahrhunderts, das bedeutet: mit Gestalt und Leistung Karls des Großen. Zwar wissen wir, daß die Stämme deutscher Zunge, die in der Reichsgründung Karls zusammengefaßt waren, gleich den anderen germanischen Völkern dichterische Leistungen von hohem künstlerischem Wert aufzuweisen hatten, so wenig und zufällig auch die geretteten Zeugnisse sind. Allein zwischen ihnen und den geschriebenen Werken der karolingischen Zeit liegt mehr als nur der Zufall des Pergamentes und der Schrift. Diese Mittel, das Wort zu verewigen, waren im Besitz der Kirche. Erst sofern die deutschen Stämme äußerlich Glied der Kirche wurden und es innerlich immer fester werden sollten, wurden sie auch Glied einer schreibenden Völkergemeinschaft und fand ihre Sprache den Weg auf das Pergament. Die Inhalte des Geschriebenen wurden von der Kirche allein bestimmt; deutsche Literatur bleibt auf Jahrhunderte der Ausdruck eines einzigen großen geistigen Vorgangs: der Einordnung der Deutschen in die kulturelle Schöpfung des christlichen Abendlandes.

Somit geht keine ungebrochene Linie von der vor-schriftlichen und vor-christlichen Literatur der deutschen Stämme zu der geschriebenen der Karolingerzeit. Wir haben es mit zwei ganz verschiedenen Kreisen zu tun, die sich nirgends bedingen, selten berühren. Das eine ist die mündliche Dichtung heidnisch-germanischer Erbschaft mit den Gattungen des heroischen Liedes, des Preisliedes, der Götterdichtung, des Spruches und anderer Dichtung. Was es davon gegeben hat – und die wenigen Reste lassen auf hochwertige Leistungen schließen –, hat nach Inhalt, Form und geistiger Haltung seine Artverwandten nicht in dem karolingischen Schrifttum deutscher Sprache, sondern in den entsprechenden Dichtwerken der anderen germanischen Völker. Wir haben gelernt, den Begriff der „altgermanischen Literatur" zu bilden und zu bestimmen, und sehen darin einen einheitlichen Typus, dessen Erforschung und Darstellung seine eigenen Methoden erfordert und entwickelt hat. Seine innere Einheitlichkeit betonen wir durch die Bezeichnung „gemeingermanisch" und drücken dadurch aus, daß es sich um eine Literatur handelt, an der alle germanischen Völker, soweit unsere Kenntnis geht, gemeinsam Anteil haben. Wir besitzen zusammen-

fassende Darstellungen dieser „altgermanischen" oder „gemeingermanischen" Literatur, auf die hier verwiesen werden muß.

Die Kirche hingegen schuf eine neue geistige Gemeinschaft, in der
sie lebte: die Gemeinschaft des christlichen Abendlandes. Sie sah ihre
Aufgabe in dem Auftrage: „Gehet hin und lehret alle Völker", also in
einem Missionsauftrag. Sie sah sie zweitens in der Pflege eines großen
Erbes, der spätantiken Geisteskultur, soweit sie mit der christlichen
Lehre vereinbar und von der Kirche übernommen und anerkannt war,
also in einem Bildungsauftrag. Seit das politische Gefäß der antiken
Bildung, das Imperium Romanum, unter den Schlägen der Wanderungsgermanen zerbrochen war, wurde die Kirche alleinige Trägerin dieses
Erbes; sie verwandelte es, glich es sich an und trug es überall hin, wo-
hin sie mit ihrer religiösen Mission gelangte. Damit ist die Konstellation
gegeben, aus der schließlich die karolingische Schöpfung aufwuchs:
Einbruch der Wanderungsgermanen in das Imperium, Vorstoß der
missionierenden Kirche in diese germanische Welt. Das führte zu Berührung und Durchdringung dieser Welt mit antikem Denken, Wissen
und Leben. Und daraus erwuchs die Aufgabe der nächsten Jahrhunderte:
Eroberung der germanischen Stämme für die Kirche und ihre Glaubens-
und Bildungswelt, Aneignung dieser religiösen und geistigen Werte
durch die germanischen Völker. Damit ist ganz kurz der Inhalt euro-
päischer Geistesgeschichte auf viele Jahrhunderte umschrieben.

Demnach wird klar, wie ungerecht der Vorwurf ist, die Kirche habe
die eigene deutsche Dichtung „unterdrückt". Gewiß ist uns heute die
Tatsache schmerzlich, daß von altgermanischer Dichtung in deutscher
Sprache so wenig bewahrt ist. Allein es lag weder in der Aufgabe der
Kirche, dies zu tun, noch im Wesen germanischer Dichtung, nach Aufzeichnung zu streben. Wir wissen aus Berichten und kirchlichen Ver-
ordnungen, wie sehr auch die Geistlichen der neuen Kirche an der alten
einheimischen Dichtung festhielten und sich an ihr erfreuten. Es konnte
ihnen aber deswegen gar nicht einfallen, sie dem Pergament zuzuführen;
sie lebte ihr eigenes Dasein grundsätzlich fern dem Pergament, getragen
von der Kraft einer mündlichen Tradition, durch kundige Sänger und
Erzähler von Generation zu Generation weitergegeben. Wo dieser Tra-
ditionsstrom versiegte, ging die Überlieferung zugrunde.

Dem widerspricht auch der große Sonderfall der altisländischen Literatur nicht. Auch sie lebte nach der Bekehrung durch mehrere Generationen in mündlicher Überlieferung weiter. Das Besondere ist hier, daß
sich die gesellschaftliche Ordnung mit und nach der Bekehrung so wenig

wandelte. Das alte Großbauerntum, in Island Träger und Pfleger der alten Dichtung, verblieb die führende Oberschicht, die sich auch in den Besitz der kirchlichen Bildungsmittel setzte. In und mit dieser Oberschicht blieb das altgermanische Traditionsgut so lange lebendig, bis es selber zum Gegenstand einer antiquarisch-wissenschaftlichen Betrachtung wurde. Damit geriet die altgermanische Dichtung unter Gesichtspunkte und eine geistige Betätigung, die aus abendländischer Geisteshaltung entsprang; und erst damit wurde sie mit Recht Gegenstand des Schreibens. In Deutschland dagegen vollzog sich – erst im Niederbruch der Merowingerzeit, dann in der Neuschöpfung des karolingischen Reichs- und Kirchenbaues – eine so tiefe Wandlung des gesellschaftlichen Aufbaus, daß die alte Oberschicht kriegerischen oder bäuerlichen Adels verschwand oder in Neubildungen aufging. Damit war auch der von ihr getragenen Dichtung und ihrer Tradition der Boden entzogen. Diese lebte nicht als gehütetes Gut einer führenden Oberschicht fort und fand daher nicht den Weg auf das Pergament. Sie muß in soziale Bereiche abgedrängt worden sein, die dem Buchleben fern standen; damit ist nicht gesagt, daß sie zur Literatur einer Unterschicht entwertet wurde. Erst weit später, als im Rittertum wieder ein Laienadel an buchmäßiger Dichtung schöpferisch teilnahm, hat in seiner Pflege neue Gestaltung gefunden, was von altgermanischer Dichtung auf deutschem Boden noch überlebte; das Nibelungenlied ist der großartigste Zeuge dieses Vorgangs.

Der äußere Glaubenswandel vollzog sich bei den germanischen Stämmen meistens verhältnismäßig leicht. Die Eigenart des germanisch-religiösen Denkens kam der raschen Aufnahme eines neuen Gottes entgegen. Allein der leichten äußeren „Bekehrung" folgte ein langer und schwieriger Prozeß einer inneren Auseinandersetzung. Nach außen machte sich dieser Prozeß in trüben und stürmischen Vorgängen bemerklich, in denen sittliche und geistige Werte zusammenzubrechen schienen. Solche „Inkubationszeiten" machten die meisten germanischen Stämme mehr oder weniger lange und schwer durch. Auf deutschem Gebiet erleben wir sie in der Merowingerzeit, wo alle sittlichen Werte – die alten germanischen wie die neuen christlichen – eine bloße Illusion und alles Bildungsleben ein einziger Verfall zu werden scheinen. Auch die Sprache wird davon berührt: Das alte Latein wie die altgermanische Sprache der Franken unterliegen einem tiefgreifenden Auflösungsprozeß, um sich in den romanischen Sprachen Frankreichs und den westgermanischen Sprachen Deutschlands neu zu kristallisieren. Jede „Ordnung" scheint verloren, und es scheint nur noch der kraftvolle Einzelne

1*

zu gelten: der amoralische Weltergreifer oder der entschlossene Welt-
flüchtling.

Doch aus diesem Schmelztiegel klären sich neue Formen ab, erste
gültige Prägungen eines christlich-abendländischen Geistes in germanischen Völkern. Wir erleben es im westgotischen Spanien, im Lango-
bardenreich, bei den Angelsachsen. Dasselbe beginnt – später als dort –
auch bei den kontinentalen Germanen mit der politischen Festigung des
fränkischen Reiches unter den frühen karolingischen Hausmeiern.
Sie legen den Grund des karolingischen Reichsbaues und damit der
karolingischen Bildungsarbeit. Ihrem universalen Zuge entsprechend
nimmt die Bildung der Karolingerzeit die angelsächsischen und langobardischen Vorläufer mit in sich auf.

Der einzig mögliche Träger aller Bildungsarbeit ist hier die Kirche.
Die einzig gültige Sprache dieser Kirche ist Latein. Die Geschichte der
mittelalterlichen Bildung und Literatur ist eine Geschichte des lateinischen Schrifttums. Das gilt nicht nur für die frühe Zeit des Überganges
von der spätantiken zur kirchlichen Literatur; es behält seine Gültigkeit
auch für die Zeit, da sich langsam und anfangs sehr mühselig ein Schrifttum in den Volkssprachen daneben entfaltet. Diese Anfänge sind gespeist
aus dem Vorrat der lateinischen Literatur, und nur mit stetem Blick auf
diese sind sie verständlich. Auch zur Karolingerzeit und weit darüber
hinaus bleibt lateinisches Schrifttum an Umfang und Wert schlechthin
überlegen; die großen Träger der karolingischen Bildung, Einhart und
Angilbert, Paulus und Theodulf, Alcuin und Hraban leben, denken und
schreiben aus der großen übernationalen Gemeinschaft der christlich-
antiken Bildung und in dem allgemeinverständlichen Latein. Literaturgeschichte der Karolingerzeit schreiben hieße ein Stück mittellateinische
Literatur darstellen, soweit sie sich im karolingischen Raum bewegt. Und
wenn wir hier die deutsche Literatur dieser Epoche herauslösen, so
müssen wir uns dessen bewußt bleiben, daß wir uns nur mit den Brosamen
von des Herren Tische beschäftigen.

Und dennoch bedeutet sie unendlich viel mehr. Mit den ersten deutschen Sprachdenkmälern des späten 8. Jahrhunderts ist der ungemein
bedeutungsvolle Schritt getan, daß deutsche Männer in eigener Sprache
in der Welt der universalen Bildung mitzureden sich getrauen, die ersten
Worte einer volkssprachigen deutschen Literatur sind das Siegel darauf,
daß die Einschmelzung spätantik-christlicher Bildungswerte in die deutschen Stämme vollzogen ist. So dürftig der Beginn erscheint: die ehrwürdigen ältesten deutsch-lateinischen Glossare, das hilflose Vaterunser

und Glaubensbekenntnis aus St. Gallen sind Teile der antiken Schul- und Bildungsarbeit oder der christlichen Glaubenswelt. Indem solches in deutscher Sprache niedergeschrieben wird, ist der große Umformungsvorgang der Wanderungszeit vollendet, die erste abendländische Form deutschen Bildungslebens gegossen.

Die Franken waren seit ihrer Ansiedlung am Rhein, ihrem Hinübergreifen ins westrheinische Gallien, in den Strahlungsraum der christlichen Antike eingetreten. Unter Chlodwig war ihre äußere Bekehrung vollzogen. Die Einbeziehung der östlichen Stämme in den fränkischen Machtbereich trug auch die Anfänge des Christentums nach Alemannien, Bayern, Thüringen, unterstützt von Einflüssen, die von Süden und Südosten vordrangen. In den Wirren der jüngeren Merowingerzeit gingen die Ansätze in den Außengebieten verloren; die fränkische Kirche war nicht einmal imstande, im Lande selbst ihre Lehr- und Bildungsaufgabe zu erfüllen, geschweige denn, werbende Kraft nach außen zu entfalten. Sie brauchte selber neue Durchblutung.

Belebende Kräfte aus früher erreichter abendländisch-germanischer Bildung wirkten auf die fränkische Kirche von Süden und von Norden; ohne langobardische und angelsächsische Hilfe wäre der Beginn fränkisch-karolingischer Bildungsarbeit nicht denkbar gewesen.

Im Süden wurden die Langobarden als Erben der Ostgoten sehr rasch zu aufnahmebereiten Trägern eines germanisch-christlichen Bildungslebens. Unter den langobardischen Bildungsstätten nahm das Kloster Bobbio den ersten Rang ein. Einst war es durch den irischen Mönchsmissionar Columban im einsamen Bergland des nördlichen Apennin gegründet worden, hatte sich dann aber mit benediktinischer Geisteskultur erfüllt und vom benediktinischen Mutterkloster Monte Cassino die Pflege christlicher Gelehrsamkeit übernommen. Von hier sollten wesentliche Anregungen über die Alpen nach Oberdeutschland ausgehen, wie überhaupt die karolingische Bildungsarbeit in hohem Maße an die benediktinische Klosterkultur geknüpft ist. Doch fehlt dieser langobardischen Bildungsarbeit ein entscheidender Wesenszug, die Zubereitung und Verwendung der eigenen germanischen Sprache zur Trägerin der neuen Bildungsinhalte. Es gibt keine „langobardische Literatur", sondern nur lateinische Literatur in langobardischer Pflege. So konnten die Anstöße, die über die begangenen Alpenpässe nach Bayern (Salzburg, Freising) hinüberwirkten, wohl die Anregung zu gelehrter Arbeit und zur Aneignung der neuen Bildungsgüter geben, nicht aber eine neue Literatur in heimischer Sprache wecken.

Im Norden trat neben die früh entwickelte, eigenständige irische
Mönchskirche bald die angelsächsische Bischofskirche mit ihrer engen
Beziehung zu Rom. Die irische Kirche hat einen nicht unverächtlichen
Anteil an der Missionierung der heidnischen oder ins Heidentum zurück-
gefallenen deutschen Stämme und an den Anfängen und der Weiter-
entwicklung einer Buchkultur in Deutschland. Dagegen war ihre Wirkung auf das beginnende literarische Leben in einheimischer Sprache
naturgemäß nur mittelbar; hier setzt die große Leistung der Angelsachsen ein.

Die Angelsachsen sind das erste germanische Volk, dem eine glück-
liche Verschmelzung der eigenen Sprache und Dichtung mit den neu
herangetragenen christlich-antiken Inhalten und Formen gelang. Die
Eigentümlichkeit der angelsächsischen Lage ist gekennzeichnet durch
das enge Zusammenwirken einer bischöflich gegliederten, mit Rom in
lebendigem Zusammenhang stehenden Kirche mit dem kleinräumigen,
von germanischem Gefolgschaftswesen getragenen Landschafts- und
Gaukönigtum. Seit Gregor der Große zuerst die Mission ins Land
brachte, ist die Verbindung mit Rom nicht wieder abgerissen, und die
beiden großen Organisatoren der englischen Kirche, der Cilicier Theodor
(Erzbischof von Canterbury, † 690) und der Afrikaner Hadrian (Abt von
St. Peter, † 709), sind in ihrer Herkunft bezeichnend für die Über-
nationalität der englischen Kirche. Mit ihnen kamen die Anfänge der
gelehrten Studien ins Land, und um sie entfaltet sich der Aufbau von
Schulen und reichen Bibliotheken, Bildungsstätten, aus denen dann die
großen angelsächsischen Gelehrten des 7./8. Jahrhunderts, Aldhelm,
Beda u. a., hervorgehen. Doch bleibt ihre Sprache lateinisch. Das Zen-
trum dieser lateinischen Gelehrsamkeit war zunächst (Aldhelm) der
Süden des Landes; mit Beda erreicht sie ihren Gipfel in Northumbrien.

In seinen Beziehungen zu den angelsächsischen Königshöfen und
deren Gefolgschaftsadel wird der gelehrte Kleriker zum Erwecker einer
erstaunlich rasch aufblühenden volkssprachigen Dichtung in den alten
germanischen Formen, doch mit neuen, christlichen Inhalten. Träger
dieser Literaturblüte ist bis zur dänischen Eroberung im 9. Jahrhundert
der anglische Norden des Landes. Seit Cædmon im vorletzten Viertel des
7. Jahrhunderts sein Gedicht von der Schöpfung in heimischer Sprache
verfaßte, reift hier eine Fülle christlicher Stabreimdichtung mit biblischen,
legendären, dogmatisch-mystischen oder moralischen Inhalten, ver-
schiedenwertig, aber einheitlich im Wesen: Aufnahme christlicher Ge-
halte in die Stil- und damit auch die Denkform der altgermanisch-

heroischen Dichtung. Und rückwirkend erwächst aus dem Vorbild der geistlichen Buchepik in heimischer Sprache eine neue weltliche Epik vom Typus des Beowulf: einheimische Stoffe von christlicher Anschauung erfüllt und im Stil des breiten, buchmäßigen Epos behandelt.

Die Einwirkung der Angelsachsen auf die kontinentalen Germanen geht vom Süden und seiner lateinischen Gelehrsamkeit aus, die höchstens in der Glossierung der heimischen Sprache Raum verstattete. Sie kam in der Form der Mission. Wynfrid-Bonifatius trat mit dem Missionsauftrag des römischen Stuhls auf und mit dem gelehrten Rüstzeug der Schule von Exeter. In stets erstrebter, doch nicht immer reibungsloser Zusammenarbeit mit der politischen Macht, im Frankenreich mit Karl Martell und dessen Söhnen, lebte er der doppelten Aufgabe der inneren Wiederaufrichtung und Organisation der fränkischen Kirche und der Gewinnung der heidnischen Grenznachbarn (Thüringer, Hessen, Friesen) für die Kirche. In der Friesenmission fand er 754 den Tod. Er hat die organisatorischen Grundlagen geschaffen, auf denen Karls Bildungspolitik aufbauen konnte. Unmittelbare Antriebe für eine deutsche Bildungsarbeit sind von ihm noch nicht ausgegangen, aber seine Fürsorge für die theologische Bildung des deutschen Klerus, seine Bemühungen um den Ausbau erster, bescheidener Bibliotheken bei den Klosterschulen, seine Gründung des Klosters Fulda, das bald eine der glänzendsten Bildungsstätten des Reiches werden sollte, schaffen erst die Möglichkeiten, die Karl der Große und sein Berater Alcuin ausnutzen. Angelsachse gleich Bonifaz, Schüler der Schule von York, trat Alcuin zuerst in Italien zu Karl in Beziehung, der ihn in seinen gelehrten Kreis zog und dem er bald zum eigentlichen Helfer bei seiner Bildungspolitik wurde. Als Abt der großen Abtei St. Martin in Tours wurde er zugleich Schöpfer und Leiter ihrer berühmten Schule, aus der die besten Köpfe der frühen Karolingerzeit hervorgegangen sind. Auch er ist also ein Mann aus der benediktinischen Schultradition, und er hat unseres Wissens sowenig wie Bonifaz eine Zeile in der Volkssprache geschrieben. Der Gedanke einer christlichen Literatur in deutscher Sprache konnte von ihm nicht ausgehen; es ist der eigenste Wurf des großen Herrschers. Aber nur im Zusammenwirken des politischen Willens Karls mit dem geistigen Rüstzeug und der erzieherischen Fähigkeit des angelsächsischen Gelehrten war er in die Wirklichkeit umzusetzen.

Damit ist schon gesagt, daß die althochdeutsche Literatur nicht bei der angelsächsischen Dichtung des Nordens ansetzt, von der erst später und spärlicher Einwirkungen ausgegangen sind. Deutschland ist einen ganz anderen, schwereren, darum aber zuletzt folgerichtigeren Weg gegangen. Es hat mit der mühseligen Arbeit der Aneignung der neuen Gedanken und Inhalte von Grund auf begonnen, mit der geduldigen Übersetzung lateinischer Wörterbücher und einfachster kirchlicher Gebrauchstexte, um von dort bis zur Bewältigung schwierigerer biblischer und theologischer Werke aufzusteigen. Hier wurde die Sprache langsam vorbereitet und durchgebildet, um Trägerin so unerhört neuer verwickelter und abstrakter Gedankenwelten zu werden, wie sie etwa in den Trinitätsbestimmungen des athanasianischen Glaubensbekenntnisses oder den Sündenverzeichnissen der Beichtformulare zu bewältigen waren. Hier wurde nicht, wie in der angelsächsischen Epik, der neue Inhalt in die heimisch-gewohnten Ausdrucksformen und damit auch Denkbahnen der Stabreimepik hinübergezogen. Kompromißlos wurde die Sprache in Zucht genommen, um allmählich das Instrument zu werden, das, dem Latein ebenbürtig, dem Wort und Gehalt der neuen Glaubens- und Bildungswelt rein dienen konnte. Hierzu konnten die geistigen Voraussetzungen durch die überlegene geistige und wissenschaftliche Bildung der englischen Kloster- und Stiftsschulen geschaffen werden. Ein Vorbild für seinen Bildungsplan fand Karl dort nicht. Es ist seine eigenste Tat und Leistung, daß er den Gedanken einer deutschen Kirchensprache dachte, und daß er die ganze Wucht seines herrscherlichen Willens einsetzte, um ihn zu verwirklichen. Hierin sind dann die Angelsachsen erst wieder seine Schüler gewesen; die kirchlich-theologische Prosa Ælfreds († 901) setzt die karlische Prosa in Deutschland voraus. Nach ihm nennen wir daher mit Recht diese Epoche nicht nur politisch, sondern auch literar- und bildungsgeschichtlich. Und da die Prägung „karolingisch" den Zeitraum der ganzen Dynastie umfaßt, so übernehmen wir zur Bezeichnung der Epoche des großen Karl die Prägung Baeseckes: karlisch.

Mit Recht bleibt der Ruhm dieser Leistung an die Namen Karls und Alcuins geknüpft. Karls Sohn, Ludwig der Fromme, hatte weder die Kraft noch die Einsicht, das Werk des Vaters fortzuführen. Er brach es gleich zu Anfang seiner Regierung bewußt ab: die Reformbeschlüsse der Synode von Inden (bei Aachen 817) beschränkten die Verwendung der deutschen Sprache auf die einfachsten kirchlichen Formeln. Wir dürfen darin den Geist des großen Benedikt von Aniane († 821) sehen, den Ludwig der Fromme zum „Reichsabt" gemacht hat und unter dessen beherrschendem Einfluß diese Synode gestanden hat. Seine streng monastischen Bestrebungen lassen ihn als Antipoden zu der weltoffenen Gelehrtenpersönlichkeit Alcuins erscheinen. Was seitdem noch geleistet wird, tragen einzelne Schüler Alcuins weiter, doch in voller Zielbewußtheit nur noch einer: Hrabanus Maurus, der Abt von Fulda.

Die Schulstube und die Bibliothek der Klöster und Stifte sind die weit in dem großen Reich verstreuten Brennpunkte, in denen die erste deutsche Bildung erwächst, das erste deutsche Schrifttum zu Pergament kommt. In Bayern sind es Salzburg, Freising, Regensburg (mit dem Kloster St. Emmeram), im Alemannischen St. Gallen, die Reichenau und deren Tochtergründung Murbach im Elsaß, im fränkischen Raum Würzburg und Fulda, Lorsch und Mainz und bald auch das pfälzische Weißenburg. Jede dieser Bildungsstätten ist ein eigenes Lebewesen nach Sprache und Art der Arbeit, aber sie stehen in dauernder Verbindung miteinander, eine erste schüchterne Gemeinschaft von Männern, die im Austausch ihrer Bestrebungen und Werke stehen, eingebettet in die Universalität des Erbes, das sie verwalten und das sie durch deutsches Schreiben über den innersten Kreis hinaus zugänglich machen wollen.

So ist unsere älteste deutsche Literatur eine Literatur der Schulstube; damit ist das Wesen ihrer Sprache bestimmt. Sie mußte aus dem Nichts heraus neu beginnen. Aus den Briefen des Bonifaz in seine Heimat entnehmen wir, wie mühsam er daran arbeitete, die nötigsten Bücher zu beschaffen, um erste Bibliotheken aufzubauen; eine Reihe unserer ältesten lateinischen Handschriften sind angelsächsischer Herkunft oder über England in deutsche Bibliotheken gelangt. Die Bestände unserer ältesten Kloster- und Stiftsbibliotheken sind uns nur sehr unvollkommen bekannt. Aber auf Grund Fuldischer, Würzburger, St. Gallischer, Reichenauer Kataloge läßt sich ein ungefähres Bild gewinnen. Neben dem gottesdienstlichen Handwerkszeug sind es biblische Texte und die bekanntesten Kommentare, es sind Predigtsammlungen und dazu einzelne Werke der weltlichen Wissenschaften, der Artes als Dienerinnen der Theologie. Aber es ist noch nichts Volkssprachiges.

Wir müssen uns der großen Schwierigkeit bewußt werden, die es bereitet, eine schriftlose Sprache zuerst einmal zu schreiben. Und zwar in einem Alphabet, dessen Zeichen nicht für diese Sprache erdacht waren, so daß manche Zeichen ohne lautliche Entsprechung sind, während andrerseits sprachliche Laute ohne orthographisches Ausdruckszeichen bleiben (z.B. der ich-ach-Laut, die Umlaute). Die Schöpfung einer deutschen Schreibtradition war die erste Aufgabe; wir sehen, wie in der ältesten Periode darum gerungen wird. Diese Aufgabe wurde nicht zentral angefaßt und gelenkt; die einzelnen deutschen Schulstätten schufen sich ihre eigene Schreibgewohnheit und -tradition, deren mannigfache

Verflechtungen eindringlichen Studiums wert sind, weil sie uns über die geistigen Verbindungen und Beziehungen der Pflegestätten deutschen Schrifttums Aufklärung geben können. Zum Schriftbild tritt die Sprachform. Sie ist für die einzelnen Klosterschulen wesentlich bestimmt durch die Mundart ihrer Umwelt; wir haben ein Recht, unsere Denkmäler in bayrische, alemannische, fränkische einzuteilen, aus den Schriftwerken die Merkmale deutscher Mundartengliederung abzulesen und umgekehrt aus dem Sprachstand die Denkmäler bestimmten Mundartengebieten zuzuweisen. Eine karolingische Schriftsprache hat es nicht gegeben. Andererseits wird jede gesprochene Sprache durch gewohnheitsmäßige Aufzeichnung gewandelt, geglättet und ausgeglichen; keines unserer alten Schriftdenkmäler ist einfach aufgezeichnete Mundart. Aus älteren lateinischen, irischen, angelsächsischen Vorbildern und lokalen Gewohnheiten erwächst ein Sprachbild, das wir als Schulsprachen bezeichnen können. Wo wir genügendes Material besitzen, wie in Fulda, Reichenau, Murbach, Weißenburg, können wir sie beschreiben, in ihrer Abwandlung verfolgen, in ihrer Ausstrahlung und Verflechtung mit anderen Schulsprachen beobachten. Die deutsche Sprache schreibfähig gemacht zu haben, ihr ein Schriftgewand geschaffen zu haben, das nicht selten bis heute gültig geblieben ist und unser modernes Schriftbild bestimmt, war die erste große Leistung der fleißigen Männer in den altdeutschen Schulstuben.

Die größere Leistung war die Anwendung der deutschen Sprache auf die neuen Inhalte. Sie waren so neuartig, daß die Sprache für sie erst geschult werden mußte. Sie verlangte einen Schatz abstrakter Ausdrücke für bisher unbekannte Begriffe und eine geschmeidige Syntax zum Ausdruck verwickelter logischer Verknüpfungen. Die lateinische Sprache, jahrhundertelang in juristischem, philosophischem und theologischem Denken geschult und verwendet, war ein vollkommenes Instrument für solche Zwecke geworden. Die deutschen Volkssprachen, denen es – wie allein das Hildebrandslied zeigt – an Ausdruckskraft und Bildbarkeit gewiß nicht fehlte, waren in solchen Aufgaben gänzlich unerfahren. Wer Werke der kirchlichen Bildung verdeutschen oder frei über sie schreiben wollte, stand vor sprachformenden und sprachschöpferischen Aufgaben, deren Schwierigkeit gar nicht hoch genug veranschlagt werden kann. Es ist nicht zuviel gesagt, daß die deutschen Glossatoren, Übersetzer und Dichter der Zeit zwischen 750 und 900 die deutsche Sprache recht eigentlich erst geschaffen haben, in dem Sinne geschaffen, daß sie aus den germanischen Mundarten der deutschen Stämme ein Werkzeug gemacht haben, mit dem sich die neue, christlich-abendländische Bildung ausdrücken konnte. Wie inhaltlich so wurden auch sprachlich die Deutschen erst in der Karolingerzeit zu Gliedern des christlichen Abendlandes, löste sich der Begriff des „Deutschen" aus dem des „Germanischen" los.

Unsere Kenntnis der atdeutschen Literatur, wie aller handschriftlichen Literatur, ist nur lückenhaft. Wo von jedem Schriftwerk nur ein oder wenige Exemplare vorhanden waren, ist die Möglichkeit der Vernichtung größer als der Erhaltung. Nicht nur Naturkatastrophen oder Kriege haben sehr vieles zerstört, auch die Gleichgültigkeit der Folgezeit, die an veraltenden Schriftwerken kein Interesse mehr hatte, ist mit den Denkmälern der Vergangenheit roh umgegangen. Unsere meisten neueren Handschriftenfunde haben wir in Buchdeckeln, Rechnungsumschlägen u. ä. des späten Mittelalters und der frühen Neuzeit gemacht. Was uns kostbarster Besitz wäre, war jenen Zeiten Makulatur, und nur der Zufall bestimmte, was uns erhalten bleiben sollte. Andererseits darf man den Umfang des Verlorenen auch nicht überschätzen und sich falsche Vorstellungen von einem verlorenen Reichtum machen, den es in solchem Umfang nie gegeben hat. Es ist kaum ein Zufall, daß sich unter den Handschriftenresten, die uns die systematische Durchforschung alter Bucheinbände beschert hat, doch weit mehr gefunden hat, was uns schon bekannt war, als wirklich neue Werke. Was geschrieben wurde, und zumal was deutsch geschrieben wurde, ist bis ins 13. Jahrhundert hinein nicht unermeßlich. Schreiben war nicht nur eine Kunst, die nicht vielen bekannt war, sondern auch ein kostspieliges Unternehmen; das wertvolle Pergament stand nicht beliebig für jeden Zweck zu Gebote. Daraus ergibt sich die literaturgeschichtliche Folge, daß man mit dem Ansatz verlorener Werke und Handschriften vorsichtig sein muß. Die ältere Forschung hat darin oft des Guten zuviel getan.

Die geschichtliche Darstellung der deutschen Literatur verlangt nach einer chronologischen Ordnung. Selten geben die Werke selbst oder die Handschriften eine Möglichkeit zur Zeitbestimmung. Wir sind auf Beobachtungen verschiedener Art angewiesen, deren jede einzelne nur eine sehr ungefähre Handhabe zur zeitlichen Ordnung bietet, deren Verbindung aber leidlich sichere Schlüsse wenigstens bis auf ein oder zwei Jahrzehnte zuläßt. Am glücklichsten sind wir daran, wenn das Werk selber uns bewußt oder ungewollt etwas über seine Entstehungszeit verrät, wie wir etwa den Abschluß von Otfrieds Evangelienbuch auf Grund seiner vier Widmungen zeitlich auf wenige Jahre eingrenzen oder das Ludwigslied auf Grund seines geschichtlichen Inhalts aufs Jahr genau festlegen können. Wo unmittelbare Zeitbeziehungen fehlen, sind paläographische, sprachliche und stilistische Merkmale unsere wesentlichsten Hilfsmittel für eine ungefähre Zeitbestimmung. Sie sind keine sicheren Wegweiser; wir werden mehr als einmal auf die Unsicherheit der Chronologie hinzuweisen haben, und alle Zeitangaben, die auf solcher Grundlage beruhen, sind nur Annäherungswerte.

Die älteste Periode der deutschen Literatur nennen wir die althochdeutsche. Wir wenden damit einen sprachlichen Gesichtspunkt an und fassen diejenigen Schriftwerke zu einer Gruppe zusammen, die in ihrer Sprache die wesentlichen Merkmale des althochdeutschen Sprachstandes, insbesondere die vollen Endsilbenvokale, besitzen. Zugleich ist damit ein chronologischer Abschnitt angegeben; seit dem 11. Jahrhundert gewinnt die deutsche Sprache den abgeschliffenen Typus, den wir mittelhochdeutsch nennen. Bei dieser Periodenbildung würden die Werke des 10. und frühen 11. Jahrhunderts, also vor allem Notkers Schriften, der althochdeutschen Periode zuzurechnen sein. Das hat seine Bedenken; denn zwischen Notker und der voranliegenden karolingischen Literatur liegt, literaturgeschichtlich betrachtet, ein Hohlraum. Notkers Wirken steht in keinem unmittelbaren Zusammenhang mit der geistigen Tradition der Karolingerzeit; es ist aus eigenen Vorbedingungen erwachsen, und Notker selber war sich keiner Tradition bewußt. Er empfand sein Wagnis, wissenschaftliche deutsche Prosa zu schreiben, als eine völlige Neuerung.

Daher wählen wir besser eine andere Einteilung und Bezeichnung und sprechen von der karolingischen Literatur. Wir legen auch damit eine von außen herangetragene, nicht aus dem Wesen der Literatur gewonnene, eine politische Gliederung zugrunde. Aber wir gewinnen damit eine chronologisch richtige Gruppe; denn fast genau mit dem Aussterben des deutschen Karolingerhauses hört deutsche Literatur noch einmal ganz auf. Und hinter der äußerlichen Abschnittsbildung nach dem Herrscherhaus stehen tiefere kulturelle Hintergründe. Die Zeit von Karl dem Großen mit ihrem Vorspiel unter seinem Vater Pippin bis zum Erlöschen des Karolingerstammes in Deutschland, die anderthalb Jahrhunderte von rund 760 bis 910, heben sich im großen genommen auch in der Geschichte der deutschen Kultur als eine Einheit heraus. Es ist die Zeit, wo unter fränkischer Führung die deutschen Stämme zur Einheit des deutschen Volkes geprägt, organisatorisch und lebensmäßig der Kirche eingeordnet und zum Rückgrat des neuen römischen Reiches deutscher Nation gemacht werden. Das deutsche Volk als Mitglied des christlichen Abendlandes und Kern des Reiches, in dem sich dieser Begriff politisch kristallisierte, ist in der Karolingerzeit geschaffen worden. Und auch die Geschichte des geschriebenen deutschen Wortes wird mit Recht nach den Karolingern benannt. Ihm war von Karls genialem Weitblick eine feste Rolle in der Schöpfung dieses fränkisch-römischen Reiches zugewiesen worden. Und wenn auch seine Nachfolger seine bewußte deutsche Bildungspolitik nicht aufgenommen, z.T. geradezu sabotiert haben, so wirkten doch die Anstöße, die von ihm ausgingen, ziemlich genau so lange nach, wie das Karolingerhaus bestand, und haben als Ganzes ein deutsches Schriftwerk hinterlassen, das bei aller Buntheit seiner Erscheinungen unter einheitlichem Zweckwillen steht: als die Erziehung der deutschen Sprache zu der Fähigkeit, die Bildungswerte der Zeit in sachlicher deutscher Prosa oder in dem neuen, von der Kirche her kommenden Reimvers angemessen auszudrücken. Auch was wir an vorkarolingischen Resten besitzen, fügt sich in diese Gesamtaufgabe des deutschen Schreibens ein, und es wäre vermutlich nie auf uns gekommen, wenn es nicht von dem Fleiß und dem Interesse der karolingischen Schreibstuben aufgenommen und weitergebildet worden wäre. Jedenfalls besitzen wir keine deutsche Handschrift, die wir mit Sicherheit über die Zeit Karls zurückdatieren könnten. Und ziemlich genau mit dem Jahre 910 hört alles deutsche Schreiben noch einmal auf; es beginnt die große „Lücke" der deutschen Literatur, die uns noch zu beschäftigen haben wird.

Diese karolingische Epoche von rund anderthalb Jahrhunderten gliedert sich uns in vier Perioden. Die älteste ist die vorkarlische; sie umfaßt die ersten Bemühungen weitsichtiger Männer der Kirche um den Versuch, in der heimischen Sprache zu schreiben, wozu die Anstöße von außen kamen. Diese ersten, tastenden Versuche werden dann durch die bewußte deutsche Bildungspolitik des großen Kaisers überholt und aufgesogen. Die Zeit, da Karl der Große im Mittelpunkt nicht nur des politischen, sondern auch des geistigen Lebens stand und dabei die Beratung und fördernde Hilfe des großen Angelsachsen Alcuin genoß, diese fruchtbarste Zeit ersten deutschen Schrifttums, nennen wir mit Recht nach ihm die karlische Periode. Sein Sohn Ludwig der Fromme nahm das Werk des Vaters nicht auf; er lenkte bewußt in streng kirchliche Bahnen ein, beschränkte die deutsche Sprache auf den einfachsten praktischen Bedarf der Kirche und verwies alles höhere geistige Leben wieder auf das geheiligte Latein. Dennoch wirkten die von Karl ausgehenden Impulse bei einzelnen Männern fort. Insbesondere wurde Alcuins gelehrter Schüler Hrabanus Maurus der Erbe des karlisch-alcuinischen Gedankens einer deutschen Bildung, und unter seiner Leitung wurde die Klosterschule von Fulda nicht nur die hervorragendste wissenschaftliche Bildungsanstalt des deutschen Sprachgebietes, sondern auch der Mittelpunkt der deutschen Bestrebungen, die von dort auf andere Bildungsstätten ausstrahlten. Nach ihm mag man diese dritte Periode die hrabanische nennen. Die letzte und längste, etwa von der Jahrhundertmitte bis zum Ausklang der Epoche, entbehrt einer tragenden Zentralgestalt. In dieser Zeit versiegt die bisher gepflegte praktische und gelehrte Kirchenprosa. Statt dessen blüht nun erstmals auf deutschem Boden eine kirchliche Dichtung in dem neuartigen Endreimvers heran. Will man auch sie mit einem Namen bezeichnen, so müßte man es nach dem Manne tun, der unseres Wissens zuerst den Endreimvers einer bewußten Pflege unterworfen und ihn für eine große Aufgabe eingesetzt hat, nach Otfried von Weißenburg.

Wir bauen unsere Darstellung ohne starren Schematismus nach dieser Zeitgliederung auf. Doch wird es sich von Fall zu Fall empfehlen, gattungsmäßig Zusammengehöriges über die Periodengrenzen hin zusammenzufassen, um so mehr, als Werke der karlischen Epoche uns oft nur in Handschriften oder Bearbeitungen späterer Zeit erhalten sind, oder nachkarlische Schriftwerke karlischem Anstoß unmittelbar entspringen. Bei der Art des deutschen Bildungswesens und seiner Verknüpfung mit verhältnismäßig wenigen klösterlichen oder bischöflichen Bildungsstätten wird deutsche Bildungs- und Literaturgeschichte der Karolingerzeit zu einer Geschichte dieser Bildungsstätten. Eine solche zu schreiben oder unsere Darstellung nach ihr zu orientieren, empfiehlt sich heute noch nicht. Noch sind unsere Kenntnisse auf diesem Felde zu lückenhaft und mit zu vielem „vielleicht" belastet, und überdies kann eine solche Geschichte nur geschrieben werden, wenn sie in umfassendem Maße die lateinische Bildung der Zeit berücksichtigt und einbezieht. Wir werden uns hier damit begnügen müssen, die geistige Bedeutung einzelner Klöster und Männer dort hervortreten zu lassen, wo sie in der Geschichte der deutschen Literatur deutlich das Gepräge bestimmen.

LITERATUR

Die Hinweise auf die wissenschaftliche Literatur konnten, dem Zweck des Buches entsprechend, Vollständigkeit nicht erstreben. Durchgehends sind die gültigen Ausgaben jedes Werkes verzeichnet. Aus der Forschung konnten die älteren Arbeiten weitgehend zurückgestellt werden; sie sind in Ehrismanns Literaturgeschichte, in Stammlers Verfasserlexikon und für die einzelnen Dichtungen in der Regel in den Ausgaben zusammengestellt; es ist nicht nötig, sie jedesmal von neuem zu inventarisieren. Nur wo eine Arbeit meine Darstellung maßgebend bestimmt hat, ist auf sie verwiesen. Eingehender ist die Literatur der letzten 20–25 Jahre aufgenommen.

Literarische Nachschlagewerke: Die deutsche Literatur des Mittelalters. Verfasserlexikon, hrsg. von W. Stammler (ab Bd. 3 von K. Langosch), 5 Bde., Bln. 1933–55; Reallexikon der deutschen Literaturgeschichte, hrsg. von P. Merker und W. Stammler, 4 Bde., Bln. 1925–31; Buchberger, Lexikon für Theologie und Kirche, 2. Aufl. 10 Bde 1930 ff. (maßgebendes katholisches Nachschlagwerk); Deutsche Philologie im Aufriß, hrsg. W. Stammler. Bd. 2. Berlin 1954.

Gesamtdarstellungen: Von den älteren Literaturgeschichten sind bis heute noch lebendig: W. Scherer, Geschichte der deutschen Literatur, Berlin 1880 ff.; Joh. Kelle, Geschichte der deutschen Literatur von den ältesten Zeiten bis zum 13. Jahrhundert, Berlin 1892 ff. Das große umfassende Werk der vorigen Generation ist: G. Ehrismann, Geschichte der deutschen Literatur bis zum Ausgang des Mittelalters (im Handbuch des deutschen Unterrichts), München, 4 Bde, Bd. I (althochdeutsche Literatur),

2. Aufl. 1932, Bd. II (in 3 Bänden) 1922, 1927, 1935; von Unwerth-Siebs, Geschichte der deutschen Literatur bis zur Mitte des 11. Jahrhunderts, Berlin 1920; Herm. Schneider, Heldendichtung, Geistlichendichtung, Ritterdichtung (Bd. I der Geschichte der deutschen Literatur, hrsg. Jul. Petersen), 2. Aufl. Heidelberg 1943 (umfaßt die Zeit bis etwa 1300); J. Schwietering, Die deutsche Dichtung des Mittelalters (in Walzels Handb. d. Literaturwissenschaft), Potsdam o. J. (1941); Ludwig Wolff, Das deutsche Schrifttum bis zum Ausgang des Mittelalters. 2. Ausgabe. Bd. 1 Von der germanischen Welt zum christlich-deutschen Mittelalter. Göttingen 1951.; Annalen der deutschen Literatur, Geschichte der deutschen Literatur von den Anfängen bis zur Gegenwart, hrsgg. H. O. Burger, Stuttgart 1952/53; G. Baesecke, Vor- und Frühgeschichte des Deutschen Schrifttums. Bd. I, Halle 1940 (vorwiegend altgermanische Literatur) Bd. II, Liefg. 1–2, (hrsg. J. Schröbler) Halle 1950 und 1953.

Altgermanische Dichtung: A. Heusler, Die altgermanische Dichtung (in Walzels Handb. d. Literaturwissenschaft) 2. Aufl., Potsdam o. J. (1943); H. de Boor, Dichtung (in H. Schneiders Germanischer Altertumskunde) München 1938, S. 306 ff.

Angelsächsische Literatur: Hecht-Schücking, Englische Literatur des Mittelalters (Walzels Handb. d. Literaturwissenschaft) Potsdam o. J. (1927).

Mittellateinische Literatur: M. Manitius, Geschichte der lateinischen Literatur des Mittelalters (Handbuch der Altertumswissenschaft IX) 3 Bde, München 1911 ff.; Ad. Ebert, Geschichte der christlich-lateinischen Literatur von ihren Anfängen bis zum Zeitalters Karls des Großen. 2. Aufl., Leipzig 1889.

Sonstiges: P. E. Hübinger, Spätantike und frühes Mittelalter. Dtsche Vierteljahrsschr. 26 (1952) S. 1–48; G. Baesecke, Die karlische Renaissance und das Deutsche Schrifttum, Dtsche Vierteljahrsschr. 23 (1949) S. 143–216; Fr. Willems, Studien zur Theorie und Form mittelalterlicher Dichtung I: Spätantike und karolingische Zeit. Köln 1949; W. v. d. Steinen, Notker der Dichter und seine geistige Welt. 2 Bde. Bern 1948; A. Mulot, Frühdeutsches Christentum. Die Christianisierung Deutschlands im Spiegel der ältesten deutschen Dichtung. Stuttgart 1935; W. Betz, Deutsch und Lateinisch, Die Lehnbildungen der althochdeutschen Benediktinerregel. Bonn 1949; Else Fischer, Zur christlich-religiösen Terminologie im Althochdeutschen. Diss. Königsberg 1925; L. Oberfeuer-Stegmaier, Das Petrusbild der geistlichen Dichtung der Karolingerzeit. Diss. Freiburg i. B. 1949 (Masch.-Schr.); K. K. Klein, Die Anfänge der Deutschen Literatur. Vorkarlisches Schrifttum im deutschen Südostraum. Veröff. d. südöstl. Kulturwarts. Reihe B 3. München 1954.

ERSTES KAPITEL

DIE ÄLTESTE SCHICHT, VORKARLISCHE
UND KARLISCHE LITERATUR

Die allerersten Versuche, deutsch zu schreiben, geschehen, wenn wir von den eingestreuten deutschen Wörtern der lateinischen Volksrechte absehen, auf dem Gebiet des Wörterbuchs oder Glossars.

1. GLOSSENARBEIT

An die Spitze des deutschen Schrifttums stellen wir damit den Abrogans. So nennen wir ein spätlateinisches, alphabetisch geordnetes Wörterbuch nach seinem ersten, lateinischen Stichwort. Es ist ein rein lateinisches Werk, eine Synonymensammlung, die zu jedem Stichwort eine Reihe von bedeutungsgleichen Wörtern stellt und dabei nach seltenen, veralteten oder poetischen Wörtern sucht. Es war als ein Hilfsmittel für die schwülstige Poesie und Rhetorik der spätesten römischen Zeit gedacht. Eine deutsche Bearbeitung dieses Glossars, der deutsche Abrogans, ist das älteste uns bekannte Schriftwerk in deutscher Sprache. Mit sachlicher, schulmäßiger Arbeit also beginnt unsere deutsche Literatur. Die Übertragung des Abrogans geschah in der Domschule von Freising unter Anstoß und Leitung des literarisch und wissenschaftlich interessierten Bischofs Arbeo (764–83), der sich in seinen eigenen literarischen Arbeiten als Schüler des spätlateinischen Barockstils und Benutzer des Abrogans zu erkennen gibt. Der gebürtige Südtiroler hielt die Verbindung mit den oberitalisch-langobardischen Bildungsstätten aufrecht, an denen er selbst erzogen worden war.

Die bayrische Urfassung des deutschen Abrogans ist uns verloren. Wir kennen ihn nur aus drei alemannischen Umarbeitungen aus der frühen Zeit Karls des Großen. Es sind dies: die Pariser Glossen, die uns nur bis zum Buchstaben J erhalten sind, das St. Galler sogenannte Keronische Glossar, als dessen Verfasser früher fälschlich ein Mönch Kero (Gero) galt, und die stärkere Überarbeitung in dem Reichenauer Glossar Ra. Mit diesen alemannischen Bearbeitungen ist das alte vorkarlische Glossenwerk in die karlische Bildungssphäre eingetreten. Die Reichenau und ihr elsässisches Tochterkloster Murbach werden wir nicht nur als Heimat dieser Abrogans-Bearbeitungen, sondern überhaupt als die eigentlichen Pflegestätten der Glossenarbeit in karolingischer Zeit kennenlernen. In Bayern selbst wurde das alte Glossar einer umfassenden Umarbeitung unterzogen, die früher als das sogenannte „pseudohrabanische Glossar" bezeichnet wurde, das wir nach seiner deutschen Überschrift *(Samanunga uuorto fona deru niuuiun anti deru altun eu)* besser kurz Samanunga nennen. Sie entstand um 790 in Regensburg und ist in ihrer weiten Verzweigung für die deutsche Glossographie besonders wichtig geworden. Auch hier weisen wichtige alte Handschriften und rege Benutzung wieder nach Reichenau-Murbach hinüber.

An Alter und Bedeutung steht dem deutschen Abrogans ein zweites Glossar nahe, das den unglücklichen Namen Vocabularius Sti. Galli trägt, das aber – abgesehen von der Aufbewahrung der Handschrift – weder mit dem heiligen Gallus noch mit seinem Kloster etwas zu tun hat. Wir nennen es besser die deutschen Hermeneumata, indem wir auch hier von dem Namen der lateinischen Vorlage ausgehen. Auch die Hermeneumata sind ein spätantikes, wie der Name verrät, lateinisch-griechisches Wörterbuch, als Hilfsmittel für den griechischen Unterricht verfaßt. Sie enthalten ein Wörterverzeichnis nach Sachgruppen, ein alphabetisches Wörterverzeichnis und ein Gesprächbüchlein zwischen Lehrer und Schüler. Unter Weglassung der griechischen Stichwörter wurden die Hermeneumata zu einem lateinisch-deutschen Wörterbuch umgearbeitet. Es ist uns als Ganzes nicht erhalten. Teile des Sachwörterbuches sind in eine alte Sammelhandschrift übergegangen; sie sind es, die den Namen Vocabularius Sti. Galli tragen. Teile der alphabetischen Liste und des Gesprächbüchleins haben sich in den sehr alten, aus Fulda stammenden, sprachlich als bayrisch zu betrachtenden Casseler Glossen und dem daran angehängten Casseler Gesprächbüchlein bewahrt. Die Verwendung der Hermeneumata als volkssprachiges Glossar ist zunächst bei den Angelsachsen geschehen, und Anzeichen des angelsächsischen Vorbildes finden sich in der deutschen Sprache und der Orthographie des deutschen Werkes wieder. Die deutsche Bearbeitung ist in Fulda, der Gründung des Bonifaz, um 775 geschehen, auch sie also ist vorkarlisch. Die alte fuldische Arbeit fehlt uns, doch weist das Erhaltene dorthin. Vocabularius und die Casseler Denkmäler führen zeitlich wieder in die Arbeit Karls des Großen hinein.

Abrogans und Hermeneumata, Freising und Fulda, langobardische und angelsächsische Vermittlung spätantiker Bildungswerte – das ist das Gepräge des ältesten deutschen Schrifttums. Noch steht kein einheitlich planender und lenkender kirchen- und bildungspolitischer Wille hinter der Leistung dieser ersten Männer: Arbeo von Freising, Abt Sturmi von Fulda. Sie lernen von den fortgeschrittenen Nachbarn. Aber der Gedanke, die deutsche Sprache schriftreif zu machen, ist ihr eigenster Einsatz, und sie oder ihre Helfer mühen sich redlich an dem schweren Werk. An der Art, wie sie diesen Gedanken verwirklichen, wird uns bewußt, wie unerbittlich damals alles Wissen und Lernen in die Tradition eingebettet war. Diesen Männern konnte es gar nicht einfallen, sich eigene Glossare zu schaffen, die ihren praktischen Zwecken entsprochen hätten. Die antike Wissenschaft bot ihnen Glossare dar; ihre Aufgabe war es, sie durch volkssprachige Übertragung fruchtbar zu machen. Nichts scheint uns lebensfremder als ein solches Unternehmen. Sind die Sachreihen der Hermeneumata noch ein leidlich praktischer Ausgangspunkt, so wird uns am Abrogans der ganze Widersinn solchen Unterfangens klar. Denn diese sprachliche Kuriositätensammlung wird unverdrossen Wort um Wort verdeutscht, nicht nur die leitenden Stichwörter, sondern der ganze Synonymenschwarm, den zu bewältigen weder der Sprachschatz des Übersetzers noch der Stand der deutschen Sprache damals überhaupt gestattete. Und doch wurde das Werk durchgeführt, und statt des überheblichen Kopfschüttelns über die vielen Fehler, Mißverständnisse und Wunderlichkeiten, die ihm anhafteten, ziemte uns eher Bewunderung für den Wagemut und die Zähigkeit, mit denen das Werk bezwungen wurde. Viele andere Wege wären leichter und praktischer gewesen als gerade dieser. Und dennoch liegt in dem unverdrossen gläubigen Einordnen in die Tradition, in der verpflichtenden Geltung der überlieferten Bildungswelt, in der nicht ermüdenden, hingebenden Werbung um sie die Stärke und zuletzt die Siegessicherheit dieser Männer.

Diese ältesten Wörterbücher sind der Same einer ungemein eifrigen und weitverzweigten gelehrten Tätigkeit geworden, die die ganze karolingische Epoche erfüllt und über sie hinaus weiterdauert. Die Wörterbücher bilden in stetig fortschaffender Umwandlung eine erstaunlich feste Traditionskette von den Tagen Pippins und Karls bis in die Zeit der Buchdruckerkunst hinein. Immer wieder abgeschrieben, verbreitert oder verkürzt, umgeordnet, ineinander verarbeitet, sprachlich angepaßt bieten sie zunächst den Eindruck eines hoffnungslos verfilzten Gewirres. Mit der großen Sammlung der althochdeutschen Glossen, dem unschätzbaren Lebenswerk Elias Steinmeyers, liegt das Material bereit, sie nach allen Richtungen auszuschöpfen und die Geschichte der einzelnen Glossare zu entwirren. In der Lösung dieser Aufgabe stehen wir noch in den Anfängen. Was darin geleistet ist, knüpft sich insbesondere an den Namen von Georg Baesecke.

Die meisten deutschen Glossen sind nicht mehr Übertragungen alter lateinischer Wörterbücher. Sie erwachsen aus der Beschäftigung mit lateinischen Texten und sind in deren Handschriften eingetragen. Soweit deutsche Wörter in lateinischen Handschriften zwischen den Zeilen über die zugehörigen Wörter geschrieben werden, reden wir von interlinearen Glossen. Sie können durch weitere, an den Rand geschriebene Glossen (Marginalglossen), ergänzt werden. In Abschriften werden sie dann gern in die Schriftzeile hineingenommen und hinter das lateinische Wort gestellt (Textglossen). Endlich können aus solchen interlinearen oder Textglossen neue Wörterbücher ausgezogen werden, die abermals durch Randeintragungen bereichert und bis zu völliger Unübersichtlichkeit vermehrt werden. Weiter können solche Wörterbücher, die zunächst der alten Reihenfolge des Textes folgen, alphabetisch umgeordnet werden, so daß neue alphabetische Glossare entstehen. Endlich werden die alten Wörterbücher ineinander verarbeitet, einzelne Glossen oder ganze Stücke aus anderen Glossaren eingefügt, Mischglossare erstellt. Diese abschreibende, ausziehende, umarbeitende Tätigkeit spinnt sich von Kloster zu Kloster, von Generation zu Generation fort.

Da die Mehrzahl der althochdeutschen Glossierungen zunächst in bestimmte lateinische Texte eingetragen worden ist oder als Sonderglossare zu lateinischen Werken ausgezogen worden sind, so belehrt uns die deutsche Glossierung zugleich über den Umfang der theologischen oder wissenschaftlichen Studien in den deutschen Kloster- und Stiftsschulen. Dem Umfang nach stehen die Bibelglossare an der Spitze; sie füllen den Hauptteil des ersten Bandes unseres Glossenwerkes. Aber ihre große Masse ist jünger als andere Glossationen. Zu den ältesten gehören die Canones-Glossen, d. h. die Glossierung der Sammlung alt-kirchlicher Konzilbeschlüsse, auf denen vor der Schaffung eines eigenen Kirchenrechtes das Recht und die Lebensform der Kirche beruht. Organisation und Festigung der alten deutschen Kirchenprovinzen und der fränkisch-karolingischen Reichskirche verlangten Anwendung und Auslegung der Konzilbeschlüsse gerade auch im Rechtsverkehr mit den staatlichen Gewalten und damit ein klares Verständnis der Bestimmungen und eine Umprägung der lateinischen Rechtsterminologie in deutsche Rechtsausdrücke. Daneben führt die frühe eifrige Beschäftigung mit den Werken Gregors des Großen, insbesondere mit seinen Predigten und der Cura pastoralis, der maßgebenden Anleitung zur Seelsorge, in die praktische Missions- und Erziehungsaufgabe der Geistlichkeit hinein. Beide Glossengruppen – Canones und Gregor – gehen auf alte angelsächsische Vorarbeit zurück. Nicht zufällig, wenn man bedenkt, daß Gregors eigenster Einsatz hinter der Bekehrung der Angelsachsen gestanden hatte. Die Glossen zu dem Römer Vergil, dem christlichen Dichter Prudentius sowie zu den Werken des Aristoteles-Auslegers Boethius – um nur die wichtigsten zu nennen – eröffnen den Blick in die Schule, wo Rhetorik und Dialektik, die geschmeidige oder pompöse Form römischer Diktion und die Beweglichkeit logisch-abstrakten Denkens an diesen Vorbildern geübt wurden. Was die karolingische Zeit an kirchlich-theologischer Arbeit benutzte und sich vom Erbe der Antike aneignete, fand seinen Niederschlag in deutscher Glossierung.

Je mehr eindringende Forschung einzelne Fäden oder Stränge im Gewirr deutscher Glossenüberlieferung verfolgt, um so deutlicher wird, wieviel von der deutschen Glossenarbeit in vor- und frühkarlische Zeit zurückreicht. In der Geschichte der Canonesglossen wiederholt sich der Eindruck, den wir an Abrogans und Hermeneumata gewonnen haben. Ein Überlieferungszweig führt in das vorkarlische Mainz hinein, zum Erzsitz der Angelsachsen Bonifaz und Lullus, in das kirchliche Zentrum der angelsächsischen Ost- und Nordostmission. Die alte Mainzer Glosse wird, ebenfalls noch vor Karl, im Kloster Fulda aufgenommen, Bonifazens Gründung und Vorposten der Mainzer Kirche nach Osten. Mit seinem bayrischen Abt Sturmi und seiner stark bayrischen Besetzung stand Fulda zu den bayrischen Brennpunkten Regensburg und Freising in lebhafter Wechselbeziehung. In frühkarlischer Zeit ist das alte Mainzer Canones-Glossar in Bayern bekannt. Dort trifft es mit einem anderen

2*

Überlieferungszuge zusammen, der nach Alter und Anregung dem Abrogans nahesteht. Diese Beschäftigung mit den Canones geht von der langobardischen Kirche aus, von der sie entweder unmittelbar nach Bayern hinüberwirkte oder auf dem Umwege über die Reichenau. Jedenfalls treffen sich der angelsächsisch-mainzische Strang und der langobardische in Bayern und werden dort ineinander verarbeitet. Für Gregors Cura ist die Masse der überlieferten Glossare noch nicht aufgearbeitet. Eine alte Reichenauer Arbeit aus der frühen Zeit Karls des Großen läßt sich aus den Reichenauer Glossaren Rc und St. Paul XXV d 82 sowie aus der späten großen Schlettstädter Glossenhandschrift (vgl. S. 109) herauslösen. Sie war auch in Bayern bekannt. Doch ließe sich daneben ein alter bayrischer Strang in den Glossaren aus Freising und Tegernsee, beide dem 9. Jahrhundert angehörig, und ihren späteren Verwandten nachweisen, die sämtlich ihrerseits schon die Reichenauer Arbeit gekannt haben. Die ganze Masse der Curaglossen ist dann in der großen Kompilation der Monseer Glossen (vgl. S. 109) aufgegangen.

In dieselbe Frühzeit reichen die Glossen zu Gregors Predigten über die Evangelien zurück. Für sie scheint man auf eine älteste, neben dem Abrogans entstandene Freisinger Arbeit zurückgeführt zu werden. Sie wird etwa um 770–90 entstanden sein.

Das gesamte Material der Bibelglossare liegt noch unaufgearbeitet. Nur einige jüngere Zusammenarbeitungen hat man in ihren Ursprüngen und ihrer Verzweigung aufzudröseln vermocht. Wie früh und eifrig auf der Reichenau auch die Bibelarbeit betrieben wurde, bezeugen nicht nur die in ihrer Handschrift ins 8. Jahrhundert zurückreichenden Lukasglossen aus St. Paul, die eine Reichenauer Arbeit sind und die in der großen Bibelglossatur ganz für sich stehen, oder das frühe, auf angelsächsischer Vorlage ruhende alphabetische Wörterverzeichnis zu den historischen Büchern des alten Testamentes Rd-Jb., das wir in zwei alten Handschriften von der Reichenau (Rd) und aus Murbach (Jb) besitzen. Auch eine fortlaufende Bibelglosse, wie sie das Reichenauer Glossar Rb aus dem Anfang des 9. Jahrhunderts enthält, wird durch die Übereinstimmungen dieses Glossars mit Rd-Jb einerseits, mit den jüngeren bayrischen Glossaren andrerseits als sehr alt erwiesen und wird ins 8. Jahrhundert zurückzudatieren sein.

Die ältesten Glossierungen scheinen auf dem ganzen deutschen Sprachgebiet erwachsen zu sein. Fulda, Freising, Reichenau – mit diesen drei Namen ist fränkisches, bayrisches und alemannisches Gebiet, angelsächsische, langobardische und westeuropäische Anregung umschrieben. In der Zeit Karls des Großen wird dann die alemannische Südwestecke, Reichenau und ihr Tochterkloster Murbach, zur eigentlichen Hochburg der Glossenarbeit in Abschrift, Neubearbeitung und Neuschöpfung, so wie dann später, im 9.–11. Jahrhundert, die bayrischen Klöster die Glossentradition fortführen und die Schöpfung der großen Gesamtglossare übernehmen. Von der

Reichenau stammen die großen Glossenhandschriften, die sich heute in Karlsruhe befinden, aus Murbach die Handschriften des holländischen Humanisten Junius, die in Oxford ihre endgültige Unterkunft gefunden haben. Im alemannischen Südwesten sind die drei Bearbeitungen des Abrogans zu Hause; Pa stammt aus Murbach, das Keronische Glossar aus Murbach und St. Gallen, Ra von der Reichenau. Reichenau oder Murbach ist die wirkliche Heimat des Vocabularius Sti. Galli, dorthin kehrt in wichtigen Handschriften die Samanunga zurück. Dorther stammen wichtigste alte Handschriften von Glossen zu Gregors Cura und seinen Homilien, und dort hat die Bibelglossatur der karlischen Zeit mit den Reichenauer Handschriften Aug. IC und St. Paul XXVa 1, der Murbacher Handschrift Jun. 25 ihre besondere Pflege erfahren. Und so wird zweifellos weitere Durchforschung unserer Glossen – wie es sich für die Vergilglossen z. B. schon andeutet – das Bild der großen Reichenau-Murbacher Glossenarbeit als Sammelbecken ältester, als Ausstrahlung jüngerer Glossographie immer klarer herausheben.

Diese lebhafte Glossenarbeit hat ihre Früchte getragen. Sie wurde die große Schule der deutschen Sprache zur Aneignung der neuen Bildungsschätze und zur Bewältigung ihrer Ausdrucksmöglichkeiten. Das Suchen und Ringen, Versagen und Gelingen in der Verdeutschung des Abrogans wird dem willigen Beobachter zu einem spannenden Vorgang. Gerade an Hand der Glossen können wir sehen und nachzeichnen, wie die deutsche Sprache zugeformt wird, um die neuen Inhalte auszudrücken, die die Kirche mitbrachte, und um sich in ihrer abstrakt-gedanklichen Begriffswelt zu bewegen. Es ist ein sprachgestaltender Vorgang, der Jahrhunderte umspannt und erst in der geistlichen Dichtung des 11./12. Jahrhunderts seinen ersten Abschluß fand. Die Anfänge und ersten Schritte auf diesem Wege können wir nur deswegen beobachten, weil wir in den Glossen ein sehr altes und ein in steter Verbindung mit den lateinischen Texten sich organisch wandelndes Material zur Verfügung haben.

2. DIE ERSTEN ÜBERSETZUNGSVERSUCHE

In den Glossen liegt auch die Vorschule für die Übersetzung ganzer zusammenhängender Texte und damit für einen großen Teil der karolingischen Literatur. Die verstreute Übersetzungshilfe der interlinearen Glossen läßt sich so verdichten, daß jedes einzelne lateinische Wort sein deutsches Gegenwort übergeschrieben erhält. In diesem Fall sprechen wir von einer Interlinearversion. Es ist eine besondere, primitiv erscheinende Art des Übersetzens. Sie erwächst aus der sklavischen Treue zum Wort des Textes. Übersetzen bedeutet hier nicht Nachformen des Originals in deutschem Sprachgewande. Nicht Satz um Satz, Sinn um Sinn wird hier eingedeutscht, sondern Wort um Wort, ja Form um Form losgelöst vom Zusammenhang übertragen, ohne deutsche Satzfügungen auch nur zu wollen. Diese glossennahe Übersetzungsweise findet abermals ihre besondere Pflege auf der Reichenau und in Murbach.

Auf die Reichenau – nicht nach St. Gallen, wo sich die einzige uns erhaltene Handschrift befindet – haben wir die interlineare Übersetzung der Benediktinerregel zu verlegen. Sie gehört in Karls Zeit und ist die unmittelbare Folge von Karls Sorge für Hebung und Ordnung des klösterlichen Lebens. Und damit ist sie ein Stück aus seiner Bildungspolitik; denn nur von den Klöstern, ihren Schulen und Schreibstuben konnte seine Bildungsarbeit getragen werden, und nur Klöster mit Zucht und geistigem Streben waren geeignete Instrumente seines Willens. Darum verlangte er genaue Kenntnis und Befolgung der Regel in den Klöstern, ließ schon 787 aus dem benediktinischen Mutterkloster Monte Cassino eine genaue Abschrift der originalen Regel des Hl. Benedikt beschaffen und durch die Aachener Synode von 802 die Kenntnis und Nachachtung der gereinigten Regel anbefehlen. Die Frucht dieser Maßnahmen war neben einer lebhaften Glossierung der Regel die interlineare Übersetzung, die allerdings mit dem ersten Drittel in eine mehr oder weniger dichte Glossierung übergeht und zuletzt ganz aufhört. Was wir besitzen, ist nicht die originale Übersetzung, sondern eine Abschrift; in das lateinische Exemplar ist eine deutsche Interlinearübersetzung eingetragen worden, die einen anderen und besseren lateinischen Text der Regel zur Grundlage hat als den unserer Handschrift; die interlinear übersetzte Regel ist also weiterverbreitet worden, und wir wissen in der Tat noch von zwei weiteren solchen Regel-Handschriften, die sich ebenfalls in St. Gallen befunden haben. Als Entstehungszeit haben wir den Raum zwischen der Aachener und der Indener Synode (802–17) anzunehmen.

Führt die Ordensregel ins praktische Leben des Klosters hinein, so die Psalmen und Hymnen ins liturgische. Die Psalmen sind die eigentliche Grundlage des liturgischen Gesanges der katholischen Kirche; das Psalterium gehört zu den unerläßlichen gottesdienstlichen Büchern. Es gliedert die Psalmen in 3 Bücher zu je 50 Psalmen und fügt eine Reihe alttestamentlicher Lobgesänge, die Cantica, hinzu. So spielten die Psalmen in Unterricht und Ausbildung des Geistlichen eine besondere Rolle; genaue Kenntnis und Beherrschung der Psalmen gehört zu den Notwendigkeiten des priesterlichen Amtes. Daher wandte sich auch Karls kirchliche Reform- und Bildungspolitik der Fürsorge für die Kenntnis der Psalmen zu. Beherrschung der Psalmen gehört zu den Forderungen der *Admonitio generalis* von 789, dem großen Reformprogramm des Kaisers.

Dem entspricht die große Zahl der Psalmenglossen, die neben den übrigen Bibelglossen ihre eigene Geschichte haben. Dem entspricht es auch, daß wir aus karolingischer Zeit mehrere Bruchstücke von Psalmenhandschriften mit interlinearer Übersetzung besitzen. Der älteste Versuch einer solchen Psalmenübersetzung ist uns in knappen Resten einer in der Schweiz zerschnittenen, der Sprache nach alemannischen Psalmenhandschrift des 9. Jahrhunderts bekannt. Es handelt sich wahrscheinlich um eine Reichenauer Arbeit aus der späten Zeit Karls. Wir überblicken hier rasch die übrige althochdeutsche Psalmenarbeit. Sie führt in nachkarlische Zeit und aus der

Reichenauer Ecke fort. Die vor einigen Jahren gefundenen Bruchstücke eines alt-sächsischen Psalters (Handschrift um 900) erweisen sich als die Übertragung einer älteren rheinfränkischen Arbeit vermutlich Mainzer Herkunft. Sie ist wohl erst um 820–30 entstanden. In Art und Absicht entspricht sie also dem älteren Taufgelöbnis (vgl. S. 26); wie dieses ist sie in der kirchlichen Zentrale für das Sachsenland herge-stellt, dort für die sächsische Arbeit sprachlich zubereitet und in der Arbeit an der kirchlichen Erziehung des neu gewonnenen Volkes eingesetzt. Noch weiter rhein-abwärts führen die Bruchstücke einer niederfränkischen Interlinearübersetzung des Psalters aus einer verlorenen Leydener Handschrift, deren Kenntnis wir den Aus-zügen holländischer Humanisten verdanken. Mit der Zeitbestimmung kommen wir nicht über die ganz ungefähre Festlegung auf das 9. Jahrhundert fort, sprachlich scheinen sich zwei verschiedene Gruppen abzuzeichnen; Teile weisen ins südliche Mittelfränkisch, andere ins östliche Niederfränkisch hinein, also an den holländischen Niederrhein. Bei der großen Kärglichkeit unserer Sprachreste gerade dieser Gebiete sind uns die niederfränkischen Psalmen auch als Sprachdenkmal von besonderem Wert. An und über die Grenze des karolingischen Zeitraumes führen endlich die Bruchstücke eines rheinfränkischen Psalteriums aus dem 10. Jahrhundert in Paris. Das Erhaltene gewährt uns Teile der Cantica. Das späte Stück dürfte doch wohl auf eine ältere, karolingische Vorlage zurückgehen.

Neben den Psalmen sind die Hymnen zunächst ein Ausdruck privater und – nach Wesen und Form – volkstümlicher Frömmigkeit. Der Mai-länder Bischof Ambrosius, der eigentliche Schöpfer dieser nach ihm be-nannten ambrosianischen Hymnen, hatte in ihnen ein Mittel gesehen, die Gemeinde am kirchlichen Gesange teilnehmen zu lassen. Über die neu-artige Form, die er dabei verwendete, werden wir bei der Besprechung des deutschen Reimverses S. 74 ff. zu reden haben. Der ambrosianische Hymnus fand Widerhall, Nachahmung und Fortführung; das Mittelalter schuf in seiner Form einen unübersehbaren Schatz herrlichster, bis heute lebendiger religiöser Gesänge. Schon die karolingische Zeit besaß eine ganze Fülle solcher Hymnen, deren Verfasser selten bekannt waren und die insgemein unter dem Namen des Ambrosius gingen.

Die Kirche hat den ambrosianischen Hymnus stets gerne als eine fest-liche und stimmungsreiche Verschönerung des Gottesdienstes verwendet, ihm aber in das liturgische Gefüge nur zögernd und zurückhaltend Einlaß gewährt. Nur etwa 180 Hymnen haben bis heute Raum in dem offiziellen Brevier gefunden. Aber gerade das Benediktinertum hat dem Hymnus nicht nur gottesdienstliche Pflege gegönnt, sondern auch liturgischen Wert gegeben. Die Regel des Hl. Benedikt ordnet den Hymnus in die kirchlichen Tagzeitliturgien ein, und in karolingischer Zeit eroberte sich der Hymnus auch das Officium des Weltklerus.

Die zu offizieller gottesdienstlicher Verwendung zugelassenen Hym-nen wurden in Hymnaren zusammengefaßt. Zu den ältesten uns bekann-ten Hymnaren gehört eine eng verwandte Gruppe südalemannischer Her-kunft, ein Rheinauer und ein Reichenau-Murbacher Hymnar, zu dem sich als drittes eine Handschrift aus dem nordfranzösischen Corbie ge-sellt. Mindestens vier, wahrscheinlich aber mehr Stücke seines Bestandes sind Schöpfungen des Ambrosius. Nahe verwandt mit diesen drei Hymnaren ist ein viertes vatikanisches Hymnar aus dem 8. Jahrhundert, in dem man das offizielle Hymnar der altgallikanischen Kirche zu erkennen meint. Die Hymnare aus Rheinau, Reichenau und Corbie mit ihrem Grundstock von 21 Hymnen kann man, wenn auch nicht als das offizielle Hymnar des Benedikt, so doch als ein altbenediktinisches Werk betrachten. Die Murbacher Handschrift des benediktinischen Hymnars ist mit einer deutschen interlinearen Übersetzung versehen. Sie ist dem wichtigen Murbacher Codex der Juniusglossen angebunden, gehört aber ihrem Ursprung nach auf die Reichenau. Ihr ursprünglicher Reichenauer Bestand von 21 Hymnen (H I) fand in Murbach eine Erweiterung durch weitere sechs Stücke (H II). Wir ordnen auch diese Reichenau-Murbacher Arbeit in die schöpferische Periode der karlischen Zeit, in die Jahre zwischen 802 und 817 ein.

Sachlich, zeitlich und räumlich ist ein weiteres Stück religiöser Dichtung in seiner interlinearen Übersetzung nahe an die Murbacher Hymnen heranzurücken. Es ist das sogenannte Carmen ad deum. In seiner erhaltenen Form liegt es freilich weit von den Hymnen ab; es ist in einer wichtigen Tegernseer Handschrift des späten 9. Jahrhunderts überliefert und in seiner Sprachform dort bayrisch. Aber die große Altertümlichkeit seiner Sprache zwingt dazu, es in den Beginn des Jahrhunderts, also in die Zeit Karls zurückzudatieren, und sachliche Erwägungen lassen die Vermutung zu, daß auch dieses bayrische Stück auf einer älteren Reichenauer Übersetzungsarbeit beruht. Diese haben wir noch als interlinear anzunehmen, während in der Tegernseer Handschrift die Übertragung Vers um Vers dem lateinischen Text innerhalb der Zeile beigefügt ist.

Das zugrunde liegende lateinische Gedicht ist kein Hymnus, sondern ein Gebet in Versen, ein Preis der trinitarischen Gottheit. Es ist nicht in der einfachen Sprache und den schlichten Formen des ambrosianischen Hymnus verfaßt, sondern in einem pomphaft-gelehrten Latein, eine Fundgrube seltener Wörter, die, Gott preisend, aneinandergereiht sind. Und es ist mit dem Schmuck kunstvoller End- und Stabreimspiele verziert. Solche Schnörkelkunst ist in England erwachsen; sie wurde bei den Iren, aber auch in den Kreisen des Angelsachsen Aldhelm gepflegt. Die durchgängige Verwendung des Stabreims, der freilich als bloßes Formspiel ohne Beachtung der festen germanischen Bindungsregeln auftritt, dürfte für die Herkunft aus angelsächsischem Bezirk sprechen; man hat an Alcuin als Dichter gedacht. Der Text stellte dem Übersetzer eine ähnlich dornige Aufgabe wie das seltene Latein des Abrogans, und an Übersetzungsfehlern mangelt es daher auch nicht. Aber der Vergleich mit dem Abrogans zeigt doch, wie weit eine Arbeit von zwei Generationen Verständnis und sprachliche Beweglichkeit schon gefördert hat.

So erweisen sich die beiden eng verbundenen Klöster Reichenau und Murbach immer wieder als die großen Zentralen der wissenschaftlichen Spracharbeit im alemannischen Südwesten, während St. Gallen für unsere Kenntnis damals noch ganz zurücktritt. Die alten vorkarlischen Anregungen von Freising und Fulda werden hier mit der eigenen, sehr frühen Glossierungsarbeit verbunden. Und hier wird die Glossierung weitergebildet zu jener ersten eigenen Übersetzungstechnik, die im strengen Dienst am Wort nichts anderes will als das Wortverständnis fördern. Solche Arbeit liegt weit ab von allem Volkstümlichen. Diese Übersetzungen sind nicht entstanden, um die glossierten Werke dem Volke vorzutragen; die Form der interlinearen Übersetzung denkt ihrem Wesen nach gar nicht an Vortrag. Es ist die Verständnishilfe eines eindringlichen Studiums in der Stille von Klosterschule und Klosterbibliothek, klösterlich-gelehrten Aufgaben dienlich. Der Tod Karls und die Rückwendung der Kirche zum reinen lateinischen Sprachgewand seit der Synode von Inden setzen darum dieser Reichenau-Murbacher Arbeit ein starkes Hemmnis entgegen. Aber als mit Walahfrid Strabo ein Schüler Hrabans auf der Reichenau zu wirken begann, knüpfte er, wie wir sehen werden, an die alte Tradition der Glossen und Interlinearen wieder an.

3. KIRCHLICHE GEBRAUCHSPROSA

Diese wissenschaftliche Erarbeitung des Wortverständnisses war nur ein Teil und nicht das eigentliche Ziel von Karls Bestrebungen. Dieses lag vielmehr, ausgehend vom praktisch-kirchlichen Bedürfnis, in der Erziehung des Laien zum ersten Verständnis der elementaren christlichen Glaubensdinge. Dem entsprach die Notwendigkeit, die einfachsten kirchlichen Formeln, Taufgelöbnis und Beichtformel, Vaterunser und Glaubensbekenntnis, zu verdeutschen. Und dabei kam es nicht mehr auf den gelehrten oder schulmäßigen Dienst am Wort an, sondern auf einen verständlichen Text, nicht mehr auf Interlineare, sondern auf zusammenhängende Übersetzung, so eng sie der lateinischen Grundlage auch im Sprachgefüge noch verhaftet bleiben mochte. Mit dieser kirchlichen Gebrauchsprosa, die zu kleinen katechismusartigen Sammlungen zusammengefaßt werden konnte, rücken andere Bildungsstätten in den Vordergrund, Fulda, Lorsch, Weißenburg, Namen der rheinfränkischen und ostfränkischen Gegend, der karolingischen Zentrale räumlich und verwaltungsmäßig näher.

Mit den Formularen der Taufe stehen wir noch unmittelbar im praktischen Bedürfnis der Mission, doch bleibt Verständnis des Taufwortes auch weiter wichtig, weil der Pate im Namen des Kindes die Tauffragen beantwortet, deren Sinn er verstehen muß. Das alte Taufformular gliedert sich in die beiden Teile der Abschwörung des Teufels, d. i. in der Mission: des heidnischen Glaubens (Abrenuntiatio) und das Bekenntnis des christlichen Glaubens (Confessio). Jeder der beiden Teile ist in ausgewogenem Gleichmaß dreigliedrig aufgebaut; je drei Fragen sind zu beantworten: *Abrenuntias Satanae – et omnibus operibus ejus – et omnibus pompis ejus? Credis in patrem deum omnipotentem – Credis in Christum, filium dei – Credis in sanctum spiritum?* Worauf der Täufling, bzw. an seiner Stelle der Pate, jeweils mit *abrenuntio* bzw. *credo* zu antworten hat. Die Dreistufung geht deutlich von der Dreigliedrigkeit des Glaubensbekenntnisses und damit von der Trinität aus; die Abrenuntiatio ist mit der nicht innerlich notwendigen Dreiheit von Glauben, Verhalten und Kult daran angepaßt. Beide Teile können ihre drei Fragen in sich zu näherer Umschreibung des Inhaltes aufschwellen oder durch weitere Fragen spezialisieren. Die im wesentlichen bei der knappen alten Form verbleibende Abrenuntiatio, verbunden mit dem vollen Text des Glaubensbekenntnisses, wird später als fester Bestandteil in das Beichtritual aufgenommen, und dort erscheint sie auch in dessen zahlreichen Verdeutschungen (vgl. S. 29 f.).

Die alten deutschen Taufgelöbnisse, zwei altsächsische, ein rheinfränkisches, führen uns in das alte Missionszentrum Mainz. Das ältere und einfachste altsächsische Taufgelöbnis ist nach einem wohl in Mainz geschaffenen fränkischen Original durch einen Angelsachsen flüchtig an das altsächsische Sprachgewand angepaßt worden. Es steht noch unmittelbar im Dienst von Mission und Erwachsenentaufe, verbleibt in der Confessio noch bei den einfachsten drei Glaubensfragen, erweitert aber die Antwort auf die dritte Frage der Abschwörung im Hinblick auf die praktischen Verhältnisse des sächsischen Missionsgebietes. Die allgemeine Abschwörung heidnischen Kultes *(pompae)* wird durch die Nennung heidnischer Gottheiten verdeutlicht *(Thunær ende Uuoden ende Saxnote ende allum them unholdum the hire genotas sind)*. Es schenkt uns damit einen kleinen, aber in seiner Seltenheit kostbaren Durchblick in den heidnischen Götterglauben auf deutschem Boden. Dieses Gelöbnis möchte man gern in die Zeit der großen Sachsentaufen nach 785 und in das noch angelsächsisch bestimmte Mainz des Lullus versetzen und sich vorstellen, daß so Widukind bei seiner Taufe gesprochen hat.

Ebenfalls aus der Zeit Karls und aus Mainz stammen die beiden andederen Gelöbnisse, das fränkische Taufgelöbnis, das in derselben Merseburger Handschrift überliefert ist, die uns auch die Merseburger Zaubersprüche bewahrt hat, und das jüngere altsächsische Taufgelöbnis, dessen Kenntnis wir den antiquarischen Interessen des Kölner Juristen und Professors Stefan Broelmann (1551–1622) verdanken. Auch diese beiden Gelöbnisse verdeutlichen in der dritten Frage der Abschwörung, was unter den *pompae* zu verstehen sei. Nicht mehr mit Götternamen, sondern mit der allgemeinen Beschreibung: „Opfer, Feste und Götterbilder, wie sie die heidnischen Leute haben", was die sächsische Formel durch Übertragung ins Präteritum als einen vergangenen und überwundenen Zustand erscheinen lassen will. Insbesondere aber zeigt die Ausweitung der Glaubensfragen, daß diese Formeln nun in einer christlich vorbereiteten Gemeinschaft verwendet werden sollen. An dem altsächsischen Formular sehen wir, wie sich die drei knappen Fragen der Confessio aus dem Glaubensbekenntnis aufschwellend speisen, während das fränkische die drei alten Fragen in ihrer Knappheit beläßt, den Inhalt des zu Bekennenden aber durch die Zufügung vier weiterer Fragen erweitert und so zu der heiligen, aus drei plus vier zusammengesetzten Siebenzahl gelangt. Beide Formulare nehmen Elemente auf, die in Wortlaut und Aufbau der jüngeren Beichtformulare immer wiederkehren, so in der zweiten Frage der Abschwörung die Wiedergabe des einfachen lateinischen *operibus* durch die stabende Formel „Werk und Wille" in beiden Formularen, die Trinitätsfrage nach der Einheit in der Dreiheit im fränkischen, die Unterstreichung der fleischlichen Auferstehung im sächsischen Formular, beides im Anschluß an das Athanasianum.

Von hier ist es nicht mehr weit zur Übersetzung der gesamten *Confessio fidei*, des apostolischen Glaubensbekenntnisses. Sie erscheint mit dem Vaterunser – gelegentlich mit weiteren Stücken – zu kleinen Gebrauchsheften zusammengefaßt und durch katechismushafte Erklärungen erweitert. Solche kleinen Katechismen sind die unmittelbare Frucht von Karls Bestrebungen um die christliche Bildung von Klerus und Laien, wie er sie in der großen Admonitio generalis von 789 programmatisch zusammengestellt hatte. So ist eine sehr alte, noch dem Ausgang des 8. Jahrhunderts angehörige Übersetzung von Vaterunser und Glaubensbekenntnis in die St. Gallische Handschrift des Abrogans (Kb) eingezeichnet. Sie weist schwere Verständnis- und Übersetzungsfehler auf: *creatorem caeli et terrae* gibt sie durch *kiscaft* (Geschöpf!) *himiles enti erda* wieder; *sub Pontio Pilato* überträgt sie *in kiuualtiu Pilates*, hat also wohl etwa *sub potentia Pilati* im Ohr gehabt; bei *remissionem peccatorum* hat sie das zweite Wort als Genetiv zu *peccatores* aufgefaßt. So wird diese Übersetzung ein sprechendes Zeugnis dafür, mit welchem Tiefstand der Bildung Karl auch bei der Geistlichkeit, selbst in einem bedeutenden Kloster wie St. Gallen, anfangs noch zu rechnen hatte. Zugleich bezeugt sie uns, daß St. Gallen damals von der wissenschaftlichen Verdeutschungsarbeit, wie sie auf der nahen Reichenau getrieben wurde, wenig berührt war und daß wir ein Recht dazu haben, St. Gallen aus dieser Arbeit auszuschalten. Wesentlich besser gelingt die auslegende Übersetzung des Vaterunser in dem Freisinger Paternoster, das wir in zwei bayrischen Handschriften des 9. Jahrhunderts besitzen. Es bietet nicht nur eine fehlerfreie Übersetzung des Gebetstextes, sondern auch eine katechetische Auslegung, die in freier Weise die Auslegung des Vaterunser im *Sacramentum Gelasianum* benutzt. Da dieselbe Quelle der Auslegung in dem sogleich zu nennenden Weißen-

burger Katechismus wiederkehrt, haben wir auch für das bayrische
Stück mit einer Vorstufe oder mindestens einer Anweisung zu rechnen,
die von der karlischen Zentrale ausgegangen ist. Wir bringen die Entstehung dieses Freisinger und des Weißenburger Stückes mit den Vorschriften verschiedener Kapitularien der Jahre 801/02 in Zusammenhang, in denen Kenntnis und Auslegung von Credo und Paternoster
vorgeschrieben werden.

Breiter und kühner ist der Versuch des Weißenburger Katechismus, mit dem Otfrieds späteres Kloster erstmals hervortritt. Mitten in
lateinischer Umgebung – wie auch das Freisinger Paternoster – treten
hier fünf deutsche Stücke auf, die in sich wieder durch ein lateinisches
Apostolicum getrennt sind. Hier sind fünf Stücke, die in ihrer sprachlichen
Eigenart mehrere Übersetzer erkennen lassen, zu einer katechismus-
haften Sammlung verbunden. Mindestens zwei Gruppen sind zu unterscheiden. Die erste enthält das Vaterunser und ein Verzeichnis der Tod-
sünden, die zweite die beiden Glaubensbekenntnisse, das apostolische
und das athanasianische, und ein deutsches Gloria. Alles, was hier ver-
einigt ist, läßt sich aus den Anregungen der *Admonitio generalis* ableiten.
Unmittelbar nach 789 brauchen die einzelnen Stücke darum nicht entstanden zu sein, doch wird der Weißenburger Sammler sie um 800 zusammengestellt haben. Hier waren schwerere sprachliche und sachliche
Aufgaben zu bewältigen. Neben der Auslegung des Vaterunser, die vor
der Freisinger eher zurücksteht, stellte vor allem das der *Admonitio
generalis* entnommene Sündenverzeichnis – aufgebaut auf Galater 5, 19–21
– mit seinen feinen abstrakten Unterscheidungen und noch mehr das
Athanasianum mit seiner zugleich logischen und hymnisch-schwellen-
den Trinitätsbeschreibung Anforderungen an gedankliche Zucht und
sprachliche Ausdrucksmöglichkeiten, wie sie uns bisher noch nicht begegnet sind. Hält man neben diese Weißenburger Übersetzungen den
fast gleichzeitigen St. Galler Versuch, Vaterunser und Glaubensbekenntnis zu verdeutschen, in seiner Unwissenheit und Unbehilflichkeit, so
spürt man, wie weit man demgegenüber in Franken im Verständnis des
theologischen Latein und in der Fähigkeit der Übersetzung fortgeschritten war. Nehmen wir die Sorgfalt hinzu, die auf das Schriftbild verwendet ist, so spüren wir in allem die Wirkung der Nähe von Karls
kirchlicher Zentrale und Alcuins bildendem Einfluß.

Eine dritte Gruppe bilden die einfachen Gebetsformeln, die neben
dem Vaterunser im Gebrauch waren und in deutscher Übersetzung dem
Laien dargeboten wurden. Gebet ist hier noch rein kultisch-magische
Formel, nicht persönliche Verbindung mit Gott. Die karlische Bil-
dungspolitik forderte denn auch nur Kenntnis und Verständnis des
Vaterunser als des großen kultischen Gebetes der Kirche. Formelhafte
Gebete sind in den Beichtformularen zu Hause, als Anruf des reuigen

Sünders an die Gnade Gottes. Zu ihnen stehen auch die wenigen frei überlieferten deutschen Gebete in sachlicher Beziehung. Eine alte lateinische Gebetsformel ist die einheitliche Grundlage dreier deutscher Gebete: des Wessobrunner Prosagebetes, des fränkischen Gebetes und des St. Emmeramer Gebetes. Sie führen uns alle drei zunächst nach dem Kloster St. Emmeram in Regensburg – auch die Handschrift des Wessobrunner Gebetes nehmen wir als St. Emmeramer Ursprungs –, der großen Pflegestätte deutscher Wissenschaft in karolingischer Zeit. Aber nicht nur das fränkische Gebet führt schon durch seine Sprache weiter zurück ins kaiserliche Franken, auch den beiden sprachlich bayrischen Texten aus Regensburg und Wessobrunn haften Spuren fränkischer Herkunft an. Im karlischen Raum Mainz-Lorsch-Fulda denken wir uns die Urfassung aller drei deutschen Gebete entstanden.

Aber auch das wesentlich jüngere, in der karolingischen Spätzeit entstandene Augsburger Gebet ist nur Übertragung einer bekannten lateinischen Bittformel, und das Gebet des Sigihart, das der Schreiber des Freisinger Otfriedkodex im Ende des 9. Jahrhunderts seinem Abschreibwerk anhängte, ist nur aus Otfriedischen Phrasen zusammengeflickt. Beide Stücke gehören der letzten Periode an und tragen ihr Zeichen, die Abfassung in gereimten Versen. Dort werden sie zu besprechen sein; hier mußten sie nur erwähnt werden, um zu zeigen, daß die Pflege des Gebetes in der ganzen karolingischen Zeit nicht über die einfachsten formelhaften Gebilde hinausgekommen ist.

Als vierte Gruppe kirchlicher Gebrauchsprosa reihen sich die Beicht-formulare an, die, im 9. Jahrhundert beginnend, in einer vielfach gewandelten, nie abgerissenen Traditionskette – darin den Glossaren verwandt – ins Mittelhochdeutsche fortleben. In ihrem dreigliedrigen Aufbau aus der Anrede an Gott, Heilige und Priester, dem Sündenverzeichnis und der abschließenden gebethaften Reueformel gehen alle deutschen Beichten auf die lateinische Beichtformel des Angelsachsen Egbert von York, Alcuins Lehrer und Freund, zurück. Die Textgeschichte, die wir wiederum Georg Baesecke verdanken, öffnet den Blick auf wesentliche kulturpolitische Orte und Wege. Das spezielle, allen deutschen Stücken zugrunde liegende lateinische Formular steht im engsten Zusammenhang mit Alcuin und der großen Bildungszentrale des Reiches, die er in Tours aufgebaut hatte. Es ist dort um die Jahrhundertwende hergestellt worden. Die deutsche Übersetzung, die mit einziger Ausnahme der Würzburger Beichte sämtlichen deutschen Texten zugrunde liegt, verlegt Baesecke in das karolingische Hauskloster Lorsch unter dem Abt Richbod, einem Mitglied von Karls Hofakademie. Sie entstand in den ersten Jahren des neuen Jahrhunderts. Hier wurde also die fränkische Sprache zur Grundlage eines offiziellen kirchlichen Textes, der allen Teilen des Reiches zum Gebrauch zugeleitet wurde und in allen Mundarten des Reiches widerklang. Neben einer Reihe fränkischer

Texte aus Lorsch selber, aus Fulda, Mainz, der Pfalz, stehen ein ebenfalls fränkischer, nicht ins Alemannische übertragener Text aus der Reichenau, die sächsische Fassung aus Essen, die beiden bayrischen Texte und ein dritter bayrisch-österreichischer aus Vorau. Die alemannische Ecke, die Trägerin der wissenschaftlichen Textbehandlung, bleibt dagegen bis auf den nicht übertragenen Text aus der Reichenau stumm. Erst im 11./12. Jahrhundert erscheinen drei der jüngeren Beichten in St. Gallen. Fünftens und letztens tritt die Predigt hinzu. *Praedicare* gehört zu den Dingen, die in der *Admonitio generalis* anbefohlen, in späteren Kapitularien erneut eingeschärft werden. Was mit *praedicare*, eingedeutscht als *predigon*, gemeint ist, umfaßt mehr als unser heutiges „predigen". Es meint jedes öffentliche Vorlesen oder Vortragen des kirchlichen Wortes, also z. B. auch die Verlesung des Glaubensbekenntnisses. Die eigentliche Predigt (Homilia, Sermo) ist nur die höchste Leistung auf dem Gebiet der Gemeindeverkündung. Die Predigt hatte seit Augustin und Gregor dem Großen eine große patristische Tradition, die sich über Caesarius von Arles und Beda in die karolingische Zeit fortsetzte (Haimo von Halberstadt). Aber das war alles lateinisch. Karl hat am Ende seiner Regierung an den deutschen Vortrag von wirklichen Predigten gedacht; Konzilbeschlüsse von 813 schreiben sie vor. Allein was gemeinhin zu Karls Zeit *praedicare* heißt, lernen wir eher aus der Freisinger und der Weißenburger Auslegung des Vaterunser, die nicht theologisch-dogmatische Erklärung ist, sondern auf den Wir-Ton gestellte mahnende Anrede. Wir sahen, daß beide Auslegungen auf den gleichen lateinischen Text zurückgehen. Ein Vergleich beider Stücke macht klar, was damals erreichbar war: die freie, umschreibende Umsetzung eines einfachen lateinischen Textes in eine mündlich vortragbare deutsche Sprache. Und schon dies müssen wir in einer Zeit hoch bewerten, wo Übersetzen sonst noch an der interlinearen Wortinterpretation festhält. Eine derartige „Predigt" ist auch die kleine Gemeindeansprache, die wir Exhortatio ad plebem christianam nennen. Dies alte bayrische Stück ist uns in zwei Handschriften, darunter der aus Fulda stammenden der Casseler Glossen, erhalten. Seine bayrische Sprache verbietet nicht, an eine fränkische Vorlage zu denken. Die Exhortatio ist die Übertragung eines lateinischen Textes, in dem der Gemeinde insgemein und den Paten insbesondere die Pflicht zur Kenntnis von Vaterunser und Glauben eingeschärft wird. Sie ist mithin die Ausführung von Vorschriften, die vor allem in Capitularien des Jahres 802 gegeben oder erneut eingeschärft wurden. Der lateinische Grundtext dürfte daher ein offizieller Entwurf sein, an den sich der Geistliche bei der Mitteilung an die Gemeinde zu halten hatte.

Wie die eigene deutsche Predigt ist auch die Verdeutschung der klassischen Homilien noch kein Ziel geistlicher Durchschnittsbildung. Sie verbleibt noch im Stadium der Glossierung; und unsere Glossensammlungen zeigen, daß abgesehen von Gregors Evangelien-Predigten keine anderen einer eingehenden Durcharbeitung unter deutschem Gesichtspunkt unterworfen worden sind. Um so größer scheint die Leistung des einzigen Mannes, der die Übersetzung einer Predigt wagte. Sie findet sich in jener Sammlung deutscher theologischer Stücke, die wir als Monseer Fragmente sogleich zu besprechen haben werden. In dieser Sammlung war mindestens die 76. Predigt des Augustin übersetzt; ein kleiner Rest eines weiteren Textes dürfte ebenfalls eine deutsche Predigt unbekannter Herkunft sein. Augustins Predigt knüpft an die Geschichte von Petri Wandeln auf dem Wasser eine schwierige Erörterung über das Wesen der Kirche an. Hier ist also eine eingehende theologische Erörterung aus dem geprägten Latein des Kirchenvaters in ein im ganzen richtiges und lesbares Deutsch übertragen worden. Eine solche „Predigt" überstieg bei weitem das, was dem Laien damals zugemutet werden konnte. Sie ist sicherlich nicht zum Vortrag im Gottesdienst, sondern als theologische Abhandlung übersetzt worden und führt uns damit aus dem Bezirk der praktischen kirchlichen Prosa für den Laiengebrauch hinaus in die Anfänge einer theologischen Wissenschaft in deutscher Sprache.

4. DEUTSCHE THEOLOGIE

So weit über die ursprüngliche Zwecksetzung karlischer Übersetzungsprosa durfte man sich also schon hinauswagen. Voraussetzung dazu war, daß es nun auch im Frankenreich eine theologische Bildung und Beschäftigung mit der Wissenschaft gab. In der Tat blühte nach angelsächsischem Vorbild, gefördert von dem Herrscher, angefeuert durch den Angelsachsen Alcuin, gesammelt um seine große Bildungsschule zu St. Martin in Tours eine eigene Wissenschaft auf karolingischem Boden heran, Wissenschaft im Sinne der Zeit als Aneignung, Auslegung und Verknüpfung des von den Vätern erarbeiteten und dargebotenen Wissensstoffes. Diese Wissenschaft war volksfern und lateinsprachig. Und doch haben die von Karl ausgehenden Impulse bis in diese Höhen geistiger Arbeit fortgewirkt. In der deutschen Isidorübersetzung und der Sammlung der Monseer Fragmente besitzen wir die kostbaren Zeugnisse dafür, daß Theologie in deutschem Gewande damals in den Bereich des Möglichen und Erstrebten getreten war.

In dem Cod. 2326 der Pariser Nationalbibliothek (8./9. Jahrhundert) ist der Traktat De fide catholica contra Judaeos des Bischofs Isidor von Sevilla († 636) enthalten, der dem Mittelalter in seinen Etymologien die unerschöpfliche Realenzyklopädie des Wissens geschenkt hatte. Die Blätter sind durch einen senkrechten Strich in zwei Hälften geteilt und geben auf der linken Seite den lateinischen Text. Die rechte Seite war der deutschen Übersetzung vorbehalten, doch bricht die Eintragung zu unserem Leidwesen mit S. 22 vorzeitig ab; der weit größere Rest ist uns verloren. Über die Herkunft der Handschrift wissen wir nichts.

Ein zweiter Text des deutschen Isidor befand sich in der schon genannten Sammelhandschrift aus dem bayrischen Kloster Monsee, deren

Reste größtenteils von Buchdeckeln der Wiener Bibliothek losgelöst sind und die wir daher die Monsee-Wiener Fragmente nennen. Früher wurden sie häufig unter dem Namen Fra g me n ta t h eo t is ca zitiert, den die ersten Herausgeber ihrer Veröffentlichung gegeben hatten. Die Handschrift war eine Sammlung von deutschen Übersetzungen lateinischer theologischer Texte. Außer Bruchstücken der Isidorübersetzung, die sich teils mit dem Pariser Text decken, teils ihn ergänzen, enthielt die Handschrift eine Übersetzung des Matthäusevangeliums, die Übersetzung eines sonst nicht bekannten Traktates: *de vocatione gentium*, die schon besprochene Predigt des Augustin und die Schlußsätze einer weiteren Abhandlung oder Predigt. Die Handschrift ist von einem bayrischen Schreiber geschrieben. Seine Vorlage jedoch wies dieselbe Sprache und die gleichen orthographischen Grundsätze auf wie der Isidortext der Pariser Handschrift.

Das wichtigste Werk dieser Gruppe ist der Isidortraktat *de fide catholica ex veteri et novo testamento contra Judaeos*. Er ist in zwei Bücher gegliedert, dessen zweites den besonderen Namen *de vocatione gentium* trägt. Er behandelt das stets erneut brennende Thema der Trinität in Verteidigung der orthodoxen Lehre von der völligen Wesensgleichheit der göttlichen Personen, insbesondere des Sohnes mit dem Vater. Dem Titel nach gegen die jüdische Kritik an der Göttlichkeit Christi gerichtet, zielt die Abhandlung zugleich gegen die in der christlichen Dogmatik immer wieder aufbrechende Neigung, eine Wesensstufung zwischen Vater und Sohn zu vertreten. Gerade um diese Frage nach dem Wesensverhältnis der beiden göttlichen Personen war ja auch der große, geistig und politisch so folgenreiche Streit gegen den Arianismus entbrannt. Doch ruhte die Diskussion um das Wesensverhältnis auch weiterhin nicht; Stufungstendenzen machen sich immer wieder bemerkbar. Zur Zeit der Isidorübersetzung war in Spanien unter Führung des Erzbischofs Elipandus von Toledo und des Bischofs Felix von Urgel die adoptianische Lehre laut geworden, die die Sohnschaft Christi differenzierte und Christus, soweit er menschlicher Sohn der Maria war, nicht durch Ursprung, sondern durch Annahme (*adoptione*) Gottes Sohn sein ließ. Diese Lehre fand scharfe Gegnerschaft in der fränkischen Kirche. Auf dem Konzil von Regensburg (792) wurde die adoptianische Lehre ausdrücklich verworfen; die Frankfurter Synode von 794 wiederholte die Verwerfung. Alcuin selbst griff in den Adoptianerstreit ein und richtete Streitschriften gegen Felix von Urgel. Die Verwerfung der adoptianischen Lehre ist ohne seine tätige Teilnahme nicht zu denken. Und wenn er auch zur Zeit des Regensburger Konzils in England war, so war er doch auf der Frankfurter Synode zugegen, und im Jahre 800 fand in Aachen eine Disputation zwischen Alcuin und Felix statt, die mit dem Widerruf des Spaniers endete. Noch Alcuins letztes großes

Werk, die Abhandlung *de fide sanctae et individuae Trinitatis* von 802, stand unter dem Zeichen der Auseinandersetzung mit den Adoptianern.

In dieses dogmatisch-kirchenpolitische Geschehen ordnet sich das Interesse ein, das der Isidortraktat in der fränkischen Kirche und den Kreisen um Alcuin fand. Die große Autorität des spanischen Kirchenvaters wird gegen die spanische Irrlehre aufgerufen. Mit ihrem Arsenal biblischer Belegstellen kann Isidors Abhandlung zur Untermauerung der kirchlichen Meinungsäußerung verwendet worden sein; wir können uns vorstellen, daß die deutsche Übersetzung des Traktates für die Zwecke der Regensburger oder Frankfurter Kirchenversammlung geschaffen worden ist.

Damit ist die Übersetzung zugleich in nächste Nähe von Alcuin und der Hofschule gerückt. In ihm müssen wir den Anreger, in seinem Kreis dürfen wir den Übersetzer suchen. Dem entspricht die einsame Höhe der geistigen Leistung, die hier vollbracht wurde. Sie entstand im letzten Jahrzehnt des 8. Jahrhunderts. Das ist die Zeit, da man in St. Gallen mühsam mit der Übersetzung von Vaterunser und Credo rang und auf der Reichenau die Aufgabe des Übersetzens noch als interlineare Übertragung von Wort zu Wort erfaßte. Hier dagegen wird ein schwieriger theologischer Text nicht nur in seiner lateinischen Grundfassung verstanden, hier bedeutet Übersetzen ein Freiwerden vom Wort des Grundtextes, ein Nachschaffen aus Form und Sinn der anderen Sprache. Und diese Sprache ist die deutsche, die sich hier zum ersten Male fähig zeigt, ein lesbares, verständliches theologisches Deutsch zu schreiben. Und hier zugleich wurde an Stelle einer bloßen Schreibgewohnheit eine klar durchdachte, eigentümliche und systematische deutsche Orthographie durchgeführt, wie sie nur ein logisch geschulter, klar denkender Kopf ersinnen konnte.

Solche Leistung weckt die Neugier nach dem Mann, der sie vollbracht hat. Wir wissen nichts von ihm, und alle unsere Bemühungen, ihm näher zu kommen, haben zu keinem unanfechtbaren Ergebnis geführt. Die Forschung ist lebhaft bestrebt gewesen, aus der sprachlichen Untersuchung wenigstens zu einer örtlichen Festlegung des Isidortextes auf Grund seiner Mundart zu gelangen. Auch das ist nicht eindeutig gelungen. Bayern und Hochalemannien scheiden ebenso aus wie der untere Rhein. Von Karl Müllenhoff ging die Ansicht aus, daß wir in der – als wesentlich fränkisch betrachteten – Sprache des Isidor das Beispiel für eine „karolingische Hofsprache" in Händen hielten. Er sah hier den ersten Versuch, „eine fränkische Literatur zu begründen" und „Sprache und Orthographie nach übereinstimmenden festen Grundsätzen – – – zu behandeln". Das wäre also der Beginn einer auf rheinfränkischer Grundlage beruhenden althochdeutschen Schriftsprache. Der Übersetzer wäre dann nicht nach dem mundartlichen Befund zu bestimmen,

3 DLG I

sondern in den Kreisen von Karls Hofakademie zu suchen, in der diese sprachliche Organisation erdacht und durchgeführt worden wäre. Diese verlockende Vorstellung scheitert an der Vereinzelung der Erscheinung; ihre kaum irgendwo spürbare Nachfolge läßt an eine offizielle Förderung solcher Vereinheitlichung des Sprach- und Schriftbildes nicht denken. Die Frage nach der mundartlichen Zuordnung stellte sich daher erneut. Lange galt die Sprache des Isidor unbestritten als fränkisch. Sie enthält indessen Elemente alemannischer Artung, und auf ihnen fußend hat Nutzhorn seine folgenreiche These der Murbacher Herkunft des Isidor aufgebaut, der sich unser bester Kenner, Baesecke, entschieden angeschlossen hat. Die sprachliche Untersuchung Nutzhorns – auch wenn man an die Stelle der überholten Vorstellung einer Murbacher Mundart die richtige einer Murbacher Schreibstube setzt – ergibt nur die Möglichkeit, kaum die Wahrscheinlichkeit einer Zuordnung zu Murbach. Wichtigste fränkische Merkmale des Isidor sind in Murbach nicht oder kaum nachweisbar. Und entscheidender ist, daß die orthographische Reform eines so bedeutenden Kopfes in Murbach so wenig nachgewirkt haben sollte. Das im eigentlichsten Sinne originale Murbacher Schriftwerk, das Juniusglossar C, höchstens 20 Jahre jünger als der Isidortext, sollte mehr von den Schreibgewohnheiten des Isidor spüren lassen, wenn diese orthographische Reform Murbacher Werk gewesen wäre, und zwar um so mehr, als wir aus Jun. C wissen, daß der Isidortext bzw. eine Handschrift der Monseer Sammlung in Murbach vorhanden war und von dem Schreiber der Glossen Jun. C benutzt worden ist.

Aber auch seiner geistigen Haltung nach ist Murbach als Ursprungsort der Isidorübersetzung kaum denkbar. Wir haben Murbach als ein Zentrum der großen glossatorischen und interlinearen Übersetzungsarbeit kennengelernt. Darin hatte das Kloster Großes geleistet; aber es verblieb auch in seinem traditionellen Übersetzungsstil. An den Bestrebungen karlischer Übersetzungsarbeit sahen wir Murbach sowenig teilnehmen wie dessen Mutter Reichenau; beide Klöster halten an ihrem Arbeitsstil bis weit über Karls Zeit hinaus fest. Hier fehlte die geistige Luft, in der ein Werk wie der Isidor entstehen konnte; hier fehlt auch jeder Nachhall, den man von einer solchen Leistung erwarten sollte. Alcuins Beziehungen zu Murbach sind lose und zufällig; kaum könnte man den Mann seines Vertrauens gerade in Murbach suchen.

Von der Sprache her versagt freilich auch jede andere Anknüpfung an karlische Zentren; weder aus dem Rheinfränkischen der Mainz-Lorscher Gruppe noch aus Fuldischer oder Weißenburger Tradition ist die isidorische Sprache und Orthographie abzuleiten. Dennoch findet er hier die einzigen, wenn auch kleinen und fernen Wesensverwandten. Die freie Art, mit der die Freisinger und Weißenburger Auslegung des

Vaterunser den lateinischen Text des *Sacramentum Gelasianum* auswertet, die anerkennenswerte Lösung der Übersetzungsaufgabe des Athanasianums in Weißenburg geben doch die nächsten Vergleichsmöglichkeiten ab. Darum hat die von Kögel in seiner Literaturgeschichte versuchte, bei v. Unwerth-Siebs aufgenommene Zuordnung der Isidorübersetzung zum deutschen Lothringen viel für sich, wo eben damals in Metz unter Erzbischof Angilram, Karls Hofkaplan, eine hochstehende Domschule bestand. An Angilram selber, der schon 791 starb, ist dabei allerdings nicht zu denken. Erweisbar ist auch diese Zuordnung nicht, da uns jedes Vergleichsmaterial fehlt. Der Isidor bleibt eine einsame Leistung, aber als solche kann sie nur von den Spitzen der geistigen Bildung der Zeit vollbracht worden sein. Das wird immer wieder so weit zu Müllenhoffs alter These zurückführen, daß wir den Übersetzer in unmittelbarer Nähe der Hofakademie oder in Alcuins Hochschule in Tours zu suchen haben. Zu derselben Schlußfolgerung leitet auch die systematische Sorgfalt in der Behandlung des Schriftbildes; man wird kaum fehlgehen, wenn man sie im Zusammenhang mit Karls Plan einer deutschen Grammatik (vgl. S. 38) sieht.

Die Monseer Fragmente zeigen, daß der Isidortraktat kein zufälliger Einzelversuch gewesen ist. Die im Monseer Codex gesammelten Stücke tragen nach dem Stil der Übersetzung wie nach Sprache und Orthographie die gleichen Züge wie der Pariser Isidor; sie treten unter der bayrischen Überschichtung deutlich genug hervor. Ob wir die Übersetzungen derselben Persönlichkeit zuschreiben können, ist zweifelhaft; demselben Kreise gehören sie sicher an. Die zweifellose Unterlegenheit des einfacheren Matthäustextes an Beherrschung des Latein und Flüssigkeit der Übersetzung muß nicht auf Zweiheit der Verfasser deuten, sie kann auch in Stufen der Beherrschung und Übung begründet sein. Wir werden Ähnliches bei Otfrieds großem Christusgedicht innerhalb desselben Werkes beobachten können. Die Sammlung aus einem einheitlichen theologischen oder kirchenpolitischen Zweck zu beurteilen, scheint mir nicht möglich, zumal wir ihren ganzen Umfang nicht kennen. Der Traktat *de vocatione gentium* – der mit dem gleichbetitelten 2. Buch von Isidors Streitschrift nicht verwechselt werden darf – behandelt die Berufung aller Völker zum christlichen Glauben in einer christlichen Kirche und könnte daher mit der allgemeinen missionierenden Aufgabe, die Karl der Kirche stellte, zusammenhängen. Aber von dort gehen weder unmittelbare Beziehungen zum Matthäusevangelium noch zu Isidors Trinitätsschrift. Und auch mit der augustinischen Predigt geht die Berührung nicht über die Tatsache hinaus, daß beide Werke von der Kirche handeln. Man kann zusammenfassend nur sagen, daß hier ein Übersetzer oder eine Gruppe von Übersetzern, den Rahmen kirchlicher Gebrauchsliteratur weit überschreitend, eine Verdeutschung wirklicher wissenschaftlicher Theologie angestrebt und bewältigt haben, des Evangelientextes, der patristischen Predigt, des theologischen Traktates. Und wir können feststellen, daß diese theologische Verdeutschungsarbeit vom Zentrum her weitergewirkt hat, nicht in der Anregung neuer Arbeiten, aber doch in handschriftlicher Verbreitung der so geschaffenen Werke. Durch die Benutzung in dem Murbacher Glossar Jun. C wird uns eine Handschrift der Sammlung im alemannischen Südwesten, durch die Monseer bayrische Abschrift eine solche im bayrischen Südosten des Reiches Karls bezeugt.

5. WELTLICHE GEBRAUCHSPROSA

Die Verwendung der deutschen Sprache auf dem Pergament macht bei der kirchlichen Gebrauchsprosa nicht halt. Sie greift in die Sphäre des öffentlichen Lebens über; in der Zeit Karls stoßen wir auf Ansätze zur deutschen Urkunde und zum deutschen Rechtsbuch. Die Bedeutung Fuldas für die karlische Arbeit tritt dabei erneut hervor.

In die früheste Zeit Karls des Großen führen drei Urkunden, in denen auf Grund ortskundiger Zeugenaussagen die Grenzen zweier Gemarkungen festgelegt werden, die Hammelburger und die beiden Würzburger Markbeschreibungen. Beide besitzen wir nur in wesentlich späteren Abschriften; ihre Datierung und altertümliche Reste in der Sprache versichern uns, daß wir es mit Dokumenten sehr alter Zeit zu tun haben.

Die Hammelburger Markbeschreibung legt die Grenzen der Schenkung fest, die Karl der Große dem Kloster Fulda daselbst gemacht hatte. Sie stammt aus dem Jahre 777; die erhaltene Abschrift ist um 830 unter der Abtschaft von Hrabanus Maurus genommen. Die beiden Würzburger Urkunden halten den Vorgang einer Grenzbegehung des Würzburger Territoriums fest. Die ältere trägt das Datum von 779; die undatierte jüngere, die noch z. T. die gleichen Zeugen aufführt, kann demnach um höchstens 10–20 Jahre jünger sein. Die Hammelburger und die ältere Würzburger Urkunde sind in ihrem Formular lateinisch, nur die Grenzbeschreibung selber ist wenigstens teilweise deutsch abgefaßt. Der jüngere, ganz deutsche Würzburger Text ist eine bloße Grenzbeschreibung ohne urkundliches Formular. Wir befinden uns mit diesen Schriftstücken in örtlicher und zeitlicher Nähe des Vocabularius Sti. Galli, vor Alcuin und vor Karls bewußter deutscher Bildungspolitik. Angelsächsisches Vorbild, das in Fulda wie in Würzburg wirksam war, hat hier den rasch verschollenen Ansatz zu einer deutschen Urkunde geschaffen; es sollte bis in die Mitte des 13. Jahrhunderts dauern, ehe er wiederholt wurde, um dann seinen raschen Siegeszug anzutreten.

Nach Fulda führt auch das Bruchstück einer sprachlich altertümlichen Übersetzung der Lex Salica, das wir in einem zu Trier befindlichen Doppelblatt einer Handschrift des 9. Jahrhunderts besitzen. Die germanischen Volksrechte der einzelnen Stämme sind auf kontinentalem Boden durchweg lateinisch kodifiziert worden; alte volkssprachige Gesetzbücher kennen wir nur von den Angelsachsen und aus dem Norden. Diese lateinischen Rechtsaufzeichnungen verwenden dort, wo der Rechtsterminus lateinisch schwer wiederzugeben war, oft die deutschen Ausdrücke, teils als latinisierte Worte im Text selber, teils als erklärende und verdeutlichende Beischrift. In solchen germanischen Wörtern der Volksrechte besitzen wir ältestes, leider oft stark entstelltes Sprachgut. So ist auch das in merowingischer Zeit kodifizierte Rechtsbuch der niederrheinischen Salfranken besonders reichlich mit solchen volkssprachigen Einsprengseln ausgestattet. Wir nennen sie die Malbergische Glosse, weil sie in den Handschriften durch den Zusatz *mall.* oder *malb.* als der Sprache des Malloberg, des Gerichtshügels, zugehörig bezeichnet sind. Sie wären uns kostbarster urtümlich-fränkischer Sprachbesitz, wenn nicht die Wörter durch die vornehmlich westfränkisch-romanischen Abschreiber der bewahrten Handschriften meist so hoffnungslos entstellt wären, daß sie auch bei eindringlichster Interpretation kaum etwas für unsere Kenntnis abwerfen.

Zu dieser alten merowingisch-mallobergischen Sprache hat die karolingische Übersetzung keine Beziehungen; sie könnte aber sicher manches aufklären helfen, wenn wir sie ganz besäßen. Sie erwuchs vielmehr neu aus der Fürsorge, die Karl auch der Pflege und Kenntnis des weltlichen Rechtes zuwendete, und ist wohl unmittelbar eine Folge des Capitulars von 803 und dessen Verordnung, daß die Gesetze in seinem Reich „jedem in seiner Sprache" vorgetragen werden sollten. Bald danach muß die Übersetzung entstanden sein. Sie zeigt uns, daß die Zeit der mündlichen Rechtstradition durch den Gesetzessprecher (*éono sprehho,* wie das Carmen ad deum „*legum lator"* übersetzt) vorüber ist; das Recht sucht die Sicherheit des Pergaments. Die Sprache verweist den Text nach Fulda, und die Übersetzung kann dort entstanden sein, da das Kloster im Geltungsbereich des salfränkischen Rechtes lag. Doch ist Ehrismanns Gedanke nicht ganz abzuweisen, daß sprachliche Spuren möglicherweise auf eine nordwestlichere Vorlage weisen; das Sprachmaterial ist zu gering, um eine Entscheidung zu treffen. Auch dieser Vorstoß zur deutschen Rechtssprache erlahmte vorzeitig; auch das Gesetz findet mit dem Sachsenspiegel erst im 13. Jahrhundert zur heimischen Sprache zurück.

6. WERTUNG DER KARLISCHEN EPOCHE

So überblicken wir jetzt in all ihren Einzelheiten ausgebreitet die karlische Prosa. Sie bietet wenig Imposantes, kaum etwas, das in einer eigentlichen Literaturgeschichte eine Stelle hätte. Und doch: welch ein Sprossen und Keimen auf allen Feldern! Welch ein aufklärerisch anmutender Bildungsoptimismus spricht aus den Capitularien und Konzilbeschlüssen der karlischen Zeit. Aber welch ein treibender Wille steht auch dahinter, der neue Etappen absteckt, wo das Vorige kaum erreicht, sicherlich nicht gefestigt ist. Eben stehen wir noch bei dem stammelnden Versuch des St. Galler Paternoster und Credo, und schon wird man in Weißenburg mit diesen und noch schwierigeren kirchlichen Texten fertig, bezwingt der Isidorübersetzer die Höhen wissenschaftlicher Prosa. Und das ist keine chronologische Folge; es sind fast gleichzeitige Stufen verschiedenen Könnens. Dort, wo eine geistige Epoche heranreift, pflegt der Gang gern stürmisch zu sein, und die gemächliche Abfolge der Generationen wird zu dichter Ineinanderschichtung. Alles aber wird getragen von dem einen Mann, und alles wird nur wichtig, weil und soweit es zu ihm und seinem Willen einer deutschen, christlichen Bildung in Beziehung steht. Der allergrößte Teil althochdeutscher Prosa ist wirklich karlisch; wo Handschrift oder Bearbeitung einer späteren Zeit angehören, führen doch sprachliche und sachliche Erwägungen das Original in Karls Zeit zurück.

Zur karlischen Prosa gesellt sich die karlische Poesie, die wir noch nicht besprochen haben. Die Reste der hochdeutschen Stabreimdichtung: Hildebrandslied, Wessobrunner Gebet, Muspilli gehören in seine Zeit zurück. Aus praktisch-darstellerischen Gründen behandeln wir sie erst anschließend mit der jüngeren altsächsischen Stabreimdichtung zusammen. Hier ordnen wir sie nur in das Gesamtbild ein als Zeugen, daß auch die Anstöße einer neuen, christlichen Stabreimdichtung, die vom Norden des angelsächsischen Bezirkes ausgingen, und der Versuch eines christlich gefärbten heroischen Liedes, der von den Langobarden herüberklingt, in Karls Zeit Widerhall fanden. Im Gesamtbild von Karls Bestrebungen bleiben sie doch nur Randerscheinungen; eigentlich karlisch ist die deutsche Prosa, die Erziehung der deutschen Sprache zum Wort der Kirche.

Und damit ist immer noch nicht alles überschaut, was von Karl ausging. Wir wissen, daß weitere wichtige Pläne seinem fürsorgenden Geist vorschwebten. Die Einführung deutscher Monatsnamen, die uns sein Biograph Einhart überliefert, ist nur ein zufälliger, aber bezeichnender Einzelzug. Sein Plan einer deutschen Grammatik, den Einhart ebenfalls erwähnt, greift sachlich und grundsätzlich viel weiter. Er bedeutet die wirkliche Gleichstellung der deutschen Sprache mit der lateinischen als ein Gebiet, das Zucht, Pflege und wissenschaftliche Behandlung verdient. Es bedeutet einen Vorsprung des Begreifens und Wollens um viele Jahrhunderte, den dieser ursprünglich-geniale Kopf vor den gebildeten Talenten seiner Zeit voraus hatte. Was die besten Kräfte der Zeit wirklich zu leisten vermochten, war eine Regelung der deutschen Orthographie; und welche Mühe macht es noch Otfried von Weißenburg, sich darüber wissenschaftlich auszusprechen! Die deutsche Grammatik fand noch weit später Erfüllung als die deutsche Theologie und das deutsche Rechtsbuch.

Stellen wir endlich Karls Sammlung der alten, einheimischen Lieder hinzu. Sie ist nicht Ausfluß persönlicher oder gar romantischer Liebhaberei. Der Gedanke, deutsche Lieder schreiben zu lassen, bedeutet denselben neuen Blick auf das Deutsche wie der Plan der deutschen Grammatik. Die deutschen Lieder werden dadurch zu einem Gegenstand des Sammelns und wissenschaftlichen Betrachtens. Wir müssen Karls einzigartigen und seiner Zeit weit vorauseilenden Versuch mit dem Tun und Denken eines Snorri Sturluson und seines Kreises in dem Island des 13. Jahrhunderts vergleichen. Der geschichtliche Blick, geschult an der Geschichtsbetrachtung und Geschichtsschreibung des

Altertums, mußte geöffnet sein und sich – das ist das Neue – der eigenen Vergangenheit zuwenden: *veterum regum actus et bella*, sagt Einhart; das zeigt, daß die alten Lieder als historische Dokumente aufgefaßt wurden. Wenn Karl die Lieder schreiben ließ, so hat er sie als Zeugen und Denkmäler der geistigen Geschichte seines Stammes begriffen – vielleicht aus demselben ahnenden Gefühl einer untergehenden Welt, das auch die Männer des isländischen Schreibalters bei ihrer rastlosen Tätigkeit angetrieben haben muß. Die beiden großen Pläne Karls, die deutsche Grammatik und die Sammlung der deutschen Lieder, treten damit unter den gleichen Blickpunkt: die eigene Überlieferung, das eigene Sein erhielt seinen vollen Eigenwert neben dem antiken Erbe der Kirche; es sollte wie dieses zum Gegenstand geistiger Beschäftigung, wissenschaftlicher Bewältigung und damit schreibender Tätigkeit werden.

Otfried von Weißenburg hat in dem ersten Kapitel seines Evangelienbuches *Cur scriptor hunc librum theotisce dictaverit*, in der Enge seines gelehrten Denkens einen Hauch dieses karlischen Geistes verspürt: die fränkische Sprache sollte neben den antiken fähig sein, die großen Anliegen und Inhalte der Zeit auszudrücken, sollte gleichen Rechtes mit den *edilzungun*, den anerkannten Hauptsprachen Griechisch, Lateinisch und Hebräisch, sein. Nur waren dem engeren Geiste des Mönches diese Anliegen ausschließlich kirchlich-heilsgeschichtlich. Karl dagegen sah von der Höhe seiner politischen Stellung weiter als der schreibende Mönch. Aus der Größe seines Reichsgedankens erwuchs seine Idee, die Träger dieses Reiches, die Franken, in allem gleichberechtigt neben die Römer zu stellen, die eigene Vergangenheit so wichtig zu nehmen wie die römische. Gerade nicht, weil Karl den alten Liedern aus einer persönlichen Liebhaberei oder stammhafter Gebundenheit gewogen war, ließ er sie aufzeichnen, sondern um sie durch das Pergament, das große Bewahrungsmittel der Kirche, zu der Würde und Bedeutung zu erheben, die ihnen nach seinem Sinn als den Werken des reichstragenden Volkes zukamen. Nur aus dem Bewußtsein, daß seine Franken Erben der römischen Reichsidee geworden waren, konnte er auch ihre Leistungen welthistorisch wichtig nehmen, ihre Lieder neben Vergils Äneis stellen. Das Eigentümliche und Tragische an Karls Bestrebungen ist es, daß er diese Dinge in einen leeren Raum stellte. Ihm fehlte das, was Snorri zuteil wurde, die Einbettung in eine lebende Tradition und der Widerhall bei Gleichgestimmten. Die Kreise der Hofakademie und der Schule von Tours waren gelehrte Theologen, Karl an Wissen und Bildung überlegen, an Weite des Blickes unterlegen und vermutlich nicht fähig, die Bedeutung seiner Zielsetzung zu begreifen. Die Traditionsgebundenheit dieses übervölkischen Kreises lag in ganz anderer Richtung, haftete am Lateinischen und Antiken. Sie konnten wohl Karls Bestrebungen um Festigung der kirchlichen Ordnung, Hebung des geistlichen

Standes, Schöpfung einer wissenschaftlichen Theologie auf fränkischem
Boden würdigen. Sie mochten auch die deutschen Bestrebungen Karls
billigen, soweit sie diesen Zielen dienten. Sie erfaßten gewiß den Wert
der kirchlichen Gebrauchsprosa für die Einordnung des Laien – aber
nur in den engen Grenzen des kirchenpolitisch Erstrebenswerten. Was
darüber hinausging, dürfte ihnen als unnütz, wenn nicht als Gefährdung
der festen Fundamente lateinischer Kirchenbildung erschienen sein. Daß
die Synode von Inden nur drei Jahre nach Karls Tode jene Beschlüsse
faßte, die diesem Teil seines Lebenswerkes den Todesstoß gaben, zeigt
die stille Opposition, die gegen Karls weitgehende Absichten geherrscht
haben muß. Der geniale Gedanke, die deutsche Sprache zu einem Instrument zu machen, das alle geistigen Anliegen der Zeit aussprechen
könnte, war um 400 Jahre zu früh gedacht worden; er schien mit Karls
Tode erloschen.

LITERATUR

   Die kleineren althochdeutschen Denkmäler finden sich in den folgenden Sammlungen: Denkmäler deutscher Poesie und Prosa aus dem VIII.–XII. Jahrhundert,
hrsg. K. Müllenhoff und W. Scherer, 3. Aufl. Berlin 1892 (textlich nach veralteten
Grundsätzen zurechtgemacht, fruchtbar in den Anmerkungen): MSD. Die kleineren
althochdeutschen Sprachdenkmäler hrsg. E. Steinmeyer Berlin 1906 (maßgebende
Textform, wichtige Anmerkungen): Sprachdenkm. Althochdeutsches Lesebuch von
W. Braune, 12. Aufl. durch K. Helm, Tübingen 1952 (im Anhang gute Literaturangaben): Leseb.
   Glossen: Steinmeyer-Sievers, Die althochdeutschen Glossen, 5 Bde, Berlin 1879–
1922. G. Baesecke, St. Emmeramer Studien, Beitr. 46 (1922), 444 ff.; ders., Das althochdeutsche Schrifttum der Reichenau, Beitr. 51 (1927), 206ff.; ders., Der deutsche
Abrogans und die Herkunft des deutschen Schrifttums, Halle 1930; ders., Die Sprache
des Abrogans,Beitr. 55 (1931), 321 ff.; ders., Der Vocabularius Sti. Galli in der angelsächsischen Mission, Halle 1933; ders., Bischof Arbeo von Freising, Beitr. 68
(1945/46), 75 ff. ; W. Betz, Der Einfluß des Lateinischen auf den althochdeutschen
Wortschatz. Teil I (Abrogans). Heidelberg 1936; E. Gasterstädt. Die Glossen der
Stuttgarter Handschrift. H. B. VI 109. Festgabe für K. Bohnenberger , Tübingen
1938 S. 291 ff.; G. Baesecke, Die deutschen Genesisglossen der Familie Rz. ZfdA
61 (1924), 222 ff.; Brigitte Schreyer, Die althochdeutschen Glossen zu Orosius. Diss.
Halle 1949 (Masch-Schr.); Hannelore Bischoff, Althochdeutsche Glossen zu den
historischen Werken des Sallust und Lucan und ihr Zusammenhang. Diss. Halle 1951
(Masch-Schr.); Für die jüngeren Glossare vgl. die Literaturangaben auf S. 131.
   Benediktinerregel: Sprachdenkm.XXXVI S. 190 ff.; W. Betz, Die Heimat der
althochdeutschen Benediktinerregel, Beitr. 65 (1942), 182 ff. U. Daab, Studien
zur althochdeutschen Benediktinerregel, Halle 1929. G. Baesecke Unerledigte Vor-
fragen der althochdeutschen Textkritik und Literaturgeschichte IV. Beitr. 69 (1947),
S. 371 ff.
   Psalmen: alemannische Interlineare: Sprachdenkm. XXXVIII S. 293 ff. G. Baesecke,
VorfragenVI. Beitr. 69 (1947), 398 ff.; *altsächsische Bruchstücke:* hrsg. Kleczkowski,
Krakau 1923; A. Lasch, Die altsächsischen Psalmenfragmente. Niederdeutsche Stu-
dien für Borchling 1932; *altniederfränkische Bruchstücke* hrsg. M. Heyne, Kleinere

altniederdeutsche Denkmäler 2. Aufl. 1877 S. 1 ff.; W. van Helten, Die altostniederfränkischen Psalmenfragmente, die Lipsiusschen Glossen und die altsüdmittelfränkischen Psalmenfragmente, Groningen 1902; *rheinfränkische Cantica* Sprachdenkm. XXXIX S. 301 ff.

Murbacher Hymnen: hrsg. E. Sievers, Halle 1874; W. Bulst, Zu den Murbacher Hymnen, ZfdA 80 (1944), 157 ff. A. Maurer, Artikel „Hymnar" in Buchbergers Lex. f. Theol. u. Kirche.

Carmen ad deum: Sprachdenkm. XXXVII S. 290; Leseb. XV S. 34; Bulst, ZfdA 80 (1944), 157 ff.; Alcuin als Verfasser: Fr. Wilhelm, Denkmäler deutscher Prosa (= Münch. Museum Bd. 8) Kommentarbd. S. 67.

Gesetze: Ausgaben in Mon. Germ. Hist. Leges Sektion I. Leges Nationum Germanicarum (Mit kritischen Glossaren der eingesprengten deutschen Wörter); Germanenrechte, Texte und Übersetzungen. Weimar seit 1935; D. von Kralik, Die deutschen Bestandteile der Lex Bajuvariorum. Neues Arch. 38 (1913) S. 13–55, 401–449, 581 bis 624; G. Baesecke, Die deutschen Worte der germanischen Gesetze, Beitr. 59 (1935) S. 1–101.

Lex Salica: hrsg. J. H. Hessels, London 1880: K. A. Eckardt, Germanenrechte, Bd. I, Weimar 1935 (mit Glossenverzeichnis von H. K. Claussen); ders., Germanenrechte. N. F. Abt. Westgermanische Rechte, Bd. 3, Weimar 1953; H. F. W. Fischer Pactus legis salicae (Leges barbarorum in usum studiosorum I) Leiden 1948; K. A Eckardt, Zur Entstehungsgeschichte der Lex Salica. Festschrift zum 200jährigen Bestehen der Akademie der Wiss. II, Phil.-Hist. Kl. 1951; R. Wiegand, Ist die Lex Salica eine Fälschung? Kritik einer neuen These über die Entstehung der Lex Salica und verwandter fränkischer Rechtsquellen. Diss. Greifswald 1951 (Masch-Schr.); W. Kaspers, Wort- und Namenstudien zur Lex Salica, ZfdA 82 (1950) S. 291–335).

Althochdeutsche Lex salica: Sprachdenkm. X S. 55 ff.; Leseb. XVIII S. 37 ff.; dazu G. Baesecke, Beitr. 46 (1922) S. 447 f.; Vocabularius mehrf. (s. Register).

Karolingische Kapitularien: hrsg. A. Boretius, Mon. Germ. hist. Leges, Capitularien I, Hannover 1881.

Einhart: Vita Caroli hrsg. G. Waitz, Hannover 1880; die einschlägige Stelle auch Leseb. III S. 8; Manitius I S. 639 ff.

Taufgelöbnisse: altsächsische: Leseb. XLVI S. 133 f.; *fränkisches:* Sprachdenkm. IV S. 23. Leseb. XVI S. 34 f.; G. Baesecke, Die althochdeutschen und altsächsischen Taufgelöbnisse, Nachrr. d. Gött. Ges. d. Wiss. Phil. Hist. Kl. 1944 Nr. 3; Agathe Lasch, Zum altsächsischen Taufgelöbnis. Neuphilol. Mitteil. 36 (1935) S. 92 ff.; W. Foerste, Untersuchungen zur westfälischen Sprache des 9. Jahrhunderts. Münstersche Forschungen, Heft 2. Marburg 1950.

St. Galler Vaterunser: Sprachdenkm. V S. 27; Leseb. VI S. 12. G. Baesecke, Die Vaterunser vor Notker (Vorfragen I). Beitr. 69 (1947) S. 361 ff.

Freisinger Paternoster: Sprachdenkm. VIII S. 43; Leseb. XII S. 30 f.

Weißenburger Katechismus: Sprachdenkm. VI S. 29; Leseb. XIII S. 31 ff.

Gebete: Wessobrunner Prosa: Sprachdenkm. II S. 16; Leseb. XXIX S. 73 f.; *Fränkisches Gebet:* Sprachdenkm. XI S. 60; Leseb XIV S. 34. *St. Emmeramer Gebet:* Sprachdenkm. XLII S. 310; Leseb. XXII S. 46 f.; G. Baesecke, St. Emmeramer Studien, Beitr. 46 (1922), insbes. S. 441 ff.; 451 ff.

Beichten: Sprachdenkm. XLI–LXI S. 309 ff.; G. Baesecke, Die altdeutschen Beichten, Beitr. 49 (1925) S. 268 ff.

Exhortatio: Sprachdenkm. IX S. 49; Leseb. X S. 25 f.

Isidor: G. A. Hench, Der althochdeutsche Isidor (Faksimileausgabe), Straßburg 1893; G. Nutzhorn, Murbach als Heimat der althochdeutschen Isidorübersetzung, ZfdPh. 44 (1900) S. 265 ff., 430 ff.; G. Baesecke, Abrogans S. 4 Anm. u. S. 51 ff. und „Vorfragen" III. Beitr. 69 (1947) S. 361 ff.; H. Kowalski-Fahrun, Alkuin und der althochdeutsche Isidor, Beitr. 47 (1923) S. 321 ff; R. Kienast, Zur frühesten Kunstprosa: Der Prosatypus der althochdeutschen Isidor-Übersetzung. Festschrift W. Stammler, Berlin 1953, S. 11–24; G. Nordmeyer, Syntaxis of the Old High German Isidor 1949; R. Ansprenger, Untersuchungen zum adoptianischen Streit im 8. Jahrhundert Diss. Berlin Freie Universität 1953. (MaschSchr.)

Monseer Fragmente : G. A. Hench, The Monsee Fragments, Straßburg 1891.

Markbeschreibungen : *Hammelburg* Sprachdenkm. XII S. 63, Leseb. II 3, S. 6; *Würzburg :* Sprachdenkm. XXIV S. 115; Leseb. II, 4 S. 6 f.

ZWEITES KAPITEL

NACHKARLISCHE PROSA
HRABANUS MAURUS UND FULDA

Karls Sohn, Ludwig der Fromme, war auch in der deutschen Bildungspolitik ein schlechter Erbwalter des großen Vaters. Wie ihm die Reichseinheit in schwacher Hand zerbrach, so fehlte ihm mindestens der starke Wille, weiterhin Träger einer deutschen Bildungspolitik zu sein. Wir werden uns ihn auf der Synode von Inden nicht als den Treibenden, sondern als den Getriebenen denken – wenigstens scheint der direkte Anstoß, den er für die Entstehung des Heliand und vielleicht für die des Tatian gab, eher dafür zu sprechen, daß ihm der Gedanke seines Vaters nicht fremd war, mindestens nicht bekämpfenswert erschien. Er ließ sich wohl nur eine Erbschaft aus den Händen winden, deren Sinn und Wert er nicht begriff. Und damit waren die zarten Ansätze, die Karl gepflegt hatte, dem Verkümmern und Welken preisgegeben.

Aber doch nicht ganz. Geistige Anstöße von solcher Kraft wirken fort und wollen ausschwingen. Aus Alcuins Schule in Tours gingen Geistliche hervor, die auf der Höhe der lateinischen theologischen Bildung standen; die meisten erstrebten nichts anderes als dieses. Bei einem Manne der Schule von Tours blieb neben seiner eifrigen lateinischen Schriftstellerei Raum für den Gedanken des deutschen Kirchenwortes. Dieser entscheidende Kopf war Hrabanus Maurus.

Ein Franke übernimmt die geistige Führung nach dem Angelsachsen Alcuin, Fulda wird Erbe von Tours als wichtigste Bildungsstätte; das ist der große Umschwung, den Karls Lebenswerk gebracht hat. Hraban, gebürtiger Rheinfranke aus der Mainzer Gegend, um 784 geboren, war Schüler von Tours unter Alcuin, mit dem ihn bleibende Freundschaft verband. Früh Lehrer, dann Leiter der fuldischen Klosterschule, hob er Bibliothek und Schule zu hoher Bedeutung. 822 wurde er Abt seines Klosters, dem er zwanzig Jahre vorstand und das unter seiner Leitung die beherrschende Stellung im deutschen Bildungsleben behauptete. Im Jahre 842 legte er seine Abtswürde nieder und zog sich in die Stille zurück, wurde aber 847 auf den Mainzer Erzstuhl berufen, den er bis zu seinem Tode (856) noch neun Jahre innehatte.

Hraban war ein eifriger Mann der Feder; seine Werke, nicht eben tiefgründig, aber aus umfassender Gelehrsamkeit und mit Blick für das Brauchbare geschrieben, gehören zu den meistbenutzten seiner Zeit und haben weit in die Zukunft Ansehen behalten. Doch alles, was er selber schrieb, Poesie wie Prosa, Artes wie Theologie, war lateinisch. Wir

wissen nicht, ob er ein deutsches Wort geschrieben hat. Aber er hatte
den offenen Blick für Deutsches. In seiner kleinen Schrift *de inventione
linguarum*, die eigentlich eine Abhandlung über Buchstaben und Alpha-
bete ist, nimmt er auch ein Runenalphabet auf, von dem er weiß, daß es
die Nordleute benutzten, und über das er wissenschaftliche Erwägungen
anstellt. So wird in seinem Fulda auch Deutsches abgeschrieben oder
weitergebildet. Die Beichtformel (S. 29) erhielt damals eine für Fulda
gültige Eigenform, von der uns drei Handschriften erhalten sind. Das
erweiterte fränkische Taufgelöbnis (S. 26) könnte bei seinen sachlichen
Beziehungen zu der Taufordnung in Hrabans *Institutio clericorum* (von
819) ebenfalls fuldisch sein. Von älteren fuldischen Aufzeichnungen
(Hildebrandslied, Hammelburger Markbeschreibung, Lex Salica) werden in Hrabans Zeit Abschriften erstellt. Ein kleiner fuldischer Sprach-
splitter, ein Stückchen einer Verdeutschung des Gebetes, das der Priester in der Messe nach der Elevation des Kelches spricht, stammt aus
Hrabans Zeit. Und noch als Erzbischof nimmt Hraban die alte Anweisung Karls zu deutscher Predigt (vgl. S. 30) wieder auf.

All dies ist aber nur Rahmenbeiwerk für die große Leistung des
hrabanischen Fulda, die wir mit der Übersetzung des Tatian in Händen
halten. Sie ist der Anspruch Hrabans auf seinen Platz in der deutschen
Literatur. Hinter der Isidorübersetzung hatte Alcuins Anregung gestanden und hinter Alcuin Karls Wille. Für den Tatian ist die Herrscher-
persönlichkeit nicht mehr wesentlich, selbst wenn die Anregung von
Ludwig dem Frommen ausgegangen sein sollte. Für ihn ist nur noch
wichtig, daß er im Fulda Hrabans entstand. Das heißt, es gibt keine
zentrale Leitung einer deutschen Bildungsarbeit mehr, es gibt nur noch
einzelne Männer und Schulen, die nicht vergessen haben, was Karl sie
gelehrt hatte.

Hrabans Fulda war nicht mehr der Missionsvorposten der früheren
Zeit. Thüringer und Sachsen waren der Kirche fest eingegliedert; sie
hatten ihre eigenen Stifte und Klöster. Aus der angelsächsischen Gründung mit ihrer anfangs stark bayrischen Besetzung war ein Mittelpunkt
fränkischer Bildung geworden. Die Anzeichen angelsächsischer Schreibgewohnheit und die bayrischen Einschläge in der Sprache waren zu-
rückgegangen; das fuldische Gepräge ist neu geworden, ordnet sich
sprachlich dem ostfränkischen Gebrauch zu. Den Blick nach Osten und
Norden hatte Fulda darum nicht verloren; einer der Wege fränkischer
Bildung ins Sachsenland ging immer noch über dies Kloster: der Heliand
bezeugt es. Aber es war nun eine große Bildungsanstalt geworden, mit
Schülern aus allen Teilen des Reiches, mit wissenschaftlichen Beziehungen zu den Bildungsstätten der alten Kernlande. So ist Fulda die geistige
Heimat zweier der bedeutendsten Männer der Jahrhundertmitte, des
besten Lateiners seiner Zeit, Walahfrid Strabo von der Reichenau, und

des bedeutsamsten deutschen Dichters, Otfried von Weißenburg. So knüpfen die drei großen Werke der mittleren Karolingerzeit: Tatian, Heliand, Otfrieds Evangeliengedicht an Fulda an. Sie bezeugen die Mittelstellung Fuldas im geistigen Getriebe des 9. Jahrhunderts. In neuer Weise war so das Kloster seiner alten Pflicht treu geblieben, Kreuzungspunkt zu sein für die Wege von Westen nach Nordosten und Südosten.

Der althochdeutsche Tatian ist neben dem Isidor das zweite große, über den praktischen Gebrauch hinausgehende Übersetzungswerk der karolingischen Epoche. Auch in der Höhenlage der Aufgabenstellung ist der hrabanische Tatian Erbe des alcuinischen Isidor. Das zugrunde liegende Werk ist eine „Evangelienharmonie", eine aus den vier Evangelientexten zusammengestellte Gesamtgeschichte des Lebens Jesu – griechisch Diatessaron, Querschnitt durch die Vier, genannt. Ihr Verfasser Tatian war ein syrischer Christ des 2. Jahrhunderts. Sein Werk hatte in der syrischen Kirche offizielle Geltung. Auf unbekannten Wegen der westlichen Kirche zugeführt, erscheint im 6. Jahrhundert eine lateinische Übersetzung, deren Vulgatatext Spuren der älteren Italafassung zeigt. Die älteste uns bekannte Handschrift befindet sich bis heute in Fulda, vermutlich einer der ehrwürdigen Reste aus der Bibliothek des Bonifatius. Auf ihr beruht auch die deutsche Übertragung. Sie ist uns in einer einzigen Handschrift erhalten; diese liegt in St. Gallen und ist wohl als Widmungsexemplar dorthin gelangt. Daß die Übersetzung weiter verbreitet war, beweisen uns Spuren und Reste weiterer Handschriften

In der St. Galler Handschrift besitzen wir vermutlich das Original, d. h. die erste von mehreren Schreibern gleichzeitig verfertigte Reinschrift nach einem Entwurf der ebenfalls Gemeinschaftswerk einer Gruppe Gleichstrebender gewesen ist und der unmittelbar vor, z. T. vielleicht während der schon beginnenden Abschrift entstanden ist. Mit der herkömmlichen und nicht ernsthaft erschütterten Datierung „um 830" gelangen wir mitten in Hrabans Abtschaft. In ihm haben wir den Anreger und geistigen Leiter des wissenschaftlichen Unternehmens zu sehen. Ob man weiter gehen kann, ob man Ludwig den Frommen bei seinem Besuch des Klosters 832 als Anreger oder gar Besteller betrachten darf, bleibt ebenso ungewiß wie die Versuche, in die Feinheiten der Entstehung einzudringen und in dem sechsten Schreiber und Korrektor des Ganzen den Abt Hraban selber, in dem dritten Schreiber, dessen Sprache alemannische Schreibgewohnheiten zeigt, den Reichenauer Walahfrid Strabo wiederzufinden.

In diesem Werk wird zum erstenmal unternommen, eine umfassende Darstellung des Lebens Christi zu verdeutschen. In der Isidorgruppe war Ähnliches durch die Übertragung eines einzelnen Evangeliums versucht worden – ein deutsches Evangeliar oder gar ein Neues Testament oder die ganze Bibel in deutscher Sprache lagen damals noch über der Grenze des Möglichen. In der Evangelienharmonie hatte man die willkommene Zubereitung eines einheitlichen Textes aus den Widersprüchen der einzelnen Evangelien in der Hand. Die Übersetzungskunst steht hinter der des Isidor erheblich zurück. Man spürt, daß auch Fulda eine Stätte des Wortdienstes der Glossierung war. Die Übersetzung bleibt streckenweise der interlinearen Übertragung sehr nahe, und nirgends wagt sie den Grad von Freiheit, den der Isidorübersetzer sich errungen hatte. Die engere Atemluft der Schulstube ist im Tatian unverkennbar.

Dennoch ist er für uns das einzige erhaltene Übersetzungswerk großen Stils aus der ersten nachkarlischen Zeit. Er öffnet uns den Blick in die verchristlichte und verkirchlichte Sprache der frühen Zeit, wie es Notker für die Jahrtausendwende tut. Der Tatian nährt sich noch aus der ältesten Schicht der neuen kirchlichen Sprache; er zeigt noch Zusammenhänge mit der altbayrischen Sprache des Abrogans und daneben lebhafte Berührung mit der kirchlichen Terminologie der Angelsachsen. Das Fulda Hrabans steht auch sprachlich an der Scheidelinie zwischen der ältesten und der jüngeren, der nordwestlichen und der südöstlichen Sprachformung durch die Kirche. Kaum ein anderes althochdeutsches Denkmal ist für die Erforschung des kirchlichen Wortes so fruchtbar geworden wie der Tatian. Literarisch gewinnt er eine besondere Bedeutung durch die Anregungen, die von ihm ausgegangen sind. Der Dichter des Heliand findet hier die stoffliche Grundlage für sein Heilandsepos. Aber auch bei Otfried, dem Schüler des hrabanischen Fulda, werden wir uns vorstellen müssen, daß sich sein Gedanke, ein einheitliches Leben Christi zu schreiben, an seiner Kenntnis des Tatian entzündet hat, auch wenn er seine Stoffauswahl selbständig vornimmt.

Damit steht der Tatian unmittelbar oder mittelbar hinter den beiden bedeutendsten dichterischen Leistungen der karolingischen Zeit und führt uns an die Behandlung der ältesten deutschen Poesie heran. Doch gilt es zuvor noch, einen Blick nach Süden und nach Norden zu werfen. Auf der Reichenau wuchs einer der führenden Gelehrten der Zeit heran, Walahfrid Strabo. Dort war er zur Schule gegangen und hatte früh ein dichterisches Talent entfaltet, das an Anmut und leichter Formbeherrschung beste Tradition der karlischen Hofkunst fortsetzte. Im Jahre 826 geht er nach Fulda zum Studium bei Hraban und kommt 829 als Erzieher des jungen Karl (des Kahlen) an den kaiserlichen Hof. Im Jahre 838 kehrt er als Abt auf die Reichenau zurück, muß aber bald aus politischen Gründen Amt und Ort verlassen und ist erst 842 wieder in seinem Kloster, als dessen Abt er 849 ziemlich jung gestorben ist.

Uns berühren hier nicht die lateinischen Werke dieses glänzenden Stilisten und umfassenden Gelehrten, weder seine Poesien – Heiligenviten, Reimbriefe, die reizende Klosterbotanik seines Hortulus, die berühmte Vision seines Lehrers Wetti – noch seine theologischen Arbeiten, darunter seine *Glossa ordinaria*, ein lange nachwirkender Kommentar der gesamten Bibel. Uns beschäftigt nur eine kleine Nebenarbeit, ein Stückchen deutsche Glossierung. Es sind Glossen zu einem Auszug aus Isidors Etymologien, und zwar aus dem 1. Kapitel des 11. Buches: *de homine et partibus ejus.* Sie gehört keineswegs zu den großen Leistungen der alten Glossographie, sie hat aber für uns ein doppeltes Interesse. Die Grundlage ist eine Erinnerung an Walahfrids Studium bei Hraban, ein Kollegheft mit seinen Lücken und Mängeln; fuldischer Anstoß zu deutscher Arbeit. Zum zweiten geht es uns als ein Symptom an: wenn auf der Reichenau deutsch gearbeitet wurde, so geschah es auch nachkarlisch in der alten Tradition der deutschen Glosse. Einem Mann von Walahfrids Gelehrsamkeit und Gewandtheit hätte es nicht schwerfallen sollen, wirkliche Übersetzungsarbeit zu leisten und damit in karlische Aufgabenstellung einzuschwenken. Er tut es nicht; die geistige Luft seines Klosters hält ihn gefangen.

Im Norden stoßen wir auf die Trümmer eines Werkes, das unsere ganze Aufmerksamkeit verdient. Zwei stark zerstörte Blätter aus dem Kloster Gernrode enthalten die dürftigen Reste einer kommentierten Psalmenübersetzung ins Altsächsische. Sie erhebt sich hoch über die S. 22 f. behandelten interlinearen Übersetzungsversuche. Denn hier wurden die Psalmen Vers um Vers wirklich übertragen, mit jener Freimachung vom lateinischen Wort, die wir am Isidor so hoch einzuschätzen hatten und die dem Tatian nicht nachzurühmen war. Und jedem Vers folgt ein Kommentar, vermutlich ebenfalls die Übersetzung eines lateinischen Kommentarwerkes, das seinerseits auf den Auslegungen des Cassiodor und des Pseudo-Hieronymus beruhte. Freiheit der Übersetzung wie das Wagnis einer deutschen Theologie rücken das Werk in die geistige Nachbarschaft des Isidor. Wenn es sich, wie man annehmen muß, wirklich um die Reste einer kommentierten Übersetzung des gesamten Psalters handelte, so stehen wir vor einer erstaunlichen Leistung, einem Vorläufer des mit Recht bewunderten Psalmenwerkes Notkers.

Wir wissen nichts von dem Mann, der dies Werk vollbrachte. Die Handschrift wird um 900 angesetzt, kann also nicht in der ottonischen Gründung Gernrode entstanden sein. Wir wissen nicht, wie alt das Original dieser Abschrift war, wissen auch nicht, wo wir den Übersetzer ansiedeln sollen. Es muß einer der Brennpunkte der Bildung im Sachsenland gewesen sein. Aber die Reste sind zu gering für sichere sprachliche Rückschlüsse, und allgemeinere Erwägungen haben zu so entfernten Ansätzen wie Werden a. d. Ruhr und Halberstadt geführt. Da Zeit und Ort im Dunkeln sind, wissen wir auch das Wichtigste nicht: in welche geistigen Beziehungen wir das Werk hineinsetzen sollen. Wir dürfen überzeugt sein, daß eine solche Arbeit irgendwie mit den karlischen Bestrebungen zusammenhängen muß, können den Faden aber nicht verfolgen, der dorthin zurückführt. Der Weg über Haimo von Halberstadt, den angelsächsischen Schüler von Tours, wäre verlockend, wenn nicht dagegen spräche, daß Haimo einen eigenen Psalmenkommentar verfaßt hat, der in dieser Übersetzung nicht benutzt ist.

Am Ausgang der karolingischen Periode entsteht – für uns unbedeutend – noch eine niederfränkische Übertragung des Eingangsteils von Bedas Allerheiligenpredigt, die Geschichte von der Umwandlung des Pantheon in eine Allerheiligenkirche. Dies kleine, aus Essen stammende deutsche Stück ist nicht Bruchstück einer Predigtsammlung, sondern zufälliges Einzelstück. Es hat sein besonderes sprachliches Interesse wegen der Seltenheit alter niederfränkischer Sprachproben, die wir besitzen.

Für sich stehen in dieser Zeit nach Entstehung und Überlieferung die Straßburger Eidesformeln. Sie sind offizielle diplomatische Aktenstücke, zum einmaligen Gebrauch bei einem hochpolitischen Vorgang zubereitet. Es handelt sich um die bekannte Verbindung der beiden jüngeren Söhne Ludwigs des Frommen, Karls des Kahlen von Westfranken und Ludwigs des Deutschen von Ostfranken, gegen den ältesten Bruder Lothar. Im Jahre 842 trafen sie bei Straßburg zusammen und schworen nach einer längeren volkssprachigen Anrede an ihre Heere, die uns leider nur lateinisch erhalten ist, einen gegenseitigen Bündniseid, den jeder, um dem Heer verständlich zu sein, in der Volkssprache des anderen Partners leistete, Ludwig also romanisch, Karl deutsch. Darauf folgte ein Eid der beiden Heere, abermals doppelsprachig, in dem die Mannen sich von der Treupflicht gegen ihren Herren entbanden, für den Fall, daß dieser seinem Bundeseid nicht getreu bliebe. Die beiden Formeln sind uns in beiden Sprachen bekannt; die deutsche Fassung trägt rheinfränkisch-karolingisches Gepräge. Beide Eide bewahrt uns das Geschichtswerk des Nithart, Enkels des großen Karl, Staatsmannes in dem Dienst des westfränkischen Königs Karl. Man vermutet wohl mit Recht, daß er selber die Formeln abgefaßt hat und daher zur Hand hatte, als er Jahre später seine Geschichte schrieb. In der einzigen Nitharthandschrift, Abschrift eines romanischen Schreibers des 10./11. Jahrhunderts, sind sie ohne Verständnis für das Deutsche, doch sorgfältig kopiert.

Ein weiteres spätes Stück weltlich-rechtlichen Inhalts, ein neuer, bescheidener Ansatz zur deutschen Urkunde ist das Trierer Capitulare, ein Erlaß Ludwigs des Frommen über Erweiterungen des Schenkungsrechtes an die Kirche. Der lateinische Text dieses für die Kirche wichtigen Dokumentes ist im 10. Jahrhundert wohl zur Verwendung in einem konkreten Fall einer Übersetzung unterzogen worden, die ohne Ansprüche auf geistige Leistung auf den Standpunkt der Interlineare zurückgesunken ist. Der Wert auch dieses moselfränkischen Denkmals liegt im Sprachlichen als ein Beitrag zu einer sonst wenig überlieferten Mundart.

LITERATUR

Hrabanus Maurus: Ausg. Migne, Patrologia (Ser. Lat.) Bd. 107–112; De institutione clericorum, hrsg. A. Knöpfler, München 1900; Mon. Germ. Hist. Epistolae V; Manitius I 288 ff.

Tatian: hrsg. E. Sievers, Tatian, lat. u. deutsch, 2. Aufl. Paderborn 1892. J. Chapman, The Diatessaron and the Western Text of the Gospel, Revue Bénédictine 29 (1912) S. 233–252; G. Baesecke, Die Überlieferung des althochdeutschen Tatian, Halle 1948; E. Gutmacher, Untersuchungen zum Wortschatz des althochdeutschen Tatian, Beitr. 39 (1914) S. 1 ff.; 229 ff., 571 ff; W. Braune, Althochdeutsch und Angelsächsisch, Beitr. 43 (1918) S. 361 ff.; Th. Frings, Germania romana, Halle 1932; E. Schröter, Walahfrids deutsche Glossierung zu den biblischen Büchern und der althochdeutsche Tatian, Halle 1926.

Walahfrid Strabo: Manitius I 302 ff.

Altsächsischer Psalmenkommentar: E. Wadstein, Kleinere altsächsische Sprachdenkmäler (Norden-Leipzig 1899) Nr. II S. 4 ff.; Frings, Germania romana S. 19 und 226.

Bedas Allerheiligenpredigt: MSD LXX S. 233.

Straßburger Eide: Sprachdenkm. XV S. 82; Leseb. XXI S. 45 f.

Trierer Capitulare: Sprachdenkm. XL S. 305 ff.; Leseb. XIX 39 f.

DRITTES KAPITEL

DIE ALTDEUTSCHEN STABREIMGEDICHTE

Mit dem Stabreimvers ragt altes germanisches Erbe in die karolingische Zeit hinein. Eine eingehende Darstellung seiner Form und ihrer Möglichkeiten gehört der Verslehre an; wir beschreiben sie hier nur soweit, als es für das Verständnis der literarischen Denkmäler notwendig ist. Der Stabreimvers in seiner magischen Dreigliederung mit Achtergewicht ist in der uralten Sphäre magisch-mantischer Dichtung erwachsen, im germanischen Helden- und Preislied zum vollwertigen dichterischen Instrument geformt, von den Angelsachsen christlichen Inhalten und geistlicher Redebreite angepaßt. In der Atmosphäre karlisch-kirchlicher Bestrebungen um die Zubereitung des deutschen Wortes für das christlich-antike Erbe fand er nicht den nährenden Mutterboden; die deutsche Stabreimdichtung ist Zeugnis seines absterbenden Alterns.

1. DIE FORM

Das formale Grundelement des epischen Stabreimverses, um den es sich hier zunächst handelt, ist die gegliederte Langzeile, in der zwei Kurzzeilen, Anzeile und Abzeile, zu rhythmischer und klanggebundener Einheit zusammengefaßt sind. Jede Kurzzeile ist wieder in zwei Vierviertel- oder Langtakte gegliedert, was besagen will, daß jeder Takt in sich durch Haupt- und Nebenhebung wieder fest untergegliedert ist. Wenn wir die Einheiten dieses Aufbaues durch × darstellen, so erhalten wir folgendes rhythmische Grundschema:

$$(\times\times) \mid \acute\times\grave\times\acute\times\grave\times \mid \acute\times\grave\times\acute\times\grave\times \parallel \acute\times\grave\times\acute\times\times \mid \acute\times\grave\times\acute\times\grave\times \parallel.$$

Verwirklicht wird dieses rhythmische Schema durch sprachliche Füllung, die eine eigene, sinnbedingte Gliederung mitbringt und die so gewählt werden muß, daß die Akzentführung der Sprache, ihr Wechsel von Nachdruck und Nachdruckslosigkeit, sich der metrisch bestimmten rhythmischen Ideallinie des Verses einordnet. Die sprachlichen Nachdrucksstellen sind so geordnet, daß sie sich in die vier metrischen Nachdrucksstellen einlagern.

Wesenszug des Stabreimverses ist weiträumige Freiheit der Senkungsfelder zwichen den nachdruckstarken Hebungen, die das unerläßliche Gerüst bilden. Die Senkungsfelder zwischen den Haupt- und Nebenhebungen können fehlen, wie in der Musik die schematischen Viertel eines Taktes zusammengefaßt und mit halben oder ganzen Noten ausgefüllt oder auch pausiert werden können. Der Kurzvers kann damit auf vier Silben zusammengepreßt werden; der Norden gelangt sogar in gewissen metrischen Formen so weit, daß auch die Nebenhebungen von den Haupthebungen aufgesogen werden können und der Kurzvers bis auf zwei Silben zusammenschrumpfen kann. Andererseits können die Senkungsfelder zu vielsilbigen Zonen anwachsen, wie abermals in der Musik die Viertel des taktischen Schemas zu Achteln und noch kleineren Größen aufgespalten werden können. Ein weiterer Entfaltungsraum rhythmischer Senkungselemente ist der Auftakt, der fehlen oder präludierend zur ersten Hebung emporführen kann. Das Gebiet solcher silbenreichen Verse mit schwellenden Auftakten und Senkungsfeldern im Versinnern ist die angelsächsische und altsächsische Stabreimdichtung.

Wenige althochdeutsche Beispiele sollen die Möglichkeiten veranschaulichen. Regelmäßiger Fluß von Hebung und Senkung:

Hild. 14.   Hadubrant   gimahalta   Hiltibrantes   sunu.

Gepreßte Form:

Hild. 21   prut in bure   barn   unwahsan.

Entfaltete Senkungsfelder (im Anvers im Versinnern, im Abvers im inneren Auftakt):

Musp. 82

lossan sih   ar dero leuuo vazzon: scal im avar sin lip piqueman.

Auftakteinsatz:

Hild. 50   ih wallota   sumaro   enti wintro

Die sprachliche Verwirklichung überdeckt und überschneidet das rechtwinklige Gitterwerk des metrischen Schemas. Die zwei Stellen des Hauptnachdrucks ragen wie zwei Berggipfel, um die sich zugeordnete Höhen und Täler zum organischen Gesamtbau sammeln. In unseren Proben bezeichnen die Bögen unter dem Text die sprachlichen rhythmischen Gruppen.

Dieser ganze rhythmische Aufbau ist zunächst unabhängig von jeder stabenden Bindung; er lebt in sich. Nicht wenige Verse in Otfrieds Evangelienbuch sind aus dem Rhythmus der langtaktigen Langzeile empfunden und ließen sich als „Stabreimverse" rhythmisch analysieren. Der Stabreim ist lediglich die klanghafte Unterstreichung der rhythmischen Gliederung.

Stabreim ist Gleichklang des Worteinsatzes. Er bindet Wörter durch den gleichen konsonantischen Anlaut miteinander; vokalisch anlautende Wörter staben ohne Rücksicht auf den Vokalklang:

Musp. 52 enihc in erdu   aha artruknent.

Ganz im Gegensatz zum Endreim werden hier nicht die Vokalklänge gehört, sondern der feste germanische Vokaleinsatz.

Dieselben Beispiele belehren uns über die Verteilung der Stäbe im Vers; sie sind jeweilen durch Fettdruck hervorgehoben. Wir sehen daraus, daß der Stab die Hebungen sucht; er ist stets mit den Haupthebungen verbunden. Dabei sind gewisse Regeln beachtet. Unverrückbar fest ist die Ordnung im Abvers. Die erste Haupthebung des Abverses (= 3. Hebung des ganzen Verses) trägt stets, die letzte Hebung trägt nie einen Stab. Seltene Abweichungen sind bewußte Auflockerung oder Verfall. Dieser Stab heißt Hauptstab. Im Anvers können beide, muß eine der beiden Haupthebungen einen Stab erhalten; wobei die erste Hebung häufiger Stabträger ist als die zweite. So wird der Stab zum klanghaften Bindemittel zwischen den Kurzzeilen und zur hörbaren Profilierung des rhythmischen Gefüges.

Der Stabreimvers ist auf Rhythmus und Pathos gestellt; er ist das angemessene formale Mittel des pathetischen Heldenliedes, des volltönenden Preisgedichtes. Er verlangt in der Freiheit der einzelnen rhythmischen Glieder maßvolle Ausgewogenheit des Ganzen, Verbindung füllungskarger Verskörper mit breitem Auftakt, Koppelung füllungsbreiter Takte mit füllungsarmen, Auswiegen von Anvers und Abvers. Grundsätzliche Kargheit der Senkungen führt zu rhythmischer Dürre wie in manchen nordischen Versmaßen. Überlastung der Senkungsfelder im Auftakt und Inneren bedeutet Überflutung und schließlich Sprengung des strengen rhythmischen Gefüges; die geistliche Dichtung der Angelsachsen und Altsachsen erliegt leicht dieser Gefahr. Das alte Hildebrandslied ist ein Muster der Ausgewogenheit der rhythmischen Glieder innerhalb des Versganzen.

Zu einem Strophenbau sehen wir den Norden fortschreiten; auf angelsächsischem und kontinentalem Gebiet bleibt die Einzelzeile letzter Baustein des Gedichtes. Einzig vom Sprachlichen her erfolgt die höhere Gliederung. Wo Satzeinschnitte ins Innere der Langzeile verlegt werden, also Anzeile und Abzeile aufspalten, nennen wir dies Zeilenbrechung; wo diese – wie im Heliand – als besonderes Kunstmittel stilbestimmend durchgeführt wird, sprechen wir von Hakenstil.

4*

2. HOCHDEUTSCHE CHRISTLICHE STABREIMDICHTUNG

Wir wenden uns den erhaltenen deutschen Stabreimdichtungen zu. Sie alle sehen wir irgendwie mit Fulda verbunden; die alte angelsächsische Gründung wird zur eigentlichen Pflegestätte dieser so stark angelsächsischen Kunst. Dort ist das Hildebrandslied niedergeschrieben. Dort glauben wir auch die älteste Niederschrift des Wessobrunner Gebetes entstanden und möchten Gleiches vom Muspilli vermuten. Dort erhielt der Dichter des Heliand seine Anregung und seine Quelle, den Tatian.

Wessobrunner Gebet und Muspilli sind Darstellungen von der Weltschöpfung und vom Endschicksal des Menschen und der Welt, Anfang und Ende des großen gesamten Weltplanes Gottes. Zwischen beiden Polen bewegt sich die Gottesgeschichte in ihrem biblischen Verlauf, mit Schöpfungsbericht der Genesis und biblischer Urgeschichte und mit dem Wirken Christi auf Erden als wichtigsten Etappen. Sie sind in der altsächsischen Bibeldichtung, Genesis und Heliand, zur Darstellung gekommen. So ist uns der gesamte Ablauf des großen göttlichen Weltplanes, der das Mittelalter immer neu zur Darstellung reizte, in der christlichen Stabreimdichtung Deutschlands wirklich dargeboten, nicht von einem Kopf geplant und ausgeführt, sondern jedes der drei Stücke ganz unabhängig von dem andern entstanden. Alle diese Dichtung wäre ohne Vorbild und Anreiz der Angelsachsen undenkbar, sie alle tragen die Spuren ihrer Herkunft zum Teil sehr deutlich an sich.

Das Wessobrunner Gebet ist die irreführende Benennung eines kleinen Stückes in deutscher Sprache, das sich unter der Überschrift *de poeta*, d. h. „etwas Dichterisches", in einer lateinischen Sammelhandschrift des beginnenden 9. Jahrhunderts aus dem bayrischen Kloster Wessobrunn gefunden hat. Es ist eine rein äußerliche und nicht einmal sprachlich ausgeglichene Zusammenfügung zweier Teile. Nur der zweite Teil, durchschnittliche althochdeutsche Prosa, ist ein Gebet, das wir oben (S. 29) als leichte Abwandlung der im fränkischen Gebet zuerst verdeutschten lateinischen Gebetsformel erkannt haben. Der erste Teil ist der Anfang eines Schöpfungsgedichtes in Stabreimen, neun Zeilen; es bricht mitten in einem Satzbeginn unvermittelt ab.

Der Sprachtypus bezeugt, daß das Werklein in Bayern niedergeschrieben worden ist, doch hat Baesecke zu erweisen gesucht, daß die Handschrift nicht in dem unbedeutenden Klösterchen Wessobrunn, sondern in der großen Zentrale St. Emmeram in Regensburg geschrieben worden ist. Hinter dem Bayrischen der Handschrift stehen rheinfränkische Spuren eines älteren Originals. Nicht unwahrscheinlich, daß die erste Niederschrift in Fulda geschah; denn im ausgehenden 8. Jahrhundert ist ein solches Gedicht, das nach Ausweis seiner Wortwahl und einzelner sprachlicher Merkmale Nachahmung oder Übertragung eines angelsächsischen Schöpfungsgedichtes gewesen sein muß, eigentlich nur in Fulda denkbar. Mit Cædmons Schöpfungshymnus beginnt die angelsächsische christliche Epik, doch hat er mit dem Wessobrunner Stück nichts zu tun. Wir kennen die Quelle nicht. Die erhaltenen Zeilen sind nicht einfache Umsetzung des biblischen Schöpfungsberichtes in Verse. Die ersten 5 Zeilen entfalten den biblischen Begriff des Chaos, indem sie ihn in einer Kette von stabenden Formeln durch das Nicht-Vorhandensein gewohnter Dinge der natürlichen Ordnung veranschaulichen: Erde und Himmel, Baum und Berg, Sonne, Mond und das leuchtende Meer. Die letzten Zeilen stellen dem als das einzig Seiende Gott gegenüber, der in der heroischen Stabformel als *manno miltisto* erfaßt und von der Schar der Engel (gute Geister) umgeben ist, nicht also in der göttlichen Einsamkeit der Genesis, sondern in der Herrscherglorie der kirchlich-dogmatischen Auffassung. Möglich, daß die Hervorhebung der Engel für die Fortsetzung zunächst Aufruhr und Sturz Luzifers ankündigt, wie ihn das angelsächsische Genesisgedicht dargestellt hatte, möglich auch, daß der nächste und letzte Satzbeginn: *enti cot heilac* mit „Gott" als Subjekt unmittelbar zum Schöpfungswerk hinüberführte.

Die christliche Herkunft der Verse ist sowenig zu bezweifeln wie die angelsächsische. Aber die besondere Darstellungsform des Chaos durch Negation des natürlichen Kosmos hat eine bis in den Wortlaut nahe Verwandte in der Chaosschilderung des eddischen Gedichtes von der Weissagung der Seherin (Völuspá):

> Einstmals in den Zeiten war's,   daß Ymir hauste.
> Da war nicht Sand noch See   noch feuchtkühle Wogen,
> Erde gab's nicht   noch Oberhimmel.
> Der Schlund der Gähnungen war,   doch Gras nirgends.

Wie man diese Beziehungen beurteilt, hängt davon ab, wie man das nordische Gedicht überhaupt auffaßt. Ich betrachte es als das Werk eines heidnischen Isländers der Bekehrungsgeneration, der in echter religiöser Schau christliche und heidnische Elemente zu eigentümlicher Einheit zusammenzwang. Die Weltschöpfung, die Kosmogonie, halte ich für einen der christlichen Bestandteile und die besondere Form, das Chaos durch Negation zu veranschaulichen, für angelsächsische Leistung. Ich glaube, daß wir sowohl für das Wessobrunner Gebet wie für die Völuspá angelsächsische Verse als Vorbild voraussetzen müssen.

Das Muspilli – besser: das Gedicht von den letzten Dingen – hat einer seiner besten Kenner das „verzweifeltste Stück der althochdeutschen Literatur" genannt. Es stellt Fragen über Fragen. Sie beginnen mit der Herstellung des sehr schlecht geschriebenen und vielfach entstellten Textes und der Interpretation zahlreicher einzelner Textstellen einschließlich des Rätselwortes *Muspilli* (Z. 57), das der erste Herausgeber als geheimnisvollen Titel gewählt hat. Sie gehen weiter zu Fragen nach Ort und Zeit der Abfassung, nach Aufbau und Einheitlichkeit des Gedichtes bis zu den Fragen nach den Quellen und der geistigen Zuordnung des ganzen Werkes und seiner eschatologischen Vorstellungen. Textkritik und Einzeldeutung bleiben Aufgabe des Herausgebers. Das Gedicht steht in einer St. Emmeramer Handschrift, einer pseudoaugustinischen Predigt, die der Salzburger Bischof Adalram um 825/830 dem jungen Ludwig dem Deutschen – seit 825 Herzog von Bayern – gewidmet hatte. Die Eintragung des deutschen Gedichtes erfolgte nach Ausweis der Sprache wesentlich später; es sind bayrische Sprachformen des späten 9. Jahrhunderts. Ein wenig schreibgewandter Bayer hat das Gedicht auf leeren Blättern der Handschrift, Anfang und Schluß vermutlich auf den verlorenen Einbanddeckeln, geschrieben. Auf diese Weise ist uns das Gedicht verstümmelt überliefert; das erhaltene Mittelstück umfaßt 103 Verszeilen. Es handelt sich um die Abschrift einer wesentlich älteren Vorlage, die durch ihre Sprachformen dem Anfang des 9. Jahrhunderts zugewiesen wird, also in karlische Zeit gehört. Auch die Vorlage war bayrisch. Ob sich darüber hinaus durch die fränkischen Sprachspuren eine noch ältere fränkische Vorstufe erschließen läßt, die uns zu der willkommenen Zuordnung des Gedichtes zu Fulda berechtigen würde, bleibt unsicher.

Das Gedicht handelt von dem Schicksal des Menschen nach dem Tode, einem in dogmatischer Darlegung wie sittlicher Ermahnung gleich beliebten Gegenstand. Ein erster Teil (1–31) schildert, wie Engel und Teufel um die Seele eines eben Verstorbenen einen Rechtsstreit führen, und malt das Schicksal der Seele – je nach dem Entscheid – in Himmel und Hölle lebhaft aus. Es behandelt also das Einzelschicksal der Seele nach dem Tode. Der zweite Teil (31–103) handelt von Weltschicksal und Jüngstem Gericht. Ein kurzer einleitender Abschnitt (31–36) spricht von dem Aufruf zum letzten Gericht. Dann folgt erst der dem letzten Gericht vorausgehende Weltuntergang, Kampf des Elias mit dem Antichrist (37–49) und Weltbrand (50–57) und nach einem predigthaft mahnenden Zwischenstück (58–72) das Erscheinen des Herrn zum Gericht (73–103).

Dieser Aufbau scheint widerspruchsvoll – Einzelschicksal unvermittelt neben Endschicksal – und wenig folgerichtig. Die ältere Forschung nahm daraus Anlaß zu Umstellungen oder zerlegte das Gedicht in mehrere unabhängige Einzelteile. Heute wissen wir, daß das Nebeneinander der beiden Vorstellungen vom Schicksal der Seele ein immanentes Stück mittelalterlicher Dogmatik ist, die erste auf die biblischen Geschichten von Lazarus in Abrahams Schoß und von dem Schächer am Kreuz gegründet dem der sofortige Eintritt in das Paradies zugesichert wird, die zweite auf die biblische und apokryphe Apokalyptik. Weder die Unausgeglichenheit der beiden Vorstellungen noch die Uneinheitlichkeit des Aufbaues sind uns heute noch gültige Beweise für Schichtenbildung in einem mittelalterlichen Werk. So gewann die Auffassung Boden, daß das Muspilli das einheitliche Werk eines Mannes sei, bis sprachliche und stilistische Argumente erneut zu Versuchen geführt haben, das Mittelstück, Eliaskampf und Weltbrand, als eigenes, nur lose mit der Gerichtsdichtung verkoppeltes Gedicht auszuscheiden (Baesecke) oder wenigstens eine jüngere, predigthaft ausweitende Bearbeitung eines einheitlichen Gedichtes anzunehmen, das sich durch kritische Mittel reinigen ließe (Schneider).

Wer den Nachweis ernst nimmt, daß bis in den Wortlaut hinein quellenmäßiger Zusammenhang mit dem angelsächsischen Weltgerichtsgedicht Crist III besteht, wird ihn auch auf die Textkritik des Muspilli anwenden müssen. Die Beziehungen zu dem angelsächsischen Vorbild verteilen sich ungleichmäßig auf den Text des Muspilli; sie betreffen Weltbrand, Weltgericht und die Ausmalung der Orte der Seligkeit und Qual. Und zwar erfolgt diese im Crist sachlich richtig nach dem Weltgericht, während sie das Muspilli, predigthaft wirksam, mit dem Einzelschicksal der Seele verbindet. Damit wäre der Umfang eines älteren Gedichtes umschrieben, das dem Crist III und dem Muspilli als gemeinsame Quelle zuzubilligen wäre und das ebenfalls angelsächsisch gewesen sein müßte. Ein deutscher geistlicher Neugestalter hätte ihm dann einen moralisierenden und dogmatischen Überbau gegeben. Ihm fallen die predigthafte Verwendung des einzelnen Seelenschicksals und die übrigen paränetischen Teile zu. Er hätte auch den Eliaskampf beigesteuert mit der gelehrten Auseinandersetzung über Sieg oder Tod des Gottesstreiters Elias. Die weltlichen Rechtskenner – so sagt er – fassen den Kampf als ein Gottesgericht und erwarten daher den Sieg des Gottesstreiters Elias über den Antichrist als Vertreter des Satan, der dann den überwundenen Antichrist in die Hölle versenken wird. Viele Gottesleute aber – und ihnen rechnet sich der Dichter zu – glauben, daß Elias verwundet werden wird; und das entspricht ja der kirchlichen Legende, daß Elias durch den Antichrist getötet wird. Aus dem Blute, das seiner Wunde enttropft, wird sich dann, nach dieser Meinung, der Weltbrand entzünden. So werden wir das deutsche Muspilli als predigthaft gelehrte Überarbeitung eines angelsächsischen Gedichtes von den letzten Dingen aufzufassen haben, ohne daß wir innerhalb des deutschen Werkes mehr als eine gestaltende Hand anzunehmen brauchen.

Woher hatte der gelehrte Deutsche seinen Stoff? Die ältere Forschung sah wenigstens in Eliaskampf und Weltbrand heidnisch-germanische Züge und berief sich dabei auf Verwandtes in der Kosmologie der eddischen Völuspá. In neuerer Zeit haben den zeitweise zurücktretenden Gedanken namentlich Neckel und Baesecke energisch wiederaufgenommen. Indessen läßt sich so gut wie jede Einzelheit in kirchlichen Quellen wiederfinden. Doch jeder Versuch, zu wirklich greifbaren lateinischen Quellen vorzustoßen, ist gescheitert; wir halten ein Mosaik verstreuter Einzelheiten in der Hand, die bis in russische Eliaslegenden und koptische Apokalyptik hineinreichen, also eingehende Kenntnis orientalischer Vorstellungen voraussetzen. Und wir fragen vergeblich nach dem Manne, der im 9. Jahrhundert dieses Wissen besitzen und die Motivmenge zur Einheit verbinden konnte. Die Quellenfrage des Muspilli ist heute der Lösung so fern wie vor hundert Jahren.

Doch halten wir germanisches Heidentum dem Gedicht fern. Weder Thors Kampf mit der Midgardschlange noch wohl auch der Kampf des Freyr mit den „Muspellssöhnen" bringt uns eine wirkliche Erklärung des Kampfes zwischen Elias und dem Antichrist. Wohl aber spüren wir in dem Gedicht jenes Hinübernehmen kirchlicher Vorstellungen in germanische Darstellungsformen, das zu einer germanischen Einfärbung der Vorstellungsform führen kann, wie es für die christliche Dichtung der Angelsachsen eigentümlich ist. In diesen Bezirk gehört auch das Rätselwort *muspilli*. In unserem Gedicht ist es eine Bezeichnung der Jüngsten Dinge; drohend wird der Mensch *vora demo muspille* gewarnt. Eine klare Vorstellung ergibt sich nicht; es kann sowohl den feurigen Weltuntergang wie das letzte Gericht wie auch beides zugleich meinen. Wir finden dasselbe Wort im Norden in zweifellos heidnischer Umgebung wieder. Im Endkampfmythus zieht eine Dämonengruppe, die Muspellssöhne oder Muspellsleute, aus Muspellsheim heran, einer Welt, die sichtlich als eine Feuerwelt gedacht ist. Auch der Heliand besitzt das Wort an zwei Stellen in eschatologischem Zusammenhange. Sprachlich bleibt das Wort ein Rätsel; keiner der vielen Deutungsversuche schlägt durch. Sicher kann man wohl sagen, daß es dem Hörer mehr als ein blasser Begriff war; es war geladen mit Vorstellungen greifbarer Schrecknisse. Wir stellen es in die Nähe des altheidnischen Wortes „*wurt*" für „Schicksal". Auch hier handelt es sich um einen vorchristlichen Begriff, der in die christliche Dichtung aufgenommen wurde, ohne daß er seinen heidnischen Grundklang verlor. Solche Art, die heidnische Ausdruckswelt in christliche Dichtung zu überführen, um sie dadurch christlich aufzufüllen, ist angelsächsisch; sie steht im Gegensatz zu der fränkischen Art, ursprünglich heidnischer Terminologie ängstlich auszuweichen und neue, unanrüchige Wörter dafür einzuführen. Obwohl das Wort Muspilli im Angelsächsischen zufällig fehlt, spricht daher die Wahrscheinlichkeit dafür, daß es gerade dort in christliche Umgebung aufgenommen worden ist, und daß sowohl unser Gedicht wie der Heliand es nach angelsächsischem Vorbild verwenden. Die Beurteilung der nordischen Belege ist damit noch nicht vollzogen; sie liegt jenseits unserer Aufgabe.

Die Parallele des Wessobrunner Schöpfungsgedichtes würde es nahe-
legen, auch die deutsche Bearbeitung des Weltuntergangsgedichtes mit
Fulda zu verbinden, wie Baesecke es versucht hat. Wir haben schon betont, daß die sprachlichen Erscheinungen zu einem festen Ergebnis nicht
ausreichen. Die fränkischen Einschläge sind sogar neuerdings wieder als
jüngste Schicht der Sprache im Muspilli gedeutet, und darauf ist der Versuch gegründet worden, die alte Vorstellung wieder lebendig zu machen,
kein anderer als Ludwig der Deutsche selber habe das Gedicht in seine
kostbare Handschrift eingezeichnet. Doch hat die fuldische Hypothese
stärkere innere Wahrscheinlichkeit.

In der Form zeigt das Gedicht starke Spuren der Verwitterung.
Einiges davon kann auf das Konto des ungeschickten Abschreibers
fallen; namentlich die Stellen, die überhaupt nicht mehr als Vers zu fassen
sind. Aber bewußt geändert hat er nicht, und das meiste liegt schon in der
Tradition. Es ist mit schwindendem Gefühl für altgermanischen Versbau
gedichtet. Verstöße gegen die Stabgesetze, Abstumpfung des Gefühls
für rhythmischen Ablauf deuten innere Unsicherheit an; stablose Verszeilen und Eindringen des Endreims machen sie offenbar. Wo dem Dichter Stabzeilen von Wucht und pathetischer Eindringlichkeit gelingen, ist
er wohl von seiner Quelle oder der alten dichterischen Tradition getragen. Wo wir ihn am sichersten fassen, in den predigthaften Teilen,
wirkt er nach Form wie nach Stil verwaschen. Doch es ist mißlich, darauf
innere Scheidungen zu begründen; beides, Wucht wie Geschwätzigkeit,
gehört zu dem Stil, der dem Verfasser vor allem im Ohr lag, zum Stil der
Predigt. Aus der Predigt ist dies Stück zu verstehen. Es will nicht erzählende oder dogmatische Darstellung der letzten Dinge sein; es will sie
benutzen, um den Hörer zu schrecken und dadurch zu läutern. Dem entspricht der sprachliche Stil. Er verzichtet auf die Pracht der germanisch-
angelsächsischen Variationen und schmückenden Beiwörter. Er verzichtet auch auf den Versstil der brechungshaften Verhakung. Der
Dichter kommt vom lateinischen Satzstil her, mit verwickelten Satz-
gebäuden, die sich ohne Empfinden für das Verhältnis von Vers und
Satz durch die Zeilen hinziehen.

3. ALTSÄCHSISCHE BIBELDICHTUNG

Den beiden hochdeutschen Eckpfeilern des großen Weltendramas ist das altsächsische Mittelstück, Genesis und Heilandsleben – vom ersten Herausgeber Heliand genannt – an Umfang wie an dichterischer Bedeutung weit überlegen. Hier allein hat das angelsächsische Vorbild vollwertige Nachfolge gefunden.

Vom Heliand besitzen wir zwei vollständige Handschriften, die Münchener (M) und die Londoner der Cottonianischen Sammlung (C), beide für die Einsicht in die Sprache und Textform des Gedichtes von Belang, beide am Ende verstümmelt. Ferner besitzen wir das durch sein Alter erhebliche Bruchstück aus Prag (P), heute in Berlin, und die Eintragungen in die aus Mainz stammende Vatikanische Handschrift (V). Diese ist uns wichtig, weil sie zugleich die einzigen Reste der altsächsischen Genesisdichtung enthält.

Über den Dichter sagt das Werk selber nichts aus. Indessen beziehen wir mit vollem Recht ein lateinisches Dokument auf unsern Heliand, das der protestantische Apologet Flacius Illyricus der 2. Auflage (1562) seines *Catalogus testium veritatis* eingefügt hat. Er sammelte darin u. a. Zeugnisse dafür, daß schon in alter Zeit die Bibel dem Volke in seiner eigenen Sprache nahegebracht wurde. Wir nennen dies Dokument die lateinische Vorrede des Heliand. Sie besteht aus zwei Teilen, einem Prosabericht und einer Verserzählung aus 34 Hexametern. Beide berichten über die Entstehung eines großen biblischen Epos in sächsischer Sprache – damit kann nur der Heliand gemeint sein –, beide in völlig verschiedener Weise. Die Verse haben legendären Zuschnitt, die Prosa hat geschichtlichen. Die Verse berichten, wie der Dichter, ein einfacher Landmann, von Gott im Traume aufgerufen wurde, die Heilsgeschichte *(divinas leges)* in seiner heimischen Sprache zu besingen, und wie er, in wunderbarer Weise der Kunst mächtig geworden, ein Gedicht vom Beginn der Welt bis zur Erlösung durch Christus verfaßt habe. Genesis und Heliand sind also hier als Werk desselben Dichters aufgefaßt.

Dem steht die Prosa gegenüber, der zufolge Ludwig der Fromme den Anstoß zu der Dichtung gegeben habe, um die göttlichen Bücher, bisher nur den Gelehrten zugänglich, dem ganzen Volk in seiner Volkssprache *(theudisca lingua)* zu eröffnen. Er habe daher einem Manne sächsischen Stammes, dem schon der Ruf eines nicht unbedeutenden Dichters anhaftete, aufgetragen, das Alte und Neue Testament zu dichten. Auch hier also sind Genesis und Heliand Werk des gleichen Dichters. Die beiden Teile der Vorrede sind durch einen Zwischensatz, der das Berufungswunder in Prosa vorwegnimmt, und durch Einflechtungen in das geschichtliche Vorwort, deren Umfang verschieden beurteilt wird, notdürftig und äußerlich verkittet.

Die legendäre Vorrede überträgt das Berufungswunder, das uns Beda von dem ersten angelsächsischen Bibeldichter Cædmon erzählt, mechanisch auf den Dichter des Heliand. Die geschichtliche Vorrede gibt uns Anhaltspunkte. Ludwig der Fromme ist noch als Lebender behandelt; damit muß das Werk vor seinem Tode (840) vollendet gewesen sein. Die Dichtung muß sogar noch etwas weiter zurückliegen; denn die Vorrede behandelt Genesis und Heliand als das Werk desselben Mannes, während alle Sprach- und Stilbeobachtungen auf zwei verschiedene Verfasser weisen. Beide Werke müssen zu einer Einheit zusammengefaßt gewesen sein, und wir pflegen die Genesis als jünger zu bewerten als den Heliand. Ob der Irrtum über den Verfasser auf zeitlichem oder räumlichem Abstand beruht, wissen wir nicht.

Der Auftrag wurde einem Manne gegeben, der als erprobter und erfahrener Dichter bei den Seinen einen fest gegründeten Ruf genoß. Als einen „Laien" oder gar einen Dichter heimischer Heroik kann man ihn damit höchstens soweit betrachten, daß er früher den Vortrag, vielleicht auch die Dichtung weltlicher Kunst geübt hat. Die Leistung des Heliand aber wäre auf dieser Grundlage allein nicht möglich; sie setzt das doppelte Studium der angelsächsischen Bibelepik und der zeitgenössischen Theologie voraus. Der Dichter baute sein Werk auf Tatians Evangelienharmonie auf und zog weitere gelehrte Literatur hinzu, namentlich den Matthäuskommentar des Hraban. Und er war ein eingearbeiteter Kenner der angelsächsischen christlichen Stabreimepik. Daher ist es uns wahrscheinlich, daß auch die früheren Werke, die seinen Ruf begründeten, nach Inhalt und Stil bereits angelsächsisches Vorbild nachahmten.

Die Vorrede nennt ihn einen Sachsen. In der Tat ist die Sprache seines Werkes altsächsisch. Dennoch hat die Beurteilung seiner Sprache nach den Handschriften und damit seine engere Ansiedlung in dem weiten altsächsischen Sprachraum erhebliche Schwierigkeiten gemacht. Denn die sprachliche Untersuchung hat in dem beherrschenden Altsächsisch Elemente aufgedeckt, die nach Lautung und Wortwahl teils ins Fränkische, teils ins Friesische zu weisen scheinen, und die alten Bruchstücke P und V haben gezeigt, daß nicht der altsächsische Purismus der Handschrift M, sondern die merkwürdige Sprachmischung von C dem Urbild nähersteht. Von den zahllosen Zuordnungsversuchen haben heute wohl nur noch zwei wirkliche Bedeutung. Das ist einerseits die aus dem Material des Sprachatlas zuerst von Wrede entwickelte, von Frings ausgebaute Festlegung auf den äußersten Südosten des Sprachgebietes, in die Merseburger Gegend. Andererseits scheint mir die These von Collitz, daß wir es gar nicht mit einer „Mundart", sondern mit einer buchsprachlichen Mischung zu tun haben, durch die Kritik keineswegs erledigt, sondern angesichts dessen, was wir heute über die Buchsprachen hochdeutscher Zentren wissen, neuer Beachtung und Untersuchung wert. Der letzte

Herausgeber des Heliand, W. Mitzka, gelangt zu ähnlichen Anschauungen, indem er in der Sprache des Heliand den Niederschlag der in der altsächsischen Oberschicht gültigen Rechts- und Verkehrssprache sieht. Für die dichtungsgeschichtliche Betrachtung ist überdies die Frage nach der leiblichen Heimat des Dichters minder wichtig als die nach der geistigen. Wo fand dieser theologisch geschulte Sachse eine Bildungsstätte, die ihm zugleich den Ausblick auf die angelsächsische Bibelepik eröffnete und in ihrer Bibliothek die Werke darbot, auf denen er theologisch aufbaute? Der erste Gedanke geht auf Fulda: Hier, und damals wohl hier allein, war der Tatian vorhanden, der die sachliche Hauptquelle abgab; und eben in dem Jahrzehnt, da der Heliand entstanden sein muß, reift die Übersetzung dieses Buches ins Deutsche heran. In Fulda war 821/22 Hrabans Matthäuskommentar, die theologische Hauptquelle des Dichters, abgeschlossen worden, und nirgends so wie hier waren auch die Beziehungen zur angelsächsischen Stabreimdichtung denkbar. Die alte Tradition von Bonifaz her war noch nicht erstorben, und mindestens der Splitter des Wessobrunner Schöpfunggedichtes erweist für Fulda lebendige Beschäftigung mit der angelsächsischen Poesie. Von Fulda endlich geht der nächste Weg nach Mainz, wo noch im 9. Jahrhundert die Vatikanischen Bruchstücke aus Genesis und Heliand in einen sicherlich Mainzer Codex eingetragen wurden und wo seit 847 der fuldische Abt Hraban den Erzstuhl innehatte. So spricht vieles dafür, den Dichter des Heliand in Fulda zu suchen, sei es als Mönch im Kloster selber, sei es – was wahrscheinlicher ist – als ehemaligen Schüler seiner berühmten Schule, wie Otfried es war.

Die dichterische Leistung der altsächsischen Bibeldichter ist nur gegen den Hintergrund ihrer angelsächsischen Vorbilder zu bewerten. Die Angelsachsen hatten den Schritt vom sangbaren Lied zum gelesenen Bibelepos getan. Die breite Hexameterepik des Vergil und Ovid und ihrer christlichen Nachfahren (Juvencus, Prudentius u. a.) war ihr Vorbild. Aber die Leistung der Angelsachsen bestand nicht in bloßer Nachahmung der lateinischen Muster; sie entwickelten ihre eigene Form aus heimisch-germanischem Baustoff. Der Vers blieb der heimische Stabreimvers; die Breite des Buchepos wurde nur sehr zum Teil durch die Form- und Stilmittel des klassischen Epos gewonnen. Nicht die Erfindung von Episoden und Nebenfiguren schuf neuen Inhalt, nicht das liebevoll ausgeführte Bild epische Breite. Die epische Aufschwellung der angelsächsischen und auch der altsächsischen Stabreimepik ist eine wesentlich rhetorische durch die heimischen Stilmittel der schmückenden Beiwörter und namentlich der Variation. Daneben stand die geistliche Beredsamkeit Pate; von ihr hatte man die Kunst eines umfänglichen und verwickelten Satzbaues gelernt und das Schwelgen in einer Wortfülle, die der alte, auf gemessene Wucht gestellte Vers kaum noch aufzunehmen

vermochte. Seine Freiheit in der Behandlung von Auftakt und Senkungsfeldern des Innern wird so unmäßig ausgenutzt, daß sein Gefüge über-
dehnt, zuletzt gesprengt wird. Wir finden im Angelsächsischen und namentlich im Heliand zahlreiche Verse, die die schematische Struktur der
durch Stabsetzung unterstrichenen Langtaktgliederung äußerlich noch
aufrechterhalten, die aber ihrem wahren rhythmischen Verlauf nach nicht
mehr takthaft gelesen werden können, in denen vielmehr der schwellende
Sprachrhythmus der rhetorischen Phrase sein eigenes Recht durchgesetzt
hat.

Der Formen- und Formelschatz der Variation und der schmückenden
Beiwörter war im heroischen Gedicht vorgebildet und stand zu seiner
ethischen und gesellschaftlichen Blickweise in angemessener Beziehung.
D. h. er entstammte der Denkweise einer aristokratisch-kriegerischen
Oberschicht, der Sphäre von Herrschertum und Mannentreue, Waffe und
Kampf, Schatz und Ruhm. Die angelsächsischen und altsächsischen
Bibeldichter übertrugen diese Formeln auf die neuen Inhalte. Nicht nur
als Vorbilder, denen sie Neuprägungen aus christlichem Denken gegen-
überstellten; sie übernahmen sie auch als fertige Formstücke und schufen
damit das, was man so falsch als „Germanisierung des Christentums" bezeichnet hat. Es war keine Gesinnungsfrage, sondern eine Stilfrage, höchstens eine Frage der Erlebnisart. Wenn Christus als der König und Herr
über Himmel und Erde (Hel. 407, 5191 u. ö.) kirchlich-christlich erfaßt
wurde, so wurde das dichterisch in die ererbten Stilformen gefolgschafts-
mäßigen Dichtens gekleidet, variierende Bezeichnungen und preisende
Beiwörter des irdischen Gefolgschaftskönigs auf Christus angewendet.
Doch keineswegs wahllos. Man darf die recht deutliche Scheidelinie
zwischen himmlischer und irdischer Terminologie im Heliand nicht übersehen.

Das häufige *drohtin* ist im Heliand – wie in der Kirchensprache überhaupt – zur
Gottesbezeichnung geworden; ein einziges Mal gilt es einem irdischen Herrn (3424).
Das seltenere, auch in seiner Bedeutung steigernde *thiodan*, Volksherrscher, teilt
Christus an einer Stelle (63) mit einem irdischen Herrscher, aber immerhin mit Augustus, dem Träger des römischen Weltreiches. Man muß auch beachten, wie sorglich
die Auswahl der Formeln geschehen ist, wie selten die auf Christus bezogenen zugleich in der irdischen Sphäre verwendet werden. Daß sowohl Christus (1286; 3665)
wie Herodes (2743) *landes hirdi* heißen können, ist eine seltene Ausnahme. Wenn neben
Christus (1027) auch der Herr des Weinberges im Gleichnis (3424) *erlo drohtin* heißt,
so ist jener Herr im Gleichnis doch das Gegenbild Gottes. Doch selbst eine so irdisch
klingende Bildung wie *landes ward* ist Christus vorbehalten; Umschreibungen mit
ward für irdische Herren lauten anders. In den allermeisten Fällen sind die Umschreibungen für Christus Neuschöpfungen aus christlicher Sphäre oder durch Beiwörter
in die christlich-religiöse Sphäre erhoben. Erst bei den Jüngern, die als irdische Ge-
folgsleute des himmlischen Königs gefaßt sind, greift die Gefolgschaftsterminologie
erheblich weiter. Die Umwelt Christi wird zweifellos durch die Stilisierung nicht nur
germanischer, sondern auch adliger, glänzender, geräumiger. Aber das ist keine so
besondere Einmaligkeit, wie es oft hingestellt wird. Man muß danebenhalten, wie

sehr Maria in der hochmittelalterlichen Mariendichtung in ihrer irdischen Erscheinung
verhöfischt wird, oder wie z. B. Heinrich von Neustadt in seinem Gedicht von Gottes
Zukunft Christus sehr realistisch als Kriegshelden schildert, insbesondere, wie Gott
ihn bei der Himmelfahrt als einen von ihm ausgesandten Krieger empfängt, der mit
blutüberströmtem Waffenkleid, aber mit der Siegesfahne in der Hand, von seinem
Auszug heimkehrt, ganz wie ein Ritter aus der Schlacht. Man wird trotzdem nicht
sagen, daß hier das religiöse Denken irgendwie umgeformt sei, sondern wird richtig
von einer Veranschaulichung mit zeitgemäßen Stilmitteln reden. So haben wir auch
den Heliand zu beurteilen; ein Christusleben, das die Bergpredigt so beherrschend in
den Mittelpunkt stellt, kann unmöglich an eine bewußte „Germanisierung" seines
Stoffes gedacht haben. Nichts von dieser Lehre in ihrer ungermanischen Neuheit wird
verschwiegen, nichts in Rede und Tat von „Gottes Friedenskind" verbogen.

Auch die ganze innere Haltung des Dichters zu Stoff und Hörer ist
nicht germanisch. Das germanische Heldenlied suchte auf den sittlichen
Willen des Hörers zu wirken; es stellte menschliche Vorbilder im Augen-
blick letzter, tödlicher Entscheidung vor den Hörer hin. Der Helianddichter wendet sich an das Gemüt; er teilt mit seinen angelsächsischen
Vorbildern eine Gefühlsbetontheit, die der germanischen Gefühlskarg-
heit gerade entgegengesetzt ist. Er hat von der angelsächsischen
Dichtung auch eine Aufgeschlossenheit für die Natur gelernt, für die
namentlich die bewegten Bilder des Seesturms Zeugen sind. Auch
dahinter steht letztlich die antike Schulung und ihr Landschafts- und
Meereserlebnis.

So nehmen wir die germanische Stilform nur als einen Überwurf. Nur
an einer Stelle ist doch wohl germanisches Denken – zentral religiöses
Denken – eingedrungen: in der Aufnahme des Schicksalsbegriffes und
seiner Terminologie. Der Ausgleich zwischen dieser höchsten Macht
germanisch-religiösen Denkens und der Gottesmacht des christlichen
Denkens ist nicht vollzogen. Die Macht Gottes und des Schicksals stehen
zumal im Anfang des Gedichtes (127, 367) gleichberechtigt nebeneinander, oder sie werden variierend gleichgesetzt (1778; 5394), oder das
Schicksal wird durch das Beiwort „heilig" zum Willen Gottes äußerlich
umgeprägt (4064). In der Vorbereitung der Passion klingt das Wort:
wurd ist an handon (das Schicksal ist zur Hand) mehrfach in Christi eigenem Munde, wo Luther mit „die Zeit ist erfüllet" übersetzt. Immer bleibt
das Schicksal eine große, überschattende Eigenmacht, nicht eine feste
Fügung in Gottes Händen. Man könnte sagen, daß auch darin der Dichter des Heliand nichts anderes tut als die mittelhochdeutschen Epiker,
die – nachdem die geistliche Dichtung des 11./12. Jahrhunderts das
Schicksal verbannt und alles allein als Gottes Lenkung erfaßt hatte – den
Schicksalsbegriff wieder hervorholen und das lateinische *fatum, fortuna*
mit den deutschen Gegenbegriffen *saelde, gelücke, heil* als waltende Macht
neben Gott wieder einführen. Nur ist die Nähe im Heliand eine andere
und gibt eine andere Resonanz: Er spricht zu jungbekehrten Hörern, für

die das Schicksalsdenken der Kernpunkt ihres religiösen Erlebens war. Und dem Dichter selber merkt man es an: hat er den alten Göttern auch gründlich abgeschworen, das Schicksal liegt auch ihm noch im Blut. Der Dichter des Heliand ist mit der Gelehrsamkeit seiner Zeit vertraut. Er kennt, wie schon erwähnt, seinen Stoff aus dem Tatian, er ist in den geläufigen Bibelkommentaren, namentlich in Hrabans Matthäuskommentar, zu Hause; er weiß einzelne Lichter aus älterer und jüngster Erdkunde aufzusetzen. Seine geistliche Bildung ist unverkennbar. Aber sein Gedicht schreibt er als der *non ignobilis vates*, als den ihn die Praefatio vorstellt, als der dichtende Erzähler der heiligen Geschichte. Die heilsgeschichtliche Verflechtung Christi deutet er nur durch die ganz knappe Einordnung in den Weltablauf – Schöpfung, Weltalter – einleitend an. Ob dem ein kurzer eschatologischer Ausblick entsprach, wissen wir nicht, da der Schluß verloren ist. Und so genügen überall leicht hingesetzte Striche, wo Dogmatisches oder Moralisches zu Gehör kommen sollte; gelehrte Exkurse meidet er fast ganz. Die Einheit der Erzählung von Jesu Leben war ihm durch die Quelle vorgegeben; er hat sie in freier Auswahl und Ordnung benutzt. Dies Heilandsleben läßt er in sich wirken; die dogmatisch wesentlichen Teile: Geburt, Passion, Auferstehung werden nicht stofflich oder kommentierend besonders herausgehoben. Die dogmatisch wesentliche und im Credo genannte Höllenfahrt, die späteren Jesuleben selten fehlt, hat er nicht selbständig eingefügt. Dagegen zeigt die beherrschende Stellung der Bergpredigt, worauf es dem Dichter ankam. Ihm ist Crist – so, und nicht Jesus, nennt er ihn stets – vor allem die neutestamentliche Person, Herr und Gottessohn, Wundertäter und vor allem Lehrer und damit Gesetzgeber einer neuen Zeit für alle Welt, der *êosago allen thiodun* (3801). Dagegen tritt der dogmatische Christus ganz zurück; von der Trinität ist keine Rede, auch nicht von Christi präexistenter Teilnahme an Schöpfung, Weltregiment und Erlösungsbeschluß. Aber er sieht ihn auch nicht als den großen Weltenrichter, mit dessen Bild Otfried sein Gedicht so mächtig beschließt. Nur einmal gibt er dem irdischen Christus von sich aus die Bezeichnung *god* (3646); und das geschieht an der einzigen Stelle, wo der Dichter allegorischer Auslegung Raum gibt, bei der Heilung des Blindgeborenen.

Von der altsächsischen Genesis besitzen wir nur bruchstückhafte Kenntnis. Einerseits sind einige Abschnitte in die Handschrift V eingetragen. Andererseits dürfen wir weitere 617 Zeilen für die Genesis beanspruchen, die in dem angelsächsischen Genesisgedicht als sichere Übersetzung aus dem Altsächsischen erkannt worden sind. So haben wir einen leidlichen Eindruck dieses Gedichtes. Die Praefatio behandelt in ihren beiden Teilen Heliand und Genesis als das Werk eines und desselben Dichters, und man wäre gern geneigt, ihr zu vertrauen. Allein nicht nur die sprachlichen und stilistischen Unterschiede, sondern auch die andere Haltung zu dem heiligen Stoff sind so erheblich, daß man an die einheitliche Dichterpersönlichkeit nicht glauben kann. So müssen wir wohl annehmen, daß die Praefatio von einem Mann verfaßt ist, der mit der Entstehung der Gedichte nicht allzu gut vertraut war. Das spricht gegen die bestechende Vermutung, daß die offenbar in Mainz abgefaßte Praefatio aus der Feder des Hrabanus Maurus stamme.

Die Leistung des Genesisdichters ist in der Forschung vielfach unterschätzt worden, indem man seine formale Unterlegenheit gegenüber dem Helianddichter ungebührlich betont hat. Die sorglosere Formbehandlung ist nur Ausfluß eines anderen dichterischen Temperamentes, und ihr steht in der größeren Lebendigkeit und Freiheit der Stoffbehandlung ein beträchtlicher Gewinn gegenüber. Der Helianddichter nimmt seine Aufgabe strenger und gemessener. Er hält sich stofflich eng an die biblische Vorlage; er bezog z. B. die Höllenfahrt Christi nicht in seine Darstellung ein, obwohl das Glaubensbekenntnis sie kennt. Der Genesisdichter gibt der außerbiblischen Erzählung von dem Engelsturz breiten Raum und erfindet selbständig eine ausgedehnte Rede des gefesselten Luzifer, in der er die Verführung Adams und Evas erwägt und anordnet. Ähnlich nimmt er bei der Erwähnung Enochs auf dessen Rolle beim Kampf gegen den Antichrist Bezug. Doch auch die biblischen Inhalte selbst werden in einer lebendig persönlichen Art umgeformt, wie es W. Braune für die Geschichten von Kain und Abel und Sodoms Untergang schön dargelegt hat.

Von seinem Werk kennen wir nur Teile der Schöpfungs- und Patriarchengeschichte (Kain und Abel, Abraham, Sodom). Wir wissen nicht, wie weit es sich erstreckt hat. Die Angabe der Praefatio, daß „Altes und Neues Testament" behandelt worden seien, darf man nicht wörtlich nehmen. Bei der breiten Erzählweise des Dichters würden wir zu einem auch für angelsächsische Begriffe unerhörten Riesenwerk kommen, wenn wir uns mehr als eine wirkliche Genesis, d. h. Ur- und Patriarchengeschichte, allenfalls mit Einbeziehung von Teilen der Exodus (Joseph, Moses) darunter vorstellen wollten. Unter heilsgeschichtlichem Blickpunkt bedeutet „Altes Testament" eben Uranfang und Patriarchenzeit; von den Patriarchen als den Vorläufern wandert der heilsgeschichtlich bestimmte Blick alsbald zur Erlösungsgeschichte mit Johannes als dem letzten Vorläufer hinüber.

4. HEROISCHE DICHTUNG, HILDEBRANDSLIED

Einsam unter den deutschen Stabreimdenkmälern steht das Hildebrandslied; nicht angelsächsisch verflochten, sondern südlich, gotisch-langobardisch, nicht kirchlich, sondern weltlich, und damit zunächst außerhalb des Generalnenners, unter dem alle deutsche Literatur bisher gestanden hatte: karolingische Bildungsarbeit.

Die 1946 verschwundene, heute zur Hälfte wiedergefundene Handschrift weist abermals nach Fulda. In einen ursprünglich fuldischen Codex der Kasseler Landesbibliothek aus der 2. Hälfte des 8. Jahrhunderts, in der Hauptsache die Sapientia Salomonis und Jesus Sirach enthaltend, ist das Hildebrandslied auf der ersten und letzten Seite durch zwei Schreiber zu Anfang des 9. Jahrhunderts eingetragen worden, soweit der Raum reichen wollte. Erhalten sind uns 68 stabende Langzeilen; mitten im Kampf zwischen Vater und Sohn bricht das Gedicht ab.

Das Hildebrandslied steckt voller Rätsel. Das ist z. T. in seiner Einsamkeit begründet; wir besitzen nichts in der deutschen Literatur, mit dem wir es erhellend vergleichen könnten. Die Niederschrift erweist sich auf Grund von Fehlern als Abschrift eines älteren Originals. Sie ist sorgfältig geschehen, wie die vielen Rasuren und Verbesserungen zeigen. Sie beweisen zusammen mit den unverbesserten Fehlern aber zugleich, wie schwer es in dieser Zeit noch fiel, deutsch zu schreiben. Die Herstellung des Textes hat gelehrten Scharfsinn immer neu herausgefordert, aber es gibt unheilbare Stellen.

Rätselvoll ist schon die Sprache in ihrer unvermittelten Mischung hochdeutscher, z. T. betont oberdeutscher Elemente mit ausgesprochen niederdeutschen. Niederdeutsch ist vor allem die völlige Vermeidung der Verschiebung des germanischen t (tô, uuêt, luttila), der Nasalschwund vor Dentalen (ûsere, gûdhamun, ôdre) und die weitgehende Monophthongisierung von ei zu ê vor Nasal und Dental (ênan, hême, wêt). Wesentlich hochdeutsch sind der übrige Vokalstand und die sonstige Behandlung der Verschiebung. Formen wie prût, pist, chint, -laos wirken betont oberdeutsch. Es hat nicht an Versuchen gefehlt, die Einheitlichkeit dieser Sprache zu retten (Grenzmundart, Literatursprache, individuell beabsichtigte Mischung). Aber der Eindruck der mechanischen Mischung ist so stark, daß man der Auffassung einer sprachlichen Überschichtung den Vorzug geben muß. Dann bleiben zwei grundsätzliche Möglichkeiten: hochdeutsches Original und niederdeutscher Abschreiber oder umgekehrt: niederdeutsches Original und hochdeutscher Abschreiber. Die These des niederdeutschen Originals, einst von Müllenhoffs Ansehen getragen, hat stark an Schätzung eingebüßt. Die grundsätzliche literar- und sagengeschichtliche Lage macht eine Wanderung von Süden nach

Norden, d. h. eine hochdeutsche Grundlage, von vorneherein wahrscheinlich. Zudem hat man immer deutlicher erkannt, daß die niederdeutschen Bestandteile nur eine oberflächliche Tünche sind und daß namentlich Formen wie *luttila, urhettun, huitte* mit ihrem doppelten t sprachliche Zwitter sind und nur durch mechanische Übertragung aus hochdeutsch *luzzilo, urheizzo, hwizze* erklärt werden können. Diese oberflächliche Mechanik des Umsetzens, die zu niederdeutschen Scheinformen führt, ist auch sonst spürbar. So ist etwa hochdeutsch *suâsaz* in ein *suâsat* umgesetzt, während echt niederdeutsch nur die kurze Neutralform *swâs* vorkommt, oder hochdeutsch *unsare* wird durch mechanische Auslassung des *n* vor Dental zu einer Mißform *ûsere*, der die echte altsächsische Form *ûse* gegenübersteht. Das zeigt nicht nur die hochdeutsche Grundlage, sondern führt zu der Einsicht, daß nicht ein Sachse eine Übersetzung eines hochdeutschen Liedes in seine Heimatsprache vorgenommen hat, sondern daß ein Mann mit hochdeutscher Muttersprache versucht hat, dem Gedicht oberflächlich ein niederdeutsches Aussehen zu geben. Und zwar ist das schon in der Vorlage geschehen; die letzten Schreiber haben an ihrem Text nichts bewußt geändert, wie ihre ängstlichen Korrekturen zeigen.

Diese niederdeutsche Überpinselung wird ebenfalls in Fulda geschehen sein. Es gibt kaum einen anderen Punkt, wo der Gedanke gefaßt werden konnte, einen hochdeutschen Text auf solche Weise für niederdeutsches Verständnis zuzubereiten. Auf Fulda weisen auch die Eigenheiten der hochdeutschen Sprachbestandteile und der Orthographie. In der stark bayrisch beeinflußten Frühzeit von Fulda wären sogar die ausgesprochenen Bajuvarismen des Textes als fuldisch erklärbar. Da uns aber die literarische Geschichte des Hildebrandsliedes ohnehin nach Bayern führt, nehmen wir sie besser als Reste einer älteren bayrischen Vorlage.

Denn nach Bayern weisen alle sagengeschichtlichen Erwägungen das Hildebrandslied hin. Es ist ja ein Sproßlied der gotischen Dietrichdichtung, die ihre lebendige Atemluft stets, noch im 13. Jahrhundert, im bayrisch-österreichischen Südosten gehabt hat. Ob man an gotischen oder langobardischen Ursprung des Liedes denkt – jedenfalls ist Bayern der gegebene Vermittler für Dichtung von jenseits der Alpen an die übrigen deutschen Stämme. Zu Recht hat Baesecke das Hildebrandslied mit dem ersten Beginn deutschen Schreibens in Bayern in Beziehung gesetzt. Der Sprachstand, soweit er durch den Stab gesichert ist, würde namentlich wegen des Verlustes von anlautendem w in *(w)reccheo* (der Recke) das Gedicht in die letzten Jahrzehnte des 8. Jahrhunderts verweisen. Bei langobardischem Ursprung würde *reccheo* seine Bedeutung für den Zeitansatz verlieren; das deutsche Hildebrandslied könnte dann ebensogut ein bis zwei Jahrzehnte älter sein und in die Zeit des Abrogans hinaufgerückt werden. Die starke bayrische Besetzung von Fulda und der lebhafte literarische Austausch zwischen Fulda und Regensburg, das nach 780 das literarische Erbe von Freising antrat, trugen das Gedicht nach Fulda, wo es um 810/20 niederdeutsch aufgemacht und bald danach in unsere Handschrift eingetragen wurde. In diesen 5 Stufen: gotisches oder langobardisches Original – altbayrische Eindeutschung – fuldische Übernahme – altsächsische Einfärbung – letzte Eintragung denken wir uns also die Textgeschichte verlaufen. Mit dem Interesse Karls an den heimischen Liedern haben wir das Hildebrandslied wenigstens nicht unmittelbar zu verbinden.

In dieser Zeit erlitt der Text nicht nur Entstellungen im einzelnen. Die Einbußen gehen weiter, und es ist viel Scharfsinn auf die kritische Beurteilung des Gesamttextes verwendet worden. Dem Raummangel ist der Schluß zum Opfer gefallen. Der Ausgang konnte der ganzen Anlage nach nur tragisch sein; es bedurfte zu dieser Erkenntnis kaum der Bestätigung durch eine junge nordische Quelle. Wir besitzen dort das „Sterbelied Hildebrands", in dem sich der Held – bei einem anderen Verwandtenkampf tödlich verwundet – u. a. klagend erinnert, daß er seinen eigenen Sohn im Kampf getötet habe. Wieviel dürfen wir sonst aus anderen Behandlungen des Hildebrandstoffes entnehmen? Im 13. Jahrhundert finden wir den Stoff unseres Liedes als Teil einer umfänglichen Darstellung von Dietrichs später, friedlicher Heimkehr nach der Nibelungenkatastrophe in der Saga von Dietrich von Bern (Thidrekssaga), einem norwegischen Sammelwerk des mittleren 13. Jahrhunderts. Hier endet der Kampf zwischen Vater und Sohn versöhnlich. Entsprechend berichtet uns das balladenhafte „jüngere Hildebrandslied", das in zahlreichen Handschriften und Drucken des 15.–17. Jahrhunderts verbreitet war. Der versöhnliche Ausgang ist Umdichtung einer gefühlsweicheren Zeit. Doch hat man einen Rest des alten Liedes in einer offenbar nicht mehr recht verstandenen Stelle der Ballade und der Saga wiederfinden wollen. Hadubrand führt gegen Hildebrand einen Streich, vor dem dieser erschrocken zurückweicht mit dem Ausruf: „Den Schlag lehrte Dich ein Weib." Danach folgt der letzte Angriff und die Überwindung des Sohnes durch den Vater. Dieser Ausruf, der in der Ballade die Gewalt des Streiches auszudrücken scheint, soll, wie die Thidrekssaga lehrt, ursprünglich einen heimtückisch-hinterlistigen Schlag bezeichnen. Und man hat sich vorgestellt, daß schon im alten Liede Hildebrand dem im Kampf überwundenen Sohn noch einmal die Hand zur Versöhnung hinstreckt, daß Hadubrand in diesem Augenblick einen hinterhältigen Streich gegen Hildebrand führt und daß der Alte erst jetzt, nachdem der Sohn eine ehrlose Tat begangen hat, sich entschließt, den so Befleckten zu töten.

Aber auch der erhaltene Text erscheint brüchig. Mehrfach deuten verwaiste Kurzverse darauf hin, daß Text ausgefallen sein muß. Solche

5*

Stellen sind die Verse 9/10 und namentlich die Strecke 29–38. Da der größte Teil des Gedichtes aus Wechselrede besteht, sind Verschiebungen in der Ordnung oder Verwechslung der Redenden leicht möglich. Fast unübersehbar sind die wissenschaftlichen Versuche, den inneren Aufbau des Liedes zu deuten und herzustellen. Neben lebhafter Verteidigung der überlieferten Versfolge stehen zahlreichere Versuche, durch Umstellungen oder Annahme von Lücken zu einem folgerichtigeren Aufbau zu gelangen. Schonung der Überlieferung ist hier wie stets zu begrüßen; denn wir sollen nicht Umdichter, sondern Diener des Textes sein. Darum wird man die tiefen Eingriffe älterer Forschung ablehnen.

Den meisten Anstoß erregt die Rede der Verse 46–48, welchem der beiden Helden man sie auch zuweise. Mit ihrem ruhigen, sachlich feststellenden Ton steht sie wie falsch eingekeilt in der erregten Streitrede. Voran geht die scharfe Schelte Hadubrands, der dem Gegner *inwit* (Hinterlist) vorwirft (Z. 41) und abschließend feststellt: *tot ist Hiltibrant*. Und es folgt die Wehklage Hildebrands über den nunmehr unvermeidlich gewordenen schicksalsschweren Kampf, in der das *argôsto* (der Verächtlichste) den Vorwurf des *inwit* aufnimmt. Hier scheint kritischer Eingriff wirklich berechtigt. Die neue Einordnung der ausgeschiedenen Zeilen wird dadurch erschwert, daß sie in beider Helden Mund denkbar sind. „Ich sehe deiner (stattlichen) Rüstung an, daß du einen guten Herren daheim hast und aus diesem Lande nicht als Vertriebener weichen mußtest." Das könnte Hildebrand in Verbitterung zu dem verblendeten Sohn sagen: „Du weißt in deinem ruhigen Leben nicht, was es heißt, ein Vertriebener *(reccheo)* zu sein." Sinnvoller aber scheint es mir, daß Hadubrand damit die Behauptung des Alten zurückweist, sein Vater Hildebrand zu sein: „So stattlich wie Du kommt keiner daher, der ein Vertriebener ist; Du bist nicht der landflüchtige Vater." Noch im jungen Hildebrandsliede liegt eine nahe entsprechende Rede im Mund des Sohnes. Diese ruhige, sachliche Replik dürfte noch in die Anfänge der Wechselrede gehören, in die Bruchzone zwischen 29 und 38, genauer nach der unfertig abgebrochenen Rede des Alten, Zeile 30ff., in der er sich eben als der vertriebene Hildebrand zu erkennen gegeben hat. Wer mehr tut, als diesen spürbarsten Schaden heilen zu wollen, begibt sich bereits auf ein gefährliches Feld.

Das Hildebrandslied ist unser einziger kostbarer Rest eines deutschen heroischen Liedes. Heroische Dichtung ist Gefolgschaftsdichtung, ideal steigernde Selbstdarstellung einer herausgehobenen Gesellschaftsschicht. In ihr hat eine kriegerisch bestimmte Ethik ihre endgültige Prägung gefunden. Das heroische Lied erprobt die Unbedingtheit ihrer Geltung an bis aufs letzte zugespitzten Situationen. Hier ist die weitverbreitete Wanderfabel vom Kampf des Vaters mit dem Sohne aufgenommen und in die ethische Beleuchtung des heroischen Liedes gerückt. Hildebrand, vor 30 Jahren mit seinem Gefolgsherrn Dietrich von Bern vor Odoaker aus dem Lande weichend, hat seine Frau und seinen unmündigen Sohn dort zurückgelassen. Er sieht sich endlich am Ziel seiner Wünsche, der Heimkehr unter Hilfe des Hunnenkönigs. Da trifft er – allein aus dem Heer herausgehoben – auf einen Helden der Gegenseite. Vielleicht ist schon hier eine der ständigen Rollen Hildebrands in der späteren mittelhochdeutschen Epik, der Patrouillenritt, vorgebildet. Frage und Antwort enthüllen ihm, daß er dem eigenen Sohn gegenübersteht. Er gibt sich zu erkennen. Starrsinniges Mißtrauen des Jungen hindert die frohe Wiedervereinigung und gibt bald der Wechselrede schärfere Form. Rückweisung der Gabe und das unsühnbare Scheltwort treffen den empfindlichsten Punkt heroischen Denkens, die Kriegerehre. Für Hildebrand wird der Kampf unausweichlich, weil Ausweichen ehrlos machen würde. „Der sei doch jetzt der erbärmlichste der Ostleute." Der Kampf bricht los. Daß der Vater den Sieg mit der Tötung des eigenen Sohnes bezahlen muß, erfuhr vielleicht, wie oben dargestellt, noch eine besondere Begründung.

Was geschieht, steht vor Hildebrands Augen als „Schicksal" *(wêwurt* = Unheilsschicksal). Auch das ist im Sinn des heroischen Liedes. Dem Schicksal ist der Mensch ausgeliefert; Frage ist, was er daraus macht. Denn das eben ist germanisch-heroisches Denken, daß man Schicksal nicht erleidet, sondern es handelnd vollzieht. Ihm nicht ausweichen, sich sittlicher Forderung entsprechend verhalten, das macht den „Helden" aus. Wie er sich entscheidet, darauf warten die in gefolgschaftlicher Kriegerethik erzogenen Hörer. Das Leben kann für Hildebrand hinfort kein Wert mehr sein. Aber eben, dem Leben nicht den höchsten Rang in der Ordnung der Werte zuzumessen, das gehört in die Ethik dieses Bezirkes. Mit dieser Haltung ordnet sich das Hildebrandslied vollwertig germanisch-heroischer Dichtung ein.

Es ist keines der ältesten, eher wohl eines der jüngsten heroischen Lieder. Es setzt die gotische Dietrichdichtung voraus. Der geschichtliche Theoderich († 526) mußte nicht nur Held heroischer Epik geworden sein, es mußte sich sein geschichtsfernes heroisches Bild des einsamsippenlosen Mannes *(friuntlaos man)* und Flüchtlings am Hunnenhof erst gefestigt haben, sein Einbruch in Italien zur Rückkehrschlacht bei Ravenna umstilisiert sein, ehe das Hildebrandslied, Sproßlied der Ravennaschlacht, gedichtet werden konnte. Und dieses heroische Dietrichbild mit allem stofflichem Zubehör mußte so fest sein, daß die leisen Andeutungen im Beginn des Hildebrandsliedes genügten, um den Hörer in eine feste, vertraute Situation einzuweisen. Die Dietrichdichtung dürfen wir als Schöpfung der Ostgoten zur Zeit ihrer heroischen Untergangskämpfe ansehen – für das Hildebrandslied bleibt da kein Raum. Es ist daher wahrscheinlicher, daß es nicht mehr gotisch, sondern langobardisch ist. Die Langobarden, die unmittelbaren Erben der Goten in Italien, haben gewiß gotische Heroik übernommen und die Dichtung von Dietrich weiter gepflegt; denn das heroische Lied lebte übervölkisch, war nicht an das Volk gebunden, das es schuf. Dabei kann der Typus, nach dem Hildebrand geformt ist, der getreue Dienstmann und Waffenmeister, in gotischer Dichtung vorgebildet gewesen sein. So nehmen wir das Hildebrandslied als das Werk eines Langobarden des 7. Jahrhunderts und sehen ein gewichtiges Zeugnis für langobardische Herkunft nicht nur des Liedes, sondern auch seiner Fabel in der Tatsache, daß Eigennamen mit dem Bildungsgliede -*brand* als spezifisch langobardisch gelten dürfen. Der langobardische Dichter hat eine alte Wandergeschichte vom unerkannten Zusammenstoß zweier nah verwandter Männer an einen Helden geknüpft, den er dem Dietrichkreise zugesellte. Seine große Leistung ist es, dieser Wanderfabel heroische Bedeutsamkeit und Deutung gegeben zu haben.

Die dichterische Leistung wird mit Recht hoch gepriesen. Der Aufbau ist meisterlich. Das heroische Lied ist reich an Rede; innerer Vorgang ist ihm wesentlicher als äußeres Geschehen. Das Hildebrandslied nähert sich einem Typus, der alles Ereignis in Rede auflöst; solche reinen Redelieder kennt der Norden. Zwischen der rasch hingeworfenen Eingangszeichnung des Rahmens (1–6) und dem Ausbruch des Kampfes (62) ist bis auf die knappe Geste des gereichten Ringes (33–35a) alles Rede, alles innerer Vorgang. Indem die Vorgeschichte Hildebrands in die Antwort auf die Namensfrage aufgenommen ist, wird sie nicht nur äußerlich zur Rede, sondern innerlich seelisches Erlebnis, Spiegelung der Ereignisse und der Person des ungekannten Vaters in der Phantasie des Sohnes, dem das alles nur noch Überlieferung – *frásagn* wäre es dem Norden – ist. Die ganze Steigerung zum tödlich-unversöhnlichen Haßwort und zum Entschluß Hildebrands bleibt reine Rede, und nur Wortwahl und Pathos zeigen die innere Entwicklung.

Ist dieses kernheroische Gedicht noch heidnisch? In seinem Schicksalsbewußtsein unbedingt. Doch dem fuldischen Abschreiber ebenso sicher nicht. Aber was besagt der *irmingot* Zeile 30, der *waltant got* Zeile 49? Die ältere Forschung hat fast unreflektiert darin heidnischen Götteranruf gesehen; das alte Neutrum *got* ist mindestens Zeile 30 auch als Plural deutbar. Aber *waltant got* ist bestimmt eine christliche Prägung, *irmingot* kann es sein. Und wichtiger ist, daß der Anruf eines Gottes nicht zum Typus des heroischen Liedes gehört; wir finden ihn nirgends, wo wir unzerstörte Heroik in der Hand haben. Die Tatsache als solche, daß ein Gott in entscheidungsvoller Stunde als Zeuge und Helfer angerufen wird, macht dies Gedicht zu einem christlichen und mußte von der damaligen Gegenwart unbedingt so empfunden werden. Darin ist Hildebrands Haltung die des christlichen Kämpfers. Der Dichter des Hildebrandsliedes, so sehr er heroische Ethik nachzuleben vermochte, war Christ und hat seinen Helden als Christen gedacht – möglich, daß die Schlußklage des Vaters an der Leiche des Sohnes das noch deutlicher hätte spüren lassen. Dann hätte der langobardische Hofsänger im kleinen Rahmen und mit anderen Stilmitteln dasselbe getan wie der Dichter des Beowulf bei den Angelsachsen: Einschmelzung christlich-religiöser Haltung in germanisch-heroischen Stoff. Und daraus ergäbe sich dann auch die Erklärung

für die Bemühungen um dies Lied in Fulda, seine Umsetzung ins Altsächsische, seine Eintragung in den lateinischen Codex. Den heidnischen
heroischen Liedern der Sachsen sollte ein Gedicht gegenübergestellt
werden, das heroischen Geistes und doch christlicher Glaubenshaltung
war. Und damit ordnet sich doch auch das Hildebrandslied in das Bild
der Zeit und in die fuldischen Bestrebungen ein.

4 ABSCHLIESSENDE BEURTEILUNG

Wir überblicken nunmehr das, was auf kontinentalgermanischem
Boden an epischer Stabreimdichtung noch vorhanden ist, und können
uns ein Urteil bilden. Unter den hochdeutschen Gedichten ist keines, das
nicht mehr oder weniger deutliche Spuren des Zerfalles aufwiese. Selbst
in dem am sichersten gefügten kleinen Wessobrunner Schöpfungsgedicht
müssen wir einmal (Zeile 3) Wortausfall ansetzen, um zu einem richtigen
Vers zu kommen. Zeile 6 ist Prosa mit einer endreimenden Zwillings-
formel, auch Zeile 8b wirkt wie prosaisch aufgeschwemmt. Dem Auf-
zeichner war es nicht um die Form, sondern um den geistlichen Inhalt zu
tun. Viel tiefer geht die Zerrüttung in Muspilli und Hildebrandslied. Im
Muspilli muß die Masse der unsicher gefügten und schadhaften Verse
schon der Vorlage angehört haben; auch die eindringenden Endreime
werden wir nicht erst dem letzten, mühseligen Abschreiber zutrauen
dürfen. Daß auch zu Anfang des Jahrhunderts das Gefühl für den Stabreim schon im Schwinden war, bestätigt die so viel ältere Handschrift
des Hildebrandsliedes. Auch hier schon ein Endreimvers (Zeile 15), auch
hier schon schwere Zerstörungen an der Linienführung der Stabreimverse; mindestens die fuldische Vorlage war schon nicht mehr sicher in
der stabenden Technik.
     In voller Beherrschung des Stabreimverses stehen dagegen die alt-
sächsischen Epen da. Ihre Dichter haben von den Angelsachsen gelernt,
aber sicherlich lag ihnen eine heimische Stabdichtung fest im Blut. Neu
gelernt haben sie den breit-rhetorischen, prunkenden Ausbau des Verses,
und sie haben ihn in Füllung, Auftakt und Brechung bis in die letzten
Möglichkeiten ausgenutzt. Metrisch gesehen ist der Stil des altsächsischen
Bibelepos die letzte, überreife Frucht der neuen angelsächsischen Kunst-
form, die den knapp-pathetischen Vers des heroischen Gedichtes zu
einem Instrument umbildete, das gleich dem Hexameter fähig sein sollte,
klangvoll-wortreiche Rhetorik darin zu entfalten.
     Um die Mitte des 9. Jahrhunderts, so können wir sagen, war die alte
Kunst des heroischen Liedes am Versinken; wie auch Karls Sorge um
die Aufzeichnung der alten Lieder vom Versiegen ihres Lebens in kraftvoller mündlicher Tradition zeugt. Ihr gesellschaftlicher Wurzelboden,

das Kleinkönigtum und seine Gefolgschaft, war neuen, umfänglichen und z. T. außergermanischen Gestaltungen des sozialen Aufbaus gewichen, und der Träger der Tradition, der altgermanische Gefolgschaftssänger *(skop)*, verlor seine Daseinsbedingungen und damit die Kraft, Träger einer bewußten adligen Formtradition zu sein. Wir mögen uns ein Fortleben des überlieferten heroischen Liedes in der stabreimenden Form für landsässige, den neuen Bildungsbestrebungen fernerstehende Schichten gern vorstellen, aber das empfindliche Formgefühl einer kulturell führenden Oberschicht war dahin; dort tat auch die brüchige, ungepflegte Form Genüge. Auf niederdeutschem Gebiet sahen wir den alten Stabreimvers zugleich einer Überzüchtung anheimgegeben, die sich, wie alle Barockkunst, als nicht sehr lange lebensfähig erwies. An ein längeres Nachleben des Heliandstils ist schwerlich zu denken. Der Trierer Blutsegen, der auf ein altsächsisches Original des späten 9. Jahrhunderts zurückgeht, ist bereits in untadeligen Endreimzeilen abgefaßt.

LITERATUR

Stabreimvers: A. Heusler, Deutsche Versgeschichte, Berlin 1925, Bd. I.
Wessobrunner Gebet: Sprachdenkm. II S. 16; Leseb. XXIX S. 73; G. Baesecke, Beitr. 46 (1922) S. 441 ff.; ders., Vocabularius S. 120ff.; A. Schirokauer, Der mareo seo. PMLA 65 (1950) S. 313–318.
Muspilli: Sprachdenkm. XIV S. 66; Leseb. XXX S. 74 ff.; W. v. Unwerth, Eine Quelle des Muspilli, Beitr. 40 (1915) S. 349 ff.; G. Neckel, Studien zu den germanischen Dichtungen vom Weltuntergang, Sitzgsber. Akad. Heidelberg 1918; W. Krogmann, Der christliche Ursprung des altsächsischen Mudspelli, Ndd. Jbb. 71/73 (1948/50) S. 17–31; ders., Ein verlorenes altsächsisches Lied vom Ende der Welt in hochdeutscher Übersetzung. (German. Studien 196) 1937; G. Baesecke, Muspilli. Sitzgsber. Berl. Akad. d. Wiss. 1918; Herm. Schneider, Muspilli, ZfdA 73 (1936) S. 1 ff.; R. van Delden, Die sprachliche Gestalt des Muspilli und ihre Vorgeschichte im Zusammenhang mit der Abschreiberfrage, Beitr. 65, (1942) S. 303 ff.; G. Baesecke, Muspilli II. ZfdA 82 (1950) S. 199–239.
Heliand und Genesis: hrsg. E. Sievers, Germanist. Handbibl. IV, Halle, zuletzt 1935; O. Behaghel, Altd. Textbibl. Nr. 4, Halle, zuletzt durch W. Mitzka 1948; dort ausgezeichnete Bibliographie. E. H. Sehrt, Vollständiges Wörterbuch zum Heliand, Göttingen 1925; *Heimat:* Th. Frings, Germania romana, Halle 1932 S. 241 ff.; A. Bretschneider, Die Heliandheimat und ihre sprachgeschichtliche Entwicklung, Marburg 1934; dies., Heliandwortschatz und Heliandheimat, Z. f. Mundartenfschg. 14 (1938) S. 129 ff.; H. Collitz in Bauers Waldecker Wörterbuch S. 91 ff. und PMLA 16 (1901) S. 223 ff.; G. Baesecke, Fulda und die altsächsischen Bibelepen. Ndd. Mitt. 4 (1948) S. 5–43; W. Krogmann, Die Praefatio in librum antiquum lingua Saxonia conscriptum, Jahrb. Ver. f. ndd. Sprachforsch. 69/70 (1943/47) S. 141 ff. *Form:* A. Heusler, Heliand, Liedstil und Epenstil, ZfdA 57 (1920) S. 1 ff., auch Kl. Schriften II, 517 ff. *Quellen:* C. A. Weber, Der Dichter des Heliand im Verhältnis zu seinen Quellen, ZfdA 64 (1927) S. 1ff. *Religiöser Gehalt:* L. Wolff, Germanisches Frühchristentum im Heliand, ZfDtschkunde 1935 S. 37 ff.; H. Göhler, Das Christusbild in Otfrieds Evangelienbuch und im Heliand, ZfdPh. 59 (1935) S. 1 ff.; Elisabeth Grosch, Das Gottes- und Menschenbild im Heliand. Beitr. 72, (1951) S. 90–120; G. Berron,

Der Heliand als Kunstwerk. Diss. Tübingen 1939. *Genesis*: Erste Ausgabe, Zange-
meister-Braune, Neue Heidelberger Jahrbb. 4, 205 ff. (1894); W. Braune, Zur altsächsischen Genesis, Beitr. 32 (1907) S. 1 ff.; E. Sievers, Heliand, Tatian und Hraban.
Beitr. 50, (1926) S. 461 ff. (zur Verfasserfrage der Praefatio). W Bruckner, Heliand
und Genesis, das Werk eines Dichters, Halle 1929.
Hildebrandslied: Sprachdenkm. I S. 1 ff.; Leseb. XXVIII S. 72 f. (an beiden Stellen
eingehende Inventarisierung der textkritischen Vorschläge); G. Baesecke, Das Hildebrandslied, Halle 1944 (gutes Faksimile). Eingehende Literaturverzeichnisse bei Ehrismann und Leseb. S. 148 ff. Dazu: H. W. J. Kroes, Zum Hildebrandslied. Neophil.
33 (1949) S. 212–215; L. L. Hammerich, Die Trutzreden Hiltibrands und Hadubrands,
Philologisches zum Hildebrandslied 60–62 und 45–48. Neophil. 34 (1950) S. 82–86;
H. Rosenfeld, Das Hildebrandslied, Die indogermanischen Vater-Sohn-Kampf-
Dichtungen und das Problem ihrer Verwandtschaft. Dtsche Vierteljahrsschr. 26
(1952) S. 413–432 (Urindogermanischer Liedstoff); ders., Zur Versfolge im Hildebrandslied und seinem seelischen Konflikt. Beitr. 75 (1954) S. 480–483; J. de Vries,
Das Motiv des Vater-Sohn-Kampfes im Hildebrandslied. Germ.-Rom. Monatsschr.
34 (1953) S. 257–274.

VIERTES KAPITEL

DIE KAROLINGISCHE ENDREIMDICHTUNG

Mit dem Verfall des Stabreimverses ging in Deutschland die bedeutsamste Neuerung vor sich, die es auf formalem Gebiet überhaupt gegeben hat: der Übergang zum Endreimvers. Wie die karlische Literatur ganz anders als die angelsächsische in mühseliger und unnachgiebiger Arbeit die deutsche Prosa heranbildete, so tat sie auch für die Dichtung den kompromißlosen Schritt: die deutsche Sprache wurde zu einer ganz neuen, in der christlichen Spätantike geborenen Form erzogen. Man schuf den deutschen Endreimvers. Otfrieds Leben Jesu und die kleinen althochdeutschen Reimdenkmäler sind die Zeugen für das Bemühen um die neue, christliche Form. Und das Ergebnis war von endgültiger Bedeutung: der angelsächsische und altsächsische Stabreim dorrte ab; der Reimvers beherrscht die europäische Literatur bis zum heutigen Tage.

1. DIE FORM

Der Reimvers ist seiner inneren rhythmischen Struktur nach vom Stabreimvers grundsätzlich verschieden. Er beruht auf dem sogenannten „rhythmischen" Hymnenvers, wobei die Bezeichnung „rhythmisch" nicht in dem üblichen allgemeinen Sprachsinn zu fassen ist; sie ist in diesem Fall ein alter, metrischer Terminus, der diese neue silbenwägende Form gegen die alte „metrische", d. h. silbenmessende Form abgrenzen wollte. Er brachte die große Neuerung, daß er sich eben nicht mehr auf die im Spätlateinischen verfallende und nur noch künstlich lernbare Quantität der Silben gründete und sein Zeitmaß nach Länge und Kürze wählte. Er stellte als gliederndes Grundprinzip statt dessen den Nachdruck fest, den Wechsel von betonter und unbetonter Silbe. Ein Jambus ist nunmehr nicht mehr die Folge einer kurzen und einer langen, sondern einer unbetonten und einer betonten Silbe. Eine tiefe innere Umschichtung der lateinischen Sprachstruktur – vermutlich unter germanischem Einfluß – drückt sich in diesem Wandel des rhythmischen Grundsatzes aus. Der natürliche Wortakzent blieb dabei auch fernerhin grundsätzlich unbeachtet; Hebung und Senkung sind rein metrische Erscheinungen. Wir wählen einige Beispiele aus den Murbacher Hymnen:

Sanctó quoqué spirítuí.
Signúm formídans sánguinís.
Ventúrus dieí judéx.

Dieses Vier-Jamben-Maß ist das vorherrschende im Hymnenvers. Es ist zugleich das Vorbild des althochdeutschen Reimverses. Das bedeutet: hier ist statt des viervierteligen Langtaktes der zweivierteilige Kurztakt (×̇×) der Baustein des Verses geworden. Vier solche Kurztakte mit freiem Auftakt bauen nunmehr die Verszeile auf:

$$(\times\times)\,|\,\dot{\times}\times\,|\,\dot{\times}\times\,|\,\dot{\times}\times\,|\,\dot{\times}\,(\times)\,\|.$$

Der als Vorbild dienende Jambus billigt dabei dem letzten Takt nur eine, und zwar eine betonte Silbe zu, wie die lateinischen Beispiele zeigen. Auch dieser Vers hat vier Nachdrucksstellen; aber sie sind nicht wie im Langtaktvers nach Haupt- und Nebenhebung regelmäßig in sich gestuft. Sie sind grundsätzlich gleichberechtigt, und allein die von Sinn und Sprache bestimmte Wertordnung der Hebungssilben bestimmt die Stufung unter ihnen und damit den Fluß des Verses. Das gibt ihm eine Geschmeidigkeit, die einen unschätzbaren Gegenwert gegen die verlorene Wucht der Langtaktgliederung bildet. Der Epenvers der mittelhochdeutschen Blütezeit hat sie bis aufs feinste ausgenutzt.

Der deutsche Vers hat diese lateinische Grundlage nicht mechanisch übernommen; er hat sie der deutschen Sprache eingeformt. Festgehalten hat der althochdeutsche Reimvers den jambischen Ablauf, d. h. die Füllung des letzten Taktes (Kadenz) mit nur einer Silbe. Darauf beruht die grundsätzliche Einsilbigkeit des ältesten deutschen Reimes, das Fehlen der zweisilbig männlichen und dreisilbig weiblichen Kadenz (der mittelhochdeutsche Reimtyp *sagen* : *klagen*; *Hagene* : *sagene*). Unnachahmbar aber war für einen deutschen Dichter bei der ausgesprochen nachdrucksbestimmten Akzentführung seiner Sprache die Vernachlässigung des Wortakzentes. Eine Betonung: *Vatér*, *lebén* war zu Otfrieds Zeit so unerträglich wie heute. Hier wird der deutsche Vers von Anbeginn zum Neuerer gegenüber dem lateinischen; sprachliche und metrische Nachdrucksstelle müssen sich decken. Man hat der mittelhochdeutschen Dichtung in dieser Beziehung sehr harte Tonbeugungen zugemutet; sie sind meistens nicht Schuld des Dichters, sondern der modernen Herausgeber, die in der zu engen Regelstarre der Lachmannschen Metrik befangen waren.

Eine zweite, damit zusammenhängende deutsche Neuerung ist die Verteidigung der vom Stabreim her gewohnten Senkungsfreiheit. Der regelmäßige Wechsel von Hebung und Senkung, der starre Jambenfall, war dem deutschen Reimvers nur Norm, nicht Zwang. In wechselnder Fülle setzen sich mindestens einsilbige und dreisilbige Innentakte und mehrsilbige Auftakte immer wieder durch, und sie mußten es, sollten nicht sehr weite Wortbestände der deutschen Sprache vom dichterischen Werk überhaupt ausgeschlossen bleiben. Grundsätzlich folgenreich war die Zulassung der einsilbigen – und dann natürlichen langsilbigen –

Füllung des vorletzten Taktes, also der Versschluß: $\stackrel{\smile}{-}|\times{}_3||$. Damit waren nicht nur Wörter wie *habêta*, *worolti* im Versausgang und damit im Reim zugelassen, sondern auch *guati*, *mînan*, *ginâdon*. Metrisch galten zunächst die beiden Silben solcher Wörter gleich viel, der Reim durfte grundsätzlich allein von der letzten Silbe getragen werden: *muadon* ~ *êuuon*; *blîdi* ~ *mâri*; *er gibôt* ~ *gimâlôt*. Aber sprachlich sind die beiden letzten Silben nur selten gleichwiegend wie etwa *frô mîn* ~ *wirdig bin*; *in ira hûs giang* ~ *êrlîchô intfiang*. In überwiegendem Maße wird doch damit den zweisilbigen Wörtern mit langer Wurzelsilbe der Zugang zur Kadenz eröffnet, wie in den Beispielen oben (*muadon*, *blîdi* usw.). Vorletzter und letzter Takt werden gewohnheitsmäßig in ihrer Nachdrucksstärke gegeneinander abgestuft, und es entsteht der Kadenztypus, den wir „klingende Kadenz" nennen. Und schon bei Otfried verschiebt sich in solcher Kadenz die Reimgrenze. Der Reimklang greift auf die vorletzte Silbe zurück, und es entsteht der zweisilbige (weibliche) Reim des Typus: *fuarit* ~ *beruarit*; *gâhi* ~ *gisâhi*. Diese wichtige Neuerung läßt sich schwerlich aus lateinischem Vorbild ableiten, selbst wenn sich früh einzelne lateinische Beispiele dafür beibringen lassen. Sie hängt unmittelbar mit der Struktur der deutschen Sprache zusammen und ist aus ihr entwickelt; die vereinzelten lateinischen Fälle sind dann Nachbildungen des Deutschen.

Der lateinische Hymnenvers verlangt den Reim nicht; die Murbacher Hymnen geben die nächstliegenden Beispiele dafür. Der Reim ist ein hinzutretendes Schmuck- und Bindemittel. Als Redeschmuck war er in griechischer und lateinischer kunstvoller Rhetorik entwickelt und dann auf den Vers übertragen worden. Auch die antiken Maße können sich damit schmücken, so der leoninische und der endgereimte Hexameter. Im Gegensatz zum Anlautreim des Stabes ist er Endsilbenreim. Grundsatz des neuhochdeutschen und klassisch-mittelhochdeutschen Reimes ist Gleichklang vom Vokal der letzten betonten Silbe an; Unregelmäßigkeiten in der Reimzone empfinden wir als fehlerhaft, weiteres Vorgreifen des Reimes über den betonten Vokal, den sogenannten rührenden Reim (etwa *rein* ~ *Rhein*) als lästig. Diese Ablehnung des rührenden Reimes zeigt, daß das Reimgefühl neben dem Gleichklang den Klangunterschied fordert – man könnte auch beim Reim von bindenden und brechenden Elementen reden. Der althochdeutsche Reim belehrt uns darüber, daß das Spiel der klanglichen Bindungen und Brechungen auch anders durchgeführt werden kann als in unserem „reinen" Reim; der Anspruch auf Reimreinheit hat sich erst in der klassischen mittelhochdeutschen Dichtung entwickelt. Dem althochdeutschen Vers genügte grundsätzlich eine einsilbige Reimbindung, auch wenn sie von Nebensilben getragen war. Die obigen Beispiele zeigen es. Unser ältester überlieferter Reimvers, Hild. 15: *dat sagêtun mî/ûsere liuti*, bindet Vollsilbe mit Neben-

silbe. Aber Otfried und die althochdeutsche Verskunst erarbeiten sich
doch die bis heute gültige Norm: Klangbindung bis zur letzten betonten Silbe. Nur bedeutet dabei Bindung noch nicht die starre Forderung vollen Gleichklangs vom letzten Vokal an. Gleichklänge und Un-
gleichklänge – Bindungen und Brechungen – können sich innerhalb der
Reimzone in wechselnder Mischung durchdringen; wir finden Klangbeziehungen klangähnlicher Laute *(biginnen ~ singen, reine ~ heime)*,
Klangbindung gleicher Laute an ungleicher Stelle *(managi ~ gagini)*,
überschießende Laute im Ausklang des einen Reimwortes *(wissis ~ ist,
Vrankon ~ lango)*; auch die Klangwirkung gleicher Versausgänge wird
als bindendes Klangerlebnis gewertet. Wir müssen unser einseitig ge-
schultes Ohr für dieses freiere, oft feine Spiel der Klangbeziehungen
schärfen, wenn wir der althochdeutschen und frühen mittelhochdeutschen Reimkunst gerecht werden wollen. Diese Reimkunst ist weder
primitiver noch roher als die klasissch mittelhochdeutsche und die moderne; sie ist nur anders und verlangt ein williges Hören. Ihre Einzel-
beschreibung gehört der Verslehre an.

Der metrische Aufbau höherer Ordnung bleibt im Althochdeutschen einfach. Das
einfache Reimpaar, das zwei Kurzzeilen zur engen Einheit bindet, ist noch der alleinige
Baustein; kunstvollere Reimverschlingungen lernt erst der Minnesang des 12. Jahrhunderts. Otfried faßt – ohne rhythmisch spürbare Bindemittel – zwei Reimpaare zu
einer Strophe aus 4 Kurzzeilen zusammen; die vierzeilige Hymnenstrophe war sein
Vorbild. Andere althochdeutsche Reimgedichte bündeln 2–4 Reimpaare zu einer
sprachlich abgegrenzten Einheit; auch sie kennen keine formalen Mittel der Strophenbildung.

2. DIE WERKE

Unser Wissen um die deutsche Endreimdichtung beginnt alsbald mit
einem umfänglichen Werk: Otfrieds Evangelienharmonie. Wir
können keine Geschichte des deutschen Reimverses schreiben, die zu
diesem Gedicht heranführte; wir können sie nur aus Otfrieds eigener
Mühe um die Gesetze des Reimverses entwickeln. Nur vereinzelte Reim-
zeilen sind uns vor Otfried bekannt. Den Reimvers Hild. 15, der uns in
den Anfang des 9. Jahrhunderts führt, haben wir eben erwähnt. Die
reimenden Einsprengsel im Muspilli sind wegen der unsicheren Vorgeschichte unseres erhaltenen Textes nicht klar zu beurteilen, doch dürften sie mindestens teilweise der alten Vorlage aus dem Beginn des
9. Jahrhunderts angehören. Die endreimende Mahnformel des 1. Merseburger Zauberspruches wird nicht ursprünglich sein und ist ihrem Alter
nach unbestimmbar (vgl. S. 97 f.). Und mit all dem haben wir noch
kein Zeugnis für den Endreimvers als tragende Form eines ganzen
Gedichtes. Von den althochdeutschen Reimgedichten ist keines mit

Sicherheit älter, die meisten bestimmt jünger als Otfried. Ein zeitlicher
Vorsprung ist einzig für das kleine Petruslied zu erwägen. Es steht in
wortlautmäßigem Zusammenhang mit einer Stelle bei Otfried (I 7, 28).
Viel spricht dafür, daß Otfried hier das Petruslied benutzt hat, oder daß
beide auf eine ältere, reimend geprägte Bittformel zurückgehen. Sicher
erweisen läßt sich auch dies nicht.

Damit ist nicht gesagt, daß es eine Reimdichtung vor Otfried nicht
gegeben haben könne. Nur kann sie nicht bedeutend und umfänglich
gewesen sein. Denn Otfried fußte sicher nicht auf einer breiten Tradition; selten kann man bei einem Dichter so wie bei ihm beobachten,
daß er sich seine Form erst erarbeiten mußte. Und hätte es eine Tradition gegeben, so wäre ihr Otfried in Fulda am ehesten begegnet. Den
Ruhm, den Reimvers mindestens zuerst für eine umfängliche erzählende
Dichtung verwendet und ihn dafür geschult und zugeschliffen zu haben,
wird man Otfried nicht absprechen können.

Deutlich beginnt erst mit Otfried eine erste Blüte deutscher Reimdichtung. Die karlische und hrabanische Prosa beherrscht den ersten
Teil des 9. Jahrhunderts; mit dem Tatian versiegt sie mindestens auf
hochdeutschem Boden. Nach ihm gibt es bis zu Notker keine deutsche
Prosa von Belang mehr. Dagegen fällt alles, was wir von deutscher
Reimdichtung besitzen, in die zweite Hälfte des Jahrhunderts. Otfrieds
Leben Jesu war 865/70 abgeschlossen. Bald darauf dichtet Ratbert
(† 890) seinen Lobgesang auf den hl. Gallus; 881/82 erklingt der Fürstenpreis des Ludwigsliedes. Mit der Gründung der Reichenauer Georgskirche (Oberzell) und der Translation der Georgsreliquien (896) hängt
die Entstehung des Georgsliedes zusammen. Nach Sprache und Handschrift ist „Christus und die Samariterin“ ins Ende des 9., der 138. Psalm
in den Beginn des 10. Jahrhunderts zu setzen; in nächste Nähe des Freisinger Otfriedtextes gehören die Gebete des Sigihart, der unter Bischof
Waldo zwischen 902 und 905 Otfrieds Werk abschrieb. Verlangt endlich das kleine Augsburger Gebet Ansatz um die Jahrhundertwende, so
ist alle deutsche Reimdichtung, die überhaupt datierbar ist, in diesem
halben Jahrhundert zusammengerückt. Die undatierbaren Stückchen,
die Verse in Notkers Rhetorik und die wenigen gereimten Zaubersprüche karolingischer Zeit wird man eher ans Ende als in den Anfang
dieser Periode setzen.

Da fällt es schwer, nicht an literarische Zusammenhänge und nicht an
unmittelbare oder mittelbare Wirkung von Otfrieds großem Reimwerk
zu glauben. Sein Buch war, wie die Widmungen erweisen, außer in
Weißenburg noch in Mainz, Konstanz und St. Gallen, wie die Abschrift F zeigt, auch in Freising bekannt. Daß es in Otfrieds altes Studien-
kloster Fulda gelangte, ist als sicher anzunehmen. Das heißt, man wußte
in wichtigsten geistigen Zentren Frankens und Oberdeutschlands von

ihm. Man hat die kleinen Reimgedichte zu weit von Otfried abgerückt, weil man die formalen Unterschiede zwischen ihnen und Otfrieds Buchepos überwertet hat. Sie genügen bei der verhältnismäßigen Weitherzigkeit der rhythmischen und reimklangmäßigen Forderungen nicht, um eine Kluft zwischen Otfried und jenen anderen Dichtungen zu öffnen oder gar die Vorstellung von einem anderen Ursprung des Otfriedischen und des sonstigen althochdeutschen Reimverses zu rechtfertigen. Otfried behandelte Vers und Reim gelehrter, regelgebundener, schulmeisterlicher; die anderen Gedichte standen ihm unbefangener gegenüber – größer ist der Unterschied nicht. So stellen wir Otfrieds Werk nicht nur chronologisch an die Spitze einer kurz aufblühenden und rasch vergehenden Kunstübung spätkarolingischer Zeit. Doch genügt sie, um einen dauernd gültigen Typus zu schaffen.

3. OTFRIED VON WEISSENBURG

Selten ist uns ein mittelalterliches Dichtwerk so gut überliefert wie Otfrieds Evangelienharmonie – oder Krist, wie der erste Herausgeber das Gedicht nannte. Nicht nur, daß wir in der Wiener Handschrift (V) eine erste, von Otfried selber durchkorrigierte Reinschrift besitzen, auch die beiden anderen Handschriften, die Heidelberger (P) und der im 15. Jahrhundert in Hildesheim zerschnittene Discissus (D), von dem noch jüngst beträchtliche Teile zutage gekommen sind, zeigen sich mit V so nahe verwandt, mit Otfrieds orthographischen und metrischen Grundsätzen so vertraut, daß wir auch sie unter seiner Aufsicht in der Weißenburger Schreibstube entstanden denken müssen. Fragen der Textherstellung gibt es daher kaum. Für sich steht die Freisinger Handschrift nach Zeit und Sprache. Sie ist auf Veranlassung des Freisinger Bischofs Waldo (884–906) abgeschrieben worden, dessen Interesse für deutsche Dichtung uns später wieder begegnen wird. Grundlage der Abschrift ist eine im Jahre 893 aus Weißenburg entliehene Handschrift, die vielleicht V war oder ihr jedenfalls sehr nahestand und in die Gruppe der unter Otfrieds Augen hergestellten Abschriften gehörte. Sprachlich hat sie der Abschreiber, ein Freisinger Geistlicher namens Sigihart, in sein heimisches Bayrisch umgesetzt, so daß der „Freisinger Otfried" eine wichtige Quelle unserer Kenntnis der bayrischen Mundart in spätalthochdeutscher Zeit wird.

Das Gedicht steht also in voller Klarheit vor uns, ein gewaltiges, pomphaftes Werk, zumal wenn man beachtet, daß es ein erster Wurf auf neuen Bahnen war. Da steht es mit seinen fünf Büchern, seinen vier Widmungen, seinen dogmatischen, allegorischen und moralischen Auslegungen, seiner Vorrede: *Cur scriptor hunc librum theotisce dictaverit*, seinen Gebeten am Anfang und Schluß. Von dem, der dieses Werk wagte, wissen wir nicht sehr viel. Die Widmungen an den weltlichen Herrscher, Ludwig den Deutschen, an den geistlichen Oberhirten, Erzbischof Liutbert von Mainz, an den Lehrer, nunmehr als Salomon I. Bischof in Konstanz, und an die Fuldaer Studienfreunde Hartmut und Werinbert in St. Gallen erlauben es, den Abschluß des Gedichtes zwischen 863 und 871 festzulegen. Der, dem die Widmung mit dem meisten Recht gegolten hätte, Liutberts Vorgänger Hrabanus Maurus, einst Otfrieds Lehrer in Fulda, hat die Vollendung des Werkes nicht mehr erlebt, dessen Plan wir gerne seiner Anregung zuschreiben möchten. Außer von Otfrieds Studium in Fulda – dessen Zeit und Dauer uns abermals unbekannt ist – wissen wir von seinem Leben nur, daß er Mönch, Priester und Schulmeister seines Klosters Weißenburg war.

Was wollte dieses umfängliche geistliche Gedicht in deutscher Sprache? In seiner lateinischen Widmungsschrift an Liutbert von Mainz ist Otfried ganz Lateiner und Theologe. In vorgeschriebener Demutsgebärde gibt er sich als gedrängt von Freunden, dies Buch in heimischer Sprache zu verfassen, damit durch Vorlesen von Abschnitten aus ihm fromme Ohren vor dem Lärm der Welt und dem Vortrag weltlicher Dichtung bewahrt werden. Der Kampf gegen die Verseuchung der Welt auf dem Gebiet der Dichtung und des Gesanges erscheint hier als der eigentliche Anstoß. Die großen Vorbilder der Antike, Vergil, Lukan, Ovid, und der lateinisch-christlichen Poesie, Juvencus, Arator, Prudentius, werden beschworen, nicht als erreichbar in dieser Sprache, die er *inculta et indisciplinabilis* nennt. Nachdem er vielmehr die großen Schwierigkeiten des Schreibens und Dichtens in deutscher Sprache und gewisse Grundsätze dargelegt hat, die er dabei befolgt hat, begründet er die Wahl der deutschen Sprache mit dem Hinweis, daß Gott in allen Zungen, die er den Menschen gegeben habe, auch *corrupta lingua* gelobt werden wolle.

Ganz anders klingt das, was Otfried im Einleitungskapitel des ersten Buches darüber sagt. Da ertönt aus dem frommen Munde ein Lob der kühnen, starken, freien Franken, das seine Töne wohl aus eben jenem *cantus obscenus laicorum*, dem *ludus secularium vocum* entliehen hat, zu dessen Bekämpfung das Werk bestimmt war. Und nicht als ein Unterfangen, das scheue Entschuldigung heischt, steht hier Otfrieds Versuch des deutschen Evangeliums vor uns, sondern als notwendige Wiedergutmachung einer Unterlassung: daß das herrliche, allen andern Völkern ebenbürtige Frankenvolk im frommen Chor des Gotteslobes noch schweigt. Hier tritt die fränkische Sprache selbstbewußt neben die „Edelzungen" der alten Welt, Hebräisch, Griechisch und Latein; hier reift die Frucht karlischer Erziehung zum Gefühl der Gleichberechtigung im christlichen Abendland.

Damit scheint mir zugleich das Publikum bestimmt, an das Otfried bei seiner Arbeit gedacht hat. Nicht seine geistlichen Standesgenossen allein oder in erster Linie, die ja Zugang zu den lateinischen Quellen hatten und für die eine *lectio*, eine gemeinsame Vorlesung in deutscher Sprache, schwerlich in Frage kam. Aber freilich auch nicht „das Volk". Otfried ist noch viel weniger Volkssänger als der Dichter des Heliand, aber auch so wenig „Volkssänger" wie der germanische Gefolgschaftssänger, der Träger jener heroischen und sonstigen Laiendichtung, die dem Mönch *cantus obscenus laicorum* heißt. Das war eine adlige Standespoesie, die beim festlichen Gelage auf den Pfalzen, den Herrensitzen, am Herzogshof erscholl, und die mit den hochadligen Priestern und Mönchen der Stifte und Klöster auch in geistliche Kreise wieder eindrang. Auf die Vornehmen kam es an; an sie als Hörer hat Otfried gedacht. Eine Stelle wie V 1, 15, die Schilderung der Kreuzesrüstung mit ihren kriegerischen Beiwörtern zeigt, was er sich unter der Verdrängung weltlicher Dichtung vorgestellt hat. Wenn er sein Werk in kleine Kapitel teilt und von *aliquantulum lectionis hujus cantus* als Mittel gegen den *ludus secularium vocum* spricht, so mag ihm etwa ein Hauskaplan vorgeschwebt haben, der an Stelle des *scop* mit seinem Helden- oder Preislied den des Lateinischen unkundigen Herren und Frauen eine *lectio* des Evangelienbuches vorträgt.

Die Frage ist, ob er nicht auch darin zu hoch gegriffen und die Wirkung falsch berechnet hat, ob sein Werk nicht seinem Wesen nach zu sehr Klosterbuch geblieben ist. Es ist immerhin bezeichnend, wie hoch er die Aufnahmefähigkeit und Aufnahmebereitschaft der weltlichen Oberschicht einschätzte. Er will das Leben Christi in seiner dogmatischen Bedeutung als Heilstat darstellen. Das spiegelt sich schon in der Folge, in der das Gedicht entstanden ist. Zunächst dichtete er das erste Buch, das in seiner formalen Unsicherheit alle Zeichen des Neubeginns an sich trägt. Es führt in der raschen Folge des Stammbaumes Christi von Adam über die Patriarchen und Könige und über die Prophetie des Alten Testamentes zur Geburtsgeschichte hinan, die den Kern des ersten Buches bildet. Dann fuhr Otfried mit dem zweiten Buche fort, mit dem ersten Wunderzeichen auf der Hochzeit zu Kana und der Bergpredigt als bedeutsamsten Ereignissen. In oder nach dem zweiten Buch brach Otfried in der Erzählfolge dann zunächst ab und nahm das fünfte Buch in Angriff, das dichterisch den Höhepunkt bildet und mit Auferstehung, Himmelfahrt und der nachdrücklichen Darstellung des Jüngsten Gerichtes zentrale heilsgeschichtliche Ereignisse behandelt. Dazwischen steht das Erdenleben Christi, seine Lehre und seine Wunder; die schreibt er nach seinen eigenen Worten *quamvis iam fessus* unter vielen Auslassungen und nicht mehr *ordinatim* – darin drückt sich nicht nur ein menschliches Unvermögen, sondern eine Wertung des Stoffes aus. In der Auswahl leitet ihn nicht Tatian mit seiner Gründung auf Matthäus, obwohl er ihn von Fulda her gekannt haben müßte. Er trifft sie selber im Anschluß an das kirchliche Perikopensystem, doch – für ihn bezeichnend – mit Bevorzugung des Johannesevangeliums und seines zum Logos-Christus erhöhten Heilands.

Damit ist schon gegeben, daß Otfried nicht nur biblische Geschichte nacherzählen wollte. Er war Theologe und wollte seine Leser in den mehrfachen Sinn des heiligen Wortes einführen, sie an der dogmatischen, tropologisch-allegorischen und moralischen Auslegung teilhaben lassen. Diese Absicht färbt schon die Erzählung selber ein, so wenn etwa die Hirten auf dem Felde einander ermahnen, nach Bethlehem zu eilen, um das „Wort Gottes" zu schauen, das er in die Welt sandte (I 13, 3 ff.). Vor allem ist die Auslegung aber – in ganzem Gegensatz zum Heliand – eigens dafür bestimmten Abschnitten vorbehalten, die er anfangs spärlich, im dritten Buch mächtig anschwellend, meist unter der Überschrift *moraliter, spiritualiter, mystice*, gelegentlich unter eigener Überschrift einfügt. Hier sucht er dem Laien die theologische Wortdeutung unter Benutzung der gängigen Kommentare, des Alcuin, Beda und Hraban, verbunden mit eigener Studienernte, nicht ohne Geschick nahezubringen. So wird sein Gedicht zu einem Text mit Kommentar, stellenweise zu einer regelrechten Reimpredigt. An herausgehobenen Stellen kann sich Otfrieds Diktion zu preisender Andacht steigern, und einzelne Abschnitte wachsen zu wirklichen Hymnen aus, die schon durch eingeflochtene Kehrreimstrophen lyrisches Gepräge erstreben, am eindrücklichsten Buch V, 23, die Schilderung der himmlischen Wonnen der Seligen, wo die Kunst der Kehrreimstrophen zugleich am bewußtesten ausgenützt ist.

So entsteht hier aus der Auslegung der fortlaufenden biblischen Erzählung eine recht umfassende dogmatische Lehre, dem Stoff nach insbesondere eine Christologie. Wie der Dichter des Heliand vernachlässigt Otfried dabei den Trinitätsbegriff; ein einziges Mal, bei der sehr ausführlichen Auslegung des Weinwunders zu Kana, rührt er ihn flüchtig an (II 9, 98). So tritt auch unter den göttlichen Personen der Hl. Geist ganz zurück; wo es der biblische Text nicht an die Hand gibt (Verkündung, Taufe, Erscheinung des Auferstandenen nach Joh. 20, 19), spricht Otfried vom Geist nicht. Wie dem Helianddichter steht ihm Christus, der Sohn Gottes, und damit das Vater-Sohn-Verhältnis im Mittelpunkt.

Aber stärker als der Helianddichter hebt Otfried die Gottheit Christi als dogmatische Kerntatsache hervor, seine Präexistenz als der Logos, seine Teilhaberschaft am Schöpfungswerk (etwa im Refrain von II, 1), die heilsgeschichtliche Verflochtenheit des Erlösungswillens, den grundsätzlichen Erlösungssieg über Teufel und Tod – obwohl auch Otfried den Descensus nicht erzählt –, das herrscherliche Weltenrichtertum Christi. Er löst ihn weit stärker aus den Wirklichkeiten der Evangelienberichte heraus als der Dichter des Heliand. Die Reden, Gleichnisse und Wunder des Mittelteils sind Otfried in ihrer Tatsächlichkeit minder wichtig; hier glaubte er durch Auslegung besonders stark nachhelfen zu müssen. Darum schwellen hier Zahl und Umfang der mystice-Abschnitte so stark an.

Wer über Otfried als Dichter urteilen will, muß sich klar sein, daß für das Mittelalter Kunst in erster Linie die Beherrschung der formalen

Mittel bedeutete. Den Inhalt zu „gestalten" war vollends bei einer religiös-theologischen Dichtung nicht denkbar; hier galt es nur, unverbrüchlich Gültiges sachgemäß auszuwählen, anzuordnen und darzustellen. Gerade auch bei Otfried ist künstlerische Leistung formale Leistung. In vollem Gegensatz zum Helianddichter wählt Otfried seine Form, die Nachbildung der spätantik-christlichen, nicht die Anpassung der ererbt-heimischen Kunstmittel. Wie sehr ihm Form Problem war, lehrt das lateinische Begleitschreiben seiner Widmung an Erzbischof Liutbert; Fragen der Schrift, der Sprache, des Verses erfüllen es zum größten Teil. Hier ist Otfried ganz gelehrter Lateiner; er entwickelt die Schwierigkeiten sprachlicher Zucht an den grammatischen Kategorien des Donat und klagt über die deutsche Sprache wie über einen ungebärdigen Schulbuben. Er wäre nicht der Mann gewesen, Karls Aufgabenstellung einer deutschen Grammatik zu lösen. Im Werk selber hat er die orthographische Frage in Anlehnung an weißenburgische Schreibtradition gut gelöst. Seine Orthographie ist minder originell als die des Isidor, aber klar und durchsichtig. Die Sprache macht ihm Mühe; schwierige theologische Dinge deutsch gut auszudrücken und dazu noch in Verse zu bringen, gelingt nicht immer. Die Sprache des Heliand wurde breit und tönend durch Variation und schmückendes Beiwort. Beide formalen Mittel verschmäht Otfried. Er ist weit mehr der geschulte Lateiner; die Vielstufigkeit des geschmeidigen lateinischen Satzbaues lag ihm im Ohr. Er versucht ihn deutsch nachzubilden; oft ohne Glück. Er erreicht oft nur Schwerfälligkeit und Unübersichtlichkeit. Es sollte noch lange dauern, bis es eine neue, deutsche Form des Satzbaues gab. Sehr viel Mühe und Schweiß kostet ihn der Vers. Er schafft sich für seine Reimzwecke einen Formelschatz, der leicht den Eindruck klappernden Leerlaufs macht. Um den Rhythmus seines Verses und den Typus seines Reimes ringt er mit heißem Bemühen; selten können wir am Werk eines Dichters so deutlich verfolgen, wie er sich die Einsicht in die Grundsätze und die Beherrschung seiner Form erst im Lauf seines Schaffens erarbeitet. Zu Beginn liegt ihm der Stabreimrhythmus noch im Ohr, einzelne reimlose, sogar noch stabende Zeilen laufen ihm noch unter. Aber er sucht die feste Regel und erzieht sich zum Grundsatz der Alternation, des regelmäßigen Wechsels von Hebung und Senkung, wie es das Vorbild des lateinischen Hymnenverses gebot. Und weit über das lateinische Vorbild hinaus führt er die Ansprüche an den Reim. Endsilbenbindung wird ihm zum Notbehelf, und als Norm setzt er sich die Klangbindung – nicht Klanggleichheit! – bis zur letzten betonten Silbe. Auch sein strenger Bindungsstil, der die metrische Gliederung durch die sprachliche Linienführung unterstreicht, und der in vollem Gegensatz zu dem extremen Brechungstils des Heliand steht, ist ein Stück seines Strebens nach einer reinen, klaren Form.

Es ist nicht schwer, Otfried am Zeuge zu flicken und ihn gegen den Dichter des Heliand abzuwerten. Er ist weitschweifig, lehrhaft, schwerfällig, seine Verse sind oft leer, seine Formeln nicht, wie in volkstümlicher und vorhöfischer Dichtung, Stilmittel, sondern Krücken der Reimnot. Er ist nicht Dichter von innerer Berufung, er ist der Gelehrte, der seine deutschen Verse auf dem Pergament macht, als wären es lateinische. Aber wer gerecht urteilen will, muß bedenken, daß er Neubeginner ist; und nicht immer kommt das Neue mit dem feurigen Schwung des Revolutionärs. Der Vergleich mit dem Dichter des Heliand vergißt leicht, wie sicher dieser in der volltönenden Formtradition seiner angelsächsischen Vorbilder ruhte. Otfried dagegen hat sich das Neue treulich erarbeitet, mühsam und zäh. Man hat ihn einen lateinischen Poeten in deutschem Gewande genannt; er hätte sich nicht dagegen verwehrt. Ihm stand kein deutsches Vorbild zu Gebote, er mußte sein Vorhaben am Lateinischen abmessen nach Inhalt, Stil, metrischer und sprachlicher Form. In Otfrieds Tun wiederholt sich auf höherer Ebene etwas von dem, was die ersten deutschen Glossatoren ein Jahrhundert früher getan hatten: das kompromißlose Ringen um das Neue von der Wurzel her. Er setzt diesen fränkischen und deutschen Willen zum Neuanfang gegen den angelsächsischen zur Anpassung. Er will gerade n i c h t den alten Stabreimvers mit all seinen klangvollen Stilmitteln. Er hat das richtige Gefühl, daß der neue Inhalt eine neue Form fordert, und er hat sie geschaffen. Und schließlich war der Sieg auf seiner Seite. Der Heliand mit all seinen Reizen, die ihn uns so sehr über Otfried erheben lassen, war aufs Große gesehen ein schöner Irrtum: der christliche Stabreimvers in all seiner Pracht blieb Episode, der Heliand ohne Nachfolge. Otfrieds Reimvers mit seinem schmucklos schwerfälligen Satzbau wurde der Keim einer Kunst, die bis zu Wolframs Parzival und Goethes Faust reicht.

4. DIE KLEINEREN REIMDENKMÄLER

Um das große Epos wächst eine Gruppe von kleinen Reimverstexten sehr verschiedener Art. Neben der biblischen Einzelszene (Christus und die Samariterin) steht der hymnische Heiligenpreis (Galluslied, Georgslied) und der religiös gestimmte Fürstenpreis (Ludwigslied). Dazu Stücke des liturgischen Gesanges (Petruslied, 138. Psalm) und des Gebetes (Augsburger Gebet, Sigiharts Gebete). Nehmen wir hinzu, daß auch der magische Spruch zum Reimvers übergeht und daß auch volkstümliche Poesie offenbar den Stabreim verläßt, so wird uns die Tiefe und Umfassung des Strebens nach neuer Form bewußt. Wir haben Otfried zeitlich an die Spitze gestellt und seine Einwirkung hoch eingeschätzt. Aber von einem gelehrten Werk wie diesem wären Wirkungen in die Weite nicht ausgegangen, wenn dem nicht die innere Notwendigkeit einer Zeit entgegengekommen wäre. Es wäre schief, von einer „Schule" Otfrieds zu reden; er hat nur am ersten und umfassendsten erfüllt, was als Erwartung in der Luft lag, und hat damit Anstöße gegeben und Leistungen ausgelöst, die plötzlich in vielseitiger Fülle hervorbrechen.

Stofflich steht das Gedicht C h r i s t u s u n d d i e S a m a r i t e r i n als ein Stück biblischer Erzählung Otfried am nächsten. Es ist in die Originalhandschrift der Lorscher Annalen eingetragen, die zur Abschrift nach der Reichenau gekommen war und dort bis tief ins 10. Jahrhundert verblieb. Mit V. 31 bricht das Gedicht am unteren Seitenrande vorzeitig ab. Die Zahl DCCCVIII über der ersten Zeile des Gedichtes könnte eine Datierung des Eintrages sein, wenn wir voraussetzen, daß ein C fehlt; dann kämen wir auf das Jahr 908. Daß die Eintragung auf der Reichenau geschah, scheint sicher. Der sprachliche Charakter schien, wie bei so vielen althochdeutschen Denkmälern, auf Sprachmischung zu deuten; hier stehen fränkische und alemannische Elemente nebeneinander. Damit war man auf eine Scheidung von Original und Abschreiber gedrängt, wobei die Zuteilung unsicher blieb. Fortschreitende Einsicht in klösterliche Schreibtraditionen, die nur sehr mittelbar von Mundarten zu sprechen erlauben, hat wohl jetzt dafür entschieden, daß sowohl Original wie Abschrift nach der Reichenau gehören. Erstmals nach den sprachlich-glossatorischen Leistungen der frühen Zeit Karls und ihrer Fortsetzungen bis in die Zeit Walahfrids tritt also die Reichenau hier mit wirklicher deutscher Literatur hervor. Stellen wir gleich hier Ratberts Lobgesang in St. Gallen und das Georgslied auf der Reichenau hinzu, so wird dieser alemannische Bodenseeraum, der an der karlischen Übersetzungsarbeit so wenig Anteil genommen hatte, für die spätkarolingische Dichtung plötzlich lebendig. Und die Frage stellt sich, ob nicht Otfrieds Widmungsexemplar an die St. Galler Freunde mit dem biblischen Inhalt und den hymnischen Einschlägen des 5. Buches eine unmittelbar anregende Rolle gespielt hat.

Nur eine Anregung kann von ihm gekommen sein. Denn nach Wortlaut und Stilform steht das Gedicht von Christus und der Samariterin ganz frei neben Otfrieds Behandlung desselben Stoffes in Buch II, 14. Das Werklein macht fast den Eindruck eines Versuches, zu zeigen, wie man es wirklich machen muß, um das Ohr des Laien zu gewinnen. Es erzählt frisch, knapp, liedhaft, stellt Wechselrede in knappen Repliken ohne Einführung der Redenden gegeneinander. Der Dichter findet für die lateinischen Prägungen der Vulgata, der er sachlich genau folgt, knappe, gute deutsche Gegenwerte: *hora quasi sexta : ze untarne; ut cibos emerent : wurbon sîna lîpleita; virum tuum : dînen wirt; aquam vivam : kecprunnen* usw. Er läßt Jakobs Ziegen und Schafe (*smalenôzzer*) ruhig aus dem ehrwürdigen Brunnen getrunken haben, während der vornehmere Otfried das verschweigt. Das in zwei- bis dreizeilige Strophen gebündelte, streng stichisch gebaute Gedicht war sicherlich sangfähig, seinem vermutlichen Umfang nach rasch vortragbar und in der Tat imstande, weltlichen Liedvortrag zu ersetzen.

Erstaunlich ist, wie rasch sich die Heiligenhymnik des neuen Verses bemächtigt hat. Um 880, rund ein Jahrzehnt, nachdem das Widmungsexemplar Otfrieds in St. Gallen eingetroffen war, verfaßte dort der berühmte Schulmeister und Chronist seines Klosters, Ratbert, einen

Lobgesang auf den hl. Gallus in deutscher Sprache. Wir kennen ihn nur in der lateinischen Übertragung, die mehr als ein Jahrhundert später Ekkehart IV. von St. Gallen verfaßte und nicht nur in die Sammlung seiner Benediktionen eigenhändig eintrug, sondern noch zweimal in andere St. Gallische Codices niederschrieb. In einem lateinischen Vorspruch berichtet er, daß Ratbert das *carmen barbaricum* verfaßt habe zum Gesang für das Volk. Er, Ekkehart, habe es übersetzt, um der süßen Melodie einen ihrer würdigen lateinischen Text zu geben. Das ist ein Zeichen der salischen Zeit.

Der deutsche Text ist verloren, sein Wortlaut aus dem lateinischen nicht mehr wiederzugewinnen, wohl aber seine Form zu beschreiben. Der Melodie war eine rhythmisch möglichst gleichartige Textform unterzulegen, daher dürfen wir uns aus dem lateinischen Gedicht eine Vorstellung von der Form des deutschen machen. Sie zeigt höchste Formzucht, strenge Alternation, feste Regelung der Auftaktverhältnisse, genaue Gliederung in Strophen aus fünf Reimpaaren. Solche formale Virtuosität liegt in Otfrieds Linie, doch weit über dem, was er erreichte oder zu erstreben wagte. Der strenge Formwille des Weißenburger Schulmeisters findet in dem jüngeren St. Gallischen Kollegen seine Vollendung. Freiheit verbleibt – soweit wir Ekkehart auch hier folgen dürfen – der Kadenz und dem Reim. Unebene Kadenzbindung *(populus ~ clerus; Gallus ~ avidus)* und damit bloße Endsilbenbindung stehen neben kadenzgleichen reinen und unreinen Reimen *(nullum ~ Gallum; amplum ~ templum)*. Daß einsilbige Vollreime nach dem Typus *mox ~ vox; dat ~ stat* fehlen, liegt im Stil des lateinischen Hymnenverses und kann auf das Original keine Anwendung finden.

Inhaltlich ist das Lied ebenfalls von der lateinischen Literatur her bestimmt; es ist seinem Aufbau nach eine Vita mit Heraushebung von Tugenden und Wundern des Lebenden, vom Tod und der am Grab oder den Reliquien des Toten haftenden Wunderwirkung, endlich der Translation, die hier mit der Bestattung des Ortsheiligen zusammenfällt. Wie im lateinischen Heiligenhymnus sind die Ereignisse in einen knappen, preisend erhöhten Aufzählungsstil gepreßt, der zum Verständnis Vertrautheit mit der Legende voraussetzt. Einleitung und Abschluß in preisendem Stil runden das Gedicht ab. An Form wie Inhalt ist nichts „Volkstümliches". Nehmen wir hinzu, daß es eine kunstvolle und noch nach so langer Zeit erhaltenswerte Komposition besessen hat, so wird klar, daß Ekkehart den Zweck des Gedichtes falsch beurteilt hat. Sowenig wie das zeitgenössische Georgslied, das jüngere Ezzolied war das Galluslied für den Volksgesang bestimmt; gleich jenen nächsten Artgenossen wird es für einen bestimmten festlichen Zweck gedichtet und komponiert worden sein, bei dem der kirchliche Chor für die vornehme Laienwelt ein religiöses Gesangswerk in deren Sprache vortrug *(populo canendum)*.

Für das Georgslied glauben wir den Anlaß zu ahnen: die Translation der Georgsreliquien in die neuerbaute Georgskirche der Reichenau im Jahre 896. Zwar ist das Gedicht erst viel später überliefert; erst im späten 10. Jahrhundert hat es ein Mann namens Wisolf in die schöne Widmungshandschrift P des Otfried eingetragen, die vielleicht das St. Galler Exemplar gewesen ist. Die Sprache und wohl auch Elemente der seltsamen Orthographie weisen ins Alemannische und ins späte 9. Jahrhundert; der Georgskult deutet auf die Reichenau. Rätselvoll bleibt die völlig verschnörkelte Orthographie, die den Abschreiber begreiflicherweise zur Verzweiflung trieb, so daß er mit dem Stoßseufzer *nequeo Vuisolf* (ich kann nicht mehr, Wisolf) vorzeitig abbrach. Denn der scheinbare Irrsinn dieser Orthographie ist nur insoweit Schreiberschuld, als der wenig geübte Wisolf das barocke Vorbild vielfach zu voller Sinnlosigkeit entstellte. Aber hinter Wisolfs Text steht eine Vorlage mit einer zwar völlig verkünstelten, doch folgerichtigen Schreibweise, in ihrer Bewußtheit der isidorischen vergleichbar, in ihrer Dunkelheit seiner Klarheit genau entgegengesetzt. Elemente dieser Orthographie mag man in Gewohnheiten alemannischer Schreibstuben wiederfinden – als Ganzes steht sie vollkommen vereinzelt, fast möchte man an den Versuch einer Geheimschrift durch einen Bücherwurm denken.

Das Lied selber ist Heiligenpreis wie das Galluslied, und gleich diesem auf der lateinischen Legende gegründet. Noch ist Georg für jene Zeit nicht der ritterliche Drachenkämpfer – erst die Kreuzzüge bringen diesen Typus aus byzantinischer Legende ins Abendland. Er erscheint in der alten abendländischen Legende als Bekenner, Wundertäter und vielfacher Märtyrer. Auch dies Gedicht ist eine Vita; es zeigt Georgs Tugenden – die *fortitudo* in seiner Standhaftigkeit vor dem großen Königsgericht – und Wunder. In raschem Anlauf erreicht dies Lied den Gipfel des Wundersamen: den dreimal in seiner Grausamkeit und Gründlichkeit gestaffelten Tod des Heiligen und seine immer erneute Auferstehung. Danach erst folgen die großen Missionstaten, Sturz der Abgötter, Bekehrung der eigenen Gattin des Wüterichs Tacianus. Den Schlußteil, der den Tod, die Grabeswunder und die Translatio enthalten haben muß, hat uns Wisolfs Unfähigkeit vorenthalten.

Das Georgslied ruht auf der ältesten und damals in Deutschland wohl einzig bekannten Form der Georgslegende, die gerade in einer Handschrift des benachbarten St. Gallen bewahrt ist. Sie allein bot für den heidnischen Verfolger den apokryphen Namen Dadianus und den dreifachen Tod des Heiligen. Sie enthält auch alle Kraßheiten der Martern und Wunder des Heiligen, wenn auch nicht in derselben Reihenfolge, und nichts erlaubt uns, das Georgslied deswegen nicht ernst zu nehmen oder gar in eine spielmännische Sphäre zu verweisen. Es hält sich freilich nicht in der erhöhten Mäßigung des Gallusliedes; aber daran

ist mindestens teilweise der Unterschied im Typus der beiden Heiligen
schuld, der sanfte, still-friedliche westliche Eremitentyp hier, der orien-
talische Märtyrer dort. Das Lied spricht stärker zum Laien, auf den es
wirken wollte; je größer die Taten, um so wirksamer der Heilige. Auch
formal strebt es nicht zu Ratberts Formstrenge; es bleibt in der Linie
des späten Otfried: Alternation als Grundsatz, nicht als durchgeführtes
Schema, Freiheit des Auftaktes und der Kadenz. In der Reimtechnik
steht es Otfried ebenfalls nahe; es kann gut von ihm gelernt haben. Die
Gliederung dagegen ist freier als Otfrieds streng zweipaarige Strophe,
soweit erkenntlich, wechseln zwei- und dreipaarige Bündel. Wichtig
ist, daß refrainhafte Zeilen oder Strophen den Vortrag inhaltlich gliedern; auch dieses Stilmittel fanden wir bei Otfried mehrfach im 2. und
5. Buch vorgebildet. Alles in allem können wir den Dichter des Georgsliedes in Otfrieds Nachfolge stellen, auch wenn beweisende wörtliche
Anklänge fehlen.

Die beiden liturgischen Stücke, Petruslied und Psalm 138, haben in
der Diskussion um die Bedeutung Otfrieds für die Geschichte des Reimverses die größte Rolle gespielt. Das Petruslied, weil es, wie erwähnt,
als älter betrachtet werden kann als Otfrieds Buch, der Psalm, weil man
in seiner Versbehandlung eigene, von Otfried abweichende und „ger-
manischere" Elemente zu finden glaubte.

Das höhere Alter des Petrusliedes – oder wenigstens seiner Bittformel – geben wir als möglich zu; dagegen spricht indessen eine Formbeherrschung und Reimreinheit, die man gern für jünger als Otfried
halten möchte. Die Überlieferung liegt viel später; eine bayrische Eintragung in eine Freisinger Handschrift von Hrabans Genesis-Kommen-
tar. Es ist mit Neumen versehen. Das kleine Lied aus drei zweizeiligen
Strophen mit dem Kyrie als Refrain ist ein Stück kirchliche Gebrauchsliteratur, Begleitgesang einer Bittprozession für den heiligen Petrus.
Es ist Nachbildung der dritten Strophe des Hymnus *Aurea luce et decore
roseo*, als dessen Dichterin des Boethius Gattin Elpis gilt. Auch dies
Stück ist nur insoweit Volksgesang, als der Text von der Geistlichkeit
für das Volk gesungen worden ist; dem Volk war nach unseren Zeugnissen bei solchen Gesängen das refrainhafte *Kyrie eleison, Christe eleison*
vorbehalten. Das Lied nimmt auf die von Christus an Petrus gegebene
Gewalt über die Pforte des Himmels (Matth. 16, 18 f.) Bezug und gründet darauf die flehende Hinwendung an diesen Gottesfreund.

Auch für den 138. Psalm weist die Überlieferung nach Bayern. Er
ist eingetragen in eine Wiener Handschrift; sie enthält hauptsächlich das
Formelbuch (Briefmustersammlung) Salomons III. von Konstanz, das zur
Hauptsache durch Notker den Stammler von St. Gallen verfaßt ist.

Schrift und sprachliche Eigenheiten weisen die Niederschrift, die ihrerseits wieder
Abschrift einer älteren Vorlage ist, in nächste Nachbarschaft der Freisinger Otfried,

Handschrift (F). In Freising saß als Bischof damals Waldo (884–906), der Bruder Salomos III. Da er wie Salomo aus dem Kloster St. Gallen hervorgegangen war, so dürfte sein Interesse für Otfried und für die Reimdichtung überhaupt mit der St. Galler Handschrift des Otfried und der deutschen Dichtung seines Lehrers Ratpert zusammenhängen. So rückt auch dieses sangbare deutsche Gedicht in die Nähe der Bodenseegruppe. Die bayrischen Sprachmerkmale bleiben rein orthographisch und hindern nicht, die Herkunft des Originals aus St. Gallen erneut zu erwägen. Erweisen läßt sie sich nicht; jedenfalls aber wird bei der literarischen Sachlage die Beziehung zu Otfried und zu Waldos Interesse an ihm nicht zu leugnen sein, und manche Einzelheit des deutschen Psalms läßt Kenntnis von Otfried sicher vermuten. Daher scheint es mißlich, in der Form des Gedichtes eine eigenständige Sonderart des altdeutschen Reimverses zu suchen.

Das Gedicht ist keine strenge Übersetzung des biblischen Textes wie das Lied von der Samariterin; es ist eine freie Paraphrase unter Einbeziehung eines Motivs aus dem 139. Psalm. Daher ist die Umordnung, die der Psalm in der deutschen Niederschrift gefunden hat, nicht ohne weiteres als Fehler des Schreibers zu verwerfen. Freilich führt sie zugleich zu einer Unordnung der gedanklichen Linienführung, die Bedenken erregt. Und da die Abweichungen vom Bibeltext erst mit dem zweiten Drittel einsetzen und eine bloße Umstellung der Zeilen ohne jede Textänderung es erlaubt, die biblische Ordnung herzustellen, so wird man für den Urtext doch wohl mit Recht die biblische Folge voraussetzen dürfen.

In nächster Nachbarschaft des 138. Psalms sind die beiden kleinen Gebete des Sigihart entstanden. Der Freisinger Priester Sigihart war mit der Abschrift des Freisinger Otfriedtextes betraut, den er mäßig in bayrische Sprachformen übertrug. Als Abschluß hat er seinem Schreibwerk zwei kleine Schlußgebete angehängt, je zwei Reimpaare, die sich so gut wie ganz aus Fügungen zusammensetzen, die der Schreiber aus seinem Otfried gelernt hat.

So lebendig war die neue Reimkunst in St. Gallen, daß wir von dort her auch die ersten – und gleich 4 – Zeugnisse erhalten, daß sie über den rein geistlichen Bereich in weltliche Dichtung, ja in den raschen Stegreifvers übergriff. Ums Jahr 1000 zitiert Notker von St. Gallen in seiner lateinischen Rhetorik zwei Stückchen deutsche Reimdichtung, die sicherlich wesentlich älter sind und in karolingische Zeit zurückgehen. Ihm waren es nur Belege für rhetorische Formen, uns sind sie kostbare Zeugnisse ältester weltlicher Reimverse. Das eine drückt in zwei Reimpaaren den Gedanken aus, daß dort, wo zwei Kämpen sich begegnen, rasch die Schildriemen zerschlagen sind – eine allgemeine Sentenz, die wir uns aus einer kriegerischen, vielleicht heroischen Dichtung entnommen denken könnten. Das andere ist das bekannte Verschen vom Rieseneber mit tannenhohen Borsten, fudergroßen Füßen und zwölf Ellen langen Zähnen, der am Berghang entlanggeht. Wir wissen nicht, ob wir es mit einem Stück aus einer umfänglicheren Dichtung zu tun haben, und was das für eine gewesen sein könnte, oder mit einem geschlossenen Stück volkstümlicher Übertreibungsfreude – es bleibt uns nur ein eindrückliches Bild. Auch die Verse sind eindruckvoll; sie verbinden eine Otfried nahestehende Reimtechnik mit einer Freiheit der rhythmischen Linienführung, die weiter als alles uns sonst Bekannte von geregelter Alternation abliegt und die Rhythmik zweigipfliger stabender Verse nachklingen läßt. Hier kann man wirklich von einer Verbindung otfriedscher und volkstümlicher rhythmischer Tradition reden und sich ein Bild machen, wie ungeistliche Dichtung des 9./10. Jahrhunderts geklungen haben kann.

Drei weitere St. Galler Splitter erwähnen wir nur, um das Bild St. Gallischer Versfreude abzurunden. In eine biblische Handschrift des 9. Jahrhunderts ist ein Spottvers auf einen Mann namens Liubene (= Liubwini) eingetragen, der seine Tochter verlobte, doch der Bräutigam Starzfidere (= Schwanzfeder) brachte sie zurück. Der Anlaß ist unbekannt und unwesentlich; die Namen deuten eher auf eine lokale, bäuerliche oder kleinadlige Auseinandersetzung. Wichtig ist, daß hier die germanische Form des *nîd*, des Spott- und Schmähgedichtes, in vollendeten reinreimenden Endreimversen auftritt. Solche Verse sind sicherlich ein Gelegenheitsgedicht, vermutlich Stegreifverse wie die uns bekannten nordischen Gegenstücke. Und es ist zur Beurteilung der allgemeinen Frage, ob und wieweit der Stabreim als volkstümliche Form weitergedauert habe, wesentlich, daß hier ein früher *nîd*-Vers in der neuen Tracht des Endreimes einhergeht. Jünger ist eine zweite Randeintragung in einen St. Galler Codex; ihr Inhalt ist unsicher, doch ist zu erkennen, daß ein Reimpaar vorliegt. Wieder ins 9. Jahrhundert gehört endlich der Stoßseufzer eines schreibenden Mönches am Ende eines lateinischen Justinus-Textes: *chûmo kiscreib filo chûmor kipeit* (schwer schrieb ich's; viel schwerer konnt' ich's erwarten, nämlich das Ende der Handschrift). Alle diese literarisch unerheblichen Kleinigkeiten machen uns die Freude am Endreim in St. Gallen lebendig.

Dieser lebhaften oberdeutschen, vorzüglich alemannischen Beschäftigung mit dem Endreimvers hat Franken außer dem unbedeutenden rheinfränkischen Augsburger Gebet des ausgehenden karolingischen Zeitraumes, einer Umsetzung eines geläufigen Bußgebetes in Otfriedsche Reimpaare (vgl. S. 29), nur ein Gedicht entgegenzustellen, aber das schönste und nächst Otfried früheste, das rheinfränkische Ludwigslied. In seiner Überlieferung steht es glücklich da, nicht notdürftig auf einen leeren Fleck einer lateinischen Handschrift geklemmt, sondern sauber als ein beachtenswertes Dokument eingetragen in dieselbe nordfranzösische Handschrift in Valenciennes (spätes 9. Jahrhundert), die mit dem altfranzösischen Eulalialied zugleich eines der ältesten Denkmäler französischer Dichtung enthält. Dieser Eintrag ist zugleich bezeichnend für das noch bestehende karolingische Einheitsgefühl über die Sprachgrenzen fort, wie es umgekehrt ja auch der Preis des westfränkischen Karolingers Ludwig durch den deutschen Dichter bezeugt. Der Inhalt erklärt das Interesse, das dies Gedicht in Nordfrankreich fand; es verherrlicht den Sieg des jungen westfränkischen Königs Ludwig (Ururenkel Karls des Großen) über die Normannen bei Saucourt im Jahre 881. Da Ludwig kaum mehr als ein Jahr nach diesem Siege, im August 882, knapp zwanzigjährig starb, erhalten wir zugleich eine genaue Datierung. Denn das Lied spricht von Ludwig noch als Lebendem. Es ist also wohl sofort im Jahre 881 unter dem unmittelbaren Eindruck des Sieges gedichtet worden; das bestätigt auch der ganze Tenor des Liedes.

Das Gedicht ist nicht nur christlicher Herkunft, es ist von christlichem Denken tief durchtränkt. Der Normanneneinfall ist Strafe und Erziehungsmittel Gottes für das sündige Volk; Reue und Buße haben Gott bewogen, Ludwig, den vaterlosen, seinen persönlichen Zögling, zum Kampf zu berufen. Ludwig fühlt sich als Gottes Beauftragter; er reitet mit einem geistlichen Lied in den Kampf, das Heer fällt mit dem *Kyrie eleison* in den Gesang ein. Gottes Kraft und die Hilfe der Heiligen haben den Sieg gegeben; dem Schutz Gottes empfiehlt der Dichter seinen Helden am Schluß. Ludwig selbst ist der ideale christliche Herrscher, der Gott ergebene *rex justus et pacificus* – denn Friedfertigkeit schließt den Kampf um die gerechte Befriedung des Volkes ein.

Auch formal steht der Dichter auf dem neuen Boden; er dichtet in Otfriedischen Reimversen mit etwas freierer Beweglichkeit in Rhythmus, Reim und Strophenbündelung als Otfried, aber gewiß nicht, ohne Otfrieds preisendes Widmungsgedicht an einen anderen karolingischen Ludwig im Ohr zu haben. Er verschmäht die Stilmittel des germanischen Verses, Umschreibung, Variation und Hakenstil, die gerade dem Fürstenpreis geläufig gewesen sein müssen; auch das schmückende Beiwort bleibt sparsam, wirkt nicht stilbildend.

Das Ludwigslied ist ein preisendes Gedicht, ist Fürstenpreis und Tatenruhm. Damit stellt sich die Frage nach Zusammenhängen mit dem germanischen Preislied. In den führenden Literaturgeschichten der letzten Jahrzehnte sind solche entschieden verneint worden. Es tritt dort in unmittelbaren Zusammenhang mit lateinischer geistlicher Zeitdichtung oder dem lateinischen Heiligenpreis. Die kriegerischen Klänge, die Freude an Waffenlärm und Waffentat widersprächen dem in der Verherrlichung einer Kriegstat nicht. Allein so nahe, wie man behauptet, steht das Ludwigslied dem nächstverglichenen lateinischen Lied über Pippins Avarensieg nicht. Wesentliche Züge eines gefolgschaftlichen Denkens klingen an, die weder der Heiligenpreis noch das lateinische Zeitgedicht kennen. Und das weist auf die Denkformen des alten germanischen Fürstenpreises. Gott ist Ludwigs *magezoge* (Erzieher); das ist keine unmittelbar christliche Formel, sondern gemahnt an das altgermanische Bindungsverhältnis zwischen Ziehvater und Ziehsohn. Und Ludwig ist nicht Gottes Knecht, sondern Gottes Gefolgsmann, von ihm, dem Gefolgsherrn, zum Kampf aufgerufen, seinem Aufgebot treu gehorsam. Ebenso ist Ludwigs Verhältnis zu seinen Mannen das –

im Umbruch zum Lehenswesen befindliche – Gefolgschaftsverhältnis. Und in der Kampfschilderung rückt Gott aus dem Blickfeld; da ist es die Tat Ludwigs, der den Seinen mannhaft vorkämpft, der Gefolgsherr an der Spitze seiner Degen. Und der Schluß ist neben dem Gottespreis durchhallt von Königspreis: Heil dem König Ludwig; sein (nicht Gottes!) war der Siegeskampf – davon geht der Dichter nicht ab.

Wir wissen vom südgermanischen Preislied vorchristlicher Zeit nichts; auch die angelsächsischen Parallelen sind christlich durchklungen. Und das nordische Preislied kennen wir nur in seiner skaldisch-barocken Sonderform. Wir sollten uns die Möglichkeit nicht verbauen, hinter dem Ludwigslied mit seiner Verbindung von Bericht und Rede den Klang südgermanischer Preisdichtung zu hören. Nicht mehr ihre Form – wir sahen soeben, daß mit dem Stabreim auch die formalen Stilmittel aufgegeben sind. Diese knappen, in Parallelismen und Überschneidungen geführten Sätze, die brechungsfreien, in sich geschlossenen Bausteine der Strophen sind ein eigener, dem Hildebrandsliede gegenüber durchaus ungermanisch wirkender Stil, der in die Zukunft weist. Er ist auch mit Otfried nur bedingt vergleichbar, hat dagegen seine nächsten Artverwandten in den kleinen frühesten mittelhochdeutschen Gedichten des 11. und frühen 12. Jahrhunderts.

LITERATUR

Endreim: A. Heusler, Deutsche Versgeschichte. Bd. II S. 1–73; Herm. Fränkel, Aus der Frühgeschichte des deutschen Endreims, ZfdA 58 (1921) S. 41 ff.; U. Pretzel, Frühgeschichte des deutschen Reims, Leipzig 1941.

Otfried: hrsg. Joh. Kelle, 3 Bde, Regensburg 1856–81 (nach V); O. Erdmann, Halle 1882 (nach V); P. Piper, Paderborn und Freiburg 1878–84 (nach P); Neue Funde von D: ZfdA 74 (1937) S. 117 ff.; 125 ff. *Zuschrift an Liutbert:* G. Baesecke, Undeutsche Synaloephen bei Otfried, Beitr. 36 (1910) S. 374–81; M. Jellinek, Otfrieds grammatische und metrische Bemerkungen, Festschrift für Zwierzina 1924 S. 7 ff.; A. Taylor, „Dignitas" in Otfrids „Ad Liutbertum". Modern Language Notes 1949 S. 144 ff.; H. de Boor, Untersuchungen zur Sprachbehandlung Otfrieds, Germ. Abhh., Bd. 60. Breslau 1928. H. Bork, Chronologische Studien zu Otfrieds Evangelienbuch, Leipzig 1937; H. Göhler, Das Christusbild in Otfrieds Evangelienbuch und im Heliand, ZfdPh. 59 (1935) S. 1 ff.; H. Brinkmann, Verwandlung und Dauer. Otfrieds Endreimdichtung und ihr geschichtlicher Zusammenhang. Wirkendes Wort 2 (1951/52) S. 1–15; W. Foerste, Otfrids literarisches Verhältnis zum Heliand. Ndd. Jbb. 71–73 (1948–50) S. 40–67.

Christus und die Samariterin: Sprachdenkm. XVII S. 69; Leseb. XXXIV S. 113. Fr. Maurer, Zur Frage nach der Heimat von Christus und die Samariterin, ZfdPh. 54 (1929) S. 175 ff.

Ratberts Lobgesang: MSD XII S. 27; W. von Unwerth, Vers und Strophe von Ratberts Lobgesang an den heiligen Gallus, Beitr. 42 (1917) S. 111 ff.; K. Plenio, Beiträge zur altdeutschen Strophik, Beitr. 43 (1918) S. 81 ff.; Ernst Schulz, Über die Dichtungen Ekkeharts IV. von St. Gallen. Corona quernea (Festschr. f. Strecker) 1941 S. 208 ff.

Georgslied: Sprachdenkm. XIX S. 94; Leseb. XXXV S.114 ff,; Längin in: Die Kultur der Abtei Reichenau, hrsg. K. Beyerle, München 1925, S. 692 ff.; G. Baesecke, Das althochdeutsche Schrifttum von Reichenau, Beitr. 51 (1927) S. 206–22; Brauer, Die Heidelberger Handschrift von Otfrieds Evangelienbuch und das althochdeutsche Georgslied, ZfdPh. 55 (1930) S. 261 ff.; Fr. Tschirch, Wisolf – eine mittelalterliche Schreiberpersönlichkeit. Zur Schreibung des althochdeutschen Georgsliedes, Beitr. 73 (1951) S. 387–422.

Petruslied: Sprachdenkm. XXI S. 103; Leseb. XXXIII S. 118.

138. *Psalm:* Sprachdenkm. XXII S. 105; Leseb. XXXVIII S. 119 f.; H. Menhardt, Zur Überlieferung des althochdeutschen 138. Psalms, ZfdA 77 (1940) S. 76 ff.

Sigibarts Gebete: Sprachdenkm. XX S. 102; Leseb. XXXVII 2 S. 119.

Rhetorikverse: MSD XXVI S. 55; Leseb. XL S. 121; H. Naumann, Der große Eber, Beitr. 45 (1921) S. 473 ff.

St. Gallische Splitter: MSD XXVIII S. 92 (Liubene); Sprachdenkm. LXXXII–LXXXIII S. 401 ff.

Augsburger Gebet: Sprachdenkm. XVIII S. 92; Leseb. XXXVII 1 S .119.

Ludwigslied: Sprachdenkm. XVI S. 85; Leseb. XXXVI S. 118 f.; H. de Boor in Schneiders Altertumskunde S. 411 f.; Heinr. Naumann, Das Ludwigslied und die verwandten lateinischen Gedichte, Diss. Halle 1932; F. Willems, Der parataktische Satzstil im Ludwigslied, ZfdA 85 (1954) S. 18–35.

FÜNFTES KAPITEL

MAGIE, SPRUCH

Die karolingische Epoche liegt nunmehr in ihrer Einheit vor uns. In ihrem ganzen Verlauf, vom Abrogans bis zum 138. Psalm, steht sie in einem einzigen Dienst, den wir einleitend als Prägung der ganzen Epoche überhaupt festgestellt haben: Einordnung des Laien in die Kirche und ihre christlich-antike Bildung.

1. DIE GRUNDLAGEN

In diese Welt ragt ein Bezirk hinein, der hat nichts mit Mission, kirchlicher Einordnung und antiker Bildung zu tun. Das ist der Bereich der magischen Sprüche. Magie ist weder heidnisch noch christlich, weder germanisch noch kirchlich: sie ist zeitlos und urtümlich. Sie lebt ihr eigenes Leben neben und unter den Kulturen, sie zieht deren Gewand an, wandelt die Oberfläche mit ihnen, bleibt aber im Kern, was sie ist. Magie hat mit Religion grundsätzlich nichts zu tun, weder ist sie eine primitive Religionsstufe noch eine bestimmte Zone innerhalb einzelner Religionen. Magie ist Erkenntnis wirkender Kräfte in der natürlichen Umwelt des Menschen und Mittel zu ihrer Bezwingung, Abwehr des Schadens, Erzwingung des Nutzens. Somit ist Magie Wissenschaft bzw. als angewandte Wissenschaft Technik. Sie berührt sich mit dem Religiösen nur im Bezirk der Vorstellungen, nicht in dem des Verhaltens. Sie kann sich auf den gleichen Gegenstand richten und sich sogar derselben Mittel bedienen wie die Religion, aber sie macht daraus etwas grundsätzlich anderes. Das Vaterunser, aus gläubigem Mund zu Gott aufsteigend, ist echtes Gebet. Das Paternoster als Begleitung einer magischen Handlung ist etwas im Kern anderes geworden. Es ist ein von der religiösen Verwendung her kraftgeladenes, in seiner lateinischen Form sprachbesonderes Wort als technisches Mittel zwanghafter Beeinflussung des Dämonischen. Soweit ein Bild der Welt religiös oder mythisch geprägt ist, bestimmt es die Art ihrer wissenschaftlichen Erfassung; es sieht die Welt nicht von Energien, sondern von Wesen, Göttern und Dämonen bewegt. Aber während die religiöse Haltung die Überlegenheit jener Wesen schlechthin anerkennt und ihr Verhalten danach einrichtet (Kult, Gebet), erfaßt Magie sie als in ihrem Wesen gesetzlich gebunden, schafft sich Einblick in diese Gesetzlichkeit und nutzt die Kenntnis aus, um ein bestimmtes Verhalten zu erzwingen. Diese Haltung teilt Magie durchaus mit heutiger Wissenschaft. Nur sind es andere Kausalitäten, die sie zu erkennen meint, und darum sind ihre Mittel andere, diese Kausalität auszuwerten. Mittel der Magie sind Handlung, Zeichen und Wort. Die Literaturgeschichte geht nur das magische Wort etwas an, sofern es geformt ist. Form aber gehört zum Wesen des magischen Wortes; nicht das alltägliche, nur das besondere Wort ist kraftgeladen. Daher wird das magische Wort zum „Spruch", der dichterische Formung in den Dienst magischer Wirkung stellt. So geformte Sprüche besitzen wir aus beiden Lagern, dem germanisch-stabenden und dem christlich-endreimenden.

Die Überlieferung magischer Sprüche ist naturgemäß vom Zufall abhängig; die Aufzeichnung geschieht nicht als Literatur, sondern als Rezept. Daß die Zahl der überlieferten Sprüche im späteren Mittelalter so stark ansteigt, ist daher nur Zeichen wachsender Schreibfreudigkeit. In althochdeutscher Zeit ist die Ernte spärlich. Steinmeyer hat in den „kleineren althochdeutschen Sprachdenkmälern" etwa zwei Dutzend zusammengetragen. Nur bei zweien, bei dem Wurmsegen und dem Spruch gegen die Pferdekrankheit *spurihalz*, reicht die Aufzeichnung wirklich in karolingische Zeit zurück. Aus dem 10. Jahrhundert stammt die Niederschrift der beiden Merseburger Sprüche, der beiden Trierer Sprüche, des Wiener Hundesegens und des Lorscher Bienensegens. Alles andere liegt der Aufzeichnung nach erst im 11.–13. Jahrhundert.

Das besagt nichts für das wirkliche Alter. Allein auch Sprache und Form zeigen Abbau und Verfall. Der Sprache nach brauchten wir die meisten nicht vor dem 10./11. Jahrhundert anzusetzen. Vor allem aber weist der Formverfall auf die jüngere Zeit. Die altgermanischen Sprüche, in Deutschland durch die Merseburger vertreten, sind nicht bloße Stabreimgedichte; sie haben ihre besondere, durch den magischen Zweck bedingte Aufbauform. Die ältesten christlichen Sprüche halten wenigstens den Reim fest, kennen aber auch, wie der Lorscher Bienensegen am klarsten zeigt, magische Sonderformung. Die jüngeren Sprüche dagegen vernachlässigen die Form, lassen altes metrisches Gefüge verfallen oder gehen schlechtweg zur Prosa über. Das hat seinen Grund in der Verchristlichung. Für die alte Wortmagie lag ihre Kraft eben in der geprägten, magischen Form der Rede selber; eben sie war – weil als Dämonenrede gedacht – gegen Dämonen wirksam. Der christliche Spruch verlagert die Wirkungskraft auf die christlichen Gebärden und Formeln, in die er das Wort einbettet, das Kreuzeszeichen, das Vaterunser, die Trinitätsformel, allgemein das heilige Latein der Kirche. Indem die Magie diese von der Religion her kraftgeladenen Formeln den Dämonen entgegenwendet, wird der eigentliche Spruch zum Beiwerk, nur noch inhaltlich wichtig, wenn auch der Inhalt von heiligen Personen oder Vorgängen handelt. Die Form war zweckentkleidet und verfiel. Solche Sprüche haben nur noch volkskundliches Interesse.

2. DIE EINZELNEN SPRÜCHE

An den Anfang stellen wir den urtümlichen Wurmsegen. In zwei nahe verwandten Fassungen des 9. Jahrhunderts, einer hochdeutschen und einer niederdeutschen überliefert, ist er das einzige deutsche Beispiel einer Langtaktdichtung ohne stabende Stütze. Der einleitende Imperativ greift den dämonischen Krankheitswurm unmittelbar an: *gang ûz nesso.* In vier Langzeilen starren Gleichlaufs: hinaus aus – hinein in, treibt er ihn aus dem Mark, an dem er nagt, in den Knochen, das Fleisch, die Haut des Kranken, und von dort in den an das kranke Glied gehaltenen Pfeil, mit dem er aus der umfriedeten Menschenwelt in den wilden Wald, die Behausung der Dämonen, geschossen werden soll. Die kirchliche Einbettung ist noch ganz schwach: Drei Paternoster ordnet die hochdeutsche Form an: das optativische, nicht mehr magische Gebet *drohtin uuerte so* hängt die niederdeutsche an. Der Wurmsegen ist uns das klassische Beispiel des eingliedrigen Spruches, reiner magischer Befehl (ohne epischen Bericht gleich seinem bunteren indischen Verwandten). Vielleicht ist der ganz entstellte, kaum deutbare Spruch Contra rehin des Züricher Arzneibuches (11. Jahrhundert) ein zweites. Unter den jüngeren Reimsegen kommt der Lorscher Bienensegen der rein imperativischen Form noch nahe.

Dem steht die kunstvollere zweistöckige Form gegenüber, deren klassische Zeugen die Merseburger Sprüche sind. Sie sind nicht reiner Befehl; sie sind zunächst Bericht. Etwas geschah einmal und führte zum Ziel, zu einer Heilung, einem Schutz, einer Dämonenvertreibung. Das gleiche Ziel will die magische Handlung erreichen, bei der dieser Spruch verwendet wird. Die Wirkungskraft, die sich erwiesen hat, soll wieder aktiviert werden; sie wird in den Kranken geleitet. Der zweite Teil ist imperativisch, unmittelbar zwanghaftes Wort, damals gesprochen, immer wieder wirksam. Die Brücke zwischen beiden Teilen wird sprachlich nicht geschlagen; sie liegt unmittelbar im Sinnbezug.

Die germanische Spruchdichtung hatte sich eine Sprache und Form der Eindringlichkeit geschaffen. Ihr Hauptmittel ist Wiederholung mit Heraushebung (Achtergewicht) des letzten Gliedes der magischen Dreizahl. Ihr zweites Mittel ist Gleichlauf der Glieder, wie wir ihn am Wurmsegen schon beobachtet haben. Hervorragendes Beispiel magischen Spruchbaues ist der zweite Merseburger Spruch. Die Vorbildhandlung geht im Bereich der Götter vor sich. Der Spruch beginnt mit zwei stabenden Langzeilen rein epischen Berichtes: Phol und Wodan ritten zum Wald; das Pferd des Herrn verrenkte sich den Fuß. Dann setzt die Vorbildhandlung ein, die Heilung des Götterpferdes durch

Besprechen. Sofort beginnt auch magische Redeform. Drei Heilungs-
versuche werden gemacht; die beiden ersten, je durch ein Göttinnen-
paar, mißlingen, erst der dritte durch Wodan selber, den Herrn alles
Zaubers, gelingt. In drei Zeilen ist der Bericht gepreßt; sie alle haben
gleichen Anlauf: da beschrie es . . . Die beiden ersten sind sprachlich
völlig parallel gebaut: die beiden Göttinnennamen in die Haupthebungen der beiden Versteile stabend eingelagert. Die dritte Zeile ist auch
sprachlich herausgehoben. Sie ist ganz dem einen Gott Wodan gewidmet; der Abvers „wie er es wohl verstand" weicht nach Bau und Inhalt
von den Göttinnenzeilen ab, hebt Wodans überlegene Zauberkraft heraus. Es folgt die in sich wieder zweistöckige Mahnformel: Krankheits-
anrede und Heilungsbefehl. Beide Teile sind wieder aus knappen dreigliedrigen Parallelzeilen aufgebaut, der erste ohne sprachliche Hervorhebung, doch mit formaler Sonderstellung des dritten Gliedes. Der Befehl nimmt den Parallelbau des ersten Teiles voll wieder auf; die drei
Glieder: *bên – bluot – lidi* bilden hier wie dort den Dreierbau. Aber das
letzte Glied wird nunmehr durch einen stabend angebundenen Abvers
zur Langzeile heraushebend geschwellt: *sôse gelîmida sîn.*

Dies kleine Formkunstwerk ist noch ganz aus sicherem magischem
Formgefühl hervorgebracht; es ist formal gut germanisch. Inhaltlich
spielt die Vorbildgeschichte im Kreise germanischer Götter, auch wenn
wir nicht wissen, wer oder was Phol war, und wenn wir Baldr als Gott
aus dem Spruch ausscheiden müssen. Wir können nicht daran zweifeln,
daß dieser Spruch ein heidnisch-germanisches Werk ist und also, da er
hochdeutsch ist und der Sprache nach aus der Gegend von Fulda stammen könnte, in die Zeit des Bonifaz zurückreicht.

Auch der erste Merseburger Spruch, der uns an mehreren Stellen unsicher oder undeutbar ist, enthält mythisch-heidnische Bestandteile. Es ist ein Löse- oder Entfesselungszauber. Im Vorbild ist von
göttlichen, walkyrienhaften Frauen *(idisi)* die Rede. In magischer Dreigliederung verläuft ihr Handeln, und im magischen Gleichlauf baut sich
der Bericht. Wir haben uns die dreifache Handlung als Teile eines einzigen Zweckstrebens zu denken; sie geht auch an einem einzigen Ort, im
Feindesheer, vor sich. Zwei Gruppen stehen dem Feind hindernd entgegen, die dritte dem gefesselten Freunde bei. Die ersten „hefteten
Hafte", d. h. sie binden die Heerfessel (nord. *herfjöturr*), die den Vor-
wärtsdrang der Feinde hemmt, die zweiten lähmen (?) das Heer. Die
dritte Gruppe „klaubt an den Fesseln", sie schnürt die Knoten an Hand
und Fuß des gefangenen Freundes auf. Im sprachlichen Gleichlauf mit
Einsatzgleichheit *(suma)* wird den beiden ersten Gruppen je eine Kurzzeile gegönnt, die zur Langzeile stabend verbunden sind, der dritten
aber heraushebend eine ganze Langzeile mit einer größeren sprachlichen
Fülle. Nun folgt die abschließende Mahnzeile. Sie ist reimend gebunden

und erweckt daher Mißtrauen gegen ihr Alter. Sie wirkt wie junger Ersatz einer älteren stabenden Formel, die in nordischen Parallelen durchschimmert, etwa: Haft von der Hand, Fessel vom Fuß (oder Band vom Bein). Nach Form und religiöser Vorstellung sind diese Sprüche vorchristlich. Sie einem Geistlichen zuzuschreiben, der aus sittlichen Bedenken in einem christlichen Spruch heilige Namen durch heidnische ersetzt hätte, war ein Irrweg. Aber diese Sprüche, insbesondere der zweite, sind keine isolierten Denkmäler. Sie gehören formal wie inhaltlich einem geläufigen Typus an. Formal ist der zweistöckige Bau aus Vorbildbericht und Mahnformel weit verbreitet, und wir haben nach seinem Ursprung zu fragen. Inhaltlich ist der zweite Merseburger Spruch der einzige heidnische Zeuge eines Typus, in dessen weitverbreiteten Varianten sonst der Reiter und der Heiler Figuren des christlichen Himmels sind. Auch wenn die Merseburger Sprüche als Individuen vorchristlich-germanisch sind, so bleibt die Frage nach dem Typus offen.

Den zweistöckigen Spruch finden wir auf germanischem Boden nur dort, wo christlich-antiker Einfluß sonst voll am Werk ist, bei Deutschen und Angelsachsen. Der Norden überliefert uns keine vorchristlichen Sprüche, sondern nur Anweisungen zu Zauberspruchgebrauch; erst der christliche Norden zeichnet Sprüche auf. Nächste Artverwandte hat diese Form dagegen in der spätantiken Rezeptsammlung des Marcellus von Bordeaux, eines gallischen Arztes des 5. Jahrhunderts. Und in einem Fall, bei dem Straßburger Blutsegen, können wir sprachlich sicherstellen, daß ein Marcellusspruch zugrunde liegt. Ein dort vorhandener lateinischer Blutstillungssegen beruht auf der Mehrdeutigkeit der lateinischen Wortgruppe *stupere, stupidus. Stupere* heißt straucheln und erstarren, *stupidus* heißt dumm und steil. So berichtet der Spruch: *stupidus in monte ibat, stupidus stupuit.* Ein lateinischer Nachbildner des Mittelalters hat das Spielen mit den Worten nicht mehr verstanden; er ersetzt *stupidus* mit *stultus* und sagt: *stulta femina super fontem sedebat et stultum infantem in sinu tenebat.* Genau so verfährt der althochdeutsche Nachbildner: *Tumbo saz in berke mit tumbemo kinde enarme!* Da ihm der Sinnbezug fehlte, knüpfte er ihn überraschend unbeschwert neu an Christliches an; er erfindet einen neuen Heiligen: *der heilige Tumbo versegne diese Wunde.* Nur das lateinische Vorbild erklärt diesen Blutspruch.

Was hier handgreiflich ist, wird grundsätzlich zu erwägen sein: Ist der zweistöckige Spruch spätantiken und damit wohl letztlich orientalischen Ursprungs? Vielleicht geben einmal die Zauberpapyri Auskunft. Dann wären die Merseburger Sprüche letzte, ins germanische Heidentum vorgeschobene Posten dieses spätantiken Typus, umgeprägt in die Formensprache germanischer Magie. Und damit stellt sich die weitere Frage, ob nicht mindestens der zweite Merseburger Spruch auch inhaltlich nur

eine Umprägung eines antik-christlichen Typus ist, der in den zahlreichen Sprüchen mit Reiter und Helfer aus der christlichen Mythologie
gegeben wäre. Kein Spruch dieses Typus reicht allerdings in die Zeit
hinauf, die wir für den Ursprung des Wodan-Spruches ansetzen müssen.
Doch steht neben dem Merseburger Spruch schon in althochdeutscher
Zeit der erste Trierer Spruch, eine hochdeutsche Umsetzung eines
niederdeutschen Textes, der wohl noch ins 9. Jahrhundert gehört.
Und hier sind die Reiter Christus und der Pferdeheilige Stephanus;
Christus heilt das Roß des Stephanus. In nordischen, finnischen und
russischen Formeln tritt auch die heilende Frau, Maria, auf. Die Frage,
ob die christliche Form nicht als Typus die ältere ist, kann man nicht
ohne weiteres verneinen; es spricht manches dafür.

Neben den bedeutsamen Merseburger Sprüchen sind weitere stabende Exemplare
nur noch in starkem Verfall bekannt, der bis zu wirklicher Undeutbarkeit geht. Doch
noch ein so spätes Stück wie der Weingartner Reisesegen, aufgezeichnet im
12./13. Jahrhundert und im Gehalt vollkommen christlich, bietet noch 5 Zeilen im
alten Langtaktrhythmus mit Stab- und Endreimbindung und magischen Gleichläufen,
ein auch poetisch besonders eindrückliches Stück.
    Wo wir in die jüngere christliche Schicht vorstoßen, werden die alten Formen ent-
leert. Die germanische Denkform, die das zwanghafte Mahnwort als notwendigen
Gipfel sprachlich unverbunden der Vorbilderzählung folgen ließ, weicht einer reflek-
tierenden; Vorbilderzählung und Mahnwort werden auch sprachlich in logische Beziehung gesetzt: *so wie damals . . . so soll jetzt.* Die Mahnformel selber wird ihrer
zwanghaften Wucht entkleidet, der Imperativ weicht dem mahnenden Adhortativ
unter Anrufung Gottes oder der Heiligen. Der Spruch nähert sich dem Typ des
christlichen Segens oder der Benediktion. So sahen wir es schon am Tumbo-Spruch
und am Anhängsel des niederdeutschen Wurmsegens. Noch schön im alten Typus
verläuft der Lorscher Bienensegen, im 10. Jahrhundert in eine Vatikanische
Handschrift aus Lorsch eingetragen. Er baut sich auf aus 6 Otfriedzeilen mit guten
Reimen – außer der ersten Zeile. Es ist eine wirklich noch befehlende Anrede an den
Bienenschwarm; Gleichlaufzeilen heben die Rede ins Magische. Aber es ist eine sanfte
Magie geworden; der Zwang weicht der Überredung: flieg heim, mein Vieh, in des
Höchsten Frieden; in Gottes Schutz sitze still, wirke Gottes Willen. Und die Ein-
gangszeile: Christ, der Schwarm ist draußen, ist gebethafter Stoßseufzer. Wo der
zweistöckige Bau das Muster abgibt, finden wir jetzt christlich-legendäre, oft volks-
tümlich sehr frei abgewandelte Erzählung. „Christ ward geboren, eher als Wolf oder
Dieb" – so formt der Wiener Hundesegen sich die Präexistenz Christi zurecht, und
die Beschwörung wird adhortativ: der heilige Christ und St. Martin mögen heute der
Hunde walten. „Christus und Judas spielten mit Spießen, da ward der heilige Christ
wund an seiner Seite", berichtet der spät (12. Jahrhundert) aufgezeichnete Bamberger Blutsegen, Kindheitslegende Jesu und Seitenwunde der Passion vermengend.
Er bezieht weiter noch Christi Taufe ein, bei der nach apokryph-volkstümlicher Vorstellung das Wasser des Jordan stillstand. Und beide Vorgänge, die Stillung von Christi
Blut und das Stillstehen des Jordan werden mit der Formel: *so – – wie* auf den Krank-
heitsfall, Stillung des fließenden Blutes, bezogen. Der ältere und einfachere Trierer
Blutsegen – auch formal noch im altertümlichen Langzeilenrhythmus gehalten –
sagt nur knapp: Christ ward wund und wieder heil; das Blut stockte, so tu du Blut.
Hier bleibt der *so – – wie*-Typus doch noch beim Imperativ; die Entwicklung wird sehr
deutlich. Als drittes Beispiel erwähnen wir noch den Spruch *ad equum errehet* aus einer

Pariser Handschrift des 12. Jahrhunderts. Er erzählt von einer Begegnung Christi mit einem Mann, der sein krankes Pferd am Zügel führte und der von Christus Belehrung darüber empfing, was er seinem Pferd ins Ohr raunen soll, um es zu heilen. Wieder ist die Mahnformel logisch verknüpft und in der Haltung adhortativ geworden: *so wie – – so möge* auch hier. Überall haben wir den gleichen Auflösungsprozeß in der Form wie im Denken; überall ist es nun nicht mehr die autonome Kraft des geformten Spruches, die wirksam wird, sondern die Macht Gottes, die in den Spruch hineingeleitet wird und dessen Eigenwirkung und damit Eigenleben ertötet.

LITERATUR

Zaubersprüche: Die Texte am besten Sprachdenkm. LXII–LXXVIII S. 365 ff., auch Leseb. XXXI S. 70 ff. (Merseburger Sprüche, Wiener Hundesegen, Bienensegen, Wurmsegen hochdeutsch und niederdeutsch, Straßburger Blutsegen, ad equum errehet) und Leseb. XLV S. 133 (spurihalz, beide Trierer Segen). Einige späte Segen Wilhelm, Denkm. XVI–XXIII S. 49 ff.; H. de Boor in Merker-Stammlers Reallex. d. Literaturwissensch. 3, 511 ff.; ders., Schneiders Altertumskunde S. 346 ff.; Handwörterbuch des Aberglaubens; Stichwörter Gebet (Pfister) 3, 346 ff.; singen (Seemann) 9,424 ff.; ältere Literatur Leseb. S. 160 f.; I. Lindquist, Galdrar, Göteborg 1923; Arno Mulot, Altdeutsche Zaubersprüche, ZfDtschkunde 1933, 14 ff. A. Schirokauer, Form und Formel einiger altdeutscher Zaubersprüche. ZfdPhil. 73 (1954) S. 353–364; I. Bacon, Zur Klassifikation der althochdeutschen Zaubersprüche. Modern Language Notes 67 (1952) S. 224–232; M. Sherwood, Magic and Mechanics in Medieval Fiction. Studier in Philologi, VLN 24 (1949).

Merseburger Sprüche: H. Vogt, Zum Problem der Merseburger Zaubersprüche, ZfdA 65 (1928) S. 97 ff.; K. Helm, Balder in Deutschland? Beitr. 62 (1938) S. 456 ff. (gegen die Deutung von *balderes* als Göttername); Hans Kuhn, Es gibt kein balder „Herr". Festschr. Karl Helm 1951 S. 37–45.; S. Gutenbrunner, Der zweite Merseburger Spruch im Lichte nordischer Überlieferungen, ZfdA 80 (1944) S. 1 ff. F. Genzmer, Die Götter des zweiten Merseburger Zauberspruchs, Arkiv för nord. Filologi 63 (1948) S. 55–82; H. W. Kroes, Die Balderüberlieferung und der zweite Merseburger Zauberspruch. Neophilol. 35 (1951) S. 201–213; W. Krogmann, Phol im Merseburger Pferdesegen, ZfdPhil. 71 (1951/52) S. 152–162; Franz Rolf Schröder, Baldr und der zweite Merseburger Spruch. Germ.-Rom. Mon.schr. 34 (1953) S. 161–183; F. Genzmer, Da signed Krist – Nu biguol en Wuodan. Tidskr. f. nord. Folkminneforskning 5 (1949) S. 37–68; I. Bacon, sose gelimida sin. Arkiv 66 (1951) S. 221–224; A. Schirokauer, Althochdeutsch gelimit – mittelhochdeutsch gelimet. ZfdPh. 71 (1951/52) S. 183–186. Auch Modern Language Notes 66 (1951) S. 170–173; H. W. J. Kroes, Sose gelimida sin. Germ.-Rom. Mon.-schr. 34 (1953) S. 152–153; W. Krogmann, era duoder. ZfdA 83 (1951/52) S. 122–125; H. W. J. Kroes, Hera duoder. Germ.-Rom. Mon.schr. 34 (1953) S. 75–76.

Sonstige Sprüche: Marcellus von Bordeaux, hrsg. R. Heim, Incantamenta magica, Jahrbb. f. klass. Phil. 19 Suppl. S. 463 ff. (darin u. a. der stupidus-Spruch); G. Baesecke, Contra caducum morbum, Beitr. 62 (1938) S. 456 ff.; H. Menhardt, Der sogenannte Milstätter Blutsegen aus St. Blasien, ZfdA 85 (1954) S. 197–202.

SECHSTES KAPITEL

DEUTSCHE PROSA DER ÜBERGANGSZEIT

1. RÜCKKEHR ZUM LATEIN

Es ist wie ein Symbol, daß gleichzeitig mit dem Erlöschen des Karolingerstammes (911) im Beginn des 10. Jahrhunderts die geschriebene Literatur in deutscher Sprache noch einmal verklingt. Zwischen Bischof Waldo von Freising, der sich den Otfried abschreiben ließ und zu dem 138. Psalm in Beziehung stand, und Bischof Gunther von Bamberg, der um 1063 die Dichtung des Ezzoliedes veranlaßte, liegen mehr als anderthalb Jahrhunderte. Die großen Zeiten der Ottonen und der frühen Salier haben keinen Raum für die deutsche Sprache als Sprache des Pergamentes, d. h. als Sprache der Kirche, der Wissenschaft und der höchsten Laienbildung. All das kehrte noch einmal ganz zum Latein zurück. Statt des deutschen Königspreises im karolingischen Ludwigslied erklingt der Preis der Ottonen im lateinischen Sequenzenstil. Ratberts deutsches Galluslied mußte ins Lateinische übersetzt werden, um nach dem Geschmack Ekkeharts IV. der schönen Melodie würdig zu sein. Das deutsche Waltherlied des 10. Jahrhunderts ist verklungen, aber das virgilianische Hexameterepos des späten 9. oder frühen 10. Jahrhunderts, der Waltharius manu fortis, wurde von demselben Ekkehart der überarbeitenden Herausgabe wert befunden. Freilich ist in der Waltherforschung alles im Fluß. Es ist sehr zweifelhaft geworden, ob Ekkeharts Walthergedicht unser Waltharius gewesen ist. Dieser wird mit wachsender Zuversicht ins 9. Jahrhundert, ja bis in die Zeit Karls des Großen zurückverlegt. Notker wußte nichts mehr von seinen karolingischen Vorgängern; er empfand seine kommentierenden deutschen Übersetzungen als eine nahezu „unerhörte Neuheit", und sein begabtester Schüler, Ekkehart IV., hat sie nicht fortgeführt – er glossiert lateinisch.

Unsere deutschen Literaturgeschichten pflegen diese Lücke im deutschsprachigen Schrifttum mit einer Behandlung weltlicher lateinischer Literatur dieses Zeitraumes auszufüllen, wie sie die Leere des vorkarlischen Raumes mit Teilen germanischer Dichtung bevölkern. Ich halte eines für so unrichtig wie das andere. Nicht weil die dabei behandelten Werke und Gattungen unerheblich seien oder den Germanisten als solchen nichts angehen. Sondern weil Erscheinungen, die auf ganz anderem Boden gedeihen und in anderem Zusammenhang geistig erfaßt und also auch dargestellt werden müssen, willkürlich einbezogen werden. Für die vorkarlische Literatur haben wir den Begriff der germanischen Dichtung glücklich geprägt und mit Leben erfüllt; wir haben diese Dichtung in den Raum hineingestellt, in den sie gehört, in den gemeingermanischen Raum, in dem die Dichtung aller germanischen Völker noch wesensmäßig e i n e r Art ist, sowenig die Unterschiede der einzelnen germanischen Völker und ihrer Literaturen geleugnet werden können. Wir besitzen jetzt Darstellungen der germanischen Literatur, und kein Germanist wird lehrend und lernend daran vorübergehen. Aber er wird sich darüber klar sein, daß er sich in einem eigenen Raum bewegt, der keinerlei „Vorstufe" der karlischen Zeit und ihrer Literatur ist.

Gar nicht anders steht es mit der Gewohnheit, in die „Lücke" der deutschen Literatur lateinische Dichtungen von der Art des Waltharius oder des Ruodlieb oder gar Hrothsviths geistliche Terenznachahmungen zu stellen. Ganz zweifellos sind diese Werke bedeutsame dichterische Hervorbringungen ottonischer oder salischer Zeit auf deutschem Boden, und sofern wir uns mit dem geistigen Gesicht dieser Zeit beschäftigen, gehen auch sie uns etwas an. Aber nicht mehr und nicht weniger als die kirchlichen Hymnen, die theologischen Traktate und die Geschichtswerke dieser Zeit, und nicht im Rahmen einer deutschen Literaturgeschichte. Als geistige Erscheinungen helfen sie uns das kulturelle Gepräge dieser Epoche erfassen, als speziell künstlerische Leistung gehören sie dem größeren, übervölkischen Raum der mittellateinischen Literatur zu, wie denn auch die mittellateinische Literaturforschung sich ihrer lebhaft angenommen hat.

Denn es ist ein Irrtum, daß wir von hier aus Einsicht in den Verlauf der deutschen Literatur gewinnen. Weder haben wir in diesen Werken eine Fortführung der karolingischen Dichtung zu sehen, die sich organisch an den Ausklang deutscher Versdichtung der Wende des 9./10. Jahrhunderts anschlösse, noch vermöchte eines dieser Werke uns irgend etwas über die Bedingungen und Grundlagen auszusagen, auf denen die Wiedererweckung einer deutschsprachigen Dichtung im 11. Jahrhundert beruht. Sie stehen nicht im Fluß der deutschen Dichtung, sie sind uns auch kaum ein Hilfsmittel, uns deutschsprachige Dichtung, wie sie gleichzeitig mündlich gelebt haben muß, zu vergegenwärtigen. Der Waltharius manu fortis kann uns etwas über die Stoffgeschichte des Waltherstoffes aussagen, und die Waltherforschung erweist, wie unsicher die Aussagen dieses virgilianischen Epos über seine deutsche Grundlage sind. Über die Form und den Geist, aus dem deutsche Heldendichtung ins Mittelalter hinübergelebt hat, sagt er uns sehr wenig; in dieser Beziehung führt er in die Klosterschule, nicht in einen deutschen Adelssitz. So wird ihn die deutsche Literaturgeschichte dort einzusetzen haben, wo er ihr wirklich dient: in der Frage der denkbaren Vorstufen des deutschen Waltherepos des 13. Jahrhunderts. Auch die Modi mit anekdotischem Erzählstoff (vom Schneekind, vom Bauern Unibos) sind in ihrer Form kein Beitrag zur deutschen Literaturgeschichte. Diese Anwendung kirchlich geschaffener Sequenzenform auf weltliche Stoffe hat keinerlei unmittelbare Nachwirkung auf deutsche literarische Formbestrebungen gehabt. Und der Inhalt, die lustige oder pikante Anekdote, sagt uns manches über die geistige Luft der deutschen Klöster in dieser Zeit aus und ist uns wichtig, weil er uns die Bestrebungen der großen Reform um eine strenge, allem weltlichen Dichten und Lehren abgewandte Klosterzucht verständlich machen hilft. Aber volkstümlich werden wir diese Unterhaltungsstoffe nicht nennen dürfen; sie sind geistige Spiele eines weltoffenen Klerikertums. Was 200 Jahre später als deutsche anekdotisch-novellistische Kleindichtung modern wird, das senkt keine seiner Wurzeln in diese Modusdichtung hinab, auch nicht die Geschichte vom Schneekind, die im 13./14. Jahrhundert in deutschen Versen wiedererzählt wird. Und ebensowenig hat die Anwendung der Sequenzenform im „Leich" der mittelhochdeutschen Lyrik etwas mit den Modi zu tun.

Und selbst der Ruodlieb, dieses seltsamste Werk deutscher Klosterdichtung, in dem erstaunliche Vorklänge frühen höfischen Denkens und späterer deutscher Dichtung von unbefangener individueller Realistik auftauchen, ist gewiß ein Objekt der Vergleichung mit den Erscheinungen jener Epochen, aber nicht ihr sachlicher und geistiger Vorläufer. In ihm vollendet sich spät und auch in der zeitgenössischen lateinischen Literatur schon vereinsamt die freie, weltzugewandte Kloster- und Bildungsliteratur der salischen Zeit, aus der allein der Ruodlieb begriffen werden kann.

Wer die geistige Entwicklung der deutschen Bildung als breiten Hintergrund deutscher Literatur darstellen will, wird an diesen Dichtungen nicht vorübergehen können. Er wird sie aber nicht aus der Gesamterscheinung der zeitgenössischen Schriftstellerei herauslösen dürfen, sondern sie in sie hineinstellen und ein Gesamtbild entwerfen müssen, in dem sie ihren gebührenden Platz erhalten. Sie aber aus diesen Zusammenhängen herauslösen und als Einzelphänomene in eine Darstellung deutscher Literatur hineinstellen, verfälscht das Bild in einer doppelten Weise. Einerseits erscheinen diese Dichtungen als organische Teile deutscher Literaturentwicklung, was sie in keinem Falle sind. Man erhält den falschen Eindruck einer Zickzackbewegung, als sei auf die religiös-erzieherische Periode der karolingischen Zeit eine Lösung aus kirchlich bedingten Absichten zu einer freien Weltoffenheit gefolgt, die dann von der cluniazensisch-asketischen und spekulativ-dogmatischen Dichtung der frühmittelhochdeutschen Zeit wieder vernichtet oder überlagert worden sei. Andererseits erwecken sie in ihrer Losgelöstheit aus der lateinischen Gesamtliteratur den falschen Eindruck, als hätten Dichtungen dieser Art eine entscheidende Rolle für die Geistigkeit dieser Zeit gespielt, während sie innerhalb des geistigen Gesamtlebens nur eine und nicht die wichtigste Farbenbrechung sind. Der Ruodlieb zumal steht innerhalb der Literatur seiner Zeit vereinzelt und einsam da; darin liegt seine Rätselhaftigkeit, die wir noch nicht gelöst haben.

Wir haben in der Darstellung der althochdeutschen Literatur nachdrücklich darauf hingewiesen, daß sie nur eine Randerscheinung innerhalb des gesamten Bildungslebens einer Epoche ist, und daß wir diese nur erfassen, wenn wir sie von ihrer lateinischen Literatur her anpacken. Dennoch haben wir unsere Darstellung auf die deutschen Denkmäler beschränkt und sie in die Bestrebungen der Zeit einzuordnen versucht. Ich glaube, man muß hier ebenso verfahren und eine Geschichte der deutschsprachigen Denkmäler schreiben, selbst auf die Gefahr hin, damit den Vorwurf einer schematisierenden Äußerlichkeit auf sich zu ziehen. Nicht also, weil wir die üblicherweise hier behandelten Dichtwerke in ihrer Bedeutung für die Geistesgeschichte der Epoche gering veranschlagen, sondern weil sie uns in der Darstellung der deutschen Literatur eine falsche Kulisse zu sein scheinen, scheiden wir ihre Darstellung hier bewußt aus.

Eine deutsche Dichtung der ottonischen und frühen salischen Zeit bleibt uns unerreichbar. Daß es sie gegeben haben muß, noch in der altgermanischen Lebensform des mündlichen Vortrags und der mündlichen Weitergabe, wird dadurch sicher, daß sie später, im ausgehenden 12. und namentlich im 13. Jahrhundert, zu buchmäßiger Lesedichtung umgeschaffen auf dem Pergament erscheint. Von der Art ihres Weiterlebens wissen wir sehr wenig, heute weniger als je, da die allbereite Figur des „Spielmanns" als Träger und Schöpfer aller mündlichen Literatur berechtigtem Mißtrauen anheimgefallen ist (vgl. darüber S. 250 ff.). Wir stellen uns vor, daß in spätkarolingischer Zeit auch die volkstümliche Dichtung zu dem neuen Reimvers übergegangen ist, und wir glauben, ihren Klang gelegentlich einmal in den Versen der Notkerschen Rhetorik zu hören. Für das 11. und 12. Jahrhundert wird uns etwas von ihrer Form dadurch greifbar, daß die geistliche Epik dieser Zeit sich formaler Mittel bedient, die wir aus der volksläufigen weltlichen Dichtung entlehnt glauben, und es gibt einige Stellen, die wichtigsten im Annolied, im Judithlied und in der Milstätter Exodusdichtung, wo diese Stilmittel so konzentriert den ganzen Klang der Verse bestimmen, daß wir glauben, uns daraus ein ungefähres Bild machen zu dürfen. Die Stoffe der alten heroischen Lieder müssen in gewandelter, liedhafter Form weiter behandelt worden sein. Das virgilianische Waltherepos des 10. oder wahrscheinlicher 9. Jahrhunderts muß seine Stoffkenntnis einem deutschen Waltherlied entnommen haben. Im Jahre 1131 hören wir, daß ein sächsischer Sänger das Lied von Kriemhilds Verrat, das „weitbekannt" genannt wird, aus bestimmtem Anlaß vorgetragen hat. Um die Mitte des 12. Jahrhunderts kann der geistliche Dichter des Alexanderliedes neben den Kämpfen um Troja auch die entscheidende Schlacht des Gudrunliedes zum vorbildhaften Vergleich mit der Alexanderschlacht heranziehen. Lateinische und deutsche Chronisten nahmen bei Behandlung historischer Figuren gelegentlich Bezug auf die entsprechenden Gestalten deutscher Dichtung. Theodericus ist jener Dietrich *de quo rustici cantabant olim*. Auch das zeitgenössische Ereignis fand Gestalt und Umgestaltung in historischen Liedern. Wir wissen es von einzelnen Gestalten und Ereignissen, daß über sie gesungen worden ist, wir vermuten es für andere, wie für den Herzog Ernst, dessen Behandlung als Buchepos im Ende des 12. Jahrhunderts eine deutsche, liedhafte Tradition vorauszusetzen scheint. Nur – das Buch haben all diese Dichtungen nicht erreicht. Schreibenswert war diesen Generationen allein das gelehrte Lateinwerk.

Dennoch ist die deutsche Sprache auf dem Pergament auch in dieser Zeit nicht ganz verklungen. Sie wird noch einmal wieder Gebrauchsprosa der Kirche und der Schulstube wie unter Karl, nur daß ihren verstreuten Versuchen die Kraft des einigenden und lenkenden Willens und damit eine geschlossene Wirkung fehlt. Selbst ein so großartiges Gesamtwerk wie das Notkers des Deutschen ist darum ziemlich wirkungslos geblieben. Kirchliche deutsche Prosa gedeiht dann weiter an der Schwelle der neuen deutschen Dichtung; Otlohs Gebet und Willirams Auslegung des Hohen Liedes sind ziemlich genaue Zeitgenossen der ältesten deutschen Gedichte in der frühen mittelhochdeutschen Sprache des späten 11. Jahrhunderts. Sie lebt ins 12. Jahrhundert ihr bescheidenes Dasein fort, um sich in der Auslegung des Hohen Liedes von St. Trudbert zu bedeutender Höhe zu erheben. Wir fassen hier die Darstellung deutscher Prosa des 10.–12. Jahrhunderts in einem Kapitel zusammen, obwohl wir uns bewußt sind, Werke aus sehr verschiedenem geistigen Denken darstellerisch miteinander zu verbinden. Aber es ist die einzige Möglichkeit, eine Brücke über diese Jahrhunderte zu schlagen; in dem Wenigen, was wir an deutscher Prosa besitzen, läßt sich doch der Weg skizzieren, den die geistige Entwicklung genommen hat. Dabei kommen wir freilich bereits in Bezirke, deren geistiges Wesen wir eingehender erst an der deutschen Dichtung des 11./12. Jahrhunderts darstellen werden. Die zusammenfassende Einleitung, die diesen Kapiteln (S. 133 ff.) vorangeschickt ist, muß in der Darstellung der deutschen Prosa vorausgesetzt werden.

2. DEUTSCH-LATEINISCHE MISCHPOESIE

In den gebildeten Kreisen der ottonischen Zeit finden deutsche Verse nur Gehör, wenn sie sich durch Verbindung mit lateinischen adeln. So begegnen wir einer deutsch-lateinischen Mischpoesie, in der Zeile um Zeile deutsche und lateinische Sprache wechselt und je ein lateinischer mit einem deutschen Verse durch den Reim zum Paar gebunden ist. Aber als Ganzes sind diese Vers aus deutschem Formgefühl geschaffen; auch die lateinischen Zeilen sind Viertakter mit freier Behandlung der Versfüllung, und der Reim ist aus dem freien Reimgefühl der althochdeutschen und frühmittelhochdeutschen Dichtung gebildet. Für diese in die spätere Vagantenpoesie fortlebende gelehrt-geistliche Spielform bietet uns die bekannte Cambridger Liederhandschrift des 11. Jahrhunderts unter ihren rund 50 Gedichten zwei Beispiele.

Das eine, in den Ausgaben als „Kleriker und Nonne" bezeichnet, gehört in die Gruppe der geistlichen Pastourelle und ist als solche ein bezeichnendes Beispiel der weltoffenen Klosterdichtung der späten ottonischen oder salischen Zeit. Eine jüngere, geistlich und moralisch strengere Hand hat das Gedicht denn auch durch Schwärzen zu tilgen versucht; von den 10 Strophen ist auch nicht eine Zeile mehr ganz lesbar. So ist uns das Gedicht auch inhaltlich nur sehr unvollkommen faßbar. Es ist nicht einmal sicher, ob es sich wirklich um eine erotische Dichtung handelt, ob der Werbende ein Kleriker ist und ob die umworbene Nonne, die seine Anträge mit dem Hinweis auf ihre Brautschaft mit Christus abweist, bis zum Ende standhaft bleibt. Wir werden dem Gedicht bei der Erörterung über die Ursprünge des Minnesangs wieder begegnen.

Weit besser erhalten ist das politische Zeitgedicht, das wir de Heinrico nennen. Es handelt von der ehrenvollen Aufnahme, die ein Bayernherzog Heinrich durch einen Kaiser Otto erhält, und will offensichtlich dem Preise jenes Heinrich gelten. Das Gedicht ist meistens auf die berühmteste Begegnung eines Bayernherzogs Heinrich mit einem Kaiser Otto bezogen worden, auf die Versöhnung Ottos I. mit seinem Bruder Heinrich nach dessen zweiter Empörung zu Weihnachten 941. Freilich würde die tiefgreifende Umgestaltung des geschichtlichen Ablaufes einen erheblichen Abstand von den Ereignissen bedingen, und auch die Bezeichnung Ottos als Kaiser die Abfassung vor 962 nicht gestatten. Die Notwendigkeit, an dieses Ereignis anzuknüpfen, ist indessen entfallen, seit die Lesung einer verderbten Stelle der 2. Strophe, in der Heinrich als Bruder des Kaisers bezeichnet sein sollte, nicht mehr gültig ist. Damit kann sich das Gedicht auch auf andere Begegnungen eines der Ottonen mit einem bayrischen Herzog Heinrich beziehen, und es hat nicht an Versuchen gefehlt, zu bestimmten geschichtlichen Deutungen zu gelangen.

Jedenfalls sind wir der großen Bedenken enthoben, die sich aus der Anknüpfung an das Weihnachtsereignis von 941 ergeben. Denn wenn auch die Familientradition des Kaiserhauses (Widukind, Hrothsviths Gesta Ottonis, die Vita Mathildis) sichtlich bestrebt war, jener Unterwerfung unter seinen Bruder die demütigenden Züge zu nehmen und den Vorgang typisch zu stilisieren, indem der *rex justus* Otto sich der wahren Reue Heinrichs liebend entgegenneigt und den Bruder zu alter Vertrautheit emporhebt, so wird doch nirgends der eigentliche Kernpunkt, die reuige Unterwerfung und die annehmende Liebe, ausgelöscht, die dem Ereignis im Denken der Zeit eben das Wesen eines Exemplum verleiht. In dem Gedicht aber ist von einer Unterwerfung oder auch nur einer Versöhnung überhaupt keine Rede, und keiner, der um das Exempelhafte des alten Vorganges wußte, könnte ihn in dieser Dichtung wiedererkennen. Das Gedicht erzählt vielmehr, wie dem Kaiser das Herannahen Heinrichs – mit einem Heergefolge? – gemeldet wird, wie Otto ihm zu seiner Begrüßung mit breitem Gefolge entgegenzieht, ihn also besonders hoch ehrt, wie die beiden Herren nach Begrüßung durch Wort und Handschlag gemeinsam im Dom Messe hören und wie der Kaiser den Gast danach abermals herzlich begrüßt, ihn in seinen Rat einführt und zu seinem vertrautesten Ratgeber macht. Es empfiehlt sich, das Gedicht auf eine der Begegnungen Ottos III. mit seinem Oheim Heinrich II., dem Zänker, von Bayern zu beziehen. Besondere Schwierigkeiten macht es, daß an einer Stelle von Heinrichs Namensvetter die Rede ist, also einem zweiten Heinrich, der bei dem Empfange ebenfalls begrüßt wird. Da das Gedicht Heinrichs Tod und Ottos Kaiserkrönung voraussetzt, kann es dann nicht vor 996 entstanden sein. Und das ließe sich mit der Vermutung verbinden, daß es in den Kreisen von des Zänkers Sohn, des späteren Kaisers Heinrich II., entstanden wäre und im Dienste der Propaganda für seine Wahl nach Ottos Tode gestanden hätte. Die Entstehungszeit ließe sich somit auf die Jahre 996 (Kaiserkrönung Ottos III.) und 1002 (Tod Ottos III.) eingrenzen. Als Ort der Entstehung weist die – durch den angelsächsischen Schreiber beeinflußte – Sprache auf das nördliche Thüringen.

3. DEUTSCHE GEBRAUCHSPROSA

Unter der deutschen Prosa dieses weiten Zeitraumes steht natürlich Notkers Werk sowohl an Umfang als auch an geistiger Bedeutung weitaus überragend da. Er und sein Werk allein würden genügen, um uns deutlich werden zu lassen, welche Früchte die sprachliche Erziehung des karolingischen Jahrhunderts doch getragen hat; in Notkers Werk erscheint die deutsche Sprache zuerst als vollgültiges Mitglied in der

abendländisch-christlichen, am Latein der Antike geschulten Sprachen-
welt Europas.

Aber um ihn gedeiht mancherlei Geringeres, das sein Bild ergänzt. In der karolingischen Gebrauchsprosa spielten die Beichtformeln eine erhebliche Rolle. Sie werden
auch weiter gepflegt. Und gerade im 10./11. Jahrhundert muß die alte Beichte des
Lorscher Typus (vgl. S. 29f.) eine Erweiterung erfahren haben, die zu dem eigentlichen
Beichtformular weitere Teile des Beichtrituals hinzugefügt hat, so namentlich jetzt
durchgängig das Credo und häufig die Abschwörungsformel. Diese erweiterte Beichtformel ist dann in zahlreichen Stücken des 11./12. Jahrhunderts verbreitet gewesen.

Auch das Gebet gehörte zur kirchlichen Gebrauchsprosa der karolingischen Zeit. Die knappen, kirchlichen Formeln, in denen es damals
auftrat, sind S. 28f. behandelt. Dieser Zeitraum erlebt längere, indi-
viduellere Gebete und beginnt damit die unabsehbare Gebetsliteratur
des späteren Mittelalters.

Noch ins 11. Jahrhundert und vor die Zeit der neuen deutschen Dichtung fällt das Gebet des St. Emmeramer Geistlichen Otloh. Dieser
fleißige Schreiber und Verfasser lateinischer Handschriften gehört der
Generation des Umbruches an. Seine Ausbildung in Tegernsee und
später in Hersfeld muß noch unter dem Zeichen der traditionellen deutschen Klosterschule gestanden und ihn in die Kenntnis der antiken
Schriftsteller eingeführt haben. Auch sein Schulleiteramt in St. Emmeram wird er noch in diesem Geiste geführt haben. Das erschütternde Erlebnis plötzlicher Erkrankung – die ihn, Zeichen der Zeit, über der
Lektüre des geliebten Lukan überfiel – ließ ihn das Mönchsgelübde ablegen. Die Freundschaft mit dem Mönch Wilhelm, nachmals Abt in
Hirsau und Schöpfer der Hirsauer Reform, mag seinen Weg beeinflußt
haben. Er verwirft die *Artes* nicht schlechthin, warnt aber vor den Gefahren der weltlichen Lektüre und unterzieht sich demütig der *divina* oder
sancta rusticitas des Klosters. Otlohs innere Wandlung bleibt stark persönlich, begleitet von angsttraumhaften Seelenerlebnissen, die er in bewegter Bekenntnisfreude berichtet. Er ist nicht der reformerische Orga-
nisator wie sein Freund Wilhelm; die Bücher sind seine Welt, in der sich
sein unruhiger Geist auslebt.

Sein deutsches Gebet steht in seinem schriftstellerischen Gesamtwerk
nicht nur vereinzelt da; es ist überhaupt nur die Übersetzung eines
lateinischen Gebetes aus Otlohs Feder. Aber es ist doch das erste Mal,
daß ein umfängliches Gebet eines Mannes in deutscher Sprache ertönt,
das bei aller Verbundenheit mit kirchlichen Formen deutlich persönliches Gepräge trägt. Es ist in drei Teilen aufgebaut. Ein erster erfleht
geistige Gaben für den Betenden selber; der zweite beruft sich litanei-
haft auf die Fürbitten zahlreicher Heiliger in teils chronologischer, teils
systematischer Anordnung; der dritte schließt zunächst in dies Gebet
Otlohs Kloster, danach in weiter ausgreifenden Ringen alle Menschen

ein, zu denen er als Mensch, Klosterbruder, Geistlicher Beziehungen hat, um in der Erflehung von Gottes Gnade für sich selbst zu enden. Das Gebet muß seinem Verfasser sehr am Herzen gelegen haben. Er hat zunächst einen lateinischen Text entworfen und daran, wie an allen seinen Schriften, feilend gearbeitet. Von seinen beiden Gebeten – neben dem prosaischen eines in Hexametern – sind je vier Fassungen bekannt. Er hat auch für die Verbreitung des Werkchens durch Abschriften gesorgt. Nach dem kürzeren lateinischen Prosatext hat er dann die deutsche Fassung hergestellt und sie selber – neben zwei lateinischen – in die Münchner Handschrift Clm.14490 eingetragen. Sie kürzt den Text stark; sie ist gedanklich wie sprachlich einfacher, formelhafter, von theologischen Gedankengängen und speziellen St. Emmeramer Beziehungen entlastet. Die Auslassung der Fürbitte für Papst und Kaiser geben dem Gebet ein privateres Gepräge. Zeitlich steht es in der reformerischen Zeitwende und ist – jedenfalls nach 1050, vielleicht erst nach 1067 verfaßt – ein Werk jenes Otloh, der selber den Weg von weltoffener Wissenschaftlichkeit zur *sancta rusticitas* bereits gefunden hatte.

Alle anderen deutschen Gebete sind erst wesentlich jünger und minder bedeutsam. Sie setzen in die geistliche Literatur des 12. Jahrhunderts keine neue Farbe ein. Die Gebete aus dem schweizerischen Muri erwachsen schon aus dem vollen Marienkult und dem intensiven Gebetsleben, das daraus erblüht. Insbesondere ist hier ein langes Mariengebet zu erwähnen, das auch aus dem benachbarten Engelberg überliefert ist. Es ist die Zeit und die Welt, aus der auch die in der gleichen Handschrift überlieferte Mariensequenz von Muri (S. 213f.) hervorgegangen ist.

Wie gering die Frucht der karlischen Bestrebungen um eine deutsche Predigt war, haben wir oben (S. 30f..) gesehen. Die eigene Predigt der karolingischen Zeit, eines Hraban oder Haimo von Halberstadt, ist uns jedenfalls nur lateinisch überliefert. Auch die ottonische Zeit mit ihren großen predigenden Bischöfen hat uns keine eigene Predigtliteratur in deutscher Sprache hinterlassen; ihre Weitergabe durch das Pergament konnte nur lateinisch geschehen, wie wohl auch ihre Konzeption lateinisch geschah. Aber jetzt, im Anfang des 11. Jahrhunderts, begegnen uns die Bruchstücke von gleich drei deutschen Predigtsammlungen aus dem Kloster Wessobrunn. Es sind freie Übertragungen von Predigten der großen klassischen Homileten Augustin, Gregor und Beda, aber auch Reste zweier nicht feststellbarer Predigten. Sie sind mit einer Freiheit vom Wortlaut der lateinischen Vorlage und einer Gewandtheit des Ausdrucks übersetzt, die wieder Zeugnis ablegen von der bildenden Arbeit, die nun seit 200 Jahren an der deutschen Sprache geschehen war. Weitere deutsche Predigtsammlungen, die ganz oder in Teilen in das 12. Jahrhundert zurückreichen, werden später, im Zusammenhang mit der großen Entfaltung der deutschen Predigt im späten Mittelalter, besprochen.

Neue Antriebe erhielt auch die Glossenarbeit. Es kommt die Zeit der großen zusammenfassenden Glossensammlungen und Glossare. Voran steht das sogenannte Monseer Bibelglossar, eine Glossatur der ganzen Bibel, der sich bald noch andere kirchlich wichtige Glossare, zu Gregors Homilien, zu seiner Cura pastoralis, zu den Canones, anschlossen. Aus mancherlei älteren, noch nicht genügend erforschten Quellen zusammengeflossen, die durch sprachliche Bezüge bezeichnenderweise wieder nach Alemannien, der Heimat der karlischen Glossenarbeit, zu weisen scheinen, ist diese Sammlung im späten 9., vielleicht auch erst frühen 10. Jahrhundert in Bayern entstanden und zuerst durch zwei Wiener Handschriften des 10. Jahrhunderts überliefert. Im 11./12. Jahrhundert ist sie dann in bayrischen Klöstern vielfach ab- und umgeschrieben worden, gekürzt und vermehrt, dem jüngeren Sprachstand ohne Folgerichtigkeit angepaßt, und dann den großen glossatorischen Sammelhandschriften aus Tegernsee, Regensburg, Windberg, Göttweig eingefügt worden. Dem großen biblisch-theologischen Glosseninventar der Tegernseer Handschrift Clm. 18140 – der größten Glossenhandschrift, die wir überhaupt besitzen – stellt Schwaben in der umfänglichen Sammelhandschrift des Schlettstädter Codex (12. Jahrhundert) ein jüngeres, ganz andersartiges Gegenstück gegenüber, eine Ansammlung verschiedenster Glossare, wenig Biblisches, dafür allerhand Wissenschaften sachlicher Art, Glossen zu Heiligenviten, zu den großen Weltgeschichten des Eusebius und Orosius, zu den Canones und zu lateinischen Dichtern (Vergil, Arator). Auch hier ist ältestes, ins 8. Jahrhundert zurückreichendes Gut mit viel jüngerem sammelnd aufgehäuft.

Neben die große Inventarisierung tritt die Neuschöpfung. Umfängliche alphabetische und sachliche Wörterbücher zeigen, wie man auch in der Anlage von Glossaren über Abrogans und Hermeneumata nun fortgeschritten ist. Eine große spanische alphabetische Enzyklopädie, in die Teile des ebenfalls alphabetisch angelegten Abavus-Glossars eingearbeitet sind, bildet die Grundlage des zuerst lateinisch, dann lateinisch-deutsch ausgearbeiteten Wörterbuches, das im 10. Jahrhundert entstanden ist und den Namen des Salomonischen Glossars trägt, weil es – vielleicht nicht zu Unrecht – in seiner Entstehung mit dem Konstanzer Bischof Salomo III. (890–909) in Verbindung gebracht wurde. Es fand seine größte Verbreitung im 11. und 12. Jahrhundert in Bayern und Österreich.

Wesentlich später entstand eine umfängliche deutsch-lateinische, nach sachlichen Gesichtspunkten geordnete Realenzyklopädie, die natürlich auf Isidors unerschöpflichen Etymologien aufbaut. Sie ist unter dem Namen Summarium Heinrici bekannt, ursprünglich nach Sachgruppen in 10 Bücher gegliedert, später mehrfach umgeordnet und ergänzt. Sie gehört jedenfalls frühestens in den Beginn des 11. Jahrhunderts und ist am mittleren Rhein (Worms? Mainz?) entstanden.

4. NOTKER

Durch die praktische Gebrauchsprosa steigen wir zur theologisch-wissenschaftlichen hinan. Hier steht in unbestrittener Größe Notker von St. Gallen voran. Der dritte große Träger dieses Namens in St. Gallen, durch den Zunamen Theutonicus nach seinem Wirken ausgezeichnet, ist etwa 950 geboren und am 29. Juni 1022 an der Pest hochbetagt gestorben, wenige Jahre, ehe der Versuch, die lothringische Reform in St. Gallen einzuführen, den Geist bedrohte, aus dem sein Lebenswerk hervorgegangen war. Gleich seinen Vorgängern, Notker dem Stammler (gest. 912), dem großen Meister der Sequenz, und Notker

Pfefferkorn, der als Arzt berühmt war, hat er sein Können und Leben in den Dienst seines Klosters gestellt. Die Klosterschule ist der Ort seines Wirkens und seiner Liebe und das Ziel seiner schriftstellerischen Arbeit. Sein großer Schüler Ekkehart IV. hat in der Geschichte des Klosters liebevoll über ihn geschrieben; mönchische Askese, Frömmigkeit und Demut sind echte Züge seines Wesens, die Weltabkehr des Mönches wird bei ihm zur Weltferne des Gelehrten. Als Lehrer genoß er nicht nur das Ansehen, sondern auch die Liebe seiner Schüler – neben zwei Zeilen von Notkers eigener Hand in einer St. Galler Handschrift setzte Ekkehart die Bemerkung: *Has duas lineas amandas dominus Notkerus scripsit.* Und seine Arbeiten sprechen davon, wie sehr er seinem Beruf hingegeben war.

Seine Werke sind durch die Schule bestimmt; seine übersetzende und kommentierende Mühe galt den Schulschriftstellern und erhält durch den Zweck ihr Gepräge. Man kann alles, was er geschrieben hat, als Lehr-buch oder auch als Interpretationskolleg bezeichnen. Über den Umfang seiner schriftstellerischen Tätigkeit sind wir durch seinen bekannten Brief an Bischof Hugo von Sitten unterrichtet, in dem er seine bisherigen Arbeiten aufzählt. Es sind dies (ein * bezeichnet die verlorenen Schriften):

Der Trost der Philosophie und einige * Trinitätsschriften (des Boethius – oder einiges aus Augustins: De trinitate libri XV?)

*Die Disticha Catonis.

*Die Bucolica des Vergil.

*Die Andria des Terenz.

Die Hochzeit des Merkur mit der Philologie des Marcianus Capella.

Die Kategorien und die Schrift peri Hermeneias des Aristoteles.

*Die Prinzipien der Arithmetik (des Boethius?).

Die Psalmen.

*Der Hiob, d. i. Gregors Hiobkommentar: Moralia in Job.

Dazu kommen einige lateinische Werke: eine Rhetorik, ein Computus (Zeitrechnung) und „einige andere".

Dieser Brief muß vor 1017, dem Todesjahr Bischof Hugos, geschrieben sein, vermutlich aber nicht lange davor. Denn die Übersetzung des Hiob, die zur Zeit des Briefes noch in Arbeit war, ist das letzte vollendete Werk Notkers gewesen; nach Ekkeharts Bericht starb er gerade nach dessen Vollendung. Daher meinen wir über Notkers Wirken ziemlich vollständig unterrichtet zu sein. Über die Liste des Briefes hinaus betrachten wir noch als Werk seiner Hand eine kleine lateinische Schrift *de partibus logicae,* ein knappes Kompendium der Dialektik, das uns durch die eingestreuten deutschen Sprichwörter wertvoll ist, und eine aus verschiedenen Handschriften unter dem Titel *de musica* von uns zusammengestellte Schrift, die im Gegensatz zu Notkers sonstiger Gewohnheit ganz deutsch abgefaßt ist. Sprachliche und orthographische Gründe sprechen für Notkers Autorschaft.

Die Auswahl der bearbeiteten Werke ist durch den Aufbau der klösterlichen Schulbildung bestimmt. Diese führt über den Unterbau profaner Wissenschaften, der traditionellen *septem liberales artes*, zur Theologie heran. Notker legt in seinem Brief an Hugo die Wertordnung deutlich dar: In erster Linie kommt es auf die kirchlichen Bücher, d. h. die Theologie an; die Artes sind nur *instrumenta*, nur Hilfsmittel für jene, wenn auch nach Notkers Meinung unentbehrliche. Bischof Hugo scheint Notker zu weiterer Arbeit auf dem Gebiet der Artes ermuntert zu haben, und aus Notkers Antwort geht hervor, wie sehr auch ihm diese Wissenschaft ein Eigenwert ist. Hugos Anregung abzulehnen ist ihm ein Verzicht; er leistet ihn aus der Verantwortung des Schulleiters. Die Stellung der profanen Wissenschaften im Aufbau des mittelalterlichen Wissenschaftsgebäudes ist immer neu umstritten. Sie streben immer wieder nach Eigengeltung und werden von der Theologie immer wieder eingeschränkt oder verworfen. Gerade auf Notker sollte eine Zeit folgen, die auch die unbefangene Art, wie er die profanen Wissenschaften als *instrumentum* der Theologie verwendete, nicht mehr duldete und in ihrer allgemeinen Predigt der Weltabkehr auch die profane Wissenschaft verwarf.

Der Kanon der sieben freien Künste ist spätantikes Erbe. Er gliederte sich wieder in zwei Stufen, die formale Schulung des Trivium: Grammatik, Dialektik, Rhetorik, und die Sachfächer des Quadrivium: Arithmetik, Geometrie, Musik, Astronomie. Danach bestimmt sich auch die Auswahl der von Notker interpretierten Werke.

Das ganze System der Artes war in dem spätantiken Lehrbuch des Afrikaners Marcianus Capella dargestellt, das nach seiner seltsamen mythisch-allegorischen Einkleidung die „Hochzeit des Merkur mit der Philologie" heißt. Dieser Einkleidung gelten die beiden ersten Bücher, deren Übersetzung durch Notker uns allein erhalten ist. Unter den Hochzeitsgaben befinden sich auch sieben Dienerinnen, eben die *septem artes*, und jeder von ihnen ist eines der folgenden Bücher gewidmet. Dieses dem 5. Jahrhundert entstammende Schulbuch des sinkenden Römertums wurde seit dem 9. Jahrhundert einer lebhaften kommentierenden Tätigkeit unterworfen und im klösterlichen Unterricht verwendet. Mit seinem schwer verständlichen, schwülstigen Latein ist es alles andere als geeignet, junge Deutsche in die Schulwissenschaften einzuführen. Es ist wieder eines der bezeichnenden Beispiele dafür, wie sehr sich das Mittelalter als Erbe der Alten empfand und dieses Erbe unangetastet einsetzte, auch wenn es dem Zweck wenig entsprach.

Auch der berühmte Trost der Philosophie, den der spätrömische Staatsmann Boethius im Kerker Theoderichs des Großen verfaßte, ist wichtigstes Schulbuch des Mittelalters. Nicht wegen der stoischen Philosophie ihres Verfassers ist dieses ganz aus antikem Denken hervorgegangene, wenig christlich beeinflußte Werk zu so großem Ansehen als Schulbuch gelangt. Sein Aufbau in der Form eines Dialoges zwischen dem Philosophen und der ihm im Kerker erscheinenden Philosophie, sein streng logisch deduzierendes Fortschreiten machten es zu einem Musterbeispiel, an dem sich die Begriffe der Logik und Dialektik erklären und einüben ließen, und zugleich konnten seine Allegorie, sein blühender spätlateinischer Stil, die kunstvollen Verse, mit denen es durchflochten war, wichtiges Anschauungsmaterial für die Kunst der Rhetorik bieten.

Unter diesen Begriff fällt auch die in St. Gallen besonders gepflegte Poetik, und die poetischen Denkmäler, die Notker bearbeitet hat, Vergils Bucolica, die Terenzkomödie und die weitverbreitete, unter dem Namen des großen Cato gehende Morallehre der Disticha Catonis wurden – vom Cato abgesehen – nicht wegen ihres Inhaltes oder künstlerischen Wertes in der Schule gelesen. Auch sie gehören dem Gesamtgebiet der Rhetorik an; an ihnen lernte man Verskunst und poetische Rede.

Die beiden Schriften des Aristoteles, des großen philosophischen Lehrmeisters des gesamten Mittelalters, die Notker bearbeitet hat, sind natürlich nicht die griechischen Originale, sondern die von Boethius übersetzten und kommentierten lateinischen Fassungen dieser beiden Werke, auf denen vornehmlich die Kenntnis des Aristoteles bis ins 12. Jahrhundert beruhte. Auch sie gehören dem Trivium an; sie beherrschen das große Gebiet der Dialektik und Logik, berühren aber auch sprachliche Fragen und schlagen somit ins Gebiet der Grammatik.

Wie man sieht, betrifft der größte Teil von Notkers ausführlich kommentierenden Arbeiten die Stufe des Trivium. Kaum zufällig; denn in der unteren Stufe der Schulunterweisung bestand das größere Bedürfnis, das Verständnis durch deutsche Übersetzung und Erklärung zu erleichtern. Unter den lateinischen Schriften, die Notkers Brief aufzählt, gehört noch die Rhetorik in den Bezirk des Trivium. Die uns erhaltenen Handschriften dieses Werkes enthalten an Deutschem wesentlich nur die oben S. 89f. besprochenen Reimverse. Indessen pflegt man ein weiteres Stück aus einer Züricher Handschrift mit der Überschrift de Syllogismis als einen herausgenommenen Teil von Notkers Rhetorik zu betrachten. Dies Stück ist nach Notkerscher Methode Satz um Satz deutsch übersetzt und erklärt. Und nicht nur die Methode, auch Sprache, Wortbildung und Orthographie weisen entschieden auf Notker. Man wird annehmen müssen, daß Notker auch hier die Notwendigkeit einer deutschen Erklärung erkannt und wenigstens Teile seines eigenen Werkes nach seiner Gewohnheit deutsch bearbeitet hat. Gehören die kleinen logischen Schriften ihm, so reihen auch sie sich bei der Dialektik ein. Diese beiden Gebiete, Rhetorik und Dialektik, müssen Notker insbesondere am Herzen gelegen haben; eigentlich grammatische Schriften finden wir nicht bei ihm.

Ins Quadrivium führen uns nur zwei Werke Notkers, das arithmetische Compendium, das wohl das des Boethius gewesen sein wird, und der rein lateinische Computus, d. h. die Anweisung zur Zeitrechnung, die namentlich für die Osterbestimmung und damit für die Festordnung wichtigster Teile des Kirchenjahres nötig war. Auch sie gehört ins Gebiet der Arithmetik. Wenn wir die Musikfragmente mit Recht Notker zuschreiben, käme damit ein weiterer Zweig des Quadrivium zu Worte.

Alle diese Werke der profanen Wissenschaft gehören der ersten Periode von Notkers Wirken an; er zählt sie in der von uns als chronologisch betrachteten Reihenfolge der obigen Tabelle auf. Inmitten dieser Masse Profanwissenschaft stehen an theologischer Literatur vereinzelt nur die Trinitätsschriften. Aber–wie der Brief an Hugo von Sitten aussagt – die Pflicht rief zur Theologie: *Artibus illis* ... *renuntiavi*, schreibt er an Bischof Hugo. Und so stehen zwei große Werke theologischer Art am Schluß seiner Lebensarbeit: die Psalmen und die umfänglichen Moralia in Job.

Von Notkers Werken ist uns vieles verloren. Wir bedauern besonders den Ausfall der poetischen Werke, deren Behandlung durch einen erfahrenen Schulmann und feinen Kenner wie Notker uns besonders gereizt hätte.

Damit ist das Feld von Notkers Arbeit abgesteckt. Wie hat er es bearbeitet? Notkers Arbeitsweise ist am besten an den drei großen Arbeiten, Marcianus Capella, Boethius und den Psalmen, zu studieren; in dieser Auswahl erkennt man auch die Unterschiede seiner Arbeitsweise an profanen und heiligen Texten. Er hat sich eine ganz bestimmte didaktische Methode erarbeitet, die er, ohne Pedanterie im einzelnen, durch alle seine Arbeiten durchführt. Es ist eine ausgezeichnete, interpretierende Methode. Er zerlegt den lateinischen Text in einzelne Sätze oder Satzabschnitte und läßt eine deutsche Übersetzung folgen. Diese ist nicht ans Wort gebunden; sie ist oft frei bis zur Paraphrase. Sie will nicht Übersetzungshilfe sein, sondern Verständnishilfe; darum bedeutet Freiheit der Übersetzung vor allem Vereinfachung des rhetorisch-kunstvollen spätantiken Latein etwa des Boethius oder Marcianus. In vielen Fällen ist damit genug getan. Weitaus häufiger tritt die Erklärung hinzu. Soweit sie das Textverständnis fördern soll, geschieht sie schon innerhalb des lateinischen Textes oder der deutschen Übersetzung selber durch erläuternde Synonyma. Klares Textverständnis liegt Notker besonders am Herzen; *ad intellectum integrum* zu führen, ist ihm Aufgabe des Lehrers. Dem Textverständnis folgt das Sachverständnis. Dies zu fördern, ist die Aufgabe der sachlich-erläuternden Zusätze. Sie können von knappster Stichworthaftigkeit sein *pe diu habet er hina geuuorfen den skilt, daz chit tes muotes festi* (deswegen hat er weggeworfen den Schild, das meint die Festigkeit des Sinnes). Sie können zu ganzen Exkursen anschwellen. Die Erläuterungen haben wieder ein verschiedenes Gesicht. Sie sind entweder Sacherklärungen etymologischer, antiquarischer, geographischer oder naturkundlicher Art, und solche lagen Notker sehr am Herzen. Namentlich die mythologische Allegorese des Marcianus Capella gibt ihm reichlich Anlaß dazu. Oder es sind Begriffserklärungen, wie sie sich aus dem eigentlichen Schulzweck der interpretierten Werke ergeben. So ist der Boethius mit rhetorischen und dialektischen Erläuterungen durchsetzt, die an praktische Textbeispiele anknüpfend die verschiedenen rhetorischen Figuren oder logisch-dialektischen Formen auseinandersetzen. In den Psalmen tritt dann die dogmatisch-mystische Deutung hinzu oder fast an die Stelle der sachlichen Erläuterungen. Jeder Psalm hat ja nicht nur seinen Wortsinn, sondern der einzelne Psalm wie das ganze Psalmwerk hat seine tiefere heilsgeschichtliche Bedeutung; sie reden von Christi Heilstaten und von der Kirche als dem Leibe, dessen Haupt Christus ist. Und gleich dem Hohen Liede können die Psalmen zum Liebesgesang werden, in dem die mystische Ehe Gottes mit seiner Braut, der Kirche, hymnisch gepriesen wird. Wenn die Psalmen als die eigentliche liturgische Lyrik des mittelalterlichen Gottesdienstes erklangen, so hörte der Wissende den „Sinn" des biblischen Wortes dahinter. Ihn dem werdenden Geistlichen klarzulegen, war die Aufgabe der klösterlichen Schulerziehung. Die Psalmenexegese wird damit zur christlichen Heilslehre. Schon die Überschriften, die Notker in Anlehnung an Cassiodors *Expositio in Psalmos* vielen der Psalmen gibt, besagen, daß hier der Psalmist in der Person Christi oder der Kirche redet, und gibt an, von welchem Teil der dogmatischen Heilslehre er kündet. Damit erhält die Psalmenauslegung ein systematischeres Aussehen als die übliche glossierende Exegese von Vers zu Vers, obwohl auch sie nicht fehlt. Diesen Zug zur Systematik verdankt Notker seiner Hauptquelle, dem großen Psalmenwerk des Augustin, den predigthaften *Enarrationes in Psalmos*. Aus ihnen schöpft er auch das allermeiste seiner dogmatischen Lehre. Sie ist der ganzen Anlage nach vor allem Christologie; Christus ist als Redender oder Angeredeter der Träger der Mehrzahl der Psalmen. Dennoch steht Notker nicht in der ausgesprochenen Christusfrömmigkeit der cluniazensischen Periode, wie auch die Problematik der Trinität ihn nicht so ergriffen hat wie nach ihm die frühe Scholastik. Notker spricht unendlich oft von Gott, aber selten von der Trinität. Wenn er „Gott" sagt, so denkt er ebensooft an den Vater wie an Christus, wogegen der Hl. Geist als Person sehr zurücktritt und vor allem als Gnadengabe Gottes erscheint. Sein Gottesbild ist vor allem auf dem Vater-Sohn-Verhältnis von Gottvater und Christus aufgebaut, in dem auf dem Vater noch die überragend hohe Würde der karolingischen Zeit liegt und er noch nicht so wie im 12. Jahrhundert hinter der Christusfigur zurücktritt.

Notkers Leistung besteht mithin darin, daß er die Schulautoren durch seine Kommentare zu Kompendien des Schulwissens macht. In diesem Schulwissen ist Notker nicht selbständig, konnte und wollte es aus seinem Denken heraus nicht sein. Der Lehrer hat die Ergebnisse der großen Autoritäten zu vermitteln; Auswahl, Anordnung, Klarlegung ist seine persönliche Leistung. Er hat – gleich zahllosen Kommentatoren vor und nach ihm – die maßgebenden, „klassischen" Kommentare zweckentsprechend anzuwenden, das bedeutet, eine Auswahl zu treffen und gegebenenfalls mehrere Kommentare in eins zu verarbeiten. Wo sich verschiedene Meinungen gegenüberstehen, ist Auseinandersetzung selten; meist wird die Entscheidung für die eine Ansicht stillschweigend getroffen. Der Schulzweck verlangt die klare Lehre, nicht Aufrollung von Problematik.

Die schöpferischen Kommentatoren, auf denen die mittelalterliche Auslegung beruht, sind in der Regel die Kirchenväter, die unmittelbar oder – viel häufiger – mittelbar durch jüngere Zubereitungen benutzt werden. Soweit wir Notkers Arbeitsweise kennen, hat er sich sein Wissen aus den Quellen erarbeitet und in seiner Exegese mehrere klassische Werke nebeneinander benutzt. So sahen wir ihn beim Psalmenkommentar schon auf Augustin zurückgehen, dessen gewaltiges homiletisches Psalmenwerk er in knappster Auswahl für ein Lehrbuch brauchbar machen mußte. Daneben aber lag ihm die stärker auf Sacherklärung gerichtete *Expositio in Psalmos* des Cassiodor vor. Dazu aber tritt ein bekannter zeitgenössischer Kommentar, der des Remigius von Auxerre (841–908). Dieser vielschreibende Gelehrte ist für Notkers Arbeit nicht nur an den Psalmen wichtig geworden. Was die kommentierende Arbeit Alcuins und Hrabans für das 9. Jahrhundert, für Heliand und Otfried bedeuteten, das bedeuten die Kommentare des jüngeren Franzosen für das 11./12. Jahrhundert und insbesondere für Notker. Seine Ausgabe des Marcianus Capella ruht auf dem Kommentar des Remigius zu diesem Werk; sein Boethius verarbeitet zwei Kommentare, darunter den des Remigius. So werden wir auch für die verlorenen Werke dort den Einfluß des Remigius vermuten dürfen, wo wir Kommentare von ihm kennen (Boethius' Trinitätsschriften, Cato, Terenz). Den aristotelischen Schriften liegt die klassische Kommentierung des Boethius zugrunde.

So bleibt nicht viel an sachlicher „Originalität". Denn selbst was in Notkers Arbeiten nicht durch die uns bekannten Kommentare gedeckt ist, kann deswegen aus dritter Hand fließen. Daran wird namentlich bei Sacherklärungen zu denken sein, die aus mündlicher Schultradition stammen können. Aber er stellt doch auch ganz zweifellose persönliche Kenntnisse und Beobachtungen in den Dienst des Unterrichts, wie den in St. Gallen beobachteten Monddurchgang des Mars (Boeth. 14, 17), oder die Beispiele aus dem Leben des Murmeltiers (Ps. 101, 7) oder der Scharbe (Ps. 103, 18). Eigene Zitate aus der Bibel und den klassischen Autoren sind dem belesenen Manne ohne weiteres zuzutrauen. Die eingehenden Exkurse zu Rhetorik und Dialektik in Boethius sind zwar an dieser Stelle Notkers Eigentum, sachlich aber Teile der durchschnittlichen Schulweisheit. Sie entspringen aus dem pädagogischen Zweck des Kommentars.

In der erzieherischen Grundrichtung seines Wesens und dem praktisch-pädagogischen Aufbau seiner Werke tritt der eigentliche Notker in Erscheinung. Hier wurzelt auch seine „fast unerhörte Neuerung", die deutsche Sprache zur Erklärung der lateinischen Schultexte zu verwenden. Notkers Buchsprache hat ihr besonderes Gepräge; man hat sie als „Mischprosa" bezeichnet, weil ihr Deutsch mehr oder weniger stark von lateinischen Stücken durchsetzt ist. Man hat diese Sprache sehr verschieden beurteilt. Mode – wie in den deutsch-lateinischen Mischgedichten – oder gelehrte Gespreiztheit darin zu sehen, hieße Notkers

8*

praktische Sachlichkeit verkennen. Ein ins einzelne ausgedachtes System der Sprachwahl aufdecken wollen, machte den praktischen Pädagogen zum klügelnden Systematiker. Man hat eine schriftliche Verwendung der tatsächlichen klösterlichen Umgangssprache darin finden wollen, die zweifellos stark lateinisch durchsetzt gewesen sein wird. Mir scheint es schwer glaublich, daß im täglichen Verkehr so gesprochen werden konnte, wie Notker schreibt. Richtiger wird man von einer Kathedersprache reden. Im Unterricht wird das Latein als Grundsprache stets vom deutschen Wort erhellt, Latein und Deutsch gemischt worden sein, so wie es im Notkerschen Schriftwerk geschieht. Wir werden sagen dürfen: hier ist Notkers eigene, glänzende und stärker als üblich deutsch gefärbte Kathedersprache Vorbild des schriftlichen Werkes geworden. In der mündlichen Methode wird er damit nicht alleinstehen – Willirams ähnlich gebaute Auslegung des Hohen Liedes ist ein weiteres Beispiel, das diese Vortragsgewohnheit beleuchtet. Sein Wagnis war es, diese Sprache zu schreiben. Man darf Notkers Schriften aus dem mündlichen Vortrag nicht herauslösen; sie waren Vortragsgrundlage, an die weitere Erläuterungen anknüpfen konnten und sicherlich angeknüpft haben. Als die Psalmen Lesewerk wurden, hat man sie der Doppelsprachigkeit entkleidet und rein deutsche Bücher daraus gemacht.

Notkers deutsche Sprache – namentlich wenn man auf die karolingische Prosa zurückblickt – weckt Bewunderung. Jede Schwierigkeit des Übersetzens scheint überwunden. Notker steht dem Grundtext in voller Freiheit gegenüber; ihm kam es nur noch darauf an, den Sinn zu fassen und klar zum Verständnis zu bringen. Vom Wortdienst der Reichenauer Interlinearen zum Sinndienst Notkerscher Paraphrasen ist ein sehr weiter Weg. Voll beherrscht ist nunmehr die schwierige wissenschaftliche Terminologie. Zwar gab es noch keine gelehrte Konvention darin; das zeigt die sehr verschiedene Verdeutschung des Notkerschen Lateins in den verschiedenen Eindeutschungen seiner Psalmen, der St. Galler Interlineare, den St. Pauler Bruchstücken, dem Wiener Notker. Aber gerade das gibt seiner Sprache Geschmeidigkeit und Frische; es sind immer wieder sprachliche Schöpfungsakte, die er vollzieht. Bewundernswert ist die Sicherheit, mit der er dem lateinischen ein deckendes deutsches Wort gegenüberstellt. Namentlich an dem alten Prüfstein der sprachbildnerischen Fähigkeit im wissenschaftlichen Bezirk, an der Bewältigung der Abstrakta, wird seine Sprachmeisterschaft klar. Und immer geschieht es aus dem lebendigen Zusammenhang heraus mit der Sicherheit, die nur aus voller Beherrschung der fremden wie der eigenen Sprache erfließt; denn gutes Übersetzen heißt vor allem, die eigene Sprache beherrschen. Im Satzbau übernimmt Notker nach altem schulsprachlichem Gebrauch lateinisch gedachte Konstruktionen, namentlich Partizipialkonstruktionen und absolute Kasuskonstruktionen. Darin ist sein Deutsch noch fern von der eigenwüchsigen Geschmeidigkeit der klassischen mittelhochdeutschen Sprache. Aber sein Satzbau ist klar und durchsichtig, nicht Sklave des lateinischen; die lateinischen vielstöckigen Satzgebinde werden ihm nicht zu Fallstricken. Das ist besonders rühmenswert, wenn man die sprachliche Verschnörkelung der spätlateinischen Grundtexte bedenkt.

Man hat andrerseits Notkers Einsamkeit übertrieben. Die Zeugnisse deutscher Gebrauchsprosa, die wir vorangestellt haben, zeigen, daß zweihundert Jahre Arbeit an der deutschen Sprache nicht umsonst gewesen sind. Das Christentum hat in dieser Zeit nicht nur um die Seelen, sondern auch um die Sprache der Deutschen geworben. Hunderte von deutschen Köpfen haben die dogmatischen, philosophischen und mystisch-allegorischen Gedanken, die ihnen lateinisch dargeboten wurden, nachgedacht, und in solcher Gedankenarbeit wurde auch die Sprache außerhalb des Pergamentes zu einem Instrument, mit dem das Gedachte gesagt werden konnte. Generationen von Klosterschülern wuchsen heran, mußten aus ihrer deutschen Sprache in die lateinische hinüberdenken und hinübersprechen lernen, und wie in St. Gallen war sicher auch anderswo die deutsche Sprache praktisch ein Teil der Kathedersprache. Daher wirkte die Zucht an einer so durchgeformten Sprache wie der lateinischen auch auf die deutsche zurück. Sie wurde das, was Otfried vorschwebte: ein Instrument, fähig gleich den alten Kultursprachen, „Gottes Lob zu singen" und „Gottes Gesetz darin schön erklingen" zu lassen. Karls großes Ziel hat sich erfüllt, auch wenn seit dem Tatian keine deutsche Prosa von Belang mehr geschrieben worden war.

Was Notker persönlich mitbrachte, war seine ungewöhnliche Begabung für Sprache und eine Liebe zu ihr, die auch durch die praktischen Aufgaben zu spüren ist, die er ihr stellte. Er besaß sprachliches Verantwortungsgefühl. Das ersehen wir aus der Sorgfalt, die er ihrer äußeren Form entgegenbrachte, der sauberen Regelung der Orthographie, dem feinhörigen Gerechtwerden phonetischer Beobachtungen in der Anlautregelung des sogenannten Notkerschen Kanons. Auch darin vollendet er karlische Ansätze; er wendet der äußeren Form dieselbe Sorgfalt zu wie der Isidorübersetzer der Orthographie, wie Otfried den Hiatusverhältnissen und der Rhythmik des Verses. So kann man Notker mit Recht als den letzten Erfüller karlischer Bestrebungen bezeichnen: Eroberung der ganzen geistigen Welt der christlichen Antike, der profanen wie der heiligen Wissenschaft, ihre Verbreitung in deutscher Sprache und damit Erziehung der deutschen Sprache zur Lösung und Beherrschung dieser schweren Aufgabe. Deutsch ist hier wirklich zu einer europäischen Sprache geworden.

Werk und Beispiel eines so bedeutenden Mannes haben weder räumlich noch zeitlich in verdientem Maße weitergewirkt. Mit Ausnahme der Psalmen ist die handschriftliche Überlieferung fast ganz auf St. Gallen beschränkt geblieben; auch das Interesse der Kaiserin Gisela, Gemahlin Konrads II., hat ihm keine weitere Wirkung verschafft. Die Zeit der deutschen Prosa war noch nicht gekommen. Notkers bedeutendster Zeitgenosse, Froumund von Tegernsee, schrieb etwa gleichzeitig seinen Boethiuskommentar lateinisch. Auch in St. Gallen selbst fand er keine Nachfolge. Sein größter Schüler, Ekkehart IV. – selbst wenn er jener begabte Thurgauer war, der die lateinischen Wörter der Psalmenauslegung interlinear verdeutschte – war kein *theutonicus*, sondern ein *latinus*. Er hat Notkers Werk nicht fortgesetzt. Und vollends die aufgeregten Zeiten, die zwölf Jahre nach Notkers Tode über das Kloster mit der Reform durch lothringische Mönche unter Abt Norbert hereinbrachen, waren den stillen Studien im Geiste Notkers nicht förderlich; Ruf und Eifer der Schule von St. Gallen sanken dahin.

5. FORTSETZUNG DER PSALMENARBEIT

Einzig die Psalmen fanden den Weg nach draußen und eine weitere Verbreitung. Sie wurden von den Reformklöstern aufgenommen und umgearbeitet. Am deutlichsten sehen wir es an dem sogenannten Wiener Notker, einer aus dem bayrischen Kloster Wessobrunn stammenden Psalmenhandschrift, die auch die Wessobrunner Predigtbruchstücke enthält. Ihre Vorlage entstand in einem der großen Reformklöster des Schwarzwaldes. Dorthin – genauer nach St. Blasien – weisen auch die St. Pauler Bruchstücke. Mit der Reform wandern Notkersche Psalmentexte vom Schwarzwald nach Bayern und Österreich hinüber. Doch verliert dabei Notkers Werk seine alte Eigenart. Verloren geht mit dem Eindringen jüngerer und bayrischer Sprachformen die sorgliche orthographische und akzentuelle Regelung, die jedem echten Notkertext ihr Gepräge gibt. Tiefer greift die Ausgleichung der Notkerschen Doppelsprachigkeit durch Übertragung der lateinischen Teile ins Deutsche. In St. Gallen selbst geschah es durch eine ausgezeichnete interlineare Glossierung, des Meisters würdig und vielleicht seinem Schüler Ekkehart IV. zu verdanken. In der weiteren Verbreitung dringen die Verdeutschungen in den Text selber ein; der Wiener Notker ist in seinem Kommentar grundsätzlich deutsch. Wie mir scheint, vertreten die St. Pauler Blätter einen zweiten, unabhängigen und z. T. noch interlinearen Versuch in gleicher Richtung. Diese eifrige Verdeutschung kann nur bedeuten, daß sich der Zweck des Buches geändert hat; aus dem Schulbuch oder Kollegheft sollte ein Lesewerk werden. Und die Vereinheitlichung nach der deutschen Seite zeigt, daß es im Dienst der reformerischen Laienwerbung verwendet worden sein muß.

Endlich wird der Kommentar – wenigstens im Wiener Notker – ge-kürzt. Dieser Kürzung fallen vorwiegend, doch nicht ausschließlich, die Sacherklärungen zum Opfer. Das bedeutet zweifellos eine bewußte Änderung der inneren Haltung; der Kommentar sollte ein rein theologisches Werk werden. Aber man darf diese Wandlung nicht überschätzen. Auch Notker hatte seinen Kommentar schon weitgehend theologisch angelegt und seine geliebte Sacherklärung – verglichen etwa mit Boethius oder Marcianus Capella – bewußt stark eingeschränkt. Sacherklärung ist hier nur ein seltenes Einsprengsel; ihre Unterdrückung im Wiener Text bedeutet keine grundsätzliche Umstellung des Inhaltes. Das gesamte Gefüge des theologischen Kommentars bleibt, von den Verdeutschungen abgesehen, bis in den Wortlaut hinein bewahrt. Und in den kleinen Stücken, wo der Wiener Bearbeiter offenbare Lücken der Vorlage selbständig ergänzt (Ps. 10 bis Anf. 13; Ps. 17; Ps. 107 bis 108), bleibt es bei Augustin als Grundquelle; eine theologische Wandlung in den Grundsätzen der Auslegung ist nirgends zu spüren.

Den Psalmen wird auch neben und nach Notker verdeutschende Arbeit zugewendet; das ist durch ihre liturgische Sonderstellung bedingt. Doch sinkt die übrige Psalmenarbeit des 11./12. Jahrhunderts wieder auf den Zustand der interlinearen Übersetzung zurück. Von den 9 bis 10 Handschriften oder Fragmenten von Psalmenbearbeitungen bieten einzig die Schleizer Bruchstücke, eine fränkische Abschrift des späten 12. Jahrhunderts nach einer wesentlich älteren niederdeutschen Vorlage, eine freie Verdeutschung, doch ohne Kommentar und ohne Zusammenhang mit Notker. Wieweit Notker im übrigen nachgewirkt hat und welche Rolle die alten Psalmenglossare gespielt haben, bedarf noch einer Untersuchung. Für die wichtigste Gruppe, die Psalmenhandschrift aus dem bayrischen Kloster Windberg (12. Jahrhundert) und die damit eng verwandten Trierer Psalmen, eine rheinfränkische Handschrift des 13. Jahrhunderts, deren Vorlage noch ins 11. Jahrhundert zurückreichen kann, hat man Notkers Nachwirkung entschieden überschätzt. Daß auch die Psalmenarbeit schließlich zum Vers überging, zeigen Klagenfurter Bruchstücke eines gereimten Psalters des 12. Jahrhunderts.

6. DAS HOHE LIED, WILLIRAM UND ST. TRUDBERT

Bald nach der Jahrtausendwende, zur Zeit, da Notker an seinem Psalmenwerk arbeitete, muß in der Gegend von Worms Williram geboren sein, der nachmalige Abt des bayrischen Klosters Ebersberg. Mit seiner kommentierenden Übersetzung des Hohen Liedes scheint er ein unmittelbarer Fortsetzer von Notkers Arbeit zu sein. Allein zwischen den beiden Männern liegt die Zeitwende der Reform. Williram ist, wie sein Zeitgenosse Otloh, noch aus der alten Tradition der Klosterschule hervorgewachsen; seine Ausbildung erhielt er wohl in Bamberg, war dann Angehöriger des Klosters Fulda, später versah er das Lehramt zu St. Michael in Bamberg. 1048 oder 1049 wurde er zum Abt des kleinen bayrischen Klosters Ebersberg berufen und verblieb es, enttäuscht in seinen ehrgeizigen Hoffnungen auf eine größere kirchliche Laufbahn, bis an sein Ende 1085. In seine geistige Entwicklung haben wir nur soweit Einblick, wie er selber sich im lateinischen Prolog seines Canticum-Werkes äußert. Daraus wird klar, daß er aus der üblichen Schultradition mit ihrer Schätzung der Artes hervorgegangen ist. Wann der Umschwung in seinem Denken eingetreten ist, wissen wir nicht. In seinem Prolog jedenfalls weist er die weltliche Wissenschaft nachdrücklich zurück und schränkt den Vorteil der Beschäftigung damit darauf ein, daß man an diesem Studium den Abstand von christlichem Licht und heidnischer Finsternis, von Wahrheit und Lüge ermessen könne. In seiner Beurteilung der antiken Philosophen steht er auf jenem Flügel seiner Zeitgenossen, der sie als Helfer zur Erkenntnis der Wahrheit entschieden ablehnt, und er nennt darunter auch Aristoteles, den Notker kommentiert hatte und auf den sich später die Hochscholastik gründen sollte. Damit ist seine kritische Haltung gegenüber den weltlichen Wissenschaften bezeichnet. Im Prolog beklagt er den Verfall der *divina pagina* d. h. der christlichen Wissenschaft der Theologie und beruft sich dabei auf die große Ausnahme des Lanfranc von Bec, der als ein Meister der Dialektik diese verworfen und sich der Theologie zugewendet habe. Da Lanfranc 1059–65 Leiter der Schule von Bec war, so fällt die Abfassung des Prologes also in diese Zeit. Williram hat an der im ganzen maßvollen und keineswegs wissenschaftsfeindlichen Haltung des Lanfranc dessen Einspruch gegen die unbegrenzte Anwendung der Dialektik offenbar als das Entscheidende angesehen, und es ist darum wahrscheinlich, daß es die Kämpfe um die Eucharistie-Lehre gegen Berengar von Tours gewesen sind, die Willirams innere Entscheidung hervorgerufen haben.

Das Hohe Lied, dieser Liebesgesang zwischen Bräutigam und Braut, verlangt mehr als andere Teile des Alten Testamentes die mystisch-allegorische Deutung. Längst standen die beiden großen Deutungsschemata fest: das hierarchische als Verhältnis zwischen Christus und der Kirche, und das persönlich-mystische als Beziehung Gottes zu der ihm liebend hingegebenen Seele. Für Willirams geistige Haltung kam nur die erste in Betracht. Er entnimmt sie seiner Hauptquelle, einem Kommentar, den man bisher Haimo von Halberstadt zugeschrieben hat, der aber vermutlich aus der Exegetenschule von Auxerre (Haimo von Auxerre?) stammt und sich wie die meisten zeitgenössischen Canticum-Kommentare auf Beda stützt. Die in diesem Kommentar auftretenden Hinweise auf die personale Auslegungsmöglichkeit drängt Williram dabei bewußt zurück.

Willirams Paraphrase des Hohen Liedes ist ein bezeichnendes Denkmal der zeitgenössischen Christusfrömmigkeit. Gewiß lag es im Stoff begründet, daß Christus als der Bräutigam aus der Trinität hervortritt.

Aber der Stoff allein tut es nicht. Begriff und Wesen der Trinität beschäftigen Williram überhaupt nicht, Gott Vater verschwindet im Bilde Willirams vor dem Sohn fast ganz, der Heilige Geist ist nur als Gabe Christi wirksam. Und eben dieses Hervorheben Christi, des dogmatischen Christus als Heilbringer, Himmelskönig und Weltenrichter ist für die Frömmigkeit des 11./12. Jahrhunderts bezeichnend. Die großen Werke der Karolingerzeit, Tatian, Heliand, Otfried, hatten den Sohn Gottes in seinem irdischen Wirken gesucht, den Prediger, Lehrer und Wundertäter der Evangelienberichte. Jetzt hat sich das Christusbild völlig gewandelt. Schon bei Otfried sahen wir die Ansätze zu einer theologisch-spekulativen Auffassung von Christi Wirken, bei Notker ist sie vollzogen. Der evangelische Christus verschwindet vor dem dogmatischen als dem großen Handelnden des Weltheilsplanes, nicht nur in der entscheidenden Erlösungstat, der Passion, der Höllenfahrt, der Bezwingung des Teufels, sondern auch in der Endzeit, wo Christus als der Weltrichter erscheinen wird. Und auch in die Uranfänge wird er zurückgenommen; als „verbum" des Johannesevangeliums wird er Teilhaber, oft genug einfach auch Vollbringer des Schöpfungsplanes und beherrscht damit den ganzen Ablauf des Heilsgeschehens, hinter dem Gott-Vater nur noch als eine umfassende, aber ruhende Potenz steht. Bis zu diesem Punkte war Notker noch nicht gelangt; wenn er „Gott" sagt, so sieht er den allmächtigen Vater und Schöpfer und empfindet die natürliche Überordnung des Vaters über den Sohn. Williram ist auf dem Wege einer reinen dogmatischen Christusfrömmigkeit ein gutes Stück weitergekommen.

Williram geht an seine Aufgabe als theologischer Exeget. Aber die selige Inbrunst dieser Liebesgesänge bestimmt durch ihre innere Kraft etwas vom Wesen der Auslegung; sie zwingt dazu, von der Liebe Gottes und der Seligkeit in Gott zu reden. Auch Williram erlebt Christus vor allem als den Erfüller der großen Liebestat der Erlösung und als den strahlenden Himmelskönig. Er spricht nicht von dem Zorn Gottes und nicht von den Schrecken des Jüngsten Gerichtes. Wie in seinem Christusbild der Weltrichter ganz zurücktritt, so in seinem Weltbild die Hölle. Sie wird nur einmal in nebensächlichem Zusammenhang erwähnt. Das Jenseits erscheint als der Ort der Seligkeit, und Williram steht dem dringlichen Eifer der Hirsauer Memento-mori-Predigt durchaus fern. Selbst den von ihm so eifrig bekämpften Ketzern hält Williram nicht dräuend die Schrecken der Hölle vor; als ihre Strafe bezeichnet er einmal, daß sie nicht völlig zur Krone des ewigen Lebens und zum Tisch der göttlichen Schau gelangen *(vollekument)*.

Dem Bräutigam Christus begegnet die Braut, die Kirche, in vorbildhafter Reinheit, Schönheit und Tugend. Kirche faßt Williram nicht in dem umfassenden Begriff der Christenheit, sondern im klerikal-hierarchischen der Ecclesia, der organisierten Heilsinstitution und der Gesamtheit ihrer priesterlichen Diener. Den Ecclesiabegriff wendet er auch auf die Juden an und ordnet sie damit in die Heilsmöglichkeit ein. Er sieht sie als „Synagoge" und diese als die *mater ecclesiarum*, die sich nach der kirchlichen Lehre bei dem Erscheinen des Antichrist zu Gott bekennen und damit den Weg zum Heil finden wird. Wo sich sein Kirchenbegriff zum Gemeindebegriff erweitert, sieht er sie vor allem als Lehrgemeinschaft. Ecclesia erscheint dann gern in der Formel *profetae, apostoli, doctores*, denen die Laienwelt nicht als die Masse der Gläubigen, sondern als die *auditores* gegenübersteht, das Objekt priesterlicher Lehre und Erziehung. Wichtigste Aufgabe der *vita activa* ist daher *praedicare*. Ein starkes hierarchisches Selbstbewußtsein drückt sich hier aus – noch nicht politisch bei diesem ehrgeizigen Priester, der sich Förderung von dem jungen Heinrich IV. versprach und ihm deswegen sein Werk widmete – sondern theologisch. In Auslegung von 58, 4 deutet er den Hals der Braut als die *doctores*, die den Leib, die Kirche, mit dem Haupt, Christus, verbinden.

Ein mystisches Gotteserlebnis, wie es später gerade an das Hohe Lied ansetzt, dürfen wir bei Williram nicht erwarten. Wohl kennt auch er die *vita contemplativa* als eine ersehnte Daseinsform. Aber er leugnet ausdrücklich, daß sie im irdischen Leben zu einem vollkommenen Gotteserlebnis führen könne. Die Mittel, die er für dies Leben angibt: Kontemplation, Gebet, Lesung, Wachen, Fasten sind die üblichen Formen mönchischen Daseins. Von der Gottesschau mit ihrer ganzen Terminologie der Ergießung und Verzückung, des Glanzes und der inneren Durchlichtung, kurz von all den Mitteln, mit denen der Mystiker um Ausdruck seiner Gotteserlebnisse ringt, weiß Williram noch nichts.

Williram behält auch als Abt seines oberbayrischen Klosters seine rheinfränkische Heimatsprache bei. Sie ist nicht ungewandt, minder persönlich als die Notkers. Die Übersetzung vermag etwas von der Klangfülle des Originals zu bewahren, wie er selber sich schmeichelt *(qui Salomoni pluit, mihi etiam vel aliquid stillare dignatur)*. Die Auslegung ist noch stärker als bei Notker lateinisch durchsättigt; ihm ist Latein wirklich sprachliche Stütze. Die tragenden Substantiva, besonders die Abstrakta, um deren Verdeutschung sich Notker so sehr bemüht hatte, bleiben fast durchweg lateinisch; daher vermissen wir bei ihm die Prägekraft von Notkers sprachschöpferischer Leistung. Dennoch hat auch Williram das Bewußtsein einer sprachlichen Verpflichtung; äußeres Zeichen ist auch bei ihm eine sorglich geregelte Orthographie und ein durchgeführtes System der Akzentuierung.

Die ganze Anlage von Willirams Werk, Übersetzung des biblischen Textes von Satz zu Satz, Auslegung in einer deutsch-lateinischen Mischsprache, orthographisches und akzentuelles System stehen Notker so nahe, daß ein Zusammenhang nicht zu bezweifeln ist. Wir werden annehmen müssen, daß Notkers Psalmenwerk, das ja früh in Bayern bekannt gewesen ist, den unmittelbaren Anstoß gegeben hat. Dennoch ist Willirams Hohes Lied von Notkers Psalmen in der Grundabsicht verschieden. Notkers Psalmenwerk stand im Dienste der Schule; es sah eine Schar junger Studenten vor sich und setzt Kathedersprache in Buchsprache um. Willirams Paraphrase ist als theologische Abhandlung gedacht. Sie meidet grundsätzlich die Sacherklärung; einige wenige Namensetymologien stehen unmittelbar im Dienst der theologischen Auslegung; sie sind nicht Selbstzweck wie bei Notker. Williram empfindet sich als einen der *doctores*, Ziel seines Werkes sind die *auditores*, die Welt der Laien insgemein, die es zu theologischer Einsicht zu erziehen gilt. Er steht damit bereits im Rahmen der reformerischen Werbung um die Laien, der eben damals die neu erwachende geistliche Dichtung sich zuwendet und in deren Dienst ja auch Notkers Psalmenwerk in seiner späteren Umbildung gestellt worden ist.

Williram gibt seinem Werk auch äußerlich einen gelehrteren Anstrich. In sorgfältiger Buchausstattung ist es dreispaltig angelegt. Die Mitte nimmt der biblische Text ein. Zur linken ist eine Paraphrase in lateinischen Hexametern beigegeben, die rechte Spalte füllt der deutsche Text aus. Vielleicht besitzen wir in der Breslauer und der ältesten Ebersberger Handschrift zwei auf Williram selber zurückgehende Bearbeitungen. Sein Werk hat Anklang gefunden; mit seinen 18 alten Handschriften des 11./12. Jahrhunderts übertrifft es alle anderen frühmittelhochdeutschen Denkmäler weit; erst die Kaiserchronik erlebt eine ähnlich weite Verbreitung. Und seine Übersetzung wurde die textliche Grundlage der zweiten Bearbeitung, die wir von diesem biblischen Liebesgesang besitzen, des St. Trudberter Hohen Liedes.

Von Ort, Zeit und Autor dieses Hohen Liedes, das wir nach dem Fundort der wichtigsten Handschrift, dem Kloster St. Trudbert südlich von Freiburg i. B., das St. Trudberter Hohe Lied nennen, wissen wir nichts. Lokalisierung wie Datierung sind umstritten. Fundort und Sprache der Haupthandschrift weisen ins Alemannische, so daß es von Ehrismann und dem letzten Herausgeber Menhardt dem alemannischen Raume zugewiesen und seiner Herkunft nach in einem der Nonnenklöster des Schwarzwaldes angesiedelt wird. Aber nicht nur die bayrischen Einschläge in der Sprache, die auch Menhardt zu der Ansetzung einer bayrischen Zwischenstufe veranlassen, zwingen dazu, den alten bayrischen Ansatz Scherers wieder in Erwägung zu ziehen. Auch die in letzter Zeit energisch in Angriff genommene Untersuchung der geistigen und theologischen Grundlagen der Exegese weisen nach Bayern, wenn sich die Beziehungen bestätigen, die man zu den Schriften des bedeutenden und eifervollen Gerhoh, seit 1132 Propst von Reichersberg (am Inn), hat feststellen wollen. Der zeitliche Ansatz „rund ein Jahrhundert nach Williram" (Schneider, Schwietering) ist neuerlich durch den Versuch angefochten, das St. Trudberter Hohe Lied zur Quelle eines Gedichtes der Frau Ava zu machen, das um 1120 entstanden sein muß. Eine Entscheidung kann nur aus der gesamten theologischen und religiösen Haltung des Werkes gewonnen werden.

Das St. Trudberter Hohe Lied entnimmt, wie gesagt, die Übersetzung des biblischen Grundtextes durchgängig seinem Vorläufer Williram. Dagegen ist die Auslegung ein ganz neues Werk aus einem grundsätzlich neuen Geiste. Williram schrieb seine Paraphrase als gelehrter

Theologe und bewußtes Glied der mit dem Lehramt betrauten Ecclesia, die er in den Mittelpunkt seiner Auslegung rückt. Hier ist ein auch in seiner Zwecksetzung nach innen gewendetes Klosterbuch daraus geworden, genauer gesagt, ein Buch der Erziehung, Betrachtung und Erbauung für Nonnen. Doch nicht nur in seiner Zweckbestimmung, auch in seiner ganzen religiösen Blickrichtung ist es von Grund aus anders. Die theologisch-hierarchische Frömmigkeitsform der Gottesbeziehung durch die Heilsinstitution der Kirche ist der des persönlichen Gotteserlebnisses gewichen, und zwar in doppelter Weise. Das Liebeserlebnis des biblischen Buches betrifft das Verhältnis der bräutlichen Seele zu ihrem Bräutigam Christus, und es bezeichnet das minnende Verhältnis Gottes zu der Jungfrau Maria. Wo Werkstücke der alten Williramschen Auslegung mehr oder weniger wörtlich übernommen werden, ragen sie entweder als unorganische Reste in das neue Werk hinein, oder aber – und das ist die Regel – sie unterliegen einer grundsätzlichen Umdeutung. So bleibt die Allegorese jener Stelle, wo von dem Hals die Rede ist, im Wortlaut fast unberührt. Aber der Hals, der Haupt und Körper, Gott und Menschheit verbindet, ist nunmehr statt der *doctores* die Jungfrau Maria geworden. Oder an anderer Stelle wird die Taufe, die nach Willirams Grundhaltung nur der kirchliche kultisch-sakramentale Akt sein konnte, als die Taufe der Seele durch die Tränen der Reue gedeutet.

Man muß die Masse der kommentierenden Auslegungen, die bei der exegetischen Anlage des Werkes nicht systematisch durchgeformt sein können, von dem schönen, hymnischen Prolog her erfassen, in dem die Grundgedanken der Auslegung hervorgehoben sind. Der *sponsus* ist Gott in seiner bei Williram im Hintergrunde bleibenden Trinität, die sowohl in der qualifizierenden Abälardschen Formel als Gewalt, Weisheit und Güte wie in der augustinisch-psychologischen als *memoria, ratio, voluntas* erscheint. Aber programmatisch steht der erste Satz da: Wir wollen reden von der obersten Liebe, der größten Gnade, der ruhevollsten Süße, das ist der Heilige Geist. So ausgesprochen Williram den *sponsus* als Christus faßte, so entschieden faßt ihn dies Werk als den Heiligen Geist. Er ist die göttliche Wirkenskraft, die liebende *pietas*, der eigentliche Urheber der Schöpfung. Mit seinen sieben Gaben durchdringt und bewegt er die Welt in den sieben Tagewerken, durchwaltet er die Geschichte in den drei Stufen der Patriarchen, des Gesetzes (von Moses bis Christus), der Gnade (seit Christi Erlösungstat), erfüllt er den einzelnen Menschen mit den Tugenden, die es ihm überhaupt ermöglichen, sich aus der Verlorenheit des Sündenfalles wieder zu Gott zu erheben. Darum soll er, der Hl. Geist, geliebt werden; denn er ist selber die Liebe. Mit derselben programmatischen Klarheit nennt die Vorrede die Braut: Wer war sie? Es war die demütige Magd, Sta. Maria. In ihr vollzog sich die mystische Vermählung von *sponsus* und *sponsa*, lange vorher von Gott in ihrer Schönheit erblickt und erwählt, da sie noch „mit den andern Kindern" in Adams Lenden und Evas Schoße ruhte. Christus ist nicht nur die Frucht dieser Verbindung des Hl. Geistes mit der Jungfrau; in mystischer Schau ist er zugleich die liebende Vereinigung selber, er ist der Kuß, von dem der erste Vers des Hohen Liedes spricht. Als drittes stellt der Prolog klar heraus: Nicht Maria allein ist so geküßt worden; sie, die Mittlerin, hat uns allen die Gnade dieses Kusses gewonnen. Ihr *sponsa*-Erlebnis wird das Vorbild, nach dem es auch der Mensch erleben kann. Immer wieder wird Marias geheimnisvolles Erlebnis dem der einzelnen Menschenseele gleichgestellt. Was urbildhaft in und mit ihr geschah, das ist grundsätzlich auch der einzelnen Seele zugänglich. Das Bett Salomonis ist Mariens Seele, in ihr ruhte unser *rex pacificus* und schuf den Frieden des Himmels und der Erde, der Engel und der Menschen. ‚Ruht er noch irgendwo?" so fährt der Ausleger fort. Und er antwortet: „Ja, er tut's! Wo er wahre Demut und reine Keuschheit, demütige Seele und keuschen Leib findet." Das Mysterium der göttlichen Empfängnis kann sich in jedem Menschen wiederholen.

Damit ist die religiöse Erlebnisform der Mystik erreicht, die zur Einswerdung mit Gott strebt. Doch darf man keinen mystischen Traktat erwarten; das Erlebnis tritt vor der Lehre zurück. Das ganze Werk ist eine fortlaufende, immer wiederholende Erziehung und Vorbereitung der Seele für das Erlebnis der Sponsa. Aus dem Raum des Nonnenklosters sieht der Verfasser die notwendigen Vorbedingungen einseitig in klösterlichen Tugenden, der Reinheit von Leib und Seele, der Demut, dem Gehorsam. Ein starker Zug der Weltabkehr geht durch das ganze Werk. Doch höchste Tugend ist über den klösterlich-entsagenden die Minne *(caritas)*, und mehrfach wird ihre Forderung zum höchsten gespannt: Feindesliebe, Liebe selbst zum bösen Menschen. So erscheint zwar der Weg der Nonne als Gottesbraut oft einseitig als der einzige, der überhaupt zum Erlebnis der Gotteinheit führen kann. Aber durch die Hervorhebung der *caritas* wird der Weg doch für jeden offen, der ihn einschlägt und sich von außen nach innen wendet. Der mystische „Weg nach innen" ist erkannt und beschritten; die echt mystische Antithese: der innere Mensch, die innere Schönheit, die innere Süße gehört zu den gebräuchlichen terminologischen Mitteln des Werkes. Der Hl. Geist wird uns zur Ruhe der inneren Beschauung, und der Weg dazu wird so beschrieben: von allen Gelüsten zur heiligen Tugend, von Tugend zu Tugend und zuallerletzt in uns. Auch das mystische Bild des „Zerfließens" für das Gotteserlebnis ist dem Dichter vertraut. Und einmal wenigstens steigt er zu der kühnen Erkenntnis auf, daß auch die üblichen Mittel der *vita contemplativa* nicht ausreichen, daß es ein unmittelbares, persönliches Gotteserlebnis jenseits aller kirchlichen Hilfsmittel gibt: die höchste Freude der Gotteinheit besteht nicht nur in der Flucht vor den Begierden,

„sie flieht auch die gute Bemühung, Flehen und Weinen und selbst das Gebet. Sie soll mit Stille erfahren werden in der süßen Bewegung Leibes und der Seele."

Dennoch ist diese Mystik noch nicht das glühende, lichtdurchgossene Realerlebnis der jüngeren Mystik. Es ist die spekulative Mystik der frühen Scholastik, mit ihrem Streben nach rationaler Erfassung des mystischen Erlebnisses. Wenn die Seele Gott „umhalst" und „allein mit Gott" ist, so sind wir mitten in mystischem Erleben. Aber dem theologisch gebildeten Exegeten löst es sich zu spekulativer Abstraktion. Dann, so erklärt er, begegnen sich die Güte mit dem Willen, die Weisheit mit der Vernunft, die Gewalt mit der Denkkraft, d. h. die abälardischen Qualitäten der Trinität – unter Voranstellung des Geistes – mit den augustinischen der Seele. Und ein solches Erlebnis hat *die vernunstlich sêle*, die Seele, sofern sie die Fähigkeit der *ratio* besitzt. Die *ratio* wird nicht nur hier, sondern mehrfach als Vorbedingung, Weg oder Organ des mystischen Gotteserlebnisses erklärt. Und selbst dieses rationale Erlebnis Gottes wird seiner persönlichen Unmittelbarkeit entkleidet. Wenn der *sponsus* die Seele, die entschläft, d. h. sich dieser Welt verschließt, auf die fette Weide des Geistes und die inneren Sinne in den Glanz der himmlischen Weisheit führt, so ist damit die höchste Wonne erreicht, die man auf Erden erlangen kann. Das ist wieder kern-mystisch gedacht. Allein hier und anderwärts benutzt er für solches Erlebnis die bezeichnende Formulierung *in troumes wîs*, und er verdeutlicht die Einschränkung der Unmittelbarkeit, die darin liegt, durch die Erklärung, ein solches Erlebnis sei „mehr ein Traum als eine Wahrheit".

Neu wie der Inhalt ist der Stil. Die lateinische Durchflechtung der älteren Werke ist fast ganz verschwunden, es ist ein wesentlich deutsches Buch entstanden. Die sachlichen Darlegungen und Erklärungen bleiben bei dem normalen Stil des exegetischen Traktates mit gut gehandhabter Syntax mehrgliedriger Sätze und weitgebauter Kausalgefüge. Wo sich aber der Verfasser vom Kommentarstil zu freier, dichterischer Ergießung erhebt, wie namentlich in dem herrlichen Prolog, da erhält seine Sprache etwas hymnisch Beflügeltes; sie eilt in knappen Sätzen, in raschen Parallelismen dahin, in einem Stil der Eindringlichkeit, Ergriffenheit, fast Hingerissenheit.

Die eindringliche Beschäftigung gerade der letzten Jahre mit der Frage nach den gedanklichen und theologischen Quellen hat noch nicht zu gesicherten Ergebnissen geführt. Willirams Paraphrase geht über Haimo zu Beda zurück; sie nimmt altes angelsächsisch-karolingisches Erbgut auf und formt es sorgfältig konservierend für den theologisch-hierarchischen Gebrauch der Reformzeit zurecht. Das St. Trudberter Hohe Lied baut dieses Erbe, das ihm durch Williram zugeführt wurde, ab. Es behält zwar die alte Methode der exegetischen Erklärung bei, der mosaikhaften Auslegung nicht nur von Vers zu Vers, sondern von Wort zu Wort als einer in sich geschlossenen Einzelaufgabe ohne Blick auf die Umgebung oder eine systematische Gesamtdarstellung. Wenn beachtliche Ansätze dazu vorhanden sind, mehrere aufeinanderfolgende Verse zu einer inhaltlich und erklärerisch fortlaufenden Einheit zusammenzufassen, so geben sie dem Werk doch nicht sein Gepräge; an eine systematische theologische Abhandlung war nicht gedacht.

Als neu haben wir dagegen die Grundanschauung erkannt, aus der die Einzeldeutungen erwachsen, die Lösung des Brautmotivs aus der hierarchischen Sphäre der Kirche, seine Überführung in die persönliche Sphäre des einzelmenschlichen Erlebnisses, im Urbild von Marias Erlebnis der Erfüllung mit dem Geiste für alle Menschen vorgebildet, die den kontemplativen Weg zur Gotteseinheit mit dem inneren Ringen um die Tugenden der Demut, der Reinheit und der Liebe zu beschreiten willens sind. Wir stehen damit an der Schwelle einer neuen, persönlichen und durch die Marienminne gekennzeichneten Frömmigkeitsform, die sich weiter in der ausgebildeten Mystik des 13./14. Jahrhunderts entfaltet und die ins Weltliche hinüberwirkend dem Begriff der Hohen Minne seine mystisch-transzendenten Züge gibt. Der Verfasser des St. Trudberter Hohen Liedes ordnet sich in die Reihe jener mystisch-spekulativen Theologen der Frühscholastik ein, die wir nach ihrem größten Vertreter bernhardinisch nennen. Freilich wird als Quelle nicht die ausgesprochen christusbezogene Mystik des hl. Bernhard von Clairvaux selbst in Frage kommen. Eher ist an die Kreise um Hugo von St. Viktor und Rupert von Deutz oder – mir noch wahrscheinlicher – an Gerhoh von Reichersberg zu denken.

Ein solches Werk verbietet einen zu frühen Ansatz. Die quellenmäßige Beziehung zu dem Gedicht der Frau Ava von den Gaben des Geistes, die eine so frühe Ansetzung bedingen würde, ist ohnehin sehr zu bezweifeln, weil Avas Gedicht jede Marienfrömmigkeit fehlt, die unserem Denkmal ihr Gepräge gibt. Wesentlicher ist es, daß das Gedicht von der „Hochzeit" (vgl. S. 187 f.) in seiner Hochzeitsallegorie mit der Dreiheit der Auslegung des Bräutigams als der Geist, der Braut als Maria und die menschliche Seele, dem St. Trudberter Hohen Liede sachlich sehr nahesteht. Doch ist die Datierung dieses Gedichtes selber ungewiß, so daß wir für das St. Trudberter Hohe Lied nicht viel gewinnen. Immerhin gelangen wir mit dem Gedicht von der Hochzeit eher etwas vor als nach 1150. Will man seine eigentliche Quelle in dem St. Trudberter Werke sehen, so müßten wir dieses spätestens um 1140 ansetzen. Doch darf man damit rechnen, daß beide Werke unabhängig voneinander auf die gleichen Anregungen einer theologischen Schule zurückgehen, daß also die St. Trudberter Exegese – wofür das Gefühl spricht – jünger sein kann als das Hochzeitsgedicht. Ebensowenig entscheidet diese Beziehung etwas für die örtliche Festlegung, da auch bei dem Hochzeitsgedicht die Frage: bayrisch oder alemannisch? nicht eindeutig gelöst ist.

Neben der fleißigen Psalmenarbeit und der bedeutenden Auslegung des Hohen Liedes tritt alle andere deutsche Bibelarbeit zurück. Wir besitzen einzig noch die Bruchstücke einer Evangelienübersetzung auf Wiener und Münchener Pergamentblättern des 12. Jahrhunderts. Sie gehört nach Ausweis der eingetragenen Perikopen in die Konstanzer Diözese und wird ihrer Herkunft nach ins östliche Schwaben verlegt. Die Übersetzung bleibt dem Text möglichst nahe, wie es sich dem Gewicht des heiligen Textes ziemt, ist aber nicht ungeschickt gemacht. Die Fragmente sind Abschrift einer älteren Vorlage mit einer eigentümlichen Sonderstellung des Matthäustextes. In der Palmsonntagsperikope (nach Matth. 26) finden sich noch Reste der Tonzeichen des Romanus, einer seit dem 11. Jahrhundert verschwindenden Bezeichnung für die Stimmführung des liturgisch-psalmodierenden Vortrages. Damit müßte die Entstehung der Übersetzung, mindestens des Matthäusteiles, bis in die Zeit Notkers oder bald danach hinaufgerückt werden.

7. DER PHYSIOLOGUS

Zur theologischen Literatur gehört endlich das im Mittelalter so weit verbreitete Tierbuch, der sogenannte Physiologus. Es ist eine „christliche Zoologie", deren Ziel nicht Naturerkenntnis ist, sondern allegorische Naturdeutung. Wirkliche und fabelhafte Eigenschaften wirklicher und fabelhafter Tiere werden darin durch allegorische Deutung zu dogmatischen Tatsachen namentlich aus dem Kreise der Erlösungslehre oder zu moralischen Forderungen in Beziehung gesetzt. Wichtig ist also nicht, was ist, sondern was das Seiende bedeutet. Die Löwin, so wird etwa berichtet, bringt ihre Jungen tot zur Welt. Nach drei Tagen kommt der Vater und weckt sie durch sein Gebrüll zum Leben. Diese naturwissenschaftliche Tatsache festzustellen, ist nicht Sinn des Werkes. Vielmehr „bedeutet" dieser Vorgang, daß Christus 3 Tage tot im Grabe ruhte, bis ihn die Stimme des Vaters zur Auferstehung weckte. Das Einhorn läßt sich nur durch eine reine Jungfrau fangen. Das bedeutet, daß Christus in den Schoß der reinen Jungfrau Maria herabkam, als er geboren werden wollte. Der Fuchs stellt sich tot, damit sich die Vögel auf ihn setzen, um von seinem Fleisch zu genießen. Dann springt er auf und fängt sie. Das bedeutet, daß der Teufel den Menschen listig täuscht und, wenn sie von ihm essen, d. h. sündigen, sie verschlingt.

Diese Naturkunde ist etwas grundsätzlich anderes als die Art und Weise, wie die Tierfabel das Tier zu moralischer Bedeutsamkeit erhebt. Die Fabel ist bewußte dichterische Umsetzung des Tieres in eine menschliche Sphäre nach Sprechen und Handeln, um dem Menschen im Tier einen Spiegel vorzuhalten. Sie ist nur auf der Ebene der Dichtung wirklich. Der Physiologus dagegen geht von der geglaubten Wirklichkeit der Natur aus; die phantastischen Tiere bzw. die seltsamen Eigenschaften der wirklichen Tiere sind ihm naturwissenschaftliche Realität. Aber er beruhigt sich nicht bei dem Sein, er fragt nach dem Sinn. Dieser ergibt sich ihm aus der Erkenntnis der grundsätzlichen Wertlosigkeit alles Irdischen in sich. Wert erhält Irdisches nur durch seine Zuordnung zu dem einzigen und absoluten Wert, dem *summum bonum*, zu Gott. In der stufenweisen Zuordnung alles Seins zu Gott liegt seine Werthaltigkeit grundsätzlich fest. Doch sucht die mittelalterliche Phantasie daneben immer die unmittelbare Verknüpfung des Einzeldinges mit Gott oder der Welt des Göttlichen; sie durchspinnt die Welt mit den Fäden allegorischer Bedeutsamkeit. Auf diesem Wege erwuchs die Tiersymbolik des Physiologus, die zum gemeinen Wissen des ganzen Mittelalters wird und Dichtung und darstellende Kunst tief beeinflußt. Einzelne Symbole, wie der Phönix, der Pelikan, das Einhorn, der Adler, der, sich verjüngend, zur Sonne steigt, sind bis heute lebendig geblieben.

Physiologus bedeutet nichts anderes als „Naturforscher". Früh wurde das Wort jedoch zum Titel dieses christlichen Zoologiebuches. Seine Geschichte reicht bis in das 2. nachchristliche Jahrhundert zurück; vor der Mitte dieses Jahrhunderts ist es in Alexandria entstanden. Es gewann weite Verbreitung im orientalischen Christentum und erhielt um 400 seine erste lateinische Übersetzung. Unter den verschiedenen lateinischen Formen ist für die deutsche Literatur die kürzende Bearbeitung der sogenannten Dicta Chrysostomi als Quelle des ältesten deutschen Physiologus wichtig. Wir kennen die *dicta* fast nur aus bayrisch-österreichischen Handschriften des 11.–13. Jahrhunderts; hier müssen sie besonders gelesen worden sein.

Die älteste deutsche Übersetzung in einer Wiener Handschrift des 11. Jahrhunderts stammt aus dem Reformkloster St. Paul in Kärnten, das 1090 von Hirsau aus besiedelt wurde. Dort, in Hirsau, dürfte die Übersetzung um 1070 entstanden sein. Die Handschrift ist Abschrift einer älteren; der Schreiber des ersten Teiles war Alemanne, der mit Notkers Anlautregel noch vertraut war, der zweite Franke. Die Übersetzung des Physiologus erwächst demnach aus der Hirsauer Reform, deren Streben, die Einordnung der Welt unter Gott zur Grundlage allen Denkens zu machen, hier exempelhafte Bestätigung fand. Der Text bricht am Seitenende mitten im Kapitel 12 über die Eidechse ab; bis dahin folgt er genau der lateinischen Anordnung. Die Übersetzung dagegen ist eine freie, stark kürzende und vereinfachende Bearbeitung. In knappen deutschen Sätzen stellt sie den naturwissenschaftlichen Bericht und die allegorische Deutung nebeneinander und schneidet die biblische, theologische und rhetorische Umrankung stark zurück.) Es sollte sichtlich dem Verständnis der Laien angepaßt werden und gehört somit in das Gebiet der reformerischen Popularisierung. Zu größerer Ausbreitung ist diese Übersetzung dennoch nicht gelangt.

Der jüngere Physiologus des 12. Jahrhunderts ist eine von dem älteren Werk unabhängige Neuübersetzung der Dicta Chrysostomi. Sie ist trotz vereinzelter alemannischer Sprachspuren doch wohl in Bayern entstanden. Hier ist das ganze Werk unverkürzt verdeutscht, doch bindet sich der Übersetzer nicht sklavisch an den Wortlaut; er überträgt die lateinische Satzkonstruktion in einfache deutsche Satzfolgen. Auch diese Übersetzung war nicht verbreitet. Wir kennen sie einzig aus der Wiener Handschrift der Genesis- und Exodusdichtung (S. 159), wo der Physiologus zwischen die beiden mosaischen Bücher eingeschoben ist. Dort fand ihn der Milstätter Bearbeiter des Wiener Genesiswerkes vor (vgl. S. 159) und übernahm ihn an der gleichen Stelle, setzte ihn aber in wenig bedeutende Verse um. Literaturgeschichtlich wichtig ist uns der Vorgang der Reimbearbeitung als solcher, weil er uns zeigt, wie man die Prosa nicht als die Form empfand, zum Laien zu sprechen. Die gesamte kirchliche Laienliteratur des 11./12. Jahrhunderts bedient sich des Gedichtes. So wurde auch der Physiologus umgeformt, und nicht nur dies eine Mal. Zu der Milstätter Versbearbeitung tritt der dürftige Rest einer zweiten: sehr altertümlich wirkende Verse über das Einhorn, die in eine Schäftlarner Handschrift des 12. Jahrhunderts eingetragen sind.

Eine Reihe weiterer kleiner Prosastücke, deren Sammlung wir Friedrich Wilhelm verdanken, besprechen wir nicht im einzelnen. Es sind neben den geistlichen Stücken, vornehmlich Gebeten und Benediktionen, Rechtsformeln und Heilsegen, Steinbüchlein, Kräuterbüchlein und Rezepte. Das einzige für die Literatur wesentliche weltliche Stück, den Rest des ältesten Lucidarius aus dem Ende des 12. Jahrhunderts, werden wir im Zusammenhang mit der Lehrdichtung besprechen.

LITERATUR

Cambridger Liederhandschrift: hrsg. K. Strecker 1926 (darin Kleriker und Nonne und de Heinrico). *De Heinrico* auch Sprachdenkm. XXIII S. 110; Leseb. XXXIX S. 129 f.; W. Bulst, Zur Vorgeschichte der Cambridger und anderer Sammlungen, Histor. Vierteljahrschr. 27 (1932) S. 82 ff.; W. v. Unwerth, Der Dialekt des Liedes de Heinrico, Beitr. 41, 312 ff.; E. Ochs, Ambo vos aequivoci, ZfdPh. 66, 10 ff. Streckers Ausg. S. 116 ff.; John Meier, Eine Stileigenart im Altdeutschen und ihr Auftreten im Heinrichsliede. Archiv f.Lit. u.Volksdichtung 1 (1949) S.107–113; Mathilde Uhlirz, Der Modus „De Heinrico" und sein geschichtlicher Inhalt. Dtsche Vierteljahrsschr. 26 (1952) S. 153–161 (hier auch Textabdruck); M. L. Dittrich, De Heinrico, ZfdA 84 (1952/53) S. 274–308:
Beichtformeln: Lit. s. zu Kap. II.
Otlohs Gebet: MSD LXXXIII S. 267; Fr. Wilhelm, Denkmäler deutscher Prosa des 11. und 12. Jahrhunderts, München 1914, S. 1 ff., die lateinischen Texte im Kommentar S. 1 ff.; Buchbergers Lex. f. Theologie und Kirche 7, 832 f.; B. Bischoff, Verf.-Lex. III 658 ff.
Sonstige Gebete: Fr. Wilhelm, Denkmäler No. IV S. 28 f. u. No. XXVI–XXXI S. 64 ff.

Wessobrunner Predigten: Sprachdenkm. XXX, XXXII, XXXIII S. 156 ff., 168 ff.; Ingeborg Schröbler, Zu der Vorlage der althochdeutschen Predigtsammlung. A, Beitr. 60, 271 ff.

Glossare: Monseer Bibelglossar: Steinmeyer-Sievers Bd. I 303 ff.; dazu Steinmeyer, Untersuchungen über die Bibelglossare II, Die Familie M. ebenda Bd. 5, 408 ff.; *Schlettstädter Glossar* in Steinmeyer-Sievers verstreut. C. Wesle, Die althochdeutschen Glossen des Schlettstadter Codex zu kirchlichen Schriften und ihre Verwandten, Straßburg 1913. *Salomonisches Glossar* Steinmeyer-Sievers IV, 27 ff.; *Summarium Heinrici:* ebenda III, 58 ff.; E. Schröder, Zum Summarium Heinrici ZfdA 73 (1936) S. 103 ff.; H. E. Teitge, Froumund von Tegernsee und die althochdeutschen Priscianglossen. Diss. Halle 1950 (Masch-Schr.).

Notker: Hrsg. Taylor Stark und E. H. Sehrt, Bd. 1–3, Halle 1933 ff. (unvollst. bisher: Boethius, Marcianus Capella und Psalmen 1–50); für die übrigen Schriften noch: P. Piper, Die Schriften Notkers des Deutschen und seiner Schule, Freiburg 1882–83, 3 Bde.; G. Eis, Ein neues Fragment von Notkers Psalter. Indogermanische Forschungen 60 (1949) S. 89–94.; A. K. Dolch, Notker-Studien I–III. Leipzig und New York 1951/52 (Teil I–II. Lateinisch-althochdeutsches Glossar und althochdeutschlateinisches Wörterverzeichnis zu Boethius Buch I; Teil III Stil- und Quellenprobleme zu Notkers Boethius und Marcianus Capella); Brief an Hugo v. Sitten: Ehrismann, Lit.-Gesch. I 2. Aufl. S. 421, verdeutscht; Ingeborg Schröbler, Zum Brief Notkers des Deutschen an den Bischof von Sitten. ZfdA 82 (1948–50) S. 32–46; W. Bulst, Notker an Liutward, ZfdA 80 (1943) S. 5–6; Ingeborg Schröbler, Notker III. von St. Gallen als Übersetzer und Kommentator von Boethius' De Consolatione Philosophiae. Hermaea N. F. Bd. 2. Tübingen 1953; Dieselbe, Interpretatio Christiana in Notkers Bearbeitung von Boethius' Trost der Philosophie. ZfdA 83 (1951/52) S. 40–57; Sehrt und Stark, Zum Text von Notkers Schriften. ZfdA 71 (1934) S. 259 ff.; H. Naumann, Notkers Boethius, Straßburg 1913; Fr. Leimbach, Die Sprache Notkers und Willirams, Diss. Göttingen 1934; W. Bach, Die althochdeutschen Boethiusglossen und Notkers Übersetzung der Consolatio. Diss. Halle 1934; Luginbühl, Studien zu Notkers Übersetzungskunst, Diss. Zürich 1933.

Wiener Notker: hrsg. Piper Bd. 3; R. Heinzel und W. Scherer, Notkers Psalmen nach der Wiener Handschrift, Straßburg 1876; *St. Pauler Blätter:* Piper Bd. 2 S. V ff.; A. Holder, Germ. 21, (1876) S. 129 ff. Eine beginnende Verdeutschung der Notkerschen Psalmen verrät auch das Aschaffenburger Blatt (Mitte 12. Jahrh.), hrsg. Steinmeyer, Beitr. 30 (1905) S. 1 ff.

Übrige Psalmenarbeit: H. Kriedte, Deutsche Bibelfragmente in Prosa des XII. Jahrhunderts, Halle 1930.

Williram: hrsg. J. Seemüller, Straßburg 1878; F. Hohmann, Willirams v. Ebersberg Auslegung des Hohen Liedes, Halle 1930; M. L. Dittrich, Williram von Ebersberg. Habil. Schr. Göttingen 1949 (MaschSchr.) Dieselbe, Willirams von Ebersberg Bearbeitung der Cantica Canticorum. ZfdA 82 (1948–50) S. 47–64; Irene Ott, Lateinische Williramhandschriften des 12. Jahrhunderts. ZfdA 83 (1951), S. 57–59.

St. Trudberter Hohes Lied: hrsg. H. Menhardt, Halle 1934; Lehmann-Glauning, Mittelalterliche Handschriftenbruchstücke der Universitätsbibliothek und des Gregorianum zu München (Leipzig 1940), Nr. 134 Bruchstücke der bayrischen Handschrift B; Herm. Maschek, Eine unbeachtete Handschrift des sog. St. Trudberter Hohen Liedes, ZfdA 75 (1938) S. 27f.; M. Landgraf, Das St. Trudberter Hohe Lied, sein theologischer Gedankengehalt und die geschichtliche Stellung. Diss. Erlangen 1933 (auch Erlanger Arbeiten z. dtschen Lit. Bd. 5); R. Kienast, Avastudien, ZfdA 77(1940), S. 93–100 (Beziehungen zu Frau Avas Gedicht von den Gaben des Geistes); Fr. W. Wentzlaff-Eggebert, Deutsche Mystik zwischen Mittelalter und Neuzeit, Berlin 1944 S. 41 ff.; A. Leitzmann, Zum St. Trudberter Hohen Lied, Beitr. 61 (1937) S. 378 ff.;

E. Fr. Ohly, Geist und Formen der Hoheliedauslegung im 12. Jahrhundert. ZfdA 85 (1954) S. 181–197; Ders., Der Prolog des St.Trudberter Hohen Liedes. ZfdA 84 (1953) S. 198–232; Josefine Runte, Das St. Trudberter Hohe Lied und die mystische Lehre Bernhards von Clairvaux. Diss. Marburg 1949 (Masch.-Schr.); Waltraud Geppert, Die mystische Sprache des St. Trudberter Hohen Liedes. Diss. Berlin Freie Universität 1952 (Masch.-Schr.); Roswitha Wisniewski, Versuch einer Einordnung des St. Trudberter Hohen Liedes in die Theologie und Philosophie seiner Zeit. Diss. Berlin Freie Universität 1953. (Masch.-Schr.).

Evangelienübersetzung: Kriedte, Bibelfragmente S. 64 ff., dazu die Darstellung S. 11 ff.

Physiologus: älterer und jüngerer hrsg. Fr. Wilhelm, Denkm. dtscher Prosa S. 4 ff., Kommentarbd. S. 13 ff. (dort der lateinische Text der Dicta Chrysostomi); Reimfassung bei Karajan, Dtsche Sprachdenkmäler d. 11. u. 12. Jahrhunderts, Wien 1846 S. 73 ff.; Rest einer anderen Reimfassung bei Fr. Wilhelm, Denkm. Komm. S. 46 f.; Lauchert, Geschichte des Physiologus, Straßburg 1889; H. Menhardt, Wanderungen des ältesten Physiologus, ZfdA 74 (1937) S.27 ff.; A. Leitzmann, Lexikalische Probleme S. 45 ff.

SIEBENTES KAPITEL

DIE CLUNIAZENSISCHE FRÜHZEIT

1. DIE GEISTIGE LAGE

Der Anstoß zu deutschsprachigem Schrifttum war in der karolingischen Zeit von der weltlichen Zentrale ausgegangen; die Kirche, damals noch ein Instrument des Staates, hatte Karls Anregungen aufgenommen und durchgeführt. Mit Karls Tode zerbrach die treibende Kraft; sein Sohn führte seine Absichten nicht nur nicht fort; die Synode von Inden (817) hatte weitere deutschsprachige Literatur über die einfachste praktische Gebrauchsliteratur hinaus sogar untersagt. Dennoch wirkte Karls Anstoß in einzelnen Klöstern und bei einzelnen Männern noch fort; aber die deutsche Prosa erlosch praktisch schon vor der Mitte des 9. Jahrhunderts, deutsche Dichtung verklang um die Wende zum 10. Jahrhundert. Die sächsischen und salischen Kaiser nahmen Karls Bestrebungen nicht wieder auf, weil sein bildungspolitisches Ziel, die feste Einordnung der deutschen Stämme in kirchliches Denken, längst erreicht, die Missionsaufgabe gelöst war. So wird die deutsche Dichtung noch einmal auf mehr als 150 Jahre, fünf bis sechs Generationen, stumm. Das ist eine Zeitspanne wie etwa von Lessings Tod bis auf unsere Tage. In dieser Zeit wurde deutsche Dichtung nicht geschrieben; was davon vorhanden war, lebte in der alten Lebensform der mündlichen Überlieferung weiter; der heroische Roman des 13. Jahrhunderts läßt ermessen, wieviel es war. Aber die Kirche sprach und schrieb in dieser Zeit lateinisch, auch da, wo sie eine bescheidene weltliche Dichtung durchließ.

Der neue Anstoß, deutsch für das Pergament zu dichten, ging von der Kirche selber aus. Sie hatte ihren hierarchischen Aufbau inzwischen abgeschlossen, trat mit weltweiten Geltungsansprüchen hervor und begann in entscheidende Zusammenstöße mit den weltlichen Mächten, insbesondere der höchsten, dem Kaisertum, zu geraten. Die Zeit des Investiturstreites, des Kampfes der beiden Schwerter kam heran. Der Weltkampf zwischen *sacerdotium* und *imperium* erregte die Laienwelt tief; sie selber war in dem Zwiespalt der Pflichten oft in tiefe innere Konflikte zwischen irdischer Treue und Rettung des Seelenheils gestellt. Die Antithese: Welt und Gott, die uns hinfort als eines der großen Zeichen der Zeit wieder und wieder begegnen wird, wurde erlebte Wirklichkeit in der Brust und den Entscheidungen der Menschen.

In diesem Kampf trat die Kirche werbend an den Laien heran. Nicht mehr in dem äußerlichen Sinn organisatorischer Einordnung. Es galt, den Laien mit der ganzen Gedankenwelt der kirchlichen Lehre zu erfüllen, seine Gefühle mit kirchlicher Religiosität zu durchtränken. Es galt, ihn in den unbarmherzigen Dualismus von Diesseits und Jenseits, Welt und Gott hineinzustellen, ihn zum Bewußtsein der unbedingten Sündenverlorenheit und Todesverfallenheit zu erziehen, aus der einzig Gottes große Heilstat, die in der Kirche lebendig fortwirkte, Rettung gebracht hatte. Eine Rettung, die doch nicht bedingungslos war, sondern von dem Verhalten des Menschen auf Erden abhing. Es galt, seine sittliche Erziehung auf dem Hintergrunde von Tod und Gericht, ewiger Qual oder Seligkeit durchzuführen und in ihm die Gewißheit wachzuhalten, daß einzig die Kirche als Verwalterin des göttlichen Heils in den sakramentalen Heilsmitteln, namentlich der Beichte und Sündenvergebung, Mittlerin und Retterin sein konnte. Diese Erziehung des Laien zu weltflüchtigem, jenseitsbestimmtem Denken war ebensosehr Anliegen wahrer seelsorgerischer Verpflichtung wie kirchenpolitischer Erwägung. Beides fällt in eines zusammen; denn die Kirche allein ist Wahrerin der Lehre, Spenderin des Heils, Zuflucht der Betrübten und Geängsteten, und nur durch sie und in ihr verwirklicht sich Gottes Reich auf Erden.

Der werbenden Intensität der Kirche gehen tiefe Bewegungen in der Kirche voraus. Seit dem 10. Jahrhundert wird es nicht still von Reformen. Zunächst handelt es sich um Reformbestrebungen im Raume der Klöster; aber eben diese eigentlichen Träger der geistigen Kultur sind ausschlaggebend für die Prägung der Züge im geistigen Gesicht der Nation. Und gerade seit dem späten 11. Jahrhundert wirken die alten Klosterreformen stürmisch in das öffentliche und politische Leben hinein.

Von einem Verfall des klösterlichen Lebens und der mönchischen Kultur kann man während der spätkarolingischen und ottonischen Zeit im deutschen Reichsgebiet nicht sprechen. Hier prägen noch Männer wie Notker oder Ekkehard in St. Gallen, Froumund oder der Ruodliebdichter in Tegernsee das geistige Gesicht. Es sind Männer von unbezweifelbarer Frömmigkeit und aufrichtig mönchischer Gesinnung. Aber Gelehrsamkeit und Kunst, das Erbe der Antike, besaßen für sie einen eigenen Wert, und sie erfüllten die Schulen ihrer Klöster mit einer humanistischen oder mindestens philologischen Atemluft. Es war eine in sich ruhende Welt erwählter Geister, weit hinausgewachsen über die primitive Aufklärungsarbeit karlischer Zeit, aber fern von dem Gedanken eines Wirkens und Werbens nach außen, wie er der Hirsauer Reform des späten 11. und des 12. Jahrhunderts eigen war. Die Laienwelt lag jenseits ihrer geistigen Bemühungen und Freuden.

Viel tiefer war Zerrüttung und Verweltlichung der Kirche im westfränkischen Bereich unter den Wirren der späten Karolingerzeit gewesen. Der Westen ist daher die Heimat der frühen großen Reformbewegungen geworden. Die erste und politisch folgenreichste pflegen wir nach dem im Jahre 910 gegründeten Kloster Cluny in der burgundischen Diözese Macon als die „Cluniazensische Reform" zu bezeichnen. Durch eine Reihe bedeutender Äbte war Cluny auf genau zwei Jahrhunderte zum beherrschenden Mittelpunkt einer klösterlichen Reformbewegung geworden, die indessen – mit Ausgriffen nach Flandern, England und Italien – zunächst auf französischem Boden verlief und Deutschland unmittelbar kaum berührte. Diese Reform bezeichnen wir am raschesten durch die Stichworte: asketisch und hierarchisch. Die Wiederherstellung und Übersteigerung der strengen Klosterregeln hebt unter den mönchischen Gelübden den Gehorsam besonders hervor und fordert die rücksichtslose Einordnung des Einzelnen unter die Oberen. Denselben straffen hierarchischen Zentralismus sehen wir in der festen Unterordnung der cluniazensisch reformierten Klöster unter die Mutter Cluny und deren „Abt der Äbte", und in den energischen Bestrebungen der cluniazensischen Reformklöster nach Herauslösung sowohl aus der weltlichen Bevogtung wie aus der bischöflichen Aufsicht und nach der unmittelbaren Unterstellung unter den Heiligen Stuhl. Das mächtige Anwachsen des cluniazensischen Verbandes und die Zusammenfassung seiner Macht in einer Hand machte Cluny und dessen herrschenden Abt zu einem politischen Faktor in Kirche und Staat.

Nur wenig jünger – 933 eingeleitet – ist die von dem Mutterkloster Gorze bei Metz ausgehende „lothringische Reform". Ohne auf die von Pater Hallinger in seinem grundlegenden Werk „Gorze – Kluny" herausgearbeiteten Wesensunterschiede der beiden Reformen hier eingehen zu können, folgen wir seiner Erkenntnis, daß die Reform von Gorze über die Abtei von St. Maximin in Trier in zahlreichen Filiationen nach Deutschland eingestrahlt ist und das monastische Leben der ottonischen und salischen Zeit wesentlich mitbestimmt hat. Ihr fehlte die zentralistische und hierarchische Struktur und damit der Ehrgeiz, eine eigene politische Rolle zu spielen oder gar in Spannung zu den weltlichen Gewalten zu treten. Sie erweist sich vielmehr als eine Reform des mönchischen Lebens, findet als solche Verständnis und Förderung bei den kirchlichen wie weltlichen Großen und scheint der Nährboden jener Bestrebungen der Salierzeit unter Konrad II. und Heinrich III. gewesen zu sein, die unter idealem Zusammenwirken von Staat und Kirche, doch unter Führung des Kaisers, eine umfassende Reform der Kirche „an Haupt und Gliedern" anstrebte. Die Synode von Sutri (1046), da Heinrich III. drei simonistische Päpste absetzte und selbstherrlich ein neues Haupt der Kirche einsetzte, bezeichnet den Höhepunkt dieser kaiserlichen Kirchenreform.

Allein die Kirche war zu mächtigem Geltungsdrang und Machtbewußtsein aufgestiegen. Die ersten Forderungen auf autonome Lösung der Kirche aus weltlicher Bevormundung, ja auf Suprematie Roms über alle weltliche Gewalt, regten sich schon unter Heinrich III. Während der unmündigen Herrschaft seines Sohnes, Heinrichs IV., bei gleichzeitiger Lenkung der Kirche durch zielbewußte Päpste trat der Umschwung überraschend schnell ein. Zwischen Sutri und Canossa liegen nur drei Jahrzehnte. Gestützt auf die großen Fälschungen der konstantinischen Schenkung *(Constitutum Constantini)* und der Pseudoisidorischen Dekretalien erhob die Kirche ihre universalen Machtansprüche. Im 12. Jahrhundert prägt sie, gestützt auf Lukas 22, 38, das Sinnbild der zwei Schwerter, von denen das geistliche höher steht als das weltliche. Gedanklich steht aber dahinter der augustinische Dualismus, die Abwertung der sündenerfüllten irdischen Welt gegenüber der höheren Welt des Gottesreiches, das sich in der Kirche irdisch verwirklicht. Diese Kirche sah Williram vor sich, als er seine Auslegung des Hohen Liedes schrieb; dem Dichter des Annoliedes war sein Held auch in dessen irdischem Wirken ein Pfeiler dieser Kirche.

Es ist kein Zufall, daß die Männer, die diese kirchliche Weltmachtpolitik trugen, aus der Denkwelt des Cluniazensertums kamen; Gregor VII. hat vermutlich in Cluny selber Profeß abgelegt. Und es ist ebensowenig ein Zufall, daß eben um diese Zeit der Geist von Cluny, spät aber durchschlagend, in der sogenannten Hirsauer Reform, nach Deutschland übergriff. Die Eroberung Deutschlands geschah auf verschiedenen Wegen seit etwa 1070. Hirsau selber erhielt wenige Jahre nach seiner Gründung (1065) in dem St. Emmeramer Mönch Wilhelm den großen Abt, der um 1070 die Consuetudines von Cluny auf sein Kloster übertrug. Fast gleichzeitig wurde St. Blasien im südlichen Schwarzwald, der zweite Brennpunkt der deutschen Reform, von dem italienischen Kloster Fruttuaria her erobert, das über den radikalen Cluniazenser Wilhelm von Dijon (991–1031) auf Cluny zurückgeht. Aus demselben Fruttuaria holte sich 1071 Anno von Köln die Besetzung seiner Lieblingsgründung Siegburg. Mit dem Schwung und der Rücksichtslosigkeit unbedingter Überzeugung erobert die Hirsauer Reform – wie man diese Bewegung einheitlich benennt – gerade in den Jahren zwischen 1070 und 1150 Kloster um Kloster im deutschen Raum und trägt Kampf und Unruhe in die Welt der deutschen Klöster. Die Hirsauer Reform ist überall in Deutschland eingedrungen – die Zahl der reformierten Klöster wird auf 150 angegeben. Literarisch besonders folgenreich ist ihre große Wirkung im bayrisch-österreichischen Donau- und Alpenraum mit den Klöstern Admont, Göttweig, Vorau, Milstatt, Melk, St. Lambrecht und anderen.

Dieser späte aber durchschlagende Durchbruch des cluniazensischen Wesens in Deutschland fällt abermals nicht zufällig mit dem Investiturstreit zusammen. Der Kampf geht um die grundsätzliche Frage, ob die

Einsetzung der Bischöfe Sache des Kaisers sei, also des Staates, oder des Papstes, also der Kirche. Das bedeutet Herauslösung der hohen kirchlichen Würdenträger aus staatlicher Bindung, ihre unbedingte Einordnung in die Hierarchie, als deren Haupt allein der Papst das Recht haben sollte, sie zu wählen und – für das symbolische Denken des Mittelalters entscheidend – mit den Zeichen ihrer Würde zu bekleiden. In solchen Bestrebungen erkennen wir den politischen Kampf Clunys gegen die Fremdinvestitur der Äbte und für die unmittelbare Einordnung unter Rom wieder. Was dort auf der Ebene der klösterlichen Ordnung erstrebt wurde, wiederholt sich hier auf höherer Ebene. Die Hirsauer Reformklöster waren die festeste Stütze des Papstes in diesem Kampfe; aus der Parteinahme für oder gegen den Kaiser im Investiturstreit kann man fast sicher ablesen, ob ein Kloster der Reform angehörte oder nicht.

Dieser Streit brachte tiefe Verwirrung in die Gemüter nicht nur der Geistlichen; auch die Laienwelt nahm leidenschaftlich an dieser Auseinandersetzung teil. Jahrzehntelanges Unheil kam über Länder und Menschen. Der Kompromiß, der endlich in dem Wormser Konkordat von 1122 gefunden wurde, konnte die grundsätzliche Unvereinbarkeit der beiden universalen Herrschaftsansprüche nicht lösen. Ihr Kampf erfüllte noch die ganze Stauferzeit, gab Walthers politischer Spruchdichtung ihre Resonanz und endete im Zusammenbruch der staufischen Reichsidee mit einem Siege des Papsttums, der für dieses selber ein Pyrrhussieg war.

Die tiefe Ergriffenheit der Laienwelt, ihre Anteilnahme an den religiösen und religionspolitischen Vorgängen ist ein Neues in dieser Zeit. Noch kann man schwerlich von einer religiösen Massenbewegung reden, aber was im 13. und 14. Jahrhundert hervorbrach, bereitete sich hier schon vor. Die Unruhe der Laien rief die Lenkung durch die Kirche auf den Plan, und abermals scheint mir der Drang der Hirsauer Reform nach außen und die alte propagandistische Erfahrung der cluniazensischen Bewegung nicht ohne Anteil an der Tatsache zu sein, daß die Kirche nach so langem Schweigen zu dem Laien in dessen Sprache zu reden beginnt, d. h. an dem neuen Einsatz einer religiösen Literatur in deutscher Sprache. In einem ganz anderen Umfang als in der karolingischen Zeit wurde der Laie in die Tiefen der kirchlichen Lehre und in die Geheimnisse der göttlichen Offenbarung eingeführt. Hatte es damals als genügendes Ziel vor Augen gestanden, den Laien das Glaubensbekenntnis zu lehren und es ihm in seinen einfachsten Tatsachen verständlich zu machen, so werden ihm jetzt die Geheimnisse der Trinitätslehre in ihren theologischen Grundlagen dargestellt und die einfache Tatsachenfolge des Credo als der große Heilsplan Gottes von den Uranfängen bis zu den letzten Dingen entwickelt. Theologische Auslegungsfragen werden in deutscher Sprache vor und für Laien abgehandelt und die Welt der symbolischen Beziehungen in ihrer ganzen Fülle vor ihnen aufgetan. Und ging es in der karolingischen Zeit darum, den Laien äußerlich der Kirche einzuordnen und ihn zur Beachtung der kirchlichen Lebensvorschriften zu erziehen, so wird er jetzt zu einer neuen religiösen *vita activa* geworben. Die asketischen Ideale des Mönchstums werden auch dem Laien als erstrebenswerte Lebensform gepredigt, und vor dem drohenden *memento mori* und den ewigen Entscheidungen des letzten Gerichtes wird ihm die Nichtigkeit alles Irdischen klargemacht und wird er zu einem Leben der Weltabkehr und Diesseitsverneinung aufgerufen. In diesem Licht wird das Institut der Laienbrüder (Conversi) bedeutsam, das – im Gegensatz zum alten Mönchstum – von der Hirsauer Reform gepflegt wird. Der Mann der Welt, der, ohne in den geistlichen Stand eintreten zu wollen oder zu können, sich einer klösterlichen Gemeinschaft demütig für niedere Dienste zur Verfügung stellt und das Gewand des dienenden Bruders trägt, ist die entschiedenste Form, in welcher der Laie den Aufruf zu Weltflucht und Bußübung erfüllen kann. Wir wissen von Männern höchsten Standes, die diesen Weg gewählt haben, und wir werden mehrfach Anlaß haben, für ein frühmittelhochdeutsches Werk einen Laienbruder als Dichter zu vermuten.

Diese frühmittelhochdeutsche Literatur, die um 1060 einsetzt und um 1170 ausklingt, empfinden wir trotz ihrer beachtlichen Vielfältigkeit als eine Einheit, eine Epoche in der Geschichte der deutschen Literatur. Es wäre zu wenig, diese Einheit in dem ausschließlich religiösen Charakter der Dichtung zu sehen. Sie ist einheitlich in ihrer Richtung auf das Erzieherische. Sie dient in all ihren verschiedenen Formen dem einen Ziel, den Laien in das kirchliche Denken einzuordnen, ihn mit dem Bewußtsein seiner sündhaften Verlorenheit und des Heilswirkens Gottes zu erfüllen und ihn zu lehren, all sein Tun an dem Blick auf das Jenseits abzumessen. Um dieser Epoche eine einheitliche Bezeichnung zu geben, pflegt man sie in der literarischen Forschung als „cluniazensisch" zu benennen.

Die Berechtigung dieser Bezeichnung ist neuerdings nicht nur von der historischen, sondern auch von der literaturgeschichtlichen Forschung stark bestritten worden. Zu Recht, wenn man dabei nur an die burgundische Klosterreform des 10./11. Jahrhunderts denkt. Denn wie wir gesehen haben, ist die religiöse Prägung der ottonischen und salischen Zeit in Deutschland nicht durch Cluny, sondern durch die lothringische Reform von Gorze und Trier bestimmt, und aus dieser Reform ist keine Laienwerbung und daher auch keine deutschsprachige Literatur hervorgegangen. Doch auch wenn man die cluniazensischen Wurzeln der großen deutschen Reformbewegung im späten 11. und 12. Jahrhundert in Betracht zieht, kann man nicht sagen, daß die deutschen Reformklöster für die Masse der damaligen deutschen Literatur unmittelbar verantwortlich sind. Es wäre eine Verkennung, in dieser Dichtung lediglich klösterliche Laienpropaganda zu sehen. Dennoch kann man das zeitliche Zusammenfallen dieser literarischen Epoche mit dem Siegeszuge der cluniazensisch-hirsauischen Reformbewegung und der kirchlichen Machtansprüche nicht für zufällig halten und die beiden Phänomene beziehungslos nebeneinander sehen. Faßt man das Stichwort „cluniazensisch" von hier aus in der weiteren Bedeutung einer von der Klosterreform zwar ausgehenden, doch weit darüber hinauszielenden religiös-asketischen und kirchlich-hierarchischen Umgestaltung des gesamten Lebensgefühls und die Dichtung der Zeit als dessen sinnvollen Ausdruck, so behält diese Bezeichnung ihr Recht. Zusammenfassende Bezeichnungen dieser Art werden immer die Gefahr der Schematisierung in sich tragen, und es wird darauf ankommen, daß die Darstellung der einzelnen Werke solcher Schematisierung nicht erliegt. Es darf nicht übersehen werden, daß die Anfänge der frühmittelhochdeutschen Dichtung noch gerade vor der offenbaren Wirkung von Hirsau liegen – ohne daß man darum für sie das eigene Stichwort von einer „salischen Literatur" zu prägen braucht – und daß in ihrem Ausklang bereits sehr wesentliche neue Töne bemerkbar werden. Es darf auch bei dieser Epoche in der Geschichte des menschlichen Geistes sowenig wie sonst übersehen werden, daß alle Offenbarungen des Geistes mannigfaltig sind, daß sich die Generationen in ihren Lebensformen und Lebensäußerungen überschneiden, und daß schließlich immer und überall das Individuum sein Eigenrecht geltend macht und darin beachtet werden will. Dennoch stehen hier drei Generationen, deren dichterische Lebensäußerungen in historischer Abfolge darzustellen sind, unter einem einheitlichen Lebensgesetz. Und um dieses auszudrücken, darf man, wie ich meine, die Bezeichnung „cluniazensisch" beibehalten.

Während die cluniazensischen Anstöße in Deutschland erst gegen Ende des 11. Jahrhunderts voll wirksam werden und tief ins 12. Jahrhundert fortwirken, machen sich von Frankreich her im religiösen Denken und in der theologischen Arbeit dieses Jahrhunderts schon neue Bewegungen von grundlegender Wichtigkeit bemerkbar.

Auf der Ebene des religiösen Lebens selber werden sie sichtbar in den neuen strengen Ordensgründungen der Zisterzienser, der Prämonstratenser und Karthäuser und in der regulierten Zusammenfassung der Stiftsgeistlichen nach der Regel der Augustiner Chorherren. Diese neuen Gründungen zeigen die Unruhe des religiösen Lebens, die Aufsplitterung des hierarchischen Einheitsgefühls, dem die eine Regula Sti. Benedicti nicht mehr Genüge tat. Die Gründung der Bettelorden des 13. Jahrhunderts vollendet diese Aufsprengung des alten einheitlichen Gefüges mönchischen Daseins. Neben der neuen Ordensgründung, die sich im späten Mittelalter verwirrend mannigfaltig fortsetzt, gelangt auch das alte Institut der Laienbruderschaft zu neuer Bedeutung. Seine Pflege in der Hirsauer Reform ist soeben schon erwähnt worden. Der in religiösen Formen lebende, doch nicht in den geistlichen Stand eintretende Mensch der Welt wird sinnfälliger Ausdruck für das Entstehen und die Bedeutung einer Laienfrömmigkeit. Und auch diese Erscheinung nimmt in den Tertiarier-

Gründungen, insbesondere des Franziskanerordens, aber auch in der Unzahl der religiösen Bruderschaften und ähnlicher Gruppenbildungen des späten Mittelalters einen gewaltigen Aufschwung und bringt immer neue Züge in das Bild des religiösen Daseins. Solche Aufsplitterung des alten Kirchenbildes in seiner großartigen Einfachheit bedeutet keineswegs einen Machtverfall der Kirche; es zeigt nur das Gesicht einer neuen Zeit von einer viel größeren Differenziertheit der religiösen Bedürfnisse.

Die gleiche Bewegtheit spüren wir auf dem Gebiet der kirchlichen Lehre in der Wiedergeburt der wissenschaftlichen Theologie, die wir Scholastik nennen. Sie nennt sich nach der Schola, fühlte sich also vor allem als Lehre. Ihre Wirkungsstätte fand sie neben den alten Kloster- und namentlich Stiftsschulen vor allem in dem neuen Typus der Lehrstätte, der Universität, dem Zusammenschluß freier Lehrer. Als Zentrum wissenschaftlicher Bestrebungen überstrahlte im 12. Jahrhundert Paris alle anderen und wurde mit den beiden Schulen von St. Viktor und St. Geneviève recht eigentlich die Mutterstätte der frühen Scholastik, bis gegen Ende des 12. Jahrhunderts der Zusammenschluß der „freien Magister" auf der Seine-Insel, die *Universitas magistrorum*, zur Bildung der freien, d. h. von klösterlicher und bischöflicher Ordnung gelösten Universität führte, die dann zur Trägerin der durchgebildeten Hochscholastik wurde. Das Wesen der scholastischen Methode hat Martin Grabmann in dem katholischen Kirchenlexikon in so musterhafter Knappheit und Klarheit formuliert, daß ich seine Worte hierhersetze: Die scholastische Methode will durch Anwendung der Vernunft, der Philosophie auf die Offenbarungswahrheiten möglichste Einsicht in die Glaubenswelt gewinnen, um so die übernatürliche Wahrheit dem denkenden Menschengeist inhaltlich näherzubringen, eine systematische, organisch zusammenfassende Gesamtdarstellung der Heilswahrheit zu ermöglichen und die gegen den Offenbarungsinhalt vom Vernunftstandpunkt aus erhobenen Einwände lösen zu können.

Aufgabe wissenschaftlicher Forschung ist mithin nicht Mehrung des Wissensstoffes oder Gewinnung neuer Deutungen des vorhandenen Stoffes. Sie ist Verständlichmachung und Systematisierung einer als Ganzes vorgegebenen und unabänderlichen Offenbarungswahrheit (*auctoritas*) durch die Vernunft oder – wissenschaftlich gesprochen – die Philosophie (*ratio*). *Auctoritas* erfließt aus drei Quellen: Lehre der Heiligen Schrift, Lehre der Kirchenväter, Lehre der Kirche. Die *ratio* formt sich vor allem an der Philosophie des Aristoteles, deren Kenntnis dem Mittelalter zunächst vor allem durch die aristotelischen Schriften des Boethius vermittelt und im 12. Jahrhundert, namentlich aber im 13. Jahrhundert durch neu erschlossene Quellen vertieft wurde.

Die Zielsetzung der Scholastik bedeutet Zurückgreifen auf Augustin, dessen Wort *fides quaerens intellectum* sich in dem ähnlichen Wort des ersten großen Frühscholastikers, des Lombarden Anselm von Canterbury, *credo ut intellegam*, erneuert. In diesem geistigen Augenblick bedeutet Scholastik zunächst vor allem neue Einbeziehung der Artes in die wissenschaftliche Arbeit, während sie von der reformerischen Theologie verworfen worden waren (Williram, Otloh). Zwar soll die Philosophie die Magd der Theologie sein, aber die Eigenkraft philosophischen Denkens macht sich sofort spürbar. Um sie geht es bei der Auseinandersetzung zwischen Abälard und Bernhard von Clairvaux, und sie sollte sich in wechselnden Formen durch das ganze späte Mittelalter immer wieder erneuern. In Abälards Denken und Schreiben droht sich Anselms Satz umzukehren und zu einem *intellego ut credam* zu führen. Der Lebenskampf des Abälard († 1142) endete zwar mit seiner Niederlage; die Kirchenversammlung von Sens (1141) verdammte seine Schriften, und der Papst legte ihm Schweigen auf. Aber seine Werke wirkten doch in Abschriften und Auszügen gerade auch in Deutschland weiter, und die ihm zugeschriebene Trinitätsformel kehrt in der deutschen Dichtung des 12. Jahrhunderts auch nach dem Spruch von Sens unbekümmert immer wieder.

Scholastik, die wir gern nach ihrem dekadenten Ausklang des spätesten Mittelalters beurteilen, bedeutet keineswegs spitzfindige Spekulation trockener Rationalisten. Sie ist durch einen großartigen Drang zur Umfassung und Einheit charakterisiert, der vorgegeben ist durch ihre Aufgabe, die Vielheit der Erscheinungen auf die große Einheit in Gott und seiner Offenbarung zurückzuführen. Das Bewußtsein, daß es nur e i n e Wahrheit gibt und geben kann, die, unabhängig von menschlichem Denken, aus Gott selber hervorgegangen ist, und deren rechte Erfassung alleinige Aufgabe ist, gibt dem Streben des Scholastikers nach Systematik eine Kraft und Geschlossenheit, die moderner Wissenschaft notwendig fehlt. Und in dem *intellectus*, der Erfassung göttlicher Offenbarung durch den menschlichen Geist, ist dessen verschiedenen Kräften weiter Spielraum gegeben. Die Vernunft kann sich auch aus kontemplativer Spekulation speisen; das Wahrheitserlebnis des Mystikers und das Wahrheitsforschen des Philosophen schließen sich nicht aus. Die Scholastik hat stets ihre mystische Seite gehabt, und sie ist bei den frühen Scholastikern, schon bei Anselm von Canterbury, mehr noch bei dem Deutschen Hugo von St. Viktor (etwa 1097–1141) und dem heiligen Bernhard von Clairvaux (1090–1153) stark ausgebildet.

Wir bezeichnen die deutsche Dichtung seit dem letzten Drittel des 11. Jahrhunderts bis in das späte 12. Jahrhundert hinein als frühmittelhochdeutsch. Wir wenden damit einen zunächst von der sprachlichen Entwicklung her geprägten Ausdruck auf eine literarische Periode an. Wenn anderseits die Träger der klassischen mittelhochdeutschen Literatur selber eine bewußte Grenze bei Heinrich von Veldeke als dem Vater der modernen Dichtkunst ziehen, so geschieht dies von ihrer vor allem formalen Auffassung der dichterischen Aufgabe her: Veldeke ist derjenige, der zuerst die strengen Anforderungen an Reim, Metrik und literatursprachliche Übermundartlichkeit erfüllte. Von der Sprache wie von der Form her erscheint die Dichtung des 11./12. Jahrhunderts als altertümlich und – für die damalige Gegenwart – als überholt.

In der Tat sind weder Sprache noch Form die einzigen und wesentlichen Unterscheidungen. Sie greifen ins Innere, in das Stoffliche, das Ethische, die ganze geistige Haltung. Zwischen der Wiener Genesis von etwa 1060 und dem gerade ein Jahrhundert jüngeren Heinrich von Veldeke liegt eine Welt; in diesem Jahrhundert müssen tiefe Wandlungen vor sich gegangen sein. Von einer Welt, in der die Kirche allein das geistige Leben beherrscht und die Laienwelt tief mit ihrem diesseitsflüchtigen Denken durchtränkt, kommen wir in eine Welt, in der zum erstenmal seit Jahrhunderten ein Laienstand, das Rittertum, seine geistigen Bedürfnisse autonom selber bestimmt und künstlerisch ausspricht, dem Diesseits in dem Dreiklang von Kampf, Fest und Liebe eigene Werte einräumt und eine eigene, ständisch bestimmte Ethik entwickelt. Eine so tiefe Wandlung kann nicht plötzlich da sein – die einheitliche Epoche der frühmittelhochdeutschen Dichtung muß sich in eine zeitliche Folge auflösen, in der die Wandlung spürbar wird.

Damit stellt sich uns die Frage nach der absoluten und relativen Chronologie der rund 70 Dichtungen, die wir aus diesem Jahrhundert besitzen. Unmittelbare Angaben über den Dichter, seinen Ort und seine Zeit erhalten wir selten. Wo nicht Anspielungen auf Zeitereignisse eine genaue oder ungefähre Datierung gestatten, fehlt uns jede Möglichkeit einer absoluten chronologischen Einordnung.

Man hat mehr, als erlaubt ist, den Stand der formalen Vollkommenheit zum Hilfsmittel chronologischer Anordnung gemacht. Es entsprach entwicklungsmechanischer Denkweise, sich vorzustellen, daß die formale Vollkommenheit der klassischen Generation in einem gleichmäßig fließenden Entwicklungsstrom erreicht sein müsse, und daß also ein Gedicht um so jünger sein müsse, je mehr es sich den klassischen Forderungen annähert, um so älter, je mehr es davon entfernt ist. Aufs Ganze gesehen, stimmt das; die klassische Form ist erarbeitet worden, und je mehr sie einen Dichter beherrscht, um so näher dürfen wir ihn an das Jahrhundertende heranrücken. Dagegen war der umgekehrte Schluß falsch; Altertümlichkeit der Form verbürgt nicht Alter des Werkes. Ein rückschauender Mann, eine traditionsgebundene Landschaft können an Formen festhalten, die ein Neuerer an anderer Stelle schon überwunden hat. Wir werden sehen, daß eine der wichtigsten chronologischen Fragen, die Datierung des Rolandsliedes, von der Formseite her nicht zu klären ist. Weit eher kann eine eindringliche Interpretation der geistigen Haltung zu einer gewissen zeitlichen Ordnung führen. Die asketische Todesmahnung Notkers im alten Memento mori von etwa 1070 spricht sichtlich zu einem anderen, älteren Publikum als die gleiche Mahnung des Heinrich von Melk um 1160; aber mit solchen Zeiträumen von 90 Jahren ist nicht viel gewonnen. Auch die geistige Chronologie läuft nicht in geraden Linien; Generationen überschichten sich, konservative Landschaften stehen geistig an anderer Stelle als fortschrittliche. Wenn wir trotzdem versuchen werden, drei Generationen cluniazensischer Dichtung zu scheiden, so geschieht es mit dem Bewußtsein starker Überschichtungen im großen und großer Unsicherheiten im einzelnen. Wir nehmen die Daten weniger wichtig als die Schritte im Wandel eines Jahrhunderts.

Schwierigkeiten macht auch die örtliche Zuordnung. Für sie sind die sprachlichen Eigentümlichkeiten maßgebend. Die frühmittelhochdeutsche Dichtung bleibt in der Sprache landschaftlich gebunden, und es ist nicht schwer, eine Gruppierung im groben zu finden. Aber da, wo ein Werk durch mehrere Abschriften in verschiedenen Mundartengebieten gegangen ist, kann die sprachliche Festlegung schwierig werden. Denn hier versagt das sichere Hilfsmittel einer späteren Zeit, die Reimgrammatik. Nur der reine Reim gibt die sichere Grundlage einer Beurteilung. Wo auch ein Reim *stêt : bereit* grundsätzlich zulässig ist, haben wir kein Recht zu der Behauptung, das Werk müsse in jenem fränkischen Gebiet entstanden sein, wo man *steit* sprach. Erst eine eingehende Untersuchung der gesamten Reimtechnik eines Gedichtes und seiner Empfindlichkeit gegen unreine Reime erlaubt vorsichtige sprachliche Rückschlüsse und führt selten zur Gewißheit. Dasselbe gilt – wenigstens nach unserem heutigen Stande – von der Wortkunde; im ganzen ist die frühmittelhochdeutsche Untersuchungsgrundlage zu schmal, um ein Wort sicher einer bestimmten Landschaft zuzuschreiben, und auch in dieser frühen Zeit muß man mit literarischen Beziehungen und daher mit dem Austausch von sprachlichem Material rechnen. Auch der nicht am Landschaftlichen haftende Austausch der Geistlichen in Klöstern, Stiften und weltgeistlichen Stellungen kann zu sprachlichem Austausch und zum Auftauchen fremdmundartlicher Erscheinungen in einem anderen Mundartengebiet führen.

2. DIE SECHS ERSTEN

Die frühmittelhochdeutsche Dichtung bricht in den letzten Jahrzehnten des 11. Jahrhunderts sehr plötzlich und ziemlich gleichzeitig an verschiedenen Stellen auf. Bald nach 1060 dichtet in Bamberg der Kanonikus Ezzo seine hymnische Weltheilsgeschichte, fast gleichzeitig am gleichen Ort entsteht die Bamberger Beichte mit dem Stück über Himmel und Hölle. Wenig später verfaßt im Reformkloster Hirsau Noker das mahnende Memento mori, während in den österreichischen Alpenländern zugleich die früheste mittelhochdeutsche Bibelepik, die Wiener Genesis, entsteht. Zwei Jahrzehnte jünger mag die kölnische Vita des heiligen Kirchenfürsten Anno sein, etwa gleich alt die Kosmographie, die wir Merigarto nennen und die in Ostfranken oder Niederbayern zu Hause ist. Alle deutschen Stämme scheinen am Wiedererwachen deutscher Dichtung beteiligt zu sein, und die ältesten Werke weisen mit Dogma und Bibelwort, Bußpredigt, Legende und Kosmographie eine große Breite der stofflichen Auswahl auf.

Doch verschiebt sich das Bild, wenn wir einen Gesamtüberblick zu gewinnen suchen. Nicht alle Landschaften bleiben schöpferisch. Die alten karolingischen Zentren, Regensburg, Freising und Tegernsee, St. Gallen, Reichenau und Murbach, Fulda und Weißenburg verstummen, und gerade die Landschaften treten zurück, in denen sie liegen: Alemannien, Bayern, Ostfranken. Aus Alemannien wären nach Nokers Memento nur noch die Sündenklage zu nennen, die wir teils aus Rheinau, teils aus einer Abschrift in Melk kennen, und die drei Stücke der Colmarer Bruchstücke, von denen doch mindestens die Creszentia nicht ursprünglich alemannisch ist. Alle anderen alemannischen Zuordnungen sind umstritten. Doch dürfte es eine alte Schicht alemannischer Literatur aus den Reformklöstern gegeben haben. Wie wir die Handschrift des älteren Physiologus von Hirsau nach dem kärntnischen St. Paul wandern sahen, so taucht die kürzere Sündenklage aus Rheinau in der erweiterten Fassung von Melk wieder auf, und wird das vielleicht alemannische allegorische Gedicht von der Hochzeit in Kärnten moralisierend ausgeweitet.

Aber auch das alte Bayern tritt in dieser Zeit zurück. Erst spät regt sich im Kloster Windberg eine literarische Tätigkeit – Windberger Psalmen, Himelrîche, Albers Tundalus – und hier könnte, wie die starken mitteldeutschen Einschläge in der Windberger Handschrift des Monseer Bibelglossars zeigen, die Anregung durch rheinische Klosterinsassen gekommen sein. Erst um und nach der Mitte des Jahrhunderts wächst Bayern zu großer Bedeutung in der deutschen Literatur heran, aber da geht die Anregung von den welfischen Herzögen aus, und diese „welfische" Literatur führt aus der cluniazensischen Dichtung heraus.

Vielmehr treten jetzt zwei Landschaften literarisch hervor, die uns bisher fast stumm waren: das Gebiet des unteren Rheines mit Köln als Zentrum samt den östlich vorgelagerten hessisch-thüringischen Gebieten, und die alte bayrische Ostmark Österreich, sowohl das Donauland wie das Alpengebiet Kärntens und der Steiermark. Hier erwächst die Masse der geistlichen Dichtung der ersten Hälfte des 12. Jahrhunderts, die neben der neuen, vor- und frühhöfischen Dichtung bis tief in die zweite Hälfte des Jahrhunderts weiterlebt. Beide Gebiete stehen in einem erheblichen literarischen Austausch, so daß eine ganze Reihe mitteldeutscher Gedichte in österreichischen Handschriften bewahrt ist. Aus Österreich stammen auch vier der fünf großen Sammelhandschriften, denen wir die hauptsächliche Kenntnis dieser Literatur verdanken.

Die wichtigste dieser Handschriften ist die große Vorauer Handschrift. Sie ist im letzten Viertel des 12. Jahrhunderts geschrieben, vermutlich zur Zeit des Propstes Bernhard (1185–1202). Der erste und wichtigere Teil der Handschrift kann auch älter sein, jedenfalls aber ist auch er erst nach der Gründung des Klosters (1163) dort geschrieben. In ihr sind mehr als ein Dutzend wichtigster Denkmäler bewahrt. Sie ist planvoll angelegt und sucht einen Kursus der ganzen Weltgeschichte in ihrer Doppelheit als *historia terrena* und *divina* herzustellen. Sie beginnt mit der Kaiserchronik, die einleitend knapp den Ablauf der Weltalter skizziert, um dann die Geschichte des römischen Reiches von Cäsar bis zur Gegenwart systematisch zu behandeln. Sie legt an richtiger Stelle die alttestamentlichen Stoffe das Alexanderlied ein, die Geschichte des letzten vorrömischen Weltherrschers, und schließt mit der gegenwartsnahen lateinischen Gesta Friderici Imperatoris des Otto von Freising. Zwischen dieser Weltgeschichte aber zieht sich die Heilsgeschichte hin, beginnend mit Schöpfung und Patriarchengeschichte der Vorauer Bücher Moses', den Verlauf des Alten Testamentes mit einigen exemplarischen Einzelstücken knapp andeutend, um dann mit dem umfänglichen Leben Jesu der Frau Ava das irdische und heilsgeschichtliche Wirken Christi bedeutsam darzubieten und mit den weiteren Gedichten der Ava, Antichrist und Jüngstem Gericht, sowie mit dem Gedicht vom Himmlischen Jerusalem die letzten Dinge und den Zustand der seligen Stadt anzufügen. Dazwischen sind kleinere hymnische und allegorisch-dogmatische Stücke eingelagert, z. T. sicher mechanisch aus älteren Sammlungen mit übernommen, z. T. doch auch bewußt eingeordnet, so das Ezzolied mit seiner hymnischen Darstellung der ganzen Heilsgeschichte nach dem Leben Christi. So gibt uns die Handschrift ein anschauliches Bild der augustinisch bestimmten Geschichtsauffassung der Zeit.

Die Wiener Handschrift 2721, vielleicht in Kärnten in der 2. Hälfte des 12. Jahrhunderts geschrieben, enthält Wiener Genesis und Exodus und dazwischen den (jüngeren) Prosa-Physiologus. Sie ist Abschrift einer älteren Bilderhandschrift, die auch von der Milstatt-Klagenfurter-Handschrift (nach Mitte des 12. Jahrhunderts) benutzt worden ist. In ihr wird die archaische Genesis nach dem Geschmack des 12. Jahrhunderts umgearbeitet, der prosaische Physiologus durch einen gereimten ersetzt, die Sammlung durch weitere Stücke predigthafter oder moralischer Art erweitert.

Die Wiener Handschrift 2696 stammt erst aus dem 14. Jahrhundert, bewahrt uns aber die Werke Heinrichs von Melk, das Anegenge, die umfassendste Heilsgeschichte des 12. Jahrhunderts, und Albers Tundalusvision. Sie ist uns überdies bedeutsam, weil sie uns zeigt, wie das späte 13. und 14. Jahrhundert über die klassisch-ritterliche Dichtung fort wieder auf die alte geistlich-asketische Literatur zurückgreift. Sie warnt davor, das 13. Jahrhundert zu einseitig als das Jahrhundert ritterlich-höfischer Dichtung zu sehen. Unter dieser glänzenden Hülle hat geistlich-asketische Dichtung immer weitergelebt, und sie dringt gegen das Ende des höfischen Jahrhunderts in breitem Strom wieder an die Oberfläche.

Die einzige westliche Sammelhandschrift ist die 1870 in Straßburg verbrannte Handschrift aus Molsheim im Niederelsaß. Sie ist etwa 1187 geschrieben und überliefert uns Hartmanns Rede vom Glauben und die Litanei, neben diesen streng geistlich asketischen Werken aber auch die frühhöfische Bearbeitung des Straßburger Alexanderliedes; wie so manche Handschrift des späten 12. Jahrhunderts also ein Mischgebilde ohne feste Absicht.

An der Spitze der frühen mittelhochdeutschen Literatur steht nach Zeit und Leistung das Ezzolied. Wir kennen es in zwei Fassungen. Von einer älteren (A) sind uns nur die ersten 7 Strophen als Eintrag in denselben Codex des schwäbischen Reformklosters Ochsenhausen erhalten, der auch Nokers Memento mori bewahrt hat. Die jüngere Fassung (B) der Vorauer Handschrift hat, wie der Vergleich mit dem Straßburger Bruchstück zeigt, das Gedicht umgearbeitet und erweitert. Wo der alte Text fehlt, glauben wir auf Grund äußerer und innerer Stilmerkmale jüngere Einfügungen erkennen und ausscheiden zu können, sodaß wir wenigstens den Grundriß, wenn auch nicht mehr den Wortlaut des alten Gedichtes gewinnen. Eine neu zugefügte Eingangsstrophe in B berichtet über die Entstehung des Gedichtes: Bischof Gunther von Bamberg (1057–65) hat es veranlaßt, Ezzo es gedichtet, Wille es komponiert. Wir haben kaum Anlaß zum Zweifel, daß dies derselbe Ezzo und dasselbe Gedicht sind, von denen die um 1130 verfaßte Vita des Passauer Bischofs Altmann berichtet. Die Vita nennt unter den Teilnehmern der Kreuzfahrt, auf der Bischof Gunther den Tod fand, auch den *scolasticus* Ezzo, der auf dem Pilgerzuge eine *cantilena de miraculis Christi* verfaßt habe. Nach diesem Bericht wäre das Gedicht also als Kreuzzugslied ent-

standen, wozu es sich vortrefflich eignete. Die Verfasserstrophe des
jüngeren Ezzoliedes weiß davon nichts; ihr müßten wir entnehmen, daß
es in Bamberg gedichtet wurde. Sie fügt als weitere Angabe hinzu, nach
Abschluß der Komposition *ilten sich alle munechen*, beeilten sich alle,
Mönche zu werden. Diese Angabe wird mit Recht auf die Regularisie-
rung der Bamberger Chorherren durch Gunther bezogen, d. h. auf ihre
Zusammenfassung zu gemeinsamem Leben nach der Regel des heiligen
Augustin. Für Weltgeistliche bedeutete das eine Annäherung an mönchisches Leben, ein *sich münechen*. Wir verbinden beide Berichte. Das Gedicht wurde im Jahre 1063 für die Einweihung des regulierten Kollegiat-
stiftes St. Gangolph in Bamberg gedichtet und komponiert, eine ähnliche, dem beteiligten Laienpublikum verständliche Festhymne wie das
althochdeutsche Georgslied bei der Translation der Georgsreliquien auf
der Reichenau. Es wurde berühmt – seine breite literarische Nachwirkung
beweist es –, und auf dem Kreuzzug von 1065, an dem Ezzo teilnahm,
wurde es zum Kreuzzugslied.

In der Vita trägt es den Namen *de miraculis Christi*. Mit Recht, wenn
man bedenkt, was das Mittelalter darunter verstand. Die Wunder der
Evangelien während Christi Erdenleben sind nur ein Bestandteil, und
nicht der wichtigste, an seinen Wundertaten. Der dogmatische Christus,
Glied der Trinität, ist an dem großen göttlichen Wunder der Schöpfung
und des Heilsplanes beteiligt. In der ausgesprochenen Christusfrömmigkeit der cluniazensischen Zeit steht Christus betont im Vordergrund des
Heilsgeschehens und wird mit dem Johannesevangelium als der Logos
auch Träger der Schöpfungstat. So auch für Ezzo, der das Eingangswort
des Evangeliums *in principio erat verbum* an die Spitze seines Heilshymnus
stellt. So heißt ein Gedicht über den Weltheilsplan Gottes mit Fug *de
miraculis Christi*. Mit seltener Klarheit und gesammelter Kraft schreitet
das Gedicht die Unermeßlichkeit des Weltheilsgeschehens ab. Als *lux in
tenebris, verbum in principio* ist Christus in die Uranfänge gestellt, Teilhaber
und Anstoß des *anegenge*, der Schöpfung der Welt und des Menschen.
Adams Fall brachte die Welt ins Elend und in die Gewalt des Teufels.
Durch die Nacht der Verlorenheit leuchten die Patriarchen als tröstende
Sterne, bis Johannes als Morgenstern des kommenden Tages seine Botschaft kündet. Bis hierher reicht das Fragment A. Christi Leben tritt in
seiner dogmatischen Bedeutsamkeit vor uns: Geburt, Taufe, Passion.
Sein Erdendasein steht dazwischen; in knappen Parallelsätzen wird je eine
Strophe den Wundern und der Lehre gewidmet. Mit dem Tode Christi,
den ihn umwitternden Zeichen, mit Höllenfahrt, Auferstehung und
Himmelfahrt ist der Heilsplan erfüllt. Damit ist den Menschen Erlösung
gebracht. Das Gedicht will im eigentlichen Sinn „Geschichte des Heils"
sein; es schließt mit dem vollen Frohgefühl der Erlösungsgewißheit:
unser urlôse ist getân. Die dräuende Posaune des Jüngsten Gerichts klingt

in diesen Festgesang nur eben hinein: wie der Tod uns findet, so wird uns gelohnt. Das Werk Ezzos ist ein Hymnus auf Gottes Heils- und Erlösungswirken, vorgetragen vor einer erlesenen Gesellschaft: *iu herron* redet Ezzo seine Hörer an. Es ist geschaffen aus dem sicheren Wissen der zentralen dogmatischen Glaubenstatsachen und will nicht theologische Gelehrsamkeit zur Schau tragen. Und eben darum, weil es nicht, wie die meisten frühmittelhochdeutschen Gedichte, Stoffvermittlung und Belehrung ist, sondern Wortwerdung klarer Glaubensgewißheit, ist es eines der Werke erlebter Kunst. Von einem objektiven Erlebnisgehalt freilich, dem nichts von mystischer oder individueller Gotteserfahrung innewohnt. Die festgefügte Lehre des Dogmas ist als solche Anfang und Ende alles religiösen Erlebnisses. Dem entspricht die quadermäßige Fügung von Stil und Sprache, Vers und Strophe. Das Lied ist aus ungleichen Strophen gebündelter Reimpaare aufgebaut, jede mit einem geschlossenen Inhalt, Heilstatsache an Heilstatsache gereiht. In der Strophe ist das Reimpaar festes, rechtwinkliges Aufbauelement mit einheitlicher, in sich geschlossener sprachlicher Füllung. Nichts von dem spielenden Durcheinanderflechten sprachlicher und metrischer Gliederung, das als „Brechung" zum Zeichen höfischer Kunst wird. Eine einfache Hauptsatzsyntax beherrscht das Gedicht, nicht schmiegsame Unterordnungen und beziehungsetzende Syndesen binden die Sätze, sondern der feierliche, oft kunstvoll gekreuzte Parallellauf unverbundener Hauptsätze. Ein stolzer, hierarchischer Stil ist geschaffen, der weithin in die frühmittelhochdeutsche Literatur nachwirkt.

Der Vorauer Bearbeiter hat Stil und Wirkung des Liedes nicht zerstören können, obwohl er etwas anderes daraus machen wollte. Der Hymnus sollte zur Predigt werden; damit gibt sich der Umarbeiter als Kind des 12. Jahrhunderts zu erkennen. Die Anrede *iu herron* ist ersetzt durch die Gemeindeanrede *iu eben allen.* Der Bearbeiter will belehren und trägt darum Gelehrsamkeit in das Gedicht hinein. Er ist einer der eifrigen Arbeiter im Weinberg des Herrn, der die Laienwelt popularisierend zu gewinnen trachtet, ein Durchschnittsdichter des frühen 12. Jahrhunderts, nicht ohne Gewalt über das Wort, doch ohne Sinn für die schöne Gemessenheit des kompositorischen Gefüges.

Wir sahen das Gedicht mit der feierlichen Regulierung der Bamberger Canonici verbunden. Bischof Gunther war Vertreter der Kirchenreform im Sinne Heinrichs III., nicht der mönchischen Askese der Reformklöster. Dem entspricht die Haltung Ezzos. In seinem Gedicht klingt Glaubensgewißheit, nicht Abtötungseifer. Der große Weltheilsplan wölbt sich hoch über allem irdischen Geschehen. Auf den Menschen fällt der Blick selten, und wenn Ezzo „wir" sagt, so meint er die Menschheit als einen Teil des dogmatischen Geschehens, nicht irgendeine irdische Gruppe oder Menge.

Aus der Welt des reformeifrigen Klosters klingt dagegen das Gedicht, das wir Memento mori nennen. Es ist in die gleiche Ochsenhausener Handschrift eingetragen wie das Ezzolied A. Das Gedicht endet mit der vielumstrittenen Zeile: *daz machot all ein noker.* Diesen Noker, d. h. Notker, mit dem St. Galler zu identifizieren, bezeugte die Fühllosigkeit positivistischer Forschung für geistige Persönlichkeiten. Die Zeile kann schwerlich von dem Dichter selber herrühren: *ein noker* bedeutet „jener bekannte Notker". Das kann nur ein Nachfahr zugesetzt haben. Ton und Inhalt verweisen das Gedicht mitten in cluniazensisches Denken hinein; erst der Hinweis auf den Schweizer Mönch Notker, der an der Neubesetzung von Hirsau aus Einsiedeln beteiligt war (1065) und den Hirsauer Geist als Abt „Noggerus" nach der Neugründung Zwiefalten (1090) hinübernahm, löst die Verfasserfrage. Wir nehmen die Hirsauer Zeit Noggers als wahrscheinlichste für das Entstehen des Gedichtes; damit können wir bei der alten Datierung um 1070 verbleiben.

Hier stehen wir mitten im cluniazensischen Aufruf an die Laienwelt *(wîb unde man)* zu Weltabkehr und Entsagung. Man darf das Gedicht und seine Nachfolger im 12. Jahrhundert als „Reimpredigten" bezeichnen, sofern man nur nicht vergißt, daß damit nur ein stilistischer, nicht ein sachlicher Zusammenhang mit der Predigt gemeint ist. Die ewige Antithese von Jenseits und Diesseits, Gott und Welt steht in dualistischer Schroffheit da. Mit voller Unbedingtheit ist die Welt, der *vil ubele mundus* mit seinen Lockungen verworfen, unter das Zeichen der Vergänglichkeit gestellt, vor dem Prüfstein des Todes in seiner Wertlosigkeit enthüllt. Vor Gott und der Ewigkeit werden auch alle weltlichen Ordnungen hinfällig – arm und reich, vornehm und gering –, um sich in die christliche Gleichheit aller Kinder des einen, ersten Menschen vor Gott aufzulösen. Der Mensch ist in die Entscheidung gestellt, der freie Wille, die *selbwala* ist ihm von Gott gegeben. Und das bedeutet, daß er sich im irdischen Leben bewähren muß. Nächstenliebe, gerechtes Gericht, Fortgeben des Reichtums, diese alten Kernstücke aller Anleitung zu einem gottgefälligen Leben, werden anempfohlen. Doch nicht – wie später im Gedicht vom „Recht" (S. 186f.) – als Erziehung zu einem praktisch-christlichen Gemeinschaftsleben, sondern allein als Form der Weltentsagung und als Mittel, um vor Gottes Richtstuhl zu bestehen. Die Heilsgewißheit, der Angelpunkt in Ezzos Denken, ist dahin; von Christi Heilstat sagt dieser Prediger kein Wort. Es bleibt nur die bange Furcht vor dem Schicksal nach dem Tode.

Für seinen Zweck findet Noker den eindringlichen Stil der Bußpredigt mit ihren bohrenden Wiederholungen und anschaulichen Bildern in faßlicher Ausdeutung. Das Gedicht verwendet wie Ezzo die lockere Strophenform. Doch strebt es nicht nach der gefügten Architektonik des Hymnus; obwohl die Strophen in sich geschlossen sind, wirken sie nicht als geschlossener Baustein. Gedanken, die dem Prediger wichtig sind, spinnt er über mehrere Strophen fort, und im Gefüge der Strophe selber machen sich Auflockerungen der Reimpaare spürbar.

Neueste Forschung hat auch ein sehr eigentümliches und viel besprochenes Werk dem Hirsauer Kreise zugeordnet; es wird als Himmel und Hölle bezeichnet. In zwei großen Abschnitten stellt es die beiden Orte der Ewigkeit in ihrer ganzen dualistischen Gegensätzlichkeit einander gegenüber. Die Darstellung des Himmelreiches gründet sich auf die bekannten Stellen der Johannesoffenbarung und deren Ausgestaltung in theologischen Kommentaren. Das Bild der Hölle ruht auf geläufigen geistlichen wie volkstümlichen Vorstellungen. Überliefertes und längst Bekanntes wird hier ausgesagt, aber mit welch sprachlicher Gewalt und Inbrunst! Nie hatte deutsche Sprache bisher so geklungen, war sie so reich und volltönend geflossen wie in diesem Werk, das nichts ist als eine aufreihende Häufung von Ausdrücken des intensivsten Erlebens von Licht und Finsternis, Seligkeit und Qual. Insbesondere ist der Abschnitt über die Hölle nur ein einziger Satz, beginnend *In der hello da ist tôt âno tôt*, und nun in endloser Folge Prädikat um Prädikat der höllischen Existenz. Dies alles aber ist keine mystische Visionsschau, kein Furchtoder Seligkeitserlebnis des Einzelnen wie 70 Jahre später die Tundalusvision. Es ist eine ruhende Ausmalung jenseitiger Orte. Darum quillt die Sprachgewalt auch nicht aus innerer Erregung oder Verzückung des Gefühls; es ist eine objektive Kraft des Wortes, Ausdruck einer inneren, gewissen Klarheit der Anschauung. Erstaunlich ist es dabei, wie hier aus dem langen Schweigen des deutschen Wortes ein Mann von solch prägender Macht über die Sprache wie aus dem Nichts hervortritt! Ein Mann, der nicht nur den Wortschatz der Sprache und ihren Klang beherrscht, sondern auch ihren Rhythmus. In Müllenhoff-Scherers Denkmälern ist das Stück als ein Werk in Versen abgedruckt, kurzen, zweigliedrigen, reimlosen Verszeilen. Das wäre in der Formgeschichte der deutschen Dichtung etwas Einmaliges ohne Vorgänger und Nachfolger. Inzwischen ist die Form als rhythmische Prosa in Nachbildung verwandter lateinischer Stilmuster erkannt worden. Immerhin hat dabei ein an der Rhythmik deutscher Verse erzogenes Gefühl Pate gestanden. Darum ist auch ein wahrhaft rhythmisches Gebilde, ein wirkliches Kunstwerk der Form entstanden.

Das kleine Werk ist zusammen mit der ebenfalls stark rhythmisch stilisierten Bamberger Beichtformel überliefert und wohl auch entstanden. Die Bamberger Beichte ist die umfänglichste, seelisch am feinsten zergliedernde aus der Gruppe der jüngsten Beichtformeln, die oben S. 107 besprochen sind. Sie läßt sich gut als das Ergebnis der intensiven Selbsterforschung und Bekenntnisintensität der Hirsauer Frömmigkeit verstehen, wie auch die eindringliche, zugleich handgreifliche und vergeistigte

Kündung von Himmelswonne und Höllengrausen aus Hirsauer Geist erflossen sein kann. Dann wäre das Stück ein ungefährer Zeitgenosse von Nokers Memento, der Sprache nach ins Ostfränkische gehörig und also in Bamberg wohl auch entstanden, woher die Handschrift stammt. Ein ganz anderes Bild erhalten wir gleichzeitig aus Österreich: gegenüber den knappen strophischen Gedichten ein breit gelagertes Epos von über 3000 Reimpaaren. Und das ist keine zufällige Einzelheit; diese Stilverschiedenheit setzt sich in der frühmittelhochdeutschen Literatur fort. Die Wiener Genesis ist das Werk eines österreichischen, vermutlich kärntnischen Geistlichen. Es atmet noch die fromme Ruhe vor der cluniazensischen Aufrüttelung und dem Investiturstreit. Dieser geistliche Dichter erwähnt noch unangefochten und ohne Parteileidenschaft, daß der König dem Bischof den Ring, das Zeichen seiner geistlichen Würde, verleiht. Er predigt keine Askese; die Weltfreuden der Patriarchenzeit, die guten Gaben der Erde an Vieh und Korn, Wein und Öl weiß er zu schätzen, Könige und Patriarchen treten in der reichlichen Würde weltlicher Großer auf, Güter und Geschäfte der Welt sprechen diesen Dichter an. Man hat in ihm einen begüterten Kanoniker der vorregulierten Art sehen wollen.

Geistlicher war er gewiß, doch vor allem ist er Erzähler. Die Gestalten und Ereignisse der Urgeschichte und Patriarchenzeit sieht er leibhaft vor sich und stellt sie eindringlich-umständlich vor uns hin. Wenn er Gott den Menschen machen läßt, so ist es zwar die theologische Trinität, die ans Werk geht, ihr Tun als *werchman* aber wird mit dem des Wachsboßlers verglichen; man kann sagen, Gott „bastelt" den Menschen, Glied um Glied, und jedem wird im Leben des Ganzen seine Aufgabe zugewiesen, bis hinab zum kleinen Finger, der zu nichts nutze ist, als im Ohr zu grübeln. Wenn Gott das Paradies stiftet, so wird er zum Gärtner, er „pflanzt" das Paradies, in dem die starken Gewürz- und Duftpflanzen sich in langer Aufzählungsreihe drängen und in dem er selber auf und nieder wandelt. Und doch ist der Dichter kein biederer Kleinmaler: Als der aus lauter Teilen und Teilchen zusammengesetzte Mensch sich von Gottes Odem erfüllt erhebt und seine ersten Schritte in die Welt tut, ist er eine wahrhaft erhabene Einheit geworden, aufrecht, das Gesicht dem Himmel, Gottes Wohnsitz, zugewendet. Und für seine Einsetzung als Herrn aller Geschöpfe findet der Dichter Worte von feierlichem Schwung. Ebenso bleibt das Paradies nicht eine Pflanzensammlung; in dem Duft aller dieser stark riechenden Blüten und Kräuter entfaltet sich eine fast betäubende Herrlichkeit des seligen Ortes, wo die Wonne des Atmens keine Speise zur Erhaltung des Lebens mehr verlangt. Wir erkennen in dem Aufbau einer Gesamtvorstellung aus einzelnen, gereihten Teilen vielmehr eine besondere Stilform der Zeit. Vertrauliche Nähe zu dem heiligen Stoff, die seine handfeste Anschaulichkeit gestattet, und Ehr-

furcht vor den heiligen Gestalten und Geschehnissen, die alles in einen
eigenen Glanz taucht, sind die Grundzüge der Frömmigkeit dieses Dichters, die Grundlage seiner Darstellung.
Er war doch auch Theologe. Er hat nicht nur den Bibeltext gekannt.
Zugrunde liegen die Lektionen von Genesis 1–14 in der Zeit von
Septuagesimae bis Dienstag nach Quadragesimae. Aber sie geben nur
den Anstoß; Reimpredigt, oder auch nur Reimlektionen, könnte man
das Gedicht nicht nennen. Der Dichter kannte daneben die christliche
Epik der Spätantike und verwendete insbesondere das Schöpfungsgedicht des Alcimus Avitus als Vorbild. Er kannte endlich die geläufigen
Genesiskommentare (Hraban, Alcuin) und Isidors Etymologien. Und
er wußte wie Otfried, daß der Wortsinn der Bibel und namentlich des
Alten Testamentes nicht das Letzte ist; er versteht es, *mystice* und namentlich *moraliter* zu kommen, doch geschieht es mit Maß und Auswahl
– er war auch in der Gelehrsamkeit mehr Genießer als Eiferer. Nur der
prophetische Segen, den der sterbende Jacob über seine Söhne spricht
(I. Moses 49, 1–27), erfährt in fast 500 Versen eine breite Auslegung,
nicht um mit Gelehrsamkeit zu prunken, sondern um daran in der Form
der Präfiguration die heilsgeschichtliche Linie über Christi Erlösungstat
bis zu den letzten Zeiten durchzuführen und damit das Werk heilsgeschichtlich einzuordnen. Seine formale Begabung oder eher sein formales Interesse war gering; kein zweiter hat namentlich den Reim so
leicht genommen wie dieser Dichter.

Ezzo und die Wiener Genesis atmen wie Willirams Auslegung des
Hohen Liedes noch die geistige Luft aus der Zeit vor den großen Macht-
kämpfen. Das Annolied erwächst aus dem vollen Machtanspruch der
universalen Kirche. Wir kennen es nur aus dem Abdruck, den Martin
Opitz 1639, wenige Wochen vor seinem Tode, vermutlich nach einer
Breslauer Handschrift, davon hat machen lassen, und aus der umfänglichen Verwendung im Eingang der Kaiserchronik. Ein Mittelfranke,
wohl ein Mitglied des von Anno gegründeten Klosters Siegburg, hat es
verfaßt. Wir stellen es hinein in die Bestrebungen dieses Klosters um die
Kanonisierung seines Gründers. Das Gedicht ist jünger als Lamberts
1077 vollendete Annalen, vermutlich älter als die Vita Annonis von
1105. Denn diese weiß mehr von Wunderwirkungen Annos als dies
Lied; die sonst weitgehende Parallelität von Lied und Vita läßt eine
ältere, einfachere Vita als gemeinsame Grundlage erschließen. Ich bin
geneigt, das Lied früh anzusetzen; vielleicht deutet die Tatsache, daß
der Dichter Heinrich dem Vierten jeden Titel versagt (*demi vierden
Heinriche* V. 677 im Gegensatz zu: *der dritte keiser Heinrich* V. 581) auf die
Zeit der Gegenkönige (1077–88) hin, als deren Anhänger der Dichter gedacht werden muß. Zwischen 1080 und 1085 ist die wahrscheinlichste
Zeit der Entstehung.

Das Annolied ist dem Stil nach Heiligenvita: Leben, Tugenden und Wunder des heiligen Bischofs Anno. Aber es ist eine seltsame Legende, die von ihren 878 Versen nur die letzten 500 der eigentlichen Aufgabe widmet, und in einer annähernd gleich langen Einleitung (1–376) einen doppelten Kursus der Weltgeschichte vorausschickt. Und doch liegt hier Kraft und Sinn des ganzen Werkes.

Nach einer einleitenden Absage gegen die alte weltliche Heldendichtung führt der Dichter uns seinem heiligen Helden Anno zu, aber auf weit verschlungenen Wegen. Er beginnt mit der Schöpfung in dem Urdualismus von Welt und Gott und spannt über Engelsturz, Sündenfall, Herrschaft des Todes, Erlösung, Aussendung der Apostel den kühnen Bogen der *historia divina* zu Köln und dem heiligen Anno hinüber. Dann setzt er erneut ein mit Ninus' erster Städtegründung, führt über Semiramis und Babylon und an Hand von Daniels Vision über die Weltreiche zum Imperium Romanum, zu Cäsars germanischen Kämpfen, zu den vier germanischen Stämmen, unter denen die Franken besonders hervorragen, zu Cäsars auf deutsche Hilfe gegründetem Weltkaisertum und zu Augustus' städtegründerischer Herrschaft auch über Germanien. Aber statt dann – wie die Kaiserchronik es tut – die Reihe der römischen Kaiser zu verfolgen und dann zu Karl und den deutschen Kaisern hinüberzuführen, geht sein Weg weiter über Petrus, die von ihm entsandten Frankenmissionare und die 33 Kölner Erzbischöfe, von denen sieben heilig waren.

So wird klar, wie jeder große Mann und jede große Tat in dem Plan des Weltablaufes stehen und wie sich die Verflechtung von Heilsgeschichte und Weltgeschichte in ihnen immer neu offenbart. Als der „heilige" Anno steht er im Flusse der Heilsgeschichte, als der große Kirchenfürst und Reichslenker im Gang der Weltgeschichte. Vor diesem Hintergrund wächst er zur vollen Größe seines Wirkens und seiner Persönlichkeit. Zugleich aber erleben wir hier die Neudeutung der Weltgeschichte aus dem weltlichen Herrschaftsanspruch der Kirche. Wenn die *historia terrena* von Augustus zu Petrus, dem Gründer des Papsttums, überspringt, wenn die Reihe der irdischen Kaiser versinkt, Heinrich III. in einem Nebensatz erwähnt, Heinrichs IV. Kaisertum mit einer Handbewegung weggewischt wird, so ist damit der Primat der Kirche auch in der irdischen Welt und ihrer Geschichte festgestellt. Und wenn der zweite, legendäre Teil gegen allen Legendenstil Annos geschichtliches Wirken als Reichsverweser lebhaft heraushebt, so erscheint er damit als der berechtigte Verfechter kirchlichen Herrschaftsanspruchs, und wird darin auch diese Seite seines irdischen Daseins zum Dienst für Gott und sein Reich in der Kirche, und somit zu einem Stück seines Anspruchs auf den Heiligenschein.

Nach dem christlichen Herrscherbild des *rex justus* gezeichnet, erscheint er als Löwe vor den Fürsten, als Lamm vor den Armen, und zum

Glanz seiner herrscherlichen Tage gesellt sich der demütig geheime, asketische Barmherzigkeitsdienst an Armen, Hungernden und Obdachlosen während seiner Nächte. Gottes Prüfung kommt über ihn in der Verwirrung des Reiches, der Vertreibung aus Köln. Eine erschütternde Vision, von der er – nach dem Vorbild der Paulusvision – nichts zu offenbaren wagt, führt ihn in Glanz und Zorn des Himmels, eine zweite zeigt ihm die Stätte, die ihm im Himmel unter seinen heiligen Vorgängern bereitet ist. Mit den Wundern, dem sichersten Zeichen der Heiligkeit, ist es noch schmal bestellt; aber das einzig vorhandene, die Erblindung des ungläubigen Vogtes Volpreht und dessen Heilung durch Annos Gnade, wird mit krasser Anschaulichkeit berichtet, ein unüberhörbarer Anspruch auf Heiligkeit.

Stilistisch steht der Dichter in der Tradition des 11. Jahrhunderts; sein Gedicht ist in knappe Abschnitte von 6 bis 12 Reimpaaren gegliedert, die man noch Strophen nennen darf, und die, jede mit einheitlichem Inhalt erfüllt, den frühmittelhochdeutschen Grundsatz der Reihung anwenden. Die Reimpaare ruhen weitgehend in sich und geben wie bei Ezzo den Eindruck des rechtwinkelig gefügten Aufbaues, der durch knappe Parallelläufe und Asyndesen unterstrichen wird. Die Sprache ist von freudigem Kraftbewußtsein getragen, knapp, unmittelbar aufs Wesentliche stoßend. Darin bleibt der Stil liedhaft, wiewohl kaum noch sangbar.

Das letzte Gedicht in der Frühgruppe des 11. Jahrhunderts, der Merigarto, hat neben seinen Altersgenossen keinen Anspruch auf dichterischen Ruhm; was uns daran fesselt, ist nur der Stoff. Zwei Blätter der fürstenbergischen Bibliothek in Prag bewahren diese Reste eines kosmographischen Gedichtes, dem der erste Herausgeber den altertümelnden Namen Merigarto, d. i. die vom Meer umgürtete Welt, gegeben hat. Der Sprache nach stellen wir es eher nach Bayern als nach Ostfranken. Zur Zeitbestimmung verhelfen uns persönliche Angaben des Verfassers: Er befand sich wegen eines Bischofsstreites in seiner Heimatstadt im Exil zu Utrecht. Damit stehen wir in den Wirren des Investiturstreites. Die Schilderung paßt auf mehr als ein deutsches Bistum jener Zeit, doch bezieht man sie meist auf den Würzburger Bischofsstreit von 1085. Demnach wäre das Gedicht bald nach diesem Jahre entstanden.

Die bewahrten Stücke handeln von den Gewässern. Ausgangspunkt ist der Schöpfungsbericht; damals schied Gott Erde und Meer. Und nun folgen ohne innere Gliederung im frühmittelhochdeutschen Reihungsstil wirkliche und fabulöse Berichte über Meere, Flüsse und Quellen, darunter der früheste deutsche Originalbericht über Island. Der Dichter verdankt seine Kenntnis einem Geistlichen, den er in Utrecht traf und der ihm von seiner Handelsfahrt nach Island berichtete – sehr klar und sachlich wird der Bericht darum nicht. Aber es ist bemerkenswert, daß ein geistlicher Verfasser dieser Zeit überhaupt Weltkunde trieb und daß er dabei neben die autoritären Bücher die gegenwärtige Erfahrung stellt. Solche Erdkunde – ob sie sich nun auf die Gewässer beschränkt hat oder eine ganze Kosmographie war – ist mit dem Physiologus nicht vergleichbar. Denn dieser löst die Erscheinungen der Welt in religiöse Symbole auf und darf daher in cluniazensischer Dichtung und Wissenschaft bestehen. Hier aber haben wir rein weltliche Sachwissenschaft, ein Stück der Artes aus dem Zweige der Geometrie, so gut wie ganz frei nicht nur von Theologie, sondern von der Erwähnung Gottes überhaupt. Wir erleben eine neue Brechung im geistigen Leben dieser Zeit; da lebt und dichtet in Bayern mitten in der großen Reformzeit und umtost von den Wirren des Investiturstreites noch ein Mann aus der geistigen Welt der alten Klosterschule im Sinne Notkers. Und damit wird uns das künstlerisch minderwertige Reimwerk zu einer Warnung, diese – wie jede – Epoche menschlicher Geistesentwicklung zu einheitlich und schematisch zu nehmen.

3. DIE FRÜHMITTELHOCHDEUTSCHE FORM

An den sechs Stücken des 11. Jahrhunderts läßt sich die frühmittelhochdeutsche Form erfassen. Mit dem ständigen Beiwort „roh“, urteilte die ältere Forschung aus dem strengen, doch engen Formgefühl der höfischen Hochblüte, dem sie kanonische Geltung verlieh. Die frühmittelhochdeutsche Form ist bestimmt durch ein weit größeres Maß von Freiheit, die Zuchtlosigkeit sein kann, aber nicht muß. Es gibt zweifellos frühmittelhochdeutsche Gedichte, deren Verfasser so stofferfüllt waren, daß ihnen die dichterische Form nur zweckbestimmte, nicht künstlerische Leistung war. Merigarto ist ein Beispiel dafür. Aber als Ganzes besitzt frühmittelhochdeutsche Dichtung Formgefühl und Formtradition.

Die Grundlagen, vierhebigen Kurzvers und Endreim, teilen die frühmittelhochdeutschen Dichter mit den althochdeutschen. Der Strom der mündlichen Überlieferung kann nicht abgerissen sein. Aber der Drang nach strengerer Formzucht, der stärker oder schwächer in der althochdeutschen Dichtung spürbar war, muß in der mündlichen Überlieferung verloren gegangen sein. Der Otfriedvers hatte aus den möglichen Viertaktern eine Auswahl getroffen, männlich volle Verse mit einsilbiger, weiblich klingende mit zwei- oder dreisilbiger Kadenz beherrschen das Bild. Und rhythmisch klang Otfried der Idealtyp des regelmäßigen Wechsels von Hebung und Senkung im Ohr. Dem steht in frühmittelhochdeutscher Zeit eine weiträumige Freiheit gegenüber, mit der die ältere, an Lachmanns starre Regeln gebundene metrische Forschung nicht fertig werden konnte. Sie sah ein Durcheinander wechselnder Taktzahlen oder gar ungegliederte „Reimprosa“. In Wirklichkeit handelt es sich nur um einen Vers, der sowohl in den Versschlüssen als in der Taktfüllung alle Freiheit besitzt. Alle

Kadenzmöglichkeiten, vom dreitaktig stumpfen Vers *(geboten sî dir)* bis zum weiblich vollen Vers *(die teilten die zehen iungelinge)* können eingesetzt werden, und im Auftakt wie im Versinnern herrscht eine Freiheit in der Behandlung der Senkungen, die an die Stabreimdichtung von ihrer Knappheit eddischer Maße bis zur weiträumigen Fülle des Heliand erinnert. Und wie dort die Überfrachtung des einzelnen Verses mit einer quellenden sprachlichen Rhetorik bis zum Zerspringen des Taktgefüges führen konnte, so auch in der frühmittelhochdeutschen Dichtung, wo freilich nicht so sehr Pathos des Stils als predigerhafte Weitschweifigkeit oder Gleichgültigkeit gegen die Form am Werke sind. Wo aber Formbewußtsein herrscht, stellen sich bestimmte rhythmische Abläufe ein, die eine bestimmte Erziehung des Ohres verraten. Neben der – freien – Alternation kennt der frühmittelhochdeutsche Vers bestimmte Klangwirkungen des einsilbigen Taktes; ein solcher Typus hat sich als Lieblingsform in der letzten Abzeile der Nibelungenstrophe erhalten *(diu was Kriemhilt genant)*.

Wird der Viertakter als rhythmische Grundform festgestellt, so soll nicht geleugnet werden, daß die frühmittelhochdeutsche Technik auch mehr als viertaktige Verse gekannt hat. Umfängliche Zeilen sollen nicht selten einen Absatz gliedernd hervorheben, Schlüsse der lockeren Strophen oder einen Redeschluß. Doch bleibt hier die metrische Deutung fraglich. Es kann sich um bloße sprachliche Überfüllung des Viertakters handeln. Zuweilen werden – z. B. in Teilen der Kaiserchronik – wirkliche gegliederte Langzeilen erwägbar, wie sie das „Himelrîche" zum Baustein seines ganzen Gedichtes macht. Ziemlich sichere Sechstakter verwendet Priester Wernher in den Abschnittsgrenzen seines Marienlebens.

Auch der Reim dieser Dichtung lebt in Freiheit, aber nicht in Willkür. Er entspricht im Grundsatz dem althochdeutschen Reim, d. h. er erhebt nicht die Forderung des vollen Gleichklangs vom letzten betonten Vokal an, die seit der klassischen mittelhochdeutschen Dichtung unser Reimgefühl beherrscht. Er kennt vielmehr freiere Gleichklangbeziehungen. Im einzelnen weicht der frühmittelhochdeutsche Reim von dem althochdeutschen ab; er stellt zuweilen geringere Mindestforderungen als dieser, begnügt sich mit Otfrieds früh überwundenem Gleichklang von bloßen Endsilben, ist weitherziger in der Bindung ungleicher Kadenzen, die Otfried auszuscheiden strebte, und stellt grundsätzlich neuartige Bindungen ein. So kennt er die Klangbindung von Tonsilben ohne Rücksicht auf folgende Nebensilben *(adren/har; gebôt/zestôret– chonen/ sol- mîde/îs)*, und – für die Zukunft folgenreicher – den zweisilbig-männlichen Reim mit kurzer offener Tonsilbe *(sagen/klagen)*, den Otfried gar nicht, die übrige althochdeutsche Reimdichtung kaum verwendete.

Die Anforderungen an Taktfüllung und Reim blieben, wenn auch mit verfließenden Grenzen, bis etwa in die Mitte des 12. Jahrhunderts grundsätzlich die gleichen. Von da an kann man aus strengeren Formforderungen auf eine Straffung des Formgefühls schließen. Die Füllungen werden gebändigter und ausgeglichener, die Reimbindungen anspruchsvoller. Die höfische Formzucht bereitet sich vor. Frühe Gedichte, wie die Wiener Genesis, werden als formal veraltet empfunden und überarbeitet.

Der metrische Baustein ist das Reimpaar, aus althochdeutscher Zeit ererbt, an die Folgezeit weitergegeben. Das umfängliche Dichtwerk, wie die Wiener Genesis, baut sich genau wie das klassische Epos aus fortlaufenden Reimpaaren auf. Knappe, liedhafte Dichtungen bündeln wechselnde Reimpaargruppen zu sinnhaft geschlossenen Strophen, wie das Ezzolied. Diese freie, einfache Strophenbildung wird im 12. Jahrhundert weiter gepflegt; verschlungenere Strophenformen begegnen in dieser Zeit dagegen erst in den verhältnismäßig späten Versuchen, die lateinische Sequenz nachzubilden, und auch diese Versuche bleiben einfach.

Das einzelne Reimpaar ist der eigentliche Baustein des Gedichtes. Auch wo wir von Strophen sprechen, bleibt das Reimpaar eine sprachlich in sich geschlossene Größe. In der ältesten Dichtung mit ihren knappen Hauptsätzen fallen Satzgrenze und

Reimpaargrenze sehr weitgehend zusammen. In diesem Fall sprechen wir von „Bindungsstil". Allein gerade in umfänglichen Gedichten wird die Eintönigkeit solcher Abfolge nach Abwechslung rufen, und zugleich werden die umfänglicheren Sätze nicht mehr im Rahmen des Reimpaares Platz finden. Man fängt an, das Reimpaargefüge aufzulockern und Satzgrenzen in das Reimpaar zu verlegen, so daß metrische und sprachliche Gliederung sich überschneiden. Schematisch etwa so: aab/bc/cdd//. Solche Form nennen wir Brechung und sprechen bei einem Gebilde der oben schematisch skizzierten Art von einem „Brechungssystem". Zuerst bleiben die Systeme klein; gegen Ende der Periode werden sie zu langen Ketten aufgelöst, die in der frühhöfischen Dichtung bis zum Übermaß kultiviert werden.

Die Form ist bestimmt durch einen Stil der knappen, asyndetischen Hauptsätze, die durch Parallelbau oder kunstvollere Kreuzläufigkeit benachbarter Sätze aufeinander bezogen werden. Wenn daneben die umfängliche lateinische Satzperiode gewagt wird, fällt sie unbeholfen und unübersichtlich aus; die schmiegsame, nicht mehr lateinisch gedachte Nebensatzsyntax der klassischen Sprache wird erst in frühhöfischer Zeit erarbeitet. Die aus der mündlichen Dichtung stammende Formel wird als solche übernommen oder es werden neue, dem Zweck der geistlichen Dichtung entsprungene Formeln geschaffen. Formelhaftigkeit reicht vom einzelnen Wort über den formelhaften Satz, das formelhafte Reimpaar, die formelhafte Strophe bis zum Aufbau im Großen aus ganzen, sich formelhaft wiederholenden Motivketten. Verwandt ist die Einsprengung lateinischer Fügungen und Zeilen, die gern übersetzend wiederholt werden, und die ihre Nachfahren in den französischen Einsprengseln höfischer Versromane erhalten. Der sprachliche Aufbau aus kurzen, unverbundenen Sätzen wirkt wie eine Aufreihung, und Reihung gehört in der Tat zu den bezeichnendsten Stilmerkmalen dieser Periode. Wir sind solcher reihenden Behandlung schon begegnet, etwa in der Menschenschöpfung und der Einrichtung des Paradieses in der Wiener Genesis. Um einen Gesamtablauf zu schildern, einen Gesamteindruck zu erzeugen, zerlegt man das Ganze in seine Einzelheiten, die aufreihend nebeneinandergestellt werden. So sahen wir auch das Bild von Himmel und Hölle in dem Bamberger Stück entstehen. Solch reihender Aufbau beherrscht auch die Komposition. Die einzelnen Glieder eines Werkes sind streng in sich geschlossen, sozusagen asyndetisch nebeneinander gestellt. Wir sahen, wie das Ezzolied die Heilstatsachen Block um Block in jeweils abgeschlossenen Strophen nebeneinanderstellt. Aber auf dem reihenden Prinzip ist auch noch die Kaiserchronik aufgebaut, oder die Abenteuerkette des Herzog Ernst, die Folge der Verkleidungsszenen im Salman und Morolf. Dieser reihenden Komposition entspringt endlich auch die Form der Wiederholung eines Gesamtablaufes mit wenig abgewandelten Einzelheiten. In der Creszentia-Legende wird die Heilige zweimal unschuldig verleumdet, zweimal ins Wasser gestürzt, zweimal wunderbar gerettet, beide Male werden die Verfolger mit Aussatz geschlagen usw. Die vorhöfischen Werbungsdichtungen lassen die glücklich errungene Frau noch einmal entführt werden und können in der Geschichte ihrer Rückgewinnung denselben Handlungsablauf mit variierenden Listen und Gefahren noch einmal abrollen lassen. Wir dürfen das nicht als Verlegenheit dichterischer Einfallslosigkeit deuten; es handelt sich um ein bewußtes Stilempfinden.

Die innere Geschlossenheit der gereihten Glieder begünstigt die Einfügung abschweifender Exkurse. Selten ist ein frühmittelhochdeutsches Gedicht so geschlossen gebaut wie das Ezzolied. Das stark assoziative Denken der Zeit kann jederzeit an einen Punkt des Stoffes eine Gedankenkette anknüpfen, die man – zugleich in Anwendung der schulmäßigen Form der glossierenden Textinterpretation – auslaufen läßt, um dann wieder zum Thema zurückzukehren. Das gibt umfänglicheren Gedichten, die nicht durch eine straff gebaute Vorlage gestützt sind, so oft den Eindruck des Planlosen und zufällig Zusammengewürfelten. Die alte Kritik der Schererschen

Schule trug an diese Gedichte die falsche Forderung eines straffen logischen Aufbaues heran und war rasch bei der Hand, Interpolationen auszuscheiden oder ein Gedicht in mehrere zu zerlegen. Kaum ein Ergebnis dieser Scheidekunst hat Bestand gehabt, wir hüten uns heute vor solchen Eingriffen.

LITERATUR

Sackur, Die Cluniazenser, 2 Bde. Halle 1892/94; K. Hallinger, Gorze-Kluny, Studien zu den monastischen Lebensformen und Gegensätzen im Hochmittelalter, Studia Anselmiana, Bd. XXII–XXIII, 2 Bde. Rom 1950–51; M. Grabmann, Geschichte der scholastischen Methode, 2 Bde. Freiburg 1909/11; ders., Artikel „Scholastik" in Buchbergers Lex. f.Theol. u. Kirche, Bd. 9, 296 ff.; Abälard: Manitius, Bd. III, 105 ff. *Allgemeines*. R. B. Bischoff, Die griechischen Elemente in der abendländischen Bildung des Mittelalters, Byzant. Ztschr. 44 (1951) S. 25 ff.; W. von den Steinen, Natur und Geist im 12. Jahrhundert, Wirkendes Wort 14 (1954) S. 71–90; S. Singer, Dogma und Dichtung des Mittelalters, PMLA 62 (1947) S. 861–872; M. Ittenbach, Deutsche Dichtungen der salischen Kaiserzeit und verwandte Denkmäler, Würzburg 1937; Fr. Maurer, Salische Geistlichendichtung, Deutschunterricht 1953 S. 5–10; W. Schröder, Der Geist von Cluny und die Anfänge des frühmittelhochdeutschen Schrifttums, Beitr. 72 (1950) S. 321–386; ders., Mönchische Reformbewegungen und frühdeutsche Literaturgeschichte, Wissensch. Ztschr. d. Martin-Luther-Universität Halle-Wittenberg 4 (1955) S. 237–248; Ed. Neumann, Die Dichtung des 12. Jahrhunderts in neuer Mittelalterschau, Wirkendes Wort 4 (1953) S. 203–209; Hugo Kuhn, Zum neuen Bild vom Mittelalter, Deutsche Vierteljahrsschr. 24 '1950) S. 530–544; ders., Minne oder reht, Festschrift Fr. Panzer 1952 S. 52 ff.; ders., Gestalten und Lebenskräfte der frühmittelhochdeutschen Dichtung, Deutsche Vierteljahrsschr. 27 (1953) S. 1–30; H. Dittmar, Das Christusbild in der deutschen Geistlichendichtung der Cluniazenserzeit, Diss. Erlangen 1934; Hildegard Reifschneider, Die Vorstellung des Todes und des Jenseits in der geistlichen Literatur des 12. Jahrhunderts, Diss. Tübingen 1948 (Masch. Schr); H. R. Patsh, The other World according to the descriptives in medieval Literature, Smith-College Stud. in Modern Language. l, Cambridge 1950; M. E. Fickel, Die Bedeutung von „sele", „lip" und „herze" in der frühmittelhochdeutschen Dichtung und in den Texten der mittelhochdeutschen Klassik, Diss. Tübingen 1949 (Masch.-Schr.); Gerh. Frank, Studien zur Bedeutungsgeschichte von „sünde" und sinnverwandten Wörtern in der Dichtung des 12. und 13. Jahrhunderts, Diss. Freiburg 1949 (Masch.-Schr.).

Chronologie: Chronologische Bestimmung nach dem Grad der Formbeherrschung geht von Scherers Geistlichen Poeten bis Ehrismanns Literaturgeschichte. Grundsätzliche Zweifel kamen namentlich im Streit um die Datierung des Rolandsliedes zu Worte (s. d.). Dazu auch die Literatur zur frühmittelhochdeutschen Form.

Landschaftliche Gruppierung: A. Leitzmann, Lexikalische Probleme in der frühmittelhochdeutschen geistlichen Dichtung, Abh. Berl. Akad. d. Wiss. 41, 18, 1941. Ausnutzung des Wortschatzes zur Lokalisierung. Grundsätzliche Bedenken dagegen bei Fr. Wilhelm, Denkmäler deutscher Prosa, Komm. S. 225. Dazu Leitzmann, ZfdA 79 (1942) S. 21 ff.

Handschriften: Vorauer Handschrift: hrsg. (doch unvollständig, es fehlen Kaiserchronik, Vorauer Joseph, Otto v. Freising), J. Diemer, Dtsche Ged. d. XI. und XII. Jahrhunderts, Wien 1849; Th. Frings, Die Vorauer Handschrift und Otto von Freising, Beitr. 55 (1931) S.223 ff.; dagegen H. Menhardt, Beitr. 55 (1931) S. 213 f. *Milstätter Handschrift*: hrsg. Th. v. Karajan, Deutsche Sprachdenkmäler des 12. Jahr-

hunderts, Wien 1846; *Straßburger (u. z. T. Wiener) Handschrift*: F. Maßmann, Deutsche
Gedichte des 12. Jahrhunderts, Quedlinburg, Leipzig 1837.
Neuere Sammelausgaben: C. v. Kraus, Deutsche Gedichte des 11. u. 12. Jahrhunderts,
Halle 1894; Alb. Waag, Kleinere deutsche Gedichte des 11. und 12. Jahrhunderts,
2. Aufl. Halle 1916; Alb. Leitzmann, Kleinere geistliche Gedichte des 12. Jahrhunderts, 2. Aufl. Berlin 1929. H. Meyer-Benfey, Mittelhochdeutsche Übungsstücke,
2. Aufl. Halle 1920.

Ezzo: Waag Nr. 1; Leseb. Nr. XLIII S. 126f (Str. 1–7); H. Schneider, Ezzos Gesang, ZfdA 68 (1931) S. 1 ff., dazu H. de Boor, ebda S. 226 ff.; Elfriede Pössl, Wörterbuch und Reimverzeichnis zu dem Ezzoliede (Mit Forschungsübersicht), Diss. Wien
1950 (Masch.-Schr.); C. Erdmann, Fabulae curiales, Neues zum Spielmannsgesang und
zum Ezzolied, ZfdA 73 (1936) S. 87 ff.; M. Ittenbach, Dichtungen der salischen
Kaiserzeit S. 8 ff.; H. Menhardt, ZfdA 80 (1944) S. 7 f. (Datierung der Handschrift
auf etwa 1130).

Nokers Memento mori: MSD XXX b S. 73; Leseb. XLII S. 124 ff.; Zuweisung an
Notker von St. Gallen z. B. bei Piper, Notkerausgabe Bd. 3; M. Dittrich, Der Dichter
des Memento mori, ZfdA 73 (1936) S.57 ff.; H. Menhardt, Die Handschrift des
Memento mori, ZfdA 80 (1944) S. 7 f.; H. Rupp, Memento mori, Beitr. 74 (1952)
S. 327–354; Hugo Kuhn, Zwei mittelalterliche Dichtungen vom Tod: „Memento
mori" und der „Ackermann aus Böhmen", Deutschunterr. 6 (1953) S. 84–93.

Himmel und Hölle: MSD XXX S. 67 (als Verse); Sprachdenkm. XXIX S. 153 ff.
(mit der Bamberger Beichte als Prosa); Fr. Wilhelm, Denkmäler Nr. VIII S. 31 ff.,
Komm. S. 59 ff.; I. Schröbler, Zu „Himmel und Hölle", Festschrift für G. Baesecke
1941 S. 132 ff.

Wiener Genesis: hrsg. Hoffmann v. Fallersleben, Fundgruben Bd. I. V. Dollmeyr,
Die altdeutsche Genesis nach der Wiener Handschrift, Halle 1932; S. Beyschlag, Die
Wiener Genesis, Idee, Stoff, Form. Sitzgsber. Wiener Akad. d. Wiss. phil.-hist. Kl.
220, 3 (1942); Eva Moeser, Der kompositorische Aufbau der Wiener Genesis, Diss.
Tübingen. 1947 (Masch.-Schr.).

Annolied: hrsg. M. Roediger, Mon. Germ. hist. Dtsche. Chroniken I, 2. Hannover
1895; W. Bulst, Editiones Heidelbergenses, Heft 2, Heidelberg 1946 (diplom. Abdruck des Druckes von Martin Opitz); M. Ittenbach, Dichtungen der salischen Kaiserzeit S. 62 ff.; ders., Das Annolied, Dichtung und Volkstum (Euphorion) 39 (1938)
S. 17 ff.

Merigarto: MSD XXXII S. 93 ff.; Leseb. XLI S. 121 ff.

Form: C. Wesle, Frühmittelhochdeutsche Reimstudien, Jena 1925; A. Bayer, Der
Reim von Stammsilbe auf Endsilbe im Frühmittelhochdeutschen und seine Bedeu-
tung für eine sprachliche und literarische Chronologie, Diss. Tübingen 1934;
Edw. Schröder, Aus der Reimpraxis frühmittelhochdeutscher Dichter, ZfdA 75 (1938)
S. 201–215; U. Pretzel, Frühgeschichte des deutschen Reims, Leipzig 1941; H. de
Boor, Frühmittelhochdeutscher Sprachstil, ZfdPh. 51 (1926) S. 224 ff.; 52 (1927)
S. 31 ff.; ders., Frühmittelhochdeutsche Studien, Halle 1926; ders., Über Brechung
im Frühmittelhochdeutschen in Germanica (Festschrift für Sievers) 1925 S. 478 ff.;
M. Ittenbach, Dichtungen der Salierzeit; ders., Zur Form frühmittelhochdeutscher
Gedichte, ZfdPh. 63 (1938) S. 382 ff.

ACHTES KAPITEL

DIE ZWEITE CLUNIAZENSISCHE GENERATION

Die ersten Jahrzehnte des neuen (12.) Jahrhunderts sehen geistliche deutsche Dichtung lebhaft weitergedeihen. Sie führt die Ansätze fort, die von den Beginnern gegeben sind, ohne in der Regel deren dichterische Kraft und ursprüngliche Frische zu besitzen. Das meiste ist geistliche Durchschnittsleistung und kann schnell abgetan werden. Ohne Nachfolge bleibt im 12. Jahrhundert nur die Kosmographie des Merigarto, ein Zeichen, daß die Zeit weltlicher Lehrdichtung vorbei war.

1. BIBELDICHTUNG

Im Südosten ist die Anknüpfung an das Genesiswerk des 11. Jahrhunderts am handgreiflichsten. 40–50 Jahre nach der Wiener Genesis gab ihr ein Landsmann des Dichters eine Fortsetzung, die Wiener Exodus, die Geschichte Moses' und der Juden bis zur Vernichtung der Ägypter im Roten Meer. Es ist eine lebendige Nacherzählung des biblischen Berichtes ohne jeden theologischen Ehrgeiz, doch mit Sinn für Form und Stil. Die Stilmittel weltlich-heroischer Dichtung sind dem Dichter vertraut, doch dürfen wir die vielgerühmten Stellen, wo sie hervortreten, deshalb nicht überwerten, weil sie uns so willkommen ahnen lassen, wie deutsche Heldenepik damals geklungen haben kann. Wenn bei der Schonung der jüdischen Kinder durch die Hebammen das ganze Pathos einer Schlachtschilderung eingesetzt aber negiert wird (*da nedorft der rabe bluotigen snabel haben* usw. 121, 15 ff.) oder wenn das Ungeziefer der Plagen im Stil streitbarer Ritter geschildert wird, so wirkt der Gegensatz von Ding und Stil eher ironisch: eine bewußte Herabsetzung des weltlichen Stils. Doch auch die breite Schilderung der prächtigen Streitrüstung der Juden bei ihrem Auszug aus Ägypten durchdringt die Szene nicht mit einem neuen, heroischen Ethos. Vor den nachfolgenden Ägyptern beben und jammern diese ritterlich ausstaffierten Juden wie in der Genesis. Solche kämpferische Stilisierung greift viel weniger ins innere Gefüge als die germanischen Stilmittel des Heliand; es bleibt die biblische Geschichte des „gottlieben Volkes" mit Gottes allgegenwärtiger, wunderbarer Führung.

Zwischen der alten Wiener Genesis und dem jüngeren Exodusgedicht besteht ein Stilbruch. Ein jüngerer Bearbeiter sucht ihn auszugleichen, indem er die freiere, wildwüchsigere Form der Wiener Genesis den durchschnittlicheren Formansprüchen seiner Zeit anzupassen suchte, ohne am

Inhalt etwas zu ändern. Die Exodusdichtung übernahm er wesentlich unverändert. So finden wir das Doppelwerk in der Milstätter Handschrift und benennen es danach als Milstätter Genesis und Exodus. Ganz neu wird dagegen die heilige Urgeschichte in den Vorauer Büchern Moses' gestaltet. Auch diese Dichtung ist österreichisch, etwa zwischen 1130 und 1140 entstanden. Das ältere Wiener Genesiswerk ist auch diesem Dichter bekannt gewesen; die Geschichte von Joseph hat er wörtlich daraus übernommen, so daß wir diese in dreifacher Gestalt besitzen (Wiener, Milstätter, Vorauer Joseph). Die Wien-Milstätter Exodus-Dichtung war dem Vorauer Dichter dagegen unbekannt, wenigstens sind sichere Spuren ihrer Benutzung nicht nachgewiesen. Die Patriarchengeschichte ist über den Auszug aus Ägypten fortgeführt bis zur Eroberung des gelobten Landes. Gegen Ende drängt der Verfasser zum Abschluß. Moses' Tod fügt er rasch in dem Latein seiner Quelle bei; mit Josuas Wahl und dem Fall der Mauern Jerichos bricht er unvermittelt ab. In der Handschrift folgt unmittelbar und ohneAbsatz in der Zeile ein gereimtes Marienlob und diesem, ebenfalls ohne Absatz, die Geschichte von Bileam und seinem Esel nach Numeri 22–24. Hier ist also eine ältere Gedichtsammlung geschlossen in die Vorauer Handschrift übernommen worden. Sie als sachliche Einheit zu deuten oder alle Gedichte demselben Verfasser zuzuschreiben, haben wir keinen Anlaß. Das Marienlob ist an dieser Stelle im Aufbau der Handschrift sinnlos und nur verständlich, wenn es mit dem Exodus mechanisch aus einer Vorlage kopiert wurde.

Die Frage, ob Genesis und Exodus Werk des gleichen Mannes sind, ist noch nicht entschieden. Jedenfalls sind sie beide aus dem gleichen Geist entstanden. Sie lösen die Erzählungen des Alten Testamentes symbolisch auf und setzen die systematisierende Schulung der frühen Scholastik voraus. Wir stellen den Vorauer Schöpfungsbericht dem Wiener gegenüber. In der Schöpfung der Engelchöre sind die obersten drei, die Throne, Seraphim und Cherubim, mit der Trinität in der Formel des Abälard verbunden: Cherubim schauen die Weisheit, Seraphim lieben die Güte, die Throne sind der Gewalt untertan. Zugleich aber stehen sie in der psychologisch-augustinischen Formel zur Menschheit in Beziehung. In umgekehrter Reihenfolge angeordnet ziehen die Throne unsere *gihuht (memoria)* hoch empor, die Cherubim erreicht man durch *virnunst (ratio)*, in den Chor der Seraphim blickt man durch die *minne (voluntas)* als liebender Trieb. Im Sturz Luzifers ist der gewaltige Schlag Michaels und das eindrucksvolle dreitägige Niederregnen der gefallenen Engel durch das Eingreifen der Trinität ersetzt: Gottes Weisheit erkannte Luzifers *superbia*, seine Güte empfand Schmerz darüber, seine Gewalt rächte sie. Und während in der Menschenschöpfung der *hêre werchman* dort liebevoll Glied um Glied fertigte und mit seiner Bestimmung versah, tritt hier die spekulative Beziehung von Makrokosmos und Mikrokosmos hervor, indem die Schaffung des menschlichen Leibes aus den 4 Elementen erfolgt. Auch der schlichte Satz *er blies ihm seinen Odem ein* wird zum Werk der abälardischen Trinität, die den Menschen mit den augustinischen Seelenkräften *ratio, memoria, voluntas* versieht. In der Exodus nehmen die „Bezeichnungen" einen noch größeren Raum ein; Formeln wie *daz welle wir ev dûten* kehren fleißig wieder. Es soll ein symbolisch-präfigurativer Kommentar gegeben werden, doch eine einheitliche Quelle hat sich nicht nachweisen lassen. Den Gipfel erreichen die allegorischen Deutungen bei der Stiftshütte und ihren Teilen, nicht nur dem Umfang nach. Mit den zahlreichen Beziehungen auf die Hierarchie des Himmels (Apostel, Patriarchen, Märtyrer usw.), auf die Tugenden und Laster, auf die Trinität und die Gottesliebe gibt sie ein umfassendes Bild christlicher Welt- und Daseinsstruktur, in dem auch mystische Züge nicht fehlen. Sie ist uns zugleich ein frühes deutsches Beispiel für die allegorische Ausdeutung eines heiligen Bauwerks nach allen seinen Teilen.

Erzählerisch und dichterisch verliert diese Urgeschichte dagegen soviel wie sie theologisch gewinnt. Wo der Dichter erzählt, ist er im ganzen kurz, trocken und arm an gestaltender Phantasie. Ihm fehlt der behagliche Erzählerton des Wiener Vorläufers.

Das Vorbild einer breiten epischen Darstellung wirkt in Österreich weiter. Neben die Ur- und Patriarchengeschichte tritt das Neue Testament. Im Rahmen eines größeren Zusammenhanges steht das Leben Jesu der Frau Ava. Eine der damals noch seltenen Selbstnennungen macht uns hier mit dem Namen einer deutschen Dichterin bekannt. Das Werk endet in der Vorauer Handschrift mit Mitteilungen über sein Entstehen. Dies Buch, so heißt es, ist das Werk der Mutter zweier Söhne, die ihr den „Sinn", d. h. die gelehrte Auslegung, vermittelten, die also beide Geistliche waren. Der eine ist schon gestorben. Der Name der Mutter ist Ava. Seit langem und mit Recht hat man in der Dichterin die „reclusa Ava" wiedergefunden, deren Tod Annalen und Nekrologe von Melk und anderen Donauklöstern zum Jahre 1127 verzeichnen. Solche Erwähnung setzt eine gewisse Bedeutung voraus; vielleicht waren ihre Söhne Melker Klostergeistliche. Ihren Angaben nach muß Ava ihre Dichtung in höherem Lebensalter, also etwa 1120–25, verfaßt haben.

Frau Avas Gedichte sind uns außer durch die Vorauer auch durch eine Görlitzer Handschrift des 14. Jahrhunderts bewahrt. In der Görlitzer Handschrift geht ein Leben des Täufers Johannes voraus, zweifellos im Stil des 12. Jahrhunderts verfaßt und daher ohne Bedenken als Dichtung Avas anzuerkennen. Dem Leben Jesu folgen in beiden Handschriften drei weitere kleinere Stücke, ein Traktat über die sieben Gaben des heiligen Geistes, ein Antichrist und ein Jüngstes Gericht. Das Ganze hat

Ava als einheitliches Werk betrachtet; sie nennt es am Schluß des Ganzen „dieses Buch". Es ist also eine Heilsgeschichte von Christi Erlösungstat bis zu den Letzten Dingen. Auch für Frau Ava – die ihren Ezzo kannte – ist das Heilandsleben Heilsgeschichte; die heilsgeschichtlich wesentlichen Teile: Geburt, Passion, Tod, Höllenfahrt, Auferstehung, Himmelfahrt werden ihrer Bedeutung entsprechend breit behandelt. Aber das Werk als Ganzes ist nicht dogmatische Ballung, sondern breite Erzählung. Es ist ein wirkliches „Leben Jesu", weithin ohne theologische Einschläge. Auch dem Erdenwirken Christi ist Raum gewährt, und neben der von Ezzo gelernten zusammengepreßten Aufzählung seiner Wundertaten (923 ff.) finden wir ausgeführte Erzählung einzelner Wunder und anderer Szenen der Evangelien. Der Prediger Jesus tritt darüber ganz zurück, auch die Bergpredigt fehlt. Dagegen greift die Erzählerin – wenn auch noch schüchtern – über den biblischen Stoff in die volkstümlich apokryphe Legende hinüber. Aus der Infantia Jesu stammen Esel und Rind bei der Krippe, die Zeichen bei seiner Geburt, Herodes' zweijährige Gefangenschaft in Rom, der Sturz der Götterbilder in Ägypten. Auf die Legende vom Kreuzesholz nimmt 1591 f. Bezug; die Marienklage unter dem Kreuz hebt wenigstens an zu erklingen, die Höllenfahrt wird nach dem Descensus des Nikodemusevangeliums breit behandelt. Literarhistorisch am wichtigsten ist es jedoch, daß Ava die ganze Ostergeschichte nicht nach dem Evangelienbericht darstellt, sondern sie ganz nach dem Grundriß des lateinisch-liturgischen Osterspiels aufbaut, wie wir es gegen Ende des Jahrhunderts aus den Texten von Klosterneuburg und Benediktbeuern kennenlernen. Und es gibt den unmittelbaren Gesichtseindruck wieder, wenn sie gegen den Evangelienbericht einen weißen und einen roten Engel am Grabe sitzen läßt; genau so schreibt die Benediktbeurener Regieanweisung das Gewand der darstellenden Priester vor. Marienklage, Descensus, Osterfeier, lauter wichtige Teile späterer Dramatik, erhalten hier ein eigenes episches Leben; man ist versucht zu fragen, ob nicht für diesen ganzen Abschnitt Frau Ava schon Szenen lateinischer geistlicher Dramatik vor Augen gehabt hat, für deren Ausbildung das Bistum Passau und damit das Donautal eine besondere Bedeutung gehabt hat.

Wir lernen Frau Ava als eine eindringliche, warmherzig-teilnehmende Erzählerin kennen. Theologisches Wissen wird sie nicht beschwert haben. Hier sprangen ihre Söhne ein, und zwar kaum nur durch Belehrung; sie werden ihr Teil zum Text selber beigetragen haben.

Wie der Dichter der alten, von Frau Ava gekannten und benutzten Genesis sein Werk mit typologischer Weisheit im Jakobssegen ausklingen ließ, so erhöht sie das abschließende Pfingstwunder durch eine gelehrte Abhandlung über die Gaben des Geistes in Verbindung mit den Seligpreisungen, den abälardischen Trinitätsbestimmungen und den vier

Elementen als Aufbauelementen des menschlichen Körpers zu grund-sätzlicher Bedeutung.

Die Darstellung der Letzten Dinge, die sie epiloghaft dem Leben Christi anfügt, erscheinen neben diesem knapp und dürr. Der Ton der Bußpredigt liegt ihr nicht; man spürt, daß sie die epische Vorlage braucht, um sich zu entfalten. Auch die Einklänge spekulativ-mysti-scher Wendungen vermögen die Darstellung nicht zu erwärmen. An die Darstellungsmacht des Gedichtes von „Himmel und Hölle" – das sie benutzt hat – reicht sie nicht heran.

Neben dem österreichischen Leben Jesu der Frau Ava besitzen wir die Reste zweier eng zusammengehöriger fränkischer Dichtungen über das gleiche Thema. Es ist der aus Friedberg in der Wetterau stammende Christ und Antichrist, der wohl in den Anfang des Jahrhunderts gehört, und das etwas jüngere, der Sprache nach kölnische Stück von Christi Geburt, dessen in Innsbruck befindliche Handschrift aber aus einem tirolischen Kloster der Brixener Gegend stammt. Beide Gedichte sind ausgesprochen heilsgeschichtlich gerichtet, beide nutzen das Ezzolied reichlich aus, beide stehen untereinander in so naher Beziehung, daß sich Lücken im Friedberger Fragment aus dem Innsbrucker ausfüllen lassen. Man kann sie Umsetzungen von Ezzos strophischer Hymnik in erzählende Reimpaardichtung nennen. Vom Fried-berger Christ besitzen wir teilweise sehr verstümmelte Reste der Geburt und der Ab-schiedsreden sowie das meiste von der Kreuzigung an, das in Grablegung, Auferste-hung, Erscheinungen und Himmelfahrt eine Szenenauswahl bietet, wie sie den aus-gebildeten lateinischen liturgischen Feiern und Spielen der Oster- und Himmelfahrts-zeit nahe entspricht. Der knappe Gang der Erzählung, der von Avas breiter öster-reichischer Erzählfreude stark absticht, ist mit deutenden Notizen durchflochten. Die Reste einer Darstellung des Antichrist beweisen, daß es sich auch hier nicht allein um ein Leben Jesu gehandelt hat, sondern um eine heilsgeschichtliche Darstellung, die zu den Letzten Dingen weiterführte. Von dem kölnischen Gedicht kennen wir, wie gesagt, nur die Geburtsgeschichte; wir wissen nicht, wie weit sein stofflicher Um-fang spannte. Der Geburt sind die alttestamentlichen Verkündungen vorausgeschickt, die die heilsgeschichtliche Haltung auch dieses Gedichtes erkennen lassen.

Die Gestalt des Täufers als des asketischen Bußpredigers war der Zeit wichtig und lebensnah. Neben Frau Avas Vorspiel zu ihrem Leben Jesu kennen wir noch drei weitere österreichische Gedichte über Johannes, den Baumgartenberger Johan-nes, ein Gedicht, dessen Verfasser sich Priester Adelbreht nennt, und jämmer-liche Reste aus einer Klagenfurter Handschrift. Das Baumgartenberger Fragment, das den Ezzo reichlich plündert, stellt Johannes preisend als den Künder der neuen Lehre gegen Moses als den Künder des Gesetzes. Adelbrehts knappes Gedicht sagt uns am Schluß, was ihm – und seiner Zeit – Johannes bedeutet: er ist *meister unde voget* aller reuigen Büßer, Vorbild und Schirmherr einer von Weltabkehr, Todes-furcht und Sündenreue ergriffenen Generation von Asketen. Der vertrauende Auf-blick zur erbarmenden Mutter Maria als der Fürsprecherin vor Gottes Thron ist dieser harten Frömmigkeit noch fremd.

Gegen die heilsgeschichtlich wichtigsten Abschnitte der Bibel, Ur-geschichte und Jesuleben, treten die übrigen Teile sehr zurück. Doch werden alttestamentliche Erzählungen zum Stoff von Gedichten; der Geschichte von Bileams Esel begegneten wir in der Vorauer Hand-schrift, die von Susanna werden wir gleich in der sogenannten mittel-

11*

fränkischen Reimbibel finden. Drei Gedichte mit Themen aus dem Alten Testament hat der Sammler der Vorauer Handschrift geschlossen einer fränkischen Sammlung biblischer Kleindichtung entnommen: Das Lob Salomonis, die Jünglinge im feurigen Ofen, die (ältere) Judith. Jünglinge und Judith hat er als ein einheitliches Gedicht aufgefaßt, doch glauben wir, daß diese Einheit erst nachträglich hergestellt ist, und daß wir es mit zwei stilistisch nahe verwandten Einzelgedichten zu tun haben. Der Schluß der Judith ist verstümmelt. Man hat den Stil der Gedichte als „spielmännisch" bezeichnet, wohl gar an einen Spielmann als Verfasser gedacht. Doch ist geistliche Verfasserschaft nicht zu bezweifeln, und statt von spielmännisch zu reden, wäre es richtiger zu sagen, daß die drei geistlichen Werklein nach dem Vorbild des weltlichen epischen Liedes geschaffen sind. Von dorther stammt der rasche Gang der Handlung im Ganzen bei breitem Verweilen in Einzelheiten, die große Vorliebe für Formeln, die bedeutende Rolle der Wechselrede. Strophische Gliederung und lockere Metrik dürften ebenfalls ihre Entsprechung im weltlichen Liede haben. Von dort stammt auch die Umstilisierung der belagerten Stadt Bethulia – die der Dichter zu dem bekannteren Bethania macht – in eine deutsche Bischofsstadt mit Bischof, Burggraf und Bürgerschaft. Volkstümlicher Auffassung entspricht es auch, wenn der ewige dualistische Gegensatz von Gott und Teufel seiner alttestamentlichen Sonderheit entkleidet und zum Gegensatz von Christentum und Heidentum vereinfacht wird. Die drei Jünglinge sind mit den Augen der Märtyrerlegende gesehen; sie predigen vor dem Heidenherrscher den wahren Gott, und bekennen angesichts der Marter: wir glauben an den Christ, der alles schuf, was da ist. Aber eben dieser legendäre Ton ist geistlich, und ebenso die Wundertat Gottes, der den Übermut der Heiden zerbricht und die Not seiner Gläubigen wendet. Handgreifliches Legendenwunder ist bei den Jünglingen schon im alten Stoff gegeben; in der Judith ist es Gottes wunderbare Lenkung, daß ein schwaches Weib den mächtigen Kriegshauptmann Holofernes überwindet. Gottes Eingreifen wird leibhaft deutlich in der Engelerscheinung, die Judith nach ihrem Gebet für die Tat stärkt und bei der Tat berät.

Geistliche Gelehrsamkeit bleibt diesen beiden Gedichten ganz fern; der Dichter der Judith nimmt es nicht einmal mit dem biblischen Stoff genau. Anders das Lob Salomonis. Hier strebt der Dichter wieder von der Erzählung zur *bezeichenunge*, der typologisch-allegorischen Deutung. Das kleine Gedicht gliedert sich in drei recht selbständige Teile. Der erste erzählt, wie Gott Salomo prüfte und ihm Weisheit, Macht und Reichtum schenkte (nach Paral. 2, 1), der zweite berichtet vom Tempelbau, der dritte von Salomos Hofhalt und dem Besuch der Königin von Saba. In die Schilderung vom Tempelbau ist – angeblich nach einem griechischen Werk des Hieronymus – die Erzählung von Salomo und dem Drachen eingelagert, den er durch List einfing und zwang, ihm zu verraten, wie er den Tempel ohne eiserne Werkzeuge bauen könne. Diese Nacherzählung einer rabbinischen Legende hat man als eigenes Werkstück erkannt, das der Dichter des Salomo als Ganzes einem anderen Gedicht entnommen hat, um es in seinen Bericht von der Herrlichkeit des Tempels einzufügen. Das salomonische Drachenwunder gehört nach Stil und Art dem volkstümlichen Typus des geistlichen Gedichtes an, den wir soeben besprochen haben.

Gegenüber den beiden ersten, erzählenden Teilen ist der dritte schildernder Art und der Ansatzpunkt für die geistliche Deutung. Die Königin von Saba ist die Braut des Hohen Liedes, mit Farben aus diesem wird Salomos Hofhalt ausgestattet. Damit ist der Ansatz für die Deutung gegeben. Es ist dieselbe hierarchische Deutung auf die Kirche und ihre Würdenträger, die wir aus Willirams Paraphrase schon kennen. Salomo ist der *rex pacificus*, der große Friedensherrscher, zu dessen Zeit alle Fehde ruhte. Das christliche Ideal des Friedensreiches wird der Kampffreude weltlicher Dichtung siegreich entgegengestellt – da mußten alle streitbaren Degen schweigen. Das irdische Friedensreich Salomos steigt aber zugleich zum Gegenbild des Gottesreiches auf, wie ja Salomo in der Brautsymbolik das Gegenbild Gottes ist. Salomos Hofhaltung wird ein Bild der Seligkeit, sein irdisches Jerusalem zum himmlischen.

2. HEILSDOGMATIK

Heilsgeschichtlich ist fast alle biblische Epik ausgerichtet; nur die kleinen volkstümlichen Stücke aus dem Alten Testament erzählen unbeschwerter von Gottes Wunderwirken. Die hymnische Heilsdogmatik des Ezzo findet im Anfang des neuen Jahrhunderts eine Nachfolge in der rheinfränkischen Summa Theologiae. Auch dieses Gedicht ist eine Heilsdogmatik in strophischer Hymnik. Sie führt von der Engelschöpfung über Engelsturz, Weltschöpfung und Menschenbildung, über Sündenfall und Erlösungswillen zum Kreuz Christi, das bedeutsam in die Mitte des Gedichtes gestellt ist. Die zweite Hälfte führt die Heilsgeschichte über Christi Grabesruhe und Auferstehung zu der Auferstehung der Menschen und den Letzten Dingen. Freilich ist dieser zweite Teil so stark mit anderen dogmatischen und lehrhaften Gedankengängen durchflochten – Gottes- und Nächstenliebe, Sakramente von Taufe und Buße –, daß der heilsgeschichtliche Faden darunter zeitweise fast verschwindet. Die stark predigerhafte Haltung des zweiten Teiles bedingt bei den Endschicksalen ein stärkeres Hervortreten des dräuenden Todes- und Höllenschicksals. Beide Seiten des Gerichtes kommen zur Anschauung; aber ein eifernder Memento-mori-Prediger ist der Dichter nicht. Er sieht den Weltablauf im ganzen als Geschichte des Heils und der Gnade, und auch im Schlußbild des Gerichtes wiegen die Vorstellungen der Seligkeit ausgesprochen vor. So besteht mancherlei Verwandtschaft dieses Dichters zu Ezzo. Allein zwischen ihnen steht die neue scholastische Theologie. Die Tatsachen der Heilsgeschichte, die Ezzo als solche gläubig nahm, lösen sich diesem Dichter in spekulative Beziehungen auf. Es ist der gleiche Weg wie der von der Wiener Genesis zum Vorauer Moses; er wird auch hier am Beispiel der Menschenschöpfung am klarsten sichtbar. Ezzo bleibt ganz beim biblischen Bericht: Gott schuf den Menschen nach seinem Bilde und blies ihm seinen Geist ein. Dem Dichter der Summa ist die Menschenschöpfung zum spekulativen Vorgang geworden. Die Trinität bildet den Menschen, und seine Gottesbildschaft besteht in der Teilhaftigkeit an der augustinisch-psychologischen Dreifaltigkeitsformel *ratio, memoria, voluntas*. Die Leibesschöpfung aber erscheint in doppelter Weise als Konzentration aller Naturkräfte. Der Mensch hat teil an der ganzen sinnlichen Schöpfung: vom Stein hat er die Knochen, vom Vegetativen die physischen Wachstumskräfte (Haar, Nägel), vom Animalischen die fünf Sinne, von den Engeln das moralische Wertungsvermögen. Zugleich aber umfaßt der Mensch mit seinen fünf Sinnen die fünf Elemente, wobei Äther und Luft als zwei Elemente aufgefaßt sind. So wird der menschliche Mikrokosmos zur doppelten Nachbildung des Makrokosmos. Der große Raum, der damit der Menschenschöpfung zugebilligt ist, besagt, daß der Dichter dem Menschen, der Menschheit, in seinem Gedicht überhaupt größere Bedeutung beimißt als Ezzo. Der Mensch ist ihm Ziel und Herr der Schöpfung; alles ist für ihn da, wie er aus allen Teilen der Natur gebildet ist. Ähnlich spekulativ löst sich etwa Christi Wirken auf. Sein Erdenleben ist ganz geschwunden, wie auch der rasche Sternenlauf der vorverkündenden Patriarchen. Das Kreuz allein steht im Mittelpunkt, mit seinen vier Enden umspannt es die vier Enden der Welt, mit seinem Stamm bedeutet es die Einheit, mit seinen drei Gabeln die Dreiheit der Trinität. Zugleich mahnt es – und hier klingt nun die paränetische Seite ein – zur Nachfolge Christi im Tragen des Kreuzes.

Die Auflösung der Heilstatsachen in Spekulation wird damit deutlich geworden sein. Kein zweiter Dichter dieser Zeit hat sie in so zusammengepreßter Form gegeben, so hohe Ansprüche an das wissende Mitgehen des Hörers gestellt. Es gehört zu den großen Reizen aller religiösen Dichtung, wie sich in ihr Tatsachen und Ereignisse zum Symbol umprägen und wie sich eine Sprache der symbolischen Stichwörter entwickelt, die in dem eingeweihten Gläubigen ganze Ketten von Vorstellungen und Wellen von Gefühlen auslösen, während sie dem Außenstehenden verschlossen und tot bleiben. Die Summa Theologiae ist uns ein Musterbeispiel solcher Zusammenpressung. Daß der Dichte dieses aufs äußerste verdichteten Hymnus überhaupt auf Verständnis bei Laien rechnen konnte, ist uns ein Zeichen dafür, wie rasch die neue Theologie nicht nur Ausbreitung fand, sondern auch das Denken des Laien zu durchdringen und mit ihrer systematischen Symbolik Herzen und Sinne gefangenzunehmen verstand. Was wir uns mühsam mit Hilfe der zeitgenössischen Theologie aus der Starre wieder zum Leben lösen müssen, das muß in dem damaligen, geistlich gebildeten Hörer unmittelbar widergeklungen sein.

Freilich ist zu vermuten, daß nicht sehr viele den geistigen Anforderungen gewachsen waren, die dieser Dichter an seine Hörer stellt. Dem breiteren Laienpublikum mußte man mit handgreiflicherer Tatsächlichkeit kommen. Dies ist die Aufgabe eines umfänglichen Werkes aus der Kölner Gegend, das man früher das mittelfränkische Legendar nannte, nach Auffindung neuer Bruchstücke als mittelfränkische Reimbibel bezeichnete. Auch dieser Name trifft nicht; man sollte von einer Heilsgeschichte reden.

Das Gedicht hat verständlicherweise weitere Wirkung gehabt als die Summa. Wir besitzen Bruchstücke dreier verschiedener Handschriften, was für diese Zeit sehr viel ist, die sich teils ergänzen, teils auch überschneiden. Im ganzen kennen wir etwa 1450 Verszeilen. Die Sprache weist nach Mittelfranken; die handschriftliche Verbreitung bezeugt Kenntnis des Gedichtes auch in Oberdeutschland. Der Zeitansatz schwankt. Wir werden ihn nicht zu spät nehmen dürfen; das zweite Jahrzehnt des 12. Jahrhunderts wird am wahrscheinlichsten sein.

Das Werk macht zunächst einen sehr buntscheckigen Eindruck. Verständlich wird es nur als ein großer Gesamtentwurf einer *historia divina*. Das erste Bruchstück beginnt mitten in der Schöpfungsgeschichte und trägt den Engelsturz nach. Die nächsten führen in die Patriarchengeschichte (Noah, Jakob und Esau, Joseph) und bieten ein Stückchen aus der Geschichte der Susanna. Weiter folgen Teile von Christi Geburt bis zur Darstellung im Tempel. Die nächsten Bruchstücke enthalten das Wirken des Johannes, die Berufung der Jünger und einige Wunder Christi (heidnisches Weib, Blindenheilung). Das letzte und größte zusammenhängende Stück greift dann über die Bibel hinaus in die legendäre Geschichte der frühen Kirche mit der Veronikalegende, der Petruslegende (Simon magus), Tod der Maria, Ausfahrt und Martyrium der Apostel, kurzer Erwähnung anderer Märtyrer, Zerstörung Jerusalems, Helenalegende, Erakliuslegende. Unsere Kenntnis bricht mitten in einer Darlegung über die Existenz zweier Himmel und zweier Höllen ab.

Wir sehen also einen großen geschichtlichen Ablauf vor uns, der nicht nur die biblischen Heilsabschnitte – Schöpfung, Patriarchen, Wirken Christi – umspannt, sondern vorausgreifend den Engelsturz und fortführend die Geschichte des Heils nach Christi Heilstat in den Aposteln und Märtyrern, in der leibhaften Fortexistenz von Christi Bild (Veronika) und Christi Kreuz (Helena, Eraklius) einbezieht. Das letzte Stück über die zwei Himmel und Höllen könnte zur Eschatologie überleiten – freilich bei der assoziativen Denkform des Dichters auch nur ein gelehrter Exkurs sein.

Der Dichter hat die gesamte Weltheilsgeschichte darstellen wollen, aber nicht als dogmatische Lehre, sondern als epische Erzählung. Er suchte das unmittelbare Verständnis des Laien und knüpfte darum an den Erzählstoff auslegende und mahnende Exkurse. Er ist in der Theologie zu Hause und zeigt es gern. Aber er hat nicht die Kraft der großen Zusammenschau; er ist kein Systematiker, sondern ein Freund interessanter Einzelheiten. Dichterische Gabe fehlt ihm; sein Formgefühl ist gering, seine Darstellungsgabe dürftig und am Stoff klebend. Vor allem aber teilt er den zeittypischen Mangel an Begabung für einen folgerichtigen Aufbau, wie es gerade ein so umfassender Wurf erfordert hätte. Darum verfließt ihm sein Stoff, so dürr und knapp er im einzelnen erzählt, zu konturloser Breite. Assoziative Anknüpfung an eine erzählte Einzelheit lockt ihn auf Seitenwege, von denen er schwer zurückfindet, und die ihn selber im Aufbau des Grundplans in Verwirrung bringen. Das Werk ist uns ein recht bezeichnendes Beispiel für die frühmittelhochdeutsche Kompositionsform und für die Grenzen ihrer Möglichkeiten. Im ganzen muß das Gedicht recht umfangreich gewesen sein, da es – nach dem Auftauchen der Susanna-Geschichte zu schließen – die Brücke zwischen Patriarchenzeit und Neuem Testament auch erzählerisch zu schlagen versucht hat. Der große Plan als Ganzes ist mißlungen; er überstieg wohl damals die Kraft nicht nur dieses Dichters. Als Gesamteindruck bleibt eine Aufreihung einzelner, nur chronologisch dürftig verbundener Geschichten.

3. SÜNDENKLAGE

Die beiden Gattungen der erzählenden Bibeldichtung und der dogmatischen Heilsgeschichte in mannigfacher Durchdringung beherrschen die Dichtung des aufgehenden 12. Jahrhunderts fast vollkommen. Der Hirsauer Ton der Memento-mori-Predigt hallt nicht sehr stark nach. Aber die Sündenangst und Todesfurcht der Zeit waren als Unterton in den meisten Gedichten zu spüren. Sie blieben jedoch eingebettet in das grundsätzliche Denken. Sündhaftigkeit erscheint als qualitative Bestimmung der Menschheit als Ganzes; in der großen Scheidung des Jüngsten Gerichtes stehen nur die beiden großen Scharen der Seligen und Verdamm-

ten vor Gottes Angesicht. Schüchtern nur drückt der Dichter seine
eigene, persönliche Sündenangst und Todesgewißheit aus; die Stimme
des Einzelnen, der von seiner Sünde, seinem Bangen und Hoffen redet, haben wir noch nicht vernommen. Sie löst sich aus dem Allgemeinen
im Typus der gereimten Sündenklage; hier zuerst spricht das Ich sich
aus, klagt über seine eigene Sündhaftigkeit, wendet sich an Gott mit
der Bitte um Gnade für sich als Einzelwesen. Solche Einzelrede mit Gott
war zuerst in der Stille der Beichte geübt worden. Die poetische Gattung der Sündenklage wird die erste Ich-Dichtung in deutscher Zunge.
Sie wird zur Antwort des Einzelnen auf die Aufrüttelung durch die
Memento-mori-Predigt. Grundriß und Aufbau übernimmt sie von dem
offiziellen kirchlichen Beichtformular, wie wir es bei den althochdeutschen Beichten kennengelernt haben: Anrufung Gottes oder der Heiligen, Sündenbekenntnis und Gebet um Vergebung der Sünden. Es ist
also keineswegs ein freier Erguß persönlichen Reuegefühls oder Bekenntnis einer individuellen Sündhaftigkeit. Die Anlehnung an das
offizielle Formular hebt das Individuelle wieder auf, macht auch diese
Dichtungen zu einem Stück kirchlicher Literatur; und namentlich das
lange, allgemeine und formelhafte Sündenregister begründet seinen
Sinn aus der grundsätzlichen Sündhaftigkeit menschlichen Tuns und
Wesens überhaupt, nicht aus dem einmaligen und persönlichen Erlebnis
des Sünders. Wir blicken nicht in das Leben eines Einzelnen. Das reuige
Ich kann jeder sein; es steht nur als Beispiel für jeden Sünder, und das
heißt für jeden Menschen.

Eine solche alte Sündenklage, die wir bis in den Beginn des Jahrhunderts hinaufrücken können und die aus einem der alemannischen
Reformklöster stammen dürfte, liegt zwei eng verwandten Gedichten
zugrunde. Es sind die Sündenklage der Milstätter Handschrift,
mit ihren fast 900 Zeilen ein stattliches Werk, und der Rheinauer Paulus, ein bruchstückhafter Eintrag in eine Seduliushandschrift des gegen
Ende des 11. Jahrhunderts reformierten Zürcher Klosters Rheinau. Die
Milstätter Klage möchten wir wegen der Fortschrittlichkeit ihrer Bre-
chungstechnik nicht viel vor 1130 ansetzen; das Rheinauer Stück dürfte
etwas älter sein. Dieses ist keine freie Sündenklage; es stellt das Ich-Be-
kenntnis als einen sozusagen offiziellen Beichtakt in die Taufe des Apostels Paulus hinein, da der „heidnische Mann" Saulus den neuen Namen
erhielt und zum Diener Christi wurde. Damit ist der Sündenklage noch
mehr von ihrem einmalig-individuellen Gepräge genommen. Bewahrt
ist uns der Schluß der Sündenklage, der dritte Teil mit seinen Berufungen auf Personen des Alten und Neuen Testamentes, an denen Gottes
helfende Gnade ersichtlich geworden ist. Diesem Rheinauer Stück entsprechen – in etwas anderer Anordnung der Berufungen – Vers 642–864
der Milstätter Sündenklage, doch unter Ausscheidung eines langen, an

dieser Stelle unzugehörigen und der alten Sündenklage abzusprechenden Bußgebetes (669–768). Demnach wird man annehmen dürfen, daß die alte Sündenklage auch in ihren übrigen Teilen gedrungener war als die Milstätter, und daß sie, ähnlich wie das Vorauer Ezzolied, später aufgeschwemmt worden ist.

In der großen Milstätter Sündenklage ist der alte dreigliedrige Aufbau des Beichtformulars gut zu erkennen, jedoch in weitere Unterglieder aufgelöst und mit exkurshaften Stücken durchsetzt. Sie ist noch ganz von der alten cluniazensischen Trinitätsfrömmigkeit getragen. Anruf und Gebet wenden sich fast ausschließlich an die göttlichen Personen; der Anruf an die Heiligen und namentlich der später so wesentliche Anruf an Maria um Fürbitte spielen noch gar keine Rolle. Der Sünder tritt vor Gott selber, dem er sich als dem Vater naht, vor dem er als dem Richter bebt. Der Anruf des Eingangsgebetes wird durch Exempla unterbaut, der Vateranruf durch die eingehend dargestellte Geschichte vom verlorenen Sohn, der Richteranruf durch das Bild von Gericht, Himmel und Hölle. Theologische Auslegungen fehlen dagegen; die neue Trinitätslehre der scholastischen Formeln ist nicht spürbar. Eigentümlich ist der zweite Teil, das Sündenbekenntnis, angelegt. Aus dem scharfen Dualismus von Leib und Seele erhebt der Betende selber Klage gegen die Glieder seines Leibes von unten nach oben steigend; Füße, Knie, Arme, Herz, Zunge, Ohren, Augen werden von dem Menschen selber vor Gottes Gericht gestellt, „gerügt", und jeweilen wird gebetet, daß ihre Sünde nicht der Seele zur Last gelegt werde. Den Anstoß zu dieser Anordnung dürfte das bekannte Streitgespräch zwischen Leib und Seele gegeben haben. Jeder Abschnitt über ein Glied klingt in einem Gebet um Vergebung unter Berufung auf eine Tatsache von Christi Passion aus. Der dritte Abschnitt, der auch dem Rheinauer Bruchstück angehört, beruft sich bei seiner Bitte um Gnade auf je zwei Tatsachen des Alten und des Neuen Testamentes: die drei Jünglinge und Daniel in der Löwengrube, die Erweckung des Lazarus und die Errettung der Ehebrecherin.

LITERATUR

Milstätter Genesis und Exodus: hrsg. J. Diemer, Genesis und Exodus nach der Milstätter Handschrift, 2 Bde. Wien 1862; E. Koßmann, Die altdeutsche Exodus, Straßburg 1886; Edw. Schröder, Zur deutschen Literatur des 12. Jahrhunderts, ZfdA 66 (1929) S. 73 ff.; A. Leitzmann, Lexikalische Probleme S. 3 ff.; ders., Zur Heimatfrage der Exodus, ZfdA 80 (1944) S. 162 ff.; Edw. Schröder, Zur Exodus: Termin und Publikum, ZfdA 72 (1935) S. 239–240; H. Menhardt, Die Bilder der Milstätter Genesis und ihre Verwandten. Beitr. zur älteren europ. Kulturgeschichte Bd. 3, (Festschr. Rudolf Egger) Klagenfurt 1954.

Literatur 171

Vorauer Bücher Moses' in Diemers Ausgabe der Vorauer Handschriften. A. Leitzmann, Lexikalische Probleme S. 10 ff.
Frau Ava: Diemer, Deutsche Gedichte S. 65 ff. (Vorauer Text); P. Piper, ZfdPh. 19 (1887) S. 129 ff., 275 ff. (kritischer Text nach beiden Handschriften und Görlitzer Johannes); H. de Boor, Frühmittelhochdeutsche Studien, Halle 1926; Edw. Schröder, Aus der Gelehrsamkeit der Frau Ava, ZfdA 66 (1929) S. 171 ff.; R. Kienast, Avastudien I–III, ZfdA 74 (1937) S. 1 ff., 277 ff.; 77, 85 ff.
Friedberger Christ: MSD XXXIII S. 100; Weigand, ZfdA 8, 258 ff.
Christi Geburt: hrsg. Schatz, ZfdA 33 (1889) S. 350 ff.; Kraus I S. 3 ff., 71 ff.
Baumgartenberger Johannes: Kraus III S. 12 ff., 101 ff.; M. Ittenbach, Baumgartenperger Johannes. Dichtung und Volkstum 43 (1943) S. 176 ff.
Adelbreht: Kraus IV S. 15 ff., 111 ff.
Lob Salomonis, Jünglinge, Judithlied: Waag Nr. 3–4 S. 27 ff.; Edw. Schröder, Der Text von Salomon und Nabochodonosor, ZfdA 74 (1937) S. 226 ff.; W. Stammler, Die staufische Judith-Ballade, ZfdPhil. 70 (1948/49) S. 32 ff.; E. Henschel, Zur älteren Judith, Beitr. 73 (1952) S. 304–305 und 75 (1954) S. 414–420.
Summa Theologiae: Waag Nr. 2 S. 16 ff.; Ittenbach, Gedichte der Salierzeit S. 226 ff.; Louise Lieberth, Glossar und Reimwörterbuch zur Summa Theologiae, Diss. Wien. 1949 (Masch-Schr.).
Mittelfränkische Reimbibel: C. v. Kraus, Mittelhochdeutsches Übungsbuch, 2. Aufl. Heidelberg 1926, S. 1 ff., 273 f.; Schatz, ZfdA 59 (1922) S. 1 ff.
Milstätter Sündenklage: M. Rödiger, ZfdA 20, 255 ff.; Leitzmann, Lexikalische Probleme S. 33.
Rheinauer Paulus: Kraus II S. 7 ff., 77 ff.

NEUNTES KAPITEL

CLUNIAZENSISCHE SPÄTZEIT

Bis zur Mitte des 12. Jahrhunderts schwillt die geistliche Literatur weiter an; die verhältnismäßig größte Zahl der frühmittelhochdeutschen Gedichte geistlichen Inhalts setzen wir um die Jahrhundertmitte an, zwischen 1140 und 1160. Danach beginnt diese Literatur auszuklingen; sie begleitet noch eine Zeitlang die Dichtungen, die eine neue Frömmigkeit und Weltsicht bekunden, um gegen 1180 bedeutungslos zu werden. Ein guter Teil dieser Gedichte setzt alte Linien einfach fort; man kann dann füglich von cluniazensischem Epigonentum reden. In andern wird ein Wandel der inneren Haltung deutlich spürbar, ein Offenwerden für eine neue, persönlichere Frömmigkeit und für die Erscheinungen dieser Welt. Wir meinen darin die ersten literarischen Regungen einer neuen Laienkultur zu spüren, und das kann in dieser Zeit nur heißen, eines neuen kulturtragenden Standes, des Ritterstandes. Wir begegnen ihm zunächst noch in der Spiegelung der geistlichen Meinung, aber Themenwahl wie Denkweise lassen spüren, daß der geistliche Dichter die Auswahl nicht mehr selbstherrlich trifft, sondern kritisch oder dienend auf Wünsche und Regungen der Laienwelt eingeht. Und es sollte nicht mehr lange dauern, bis der Laie selber die Wahl des Stoffes bestimmt; in der Kaiserchronik haben wir den ersten Fall, wo wir einen weltlichen Auftraggeber vermuten, im Rolandslied die erste klare Bezeugung eines fürstlichen Auftrags an einen geistlichen Dichter. Um dieselbe Zeit, da in Hartmanns Rede vom Glauben und den streitbaren zeitkritischen Gedichten des Heinrich von Melk die Forderung der Weltabkehr unter dem Zeichen des Memento mori noch einmal eindringlich erhoben wird, weicht der religiös-dogmatisch-moralische Stoff dem interessanten der Legende und der Weltgeschichte, und während die cluniazensische Dichtung ausklingt, wächst in Veldekes Eneit das erste Epos ritterlich-ständischer Haltung heran und erheben der Kürnberger und seine Artgenossen das Lob der irdischen Minne. In ihnen nimmt zugleich der Ritterstand selber das Wort und verdrängt den geistlichen Dichter aus der Führung in der Literatur. Und damit beginnt zum erstenmal seit dem heroischen Lied der vorchristlichen Zeit eine Dichtung, in der sich ein Stück „Welt" in der Gestalt des adligen Ritterstandes in der Kunst selbständig und eigenen Rechtes vorbildlich darstellt.

1. BIBEL UND DOGMA

In der geistlichen Dichtung treten bisher beliebte Gattungen zurück. Die erzählende und deutende Bibeldichtung bringt nichts Bedeutendes mehr hervor. Die heilsgeschichtlich wesentlichen Abschnitte, Schöpfung, Patriarchengeschichte und Heilandsleben, erhalten auf lange hin keine neue dichterische Behandlung. Nur in den spärlichen Resten einer ursprünglich mitteldeutschen Dichtung aus einer bayerischen Handschrift scheinen wir ein Stück Patriarchengeschichte in stärkster mystisch allegorischer Ausdeutung zu besitzen. Wir nennen es nach dem Hauptinhalt des Erhaltenen: v o n J a k o b u n d E s a u, in deren Personen sich die Antithese des Gottesvolkes der Juden und der Teufelskinder oder Heiden verkörpert. Doch griff die Dichtung weiter aus; in Lea und Rahel stehen sich die *vita activa* und die höher bewertete *vita contemplativa* gegenüber; der Rest enthält noch ein Stück von Josephs Geschichte mit seiner „Bezeichnung".

Unter den biblischen Einzeldichtung verzeichnen wir, daß ein Niederösterreicher neben das ältere Judithlied ein breites J u d i t h e p o s in österreichischer Manier gestellt hat. Ohne tiefere, deutende Gelehrsamkeit will der Dichter das biblische Buch nacherzählen, ein Exemplum von Gottes Macht in den Schwachen. Weit interessanter ist das Bruchstück einer M a k k a b ä e r d i c h t u n g, die der Mundart nach südrheinfränkisch zu sein scheint. Dieses in der Theologie wenig hervortretende Buch enthält packenden Erzählstoff, politisches und kriegerisches Geschehnis, Treue und Untreue, Heldentum und Rache. Es ist ein Stoff, deutscher heroischer Dichtung verwandt; einem deutschen Dichter wird er sich leicht in deren Gewand kleiden. Nach den geringen Resten zu urteilen, ist dies hier geschehen. Zwar fehlt die geistliche Betrachtung nicht; der ungetreue Triphon handelt auf des Teufels Rat und hat seine Seele verloren. Aber er ist als Dienstmann im Sinne heroischer und historischer Dichtung behandelt, ein Artgenosse des Genelun im Rolandslied. Und der Fürst erscheint als der „Trost von Jerusalem", der im Kreise seiner Mannen und nach deren Rat seine Entschlüsse faßt. Mit Recht hat man an den Typus des König Rother erinnert; mit diesem und dem jüngeren Herzog Ernst ordnet sich die Makkabäerdichtung zu einer rheinischen Stilgruppe zusammen, so daß die Datierung um 1160 das Richtige treffen dürfte.

Endlich verzeichnen wir umfänglichere Reste eines T o b i a s, einer wenig bemerkenswerten dichterischen Leistung, deren eigentliches Interesse darin liegt, daß sie ein Werk des Pfaffen Lamprecht ist, des Verfassers des ältesten deutschen Alexanderliedes. Mit diesem teilt der Tobias das dichterische Unvermögen und die mangelhafte Formpflege. Zum ersten Male sehen wir denselben Mann als Dichter weltlicher – wenn auch nicht weltlich gemeinter – und biblisch-legendärer Epik, wie es sich in weit ausgeprägterem Maße bei Veldeke und Hartmann von Aue wiederholt.

Ins Gebiet des Neuen Testamentes führt uns eine späte, schon rein reimende thüringische Dichtung, die wir Christus und Pilatus nennen. Dichterisch hat sie wenig Interesse; sie besteht fast ganz aus Dialog in knappen Repliken; der Wortlaut ist meist dem Evangelienbericht zuerst lateinisch entnommen, dann in engem Anschluß an den Urtext deutsch übertragen und durch einen dürftigen Zwischentext verbunden. Man hat als Ganzes die Folge der Szenen und Reden vor sich, auf denen sich das alte lateinische Passionsspiel aufbaute, wie es uns in der großen Benediktbeurener Passion bewahrt ist. Darin liegt der literaturgeschichtliche Wert des Stükkes: es macht uns ein ähnliches lateinisches Spiel für Thüringen wahrscheinlich. Demnach werden wir es nicht mit den Resten eines Heilandslebens zu tun haben, sondern mit einer Passion, gewissermaßen einem Hilfstext für Laien zum Verständnis der lateinischen Aufführung.

Die heilsgeschichtliche Dogmatik findet am Ende der Epoche (1160 bis 1170) noch einmal einen Vertreter, der mit gern vorgetragener Gelehrsamkeit den Typus der Summa Theologiae in ein breites Lehrgedicht umsetzt. Es ist dies das österreichische Anegenge. Das Wort bedeutet Anfang oder Ursprung. So wird es ebensowohl zum Namen der vier Elemente wie der Weltschöpfung. Als „Schöpfung" ließe sich auch dieser von dem Dichter stammende Titel fassen, insofern Ur- und Patriarchengeschichte den breitesten Raum bei ihm einnehmen. Doch hat der Dichter wohl mehr gemeint: er umspannt mit dem Titel die göttliche Heilsgeschichte selber als den Urgrund alles Geschehens, die Grundlage der menschlichen Existenz. Das Gedicht ist ganz Gelehrsamkeit; kein zweites der frühmittelhochdeutschen Epoche ist so stark scholastisch durchtränkt. Das Stoffliche an Genesis und Evangelienbericht schrumpft aufs äußerste zusammen. Die Heilsgeschichte ist nicht als Ablauf eines Geschehens, sondern als Ausfluß aus den Wesenheiten Gottes aufgefaßt, als ihr Wollen, Planen und Vollbringen. Die Schöpfung ist nicht nur, wie in der Summa, Werk der Trinität in der abstrakten abälardischen Trinitätsformel. Vielmehr ist dem Schöpfungsbericht ein eingehender Trinitätstraktat vorausgeschickt, der auf Augustin, Hugo von St. Viktor und anderen aufgebaut ist, und die Schöpfung ist das Ergebnis der Beratungen der drei göttlichen Personen. Ähnlich wird der Entschluß zur Erlösung aus einer Beratungsszene abgeleitet; erstmals in der deutschen Literatur begegnen wir hier dem für die spätere religiöse Dramatik so wichtigen Prozeßgespräch der vier „Töchter Gottes", Friede und Barmherzigkeit, Wahrheit und Gerechtigkeit vor Gottes Thron. Das Motiv geht zurück auf eine Predigt Bernhards von Clairvaux zu Mariä Verkündigung (um 1140). Ungemein stark kommt Gottes Gebundenheit an seine Gerechtigkeit auch dem Teufel gegenüber zum Ausdruck. Er kann diesem den Rechtsanspruch, den er nach augustinisch-gregorianischer Anschauung durch den Sündenfall auf den Menschen gewonnen hat, nicht einfach durch einen Gnadenakt streitig machen. Er muß den Menschen dem Teufel rechtlich abgewinnen, und er tut dies, indem er in der Erlösung den Sündenfall rückgängig macht. So werden die Sünden Adams und Evas in allen Einzelheiten definiert und durch Leistungen Christi und Marias getilgt. Maria ist also hier als tätige Teilnehmerin am Erlösungswerk aufgefaßt. Die Antithesen Eva – Maria, alter – neuer Adam, Fluch – Segen, Hochmut – Demut usw. sind ins einzelne durchgeführt und zum eigentlichen Gehalt der Erlösungstat gemacht.

Der Dichter erweckt den Eindruck großer Belesenheit in Bibel und theologischer Literatur. Aber seine häufigen Berufungen auf seinen Lehrer machen es wahrscheinlich, daß er im wesentlichen den Inhalt seiner Kolleghefte in Verse setzt und die Meinungen seines Scolasticus vorträgt. Daher wird es schwer sein, zu klaren Quellennachweisen zu kommen. Eine Genesisauslegung, eine Trinitätslehre und eine heilsgeschichtliche Dogmatik wären dann zusammengearbeitet. Damit würden sich auch die zahlreichen Exkurse über strittige Einzelfragen erklären, die oft recht unvermittelt eingelegt sind. Sie liegen in der Stilform frühmittelhochdeutschen Stoffaufbaues, würden sich aber hier als eingelegte Glossierungen zu einzelnen Bibelstellen im Sinne schulgemäßer Bibelexegese auffassen lassen. Insbesondere würde dann die auffällige Tatsache verständlich, daß der Dichter in der Darstellung der Erlösung den Sündenfall nochmals breit abhandelt – er fand das notwendigerweise so vor in einer Vorlesung, die die Erlösung im oben dargelegten Sinn als Rückgängigmachung des Sündenfalles auffaßte. Damit gewährt uns das Gedicht einen guten Einblick in das recht erstaunliche Maß an theologisch-spekulativem Wissen und Denken, das dem Studenten im Unterricht damals zugemutet werden konnte.

Auch die Letzten Dinge bleiben weiter im Blickfeld. Die im Schlußgedicht der Frau Ava und im Friedberger Antichrist eingeschlagene Linie wird fortgeführt. Wir haben gesehen, wie sie in den Ablauf der Heilsgeschichte als deren letzte Stufe und Vollendung hineingehören, und in beiden Gedichten ist die eschatologische Schilderung sinnhaft mit dem Leben Christi als der eigentlichen Heilstat verbunden. Aus unserer Periode besitzen wir neben dem Zeugnis des Armen Hartmann, daß er ein „Jüngstes Gericht" verfaßt hat, zwei Dichtungen über dieses Thema, den Linzer Antichrist und das Hamburger Jüngste Gericht.

Der Linzer Antichrist ist ein Werk der Spätzeit und gehört nach Franken. Besser sollte man das Gedicht „von den Letzten Dingen" betiteln; denn wenn auch der Erscheinung des Antichrist der breiteste Raum gegönnt ist, so handelt es sich doch um eine Gesamtdarstellung der letzten Ereignisse, die in drei Kapiteln mit eigenen lateinischen Überschriften abgehandelt werden: Antichrist, Vorzeichen des Gerichtes, Jüngstes Gericht. Der ziemlich durchschnittliche Dichter erzählt eingehend die Vorgänge nach der traditionellen Abfolge im Anschluß an die verbreiteten

Schriften des Adso und des Petrus Damiani mit den geläufigen Deutungen der einschlägigen Stellen aus der Johannesapokalypse. Hingegen zeigt sich seine Vertrautheit mit der modernen Theologie darin, wie sich sein Interesse an den großen Vorgängen vom Grundsätzlichen auf die Klärung sachlicher Einzelheiten verschiebt. Da diskutiert er die Frage, ob die Leichen des Elias und Enoch wirklich während der ganzen dreieinhalbjährigen Herrschaft des Antichrist unbestattet gelegen haben oder nur symbolische dreieinhalb Tage, ob der Antichrist durch das Schwert des Erzengels Michael oder durch einen Donnerschlag dahingestreckt worden ist, ob zwischen den Vorzeichen und der Ankunft Christi noch eine Frist verstreichen wird oder nicht. Wir nehmen solche spezialistische Versachlichung als ein Merkmal der scholastisch gebildeten Spätzeit. Anders sind die jungen Züge im Hamburger Jüngsten Gericht. Ganz im Sinne der Memento-mori-Predigt stellt der südrheinfränkische Verfasser des uns nur bruchstückhaft bekannten Gedichtes die drohende Macht des Gerichtes in seiner harten Unerbittlichkeit dem Hörer vor. Schon das Kind im Mutterleibe muß davor erzittern. Die eschatologischen Vorgänge entrollen sich in knappen, scharfen Sätzen: Christus erscheint mit allen Zeichen seiner Marter, die Heiligen umgeben ihn als Gerichtshof, furchtbar, gnadenlos ergeht der Spruch über jene, deren Sünden ungebeichtet im Buche stehen. Damit ist die Stoßrichtung des Gedichtes gegeben; es steht nicht im heilsgeschichtlichen Zusammenhang, sondern im Dienste praktischer Seelsorge. Darum rückt der Dichter die Angst und Verzweiflung der einzelnen Seele bei der Verkündung des Spruches in den Mittelpunkt und schildert beweglich die vergeblichen Versuche der Verdammten, den Richtspruch Gottes noch zu wenden. Was später in den Weltgerichtsspielen so erschütternd in Rede und Gebärde zu unmittelbarer Anschauung kam, ist hier episch vorgebildet. Die Bedrohlichkeit des Gerichtes war sicherlich von je und stets ein bereites Mittel zur Aufrüttelung der Sünder, und wie hier das ganze Gedicht auf die Mahnung zu uneingeschränkter Beichte abgestellt ist, da die gebeichtete Sünde im Buche verhohlen ist, so war auch die alte Bamberger Schilderung von Himmel und Hölle mit der Bamberger Beichtformel sinnhaft verbunden. Allein gerade dieser Vergleich macht den Unterschied der Zeiten deutlich; dort war alles darauf angelegt, die jenseitigen Orte in ihrem absoluten, von jedem einzelnen Menschenschicksal unabhängigen Sein zu veranschaulichen; alle Kunst der Sprache war diesem einen Ziel zugewendet. Hier will der Dichter den Einzelnen treffen; der große eschatologische Vorgang ist nur der Hintergrund, vor dem sich das Schicksal der einzelnen Seelen entscheidet und vor dem sie sich – wie in den spätmittelalterlichen Bildern der Gerichtsszene – in ihrer Verzweiflung in bewegter Gebärde darstellen.

2. ZAHLENMYSTIK

Der Drang, die irdischen Erscheinungen in ihrem eigentlichen Sinn aus ihrer Bezogenheit auf Gott als den höchsten Wert zu erfassen, bemächtigte sich mit besonderer Vorliebe der Zahl und ihrer Gesetzlichkeit. Uralte, aus dem Orient stammende, durch pythagoreische und neuplatonische Mystik fortgebildete Spekulation lebt in der abendländischen Zahlenmystik weiter, die sie mit biblischen Zahlen und den großen Zahlen der dogmatischen Vorstellungen verknüpft. Gerade von der mystischen Richtung in der Frühscholastik, Bernhard, Hugo von St. Victor, wird die Zahlenspekulation lebhaft aufgegriffen. Vor allem ist

von je die Zahl 7 von besonderer Bedeutung und hoher Würde. Die
großen religiösen Siebenzahlen: die Bitten des Vaterunser, die Seligpreisungen, die Gaben des Hl. Geistes, die Kardinaltugenden und Tod-
sünden sowie die große Rolle der Siebenzahl in der Johannesapokalypse
heben die 7 aus allen anderen Zahlen heraus. Sie enthält zudem zwei andere, bedeutsame Zahlen in sich, die 3 und die 4, deren erste nicht nur
die weltweite Zahl aller Magie, sondern, christlich gesehen, die Zahl der
Trinität und damit die göttliche Zahl ist, während die 4 als die Zahl der
Himmelsrichtungen und Welterstreckungen (Höhe, Tiefe, Breite, Länge)
sowie die Zahl der Elemente die Welt umspannt und darstellt. Damit
sind in der Siebenzahl Gott und die Welt verbunden. Da ist es kein
müßiges Spiel, sondern Eindringen in die Geheimnisse erhabener Symbole, wenn sich die Dichtung mit den Zahlen beschäftigt.

Nicht weniger als drei etwa gleichzeitige Gedichte sind der Siebenzahl
gewidmet: das „Gedicht von der Siebenzahl", die Auslegung des Vaterunser und Priester Arnolds Gedicht von der Siebenzahl zum Lobe des
Heiligen Geistes.

Wenig Ansprüche stellt das österreichische Gedicht von der
Siebenzahl: Ausgehend von den 7 Siegeln der Apokalypse reiht der
Dichter in einigen Dutzend Versen Siebenzahlen aneinander, um mit
einem Gebet um die 7 Gaben des Geistes zu schließen. Aus wesentlich
höheren Ansprüchen geht die ebenfalls österreichische Auslegung des
Vaterunser hervor. Das Gedicht kennt formal noch die lockere
Strophenbündelung der frühen Dichtung und ist daher wohl noch vor
der Jahrhundertmitte entstanden. In einem gut durchdachten, für die
Zeit ungewöhnlich klar und mit Sinn für Maß durchgeführten Aufbau
ordnet es den 7 Bitten des Vaterunser 4 andere religiöse Siebenerreihen
zu: die Seligpreisungen, die Gaben des Geistes, die Haupttatsachen der
Erlösung und die Patriarchen. Wir kennen aus der theologischen Literatur solche Siebenergruppen, aber keine stimmt in der Auswahl mit
unserem Gedicht überein, auch nicht der Traktat des Hugo von St.
Victor über die 5 Siebenheiten. Insbesondere aber ist unserem Gedicht
die Umkehr der Reihenfolge eigentümlich; der ersten Bitte entsprechen
die letzten Glieder der übrigen Reihen, und so fort in bewußter Gegen-
läufigkeit. Die eigentliche Quelle des Gedichtes ist uns daher unbekannt.
Es beginnt mit einer Strophenreihe, die von dem Anruf an den Vater
ausgehend, der Gesetzesfurcht des Alten Testamentes die Kindesliebe
des Neuen gegenüberstellt. Das Hauptthema wird dann in 7 Doppel-
strophen durchgeführt, deren erste jeweils eine Bitte des Gebetes auslegt, die zweite die entsprechenden Glieder der anderen Siebenheiten
zuordnet. In einer Schlußstrophe wird das Vaterunser in drei plus vier
Bitten zerlegt, von denen die 3 ersten der göttlichen Dreizahl zugeordnet sind, während die 4 letzten von der Welt und den Bedürfnissen des

menschlichen Lebens handeln. Damit wird auch der Sinn der Umkehrung der 4 anderen Heptaden klar. Sie wird durch die Reihe der Gaben des Geistes hervorgerufen; denn die 3 letzten *(scientia, pietas, timor dei)* sind, als dem Heil der Seele zugeordnet, die höchsten, denen die vier anderen, dem Heil des Leibes dienenden, unterlegen sind. Erste Bitten und letzte Gaben des Geistes gehören nach Rang und Würde zusammen.

Das umfänglichste Zahlenwerk ist das des österreichischen Priesters Arnold, der ebenfalls vor der Jahrhundertmitte gedichtet haben muß, da sein Werk dem Dichter der Kaiserchronik bekannt war. Das Gedicht ist in der Voraurer Handschrift bewahrt und von deren Herausgeber nicht mit Unrecht als „Loblied auf den Heiligen Geist" bezeichnet worden. Denn nicht nur, daß es mit dem hymnischen Preis des Heiligen Geistes beginnt und endet, die Siebenzahl selber ist ihm die erhabene Zahl, in der sich der Heilige Geist durch die 7 Gaben offenbart und durch die er wirkt, seit er den Aposteln durch Christus gegeben wurde. Der von Arnold geplante Aufbau geht von den Gaben des Geistes als der eigentlichen Obergruppe aus, denen er die übrigen zuzuordnen gedachte. Zunächst folgen die zwei wesentlichsten geistlichen Siebenzahlen, die Bitten des Vaterunser, in denen der Geist unmittelbar spricht, und die Siegel der Apokalypse, die die Heilstatsachen Christi bedeuten. Danach geht das Gedicht zum Aufbau der Welt über, der Makrokosmos mit der Siebenzahl der Himmel, der Planeten, der Sonnen, der Mondphasen, um über die Wochentage zum Mikrokosmos des menschlichen Leibes und Lebens zu kommen, wobei die Mondphasen zum Auf- und Abstieg des menschlichen Lebens in Beziehung gesetzt werden. In 6 Sieben-Tage-Perioden wächst der Mensch im Mutterleib vom Samen bis zur vollen Menschengestalt, in sieben Lebensaltern durchläuft er sein Dasein.

Der so angelegte Plan des Dichters geht aber in der Durchführung in die Brüche. Der Rest des Gedichtes häuft Siebenzahlen ohne sichtliches Ordnungsprinzip. Die Übersicht geht aber besonders durch die frühmittelhochdeutsche Darstellungsform des assoziativen Exkurses verloren, der, von einem Stichwort ausgelöst, sich auslaufen muß, auch wenn er den Zusammenhang verwirrend durchbricht. So lockt ihn die kosmische Siebenzahl der Planeten dazu, auch den ganzen Sonnenlauf mit den 12 Zeichen des Tierkreises darzustellen. An andrer Stelle fließt ihm so die Geschichte von Abraham, Sara und Ismael oder eine Darlegung über den Mord und dessen Buße ein. Auf Grund solcher Aufbauform an eine Zerlegung des Gedichtes zu denken, wie es auch hier ältere Scheidekunst getan hat, verkennt die Ketten- und Exkurstechnik frühmittelhochdeutscher Dichtung. Auch das am stärksten herausgehobene Stück, der Schlußhymnus *Laudate dominum*, ist nur durch die besondere Stilform seiner Gattung, nicht durch eine dichterische Individualität von dem übrigen Gedicht unterschieden. Arnold ist ein gelehrter Mann, der gern lateinisch redet. Er steht nicht mehr unter dem reformerischen Eindruck starrer Ablehnung der weltlichen Wissenschaft. Er nimmt die Artes unter seine Siebenzahlen auf und verfolgt das Wirken der Siebenzahl auch in der Materie der Welt und des menschlichen Fleisches. Als ein Schüler Wilhelms von Conches, dessen Philosophia mundi er benutzt hat, wird er in seinen naturwissenschaftlichen Neigungen verständlich. Doch hält ihn das alte cluniazensische Memento mori noch ergriffen, sein Gedicht ist mit Mahnungen an Tod und Vergänglichkeit durchflochten.

Neben diesen österreichischen Mystikern der Siebenzahl steht der Pfaffe Wernher, ein Mittelfranke, den wir daher Wernher vom Niederrhein nennen. Die weit fortgeschrittene Reinheit der Reime verweist ihn in eine Zeit, da Formpflege des Reimes mindestens im Rheinland bereits literarisches Anliegen war; wir haben ihn ins letzte Drittel des Jahrhunderts zu setzen. Sein Gedicht trägt den Titel: Di vier schiven d. h. Räder. Er entwickelt darin eine Vierzahl-Mystik, und es ist für das Denken der Zeit bezeichnend, daß er dabei von einer Schriftstelle ausgeht, die zwar in einem vielbehandelten Werk, dem Hohen Liede, steht, sachlich aber ganz belanglos ist. Cant. 6, 11 heißt es: *anima mea conturbavit me propter quadrigam Aminadab*. Nichts in der Schrift ist ohne Bedeutung; und wie die weltverwirrende Lehre von den zwei Schwertern aus einem ganz beiläufigen Jesuwort (Luk. 22, 38) entwickelt ist, so nimmt der rheinische Dichter von den vier Rossen und Rädern des Streitwagens des Aminadab seinen Ausgang, um von ihnen auf die vier Raumerstreckungen Tiefe, Höhe, Breite und Länge zu kommen, in die sich die göttliche Liebe mit den vier Armen des Kreuzes erstreckt hat. Daraus entwickelt er weiter einen scholastischen Traktat über die Heilstaten Christi; die heilsgeschichtliche Sehweise beherrscht ihn wie die Mystiker der Siebenzahl. Die Geburt ist das tiefste Geheimnis, die Passion breiteste Liebestat, die Auferstehung Versicherung längster Dauer des Lebens, die Himmelfahrt Aufstieg in die höchste Höhe. Die Durchführung des auf diese Weise disponierten, gut abgerundeten und mit gezügelter Lust an der Abschweifung behandelten Themas geschieht mit der Methode der Präfiguration des Alten Testamentes und symbolischer Auslegung irdischer Erscheinungen, wie der des Adlers, der seine Jungen zur Sonne trägt.

Freude an der Zahlensymbolik ist auch in anderen Gedichten spürbar, die dem Thema nicht ausschließlich gewidmet sind. Wir haben Frau Avas Gedicht von den 7 Gaben des Geistes bereits kennengelernt und werden bald das Gedicht vom himmlischen Jerusalem zu besprechen haben (vgl. S. 191f.), das die Schilderung der Ewigen Stadt an der Zahl 12 orientiert, die von der Apokalypse dargeboten wird.

3. ASKETISCHE BUSSPREDIGT, HARTMANN UND HEINRICH

Den breitesten Raum nimmt in dieser letzten Phase frühmittelhochdeutscher Dichtung die von der Memento-mori-Predigt ausgehende poetische Mahnrede ein, die sich noch einmal zu glühender Beredsamkeit aufschwingt, da sie sich einer wachsenden Weltbereitschaft gegenüber sieht. Nokers harte Weltfeindschaft wiederholt sich zupackender und wortreicher in des Armen Hartmann Rede vom Glauben und insbesondere in den Bußpredigten Heinrichs von Melk, deren eine denn auch noch einmal den Titel trägt: *von des tôdes gehügede*, d. h. *memento mori*. Überhaupt aber wird die Predigt in wachsendem Maße zum stilistischen Vorbild der geistlichen Dichter. Hinwendung an das Publikum, Anrede und Mahnung im Zusammenhang mit epischer Erzählung oder dogmatischer Auslegung war auch früherer Dichtung nicht fremd. Otfried stand stark unter dem Eindruck des Predigtstils, das Muspilli verflocht Eschatologie mit Bußpredigt, und seit Ezzo und der Wiener Genesis sah sich der geistliche Dichter als mahnender Lehrer vor einer hörenden Gemeinde. Aber die Neigung zur Predigt nimmt jetzt zu; wir haben es an der Umformung des dogmatischen Hymnus des älteren Ezzoliedes zur Reimpredigt des jüngeren erlebt. Und erst jetzt entfaltet sich die Reimpredigt, die ganz auf Erziehung, Wegleitung und Besserung des Hörers gerichtet ist, voll zu einer eigenen Gattung. Sie wendet sich von reiner Todesmahnung und Weltverneinung zum richtigen Verhalten im Diesseits, das damit als erlebte Größe in den Gesichtskreis der Dichtung tritt. In der Frühzeit mittelhochdeutscher Dichtung stand der Mensch in seiner allgemeinsten heilsgeschichtlichen Bezogenheit als „Menschheit" im Vordergrunde. Jetzt wird die Vielgestalt menschlichen Daseins in seiner irdischen Verflechtung seelisch und sozial sichtbar. Das Gedicht vom „Recht" redet von den menschlichen Ordnungen und den daraus entspringenden sittlichen Verpflichtungen, das Gedicht „*von der girheide*" und der „*scoph von dem lône*" beschäftigen sich mit einzelnen, speziellen Lastern und Sünden. Und nirgends so wie bei Heinrich von Melk blicken wir in die Wirklichkeit des menschlichen Daseins, und wenn seine Werke Titel tragen wie: „vom gemeinen Leben" und „vom Priesterleben", so ist damit ausgesagt, wie sich sein Blick auf die irdischen Gesellschaftsordnungen richtet. Die Wirklichkeit des irdischen Lebens, von einem Mann wie Noker als Teil der als Ganzes verächtlichen Welt nur als Möglichkeit der Bewährung zugestanden, in Ezzos großem Heilshymnus weit unter der Schwelle der Betrachtung liegend, wird Gegenstand und Ziel der Dichtung. Wenn sie zunächst auch nur in der Brechung geistlicher Betrachtung oder asketischer Kritik erscheint, so ist sie nun doch ins Blickfeld getreten und bekundet in ihrer Weise damit die Wendung zum Diesseits, die sich seit der Mitte des Jahrhunderts vollzieht.

In der Reimpredigt fehlt der Gedanke des *memento mori* auch jetzt noch nirgends. Im Mittelpunkt steht er in einer Reihe von Dichtungen, deren weniger bedeutende wir nur eben erwähnen. Die „Wahrheit", ein österreichisches Gedicht, das in die Vorauer Sammlung Eingang gefunden hat, führt ohne viel Kunst die Warnung vor dem Tode in der dualistischen Antithese von Gott und Teufel, Himmel und Hölle durch. Die Cantilena de conversione Sti. Pauli, eines der seltenen elsässischen Stücke, soll dem Titel nach von Pauli Bekehrung handeln, ist aber in dem erhaltenen

Bruchstück eine Bußpredigt mit dem Todesgedanken als Leitmotiv und einem Buß-
gebet im Stil der Sündenklagen. Wie im Rheinauer Paulus (vgl. S. 169) ist also auch
hier der Heidenapostel zum Vorbild des büßenden Sünders gemacht. Endlich knüpft
ein Bruchstück aus Maria-Saal in Kärnten die Todes-Predigt an die babylonische
Gefangenschaft der Juden an, deren siebzigjährige Dauer präfigurativ der siebzig-
tägigen Vorfastenzeit gegenübergestellt wird. Es fordert eindringlich auf, der babylonischen Gefangenschaft des ewigen Todes und der Hölle durch Buße zuentgehen.

Vor allem aber gehen uns hier zwei Männer von ähnlicher Gesinnung
und ähnlichem Lebensschicksal an: der Arme Hartmann und Heinrich
von Melk. Sie sind ungefähre Zeitgenossen, Hartmann ein Rheinländer
oder Thüringer, Heinrich ein donauländischer Österreicher. Beide sind
Männer ritterlichen Standes, die der Welt voll Ekel den Rücken ge-
kehrt und sich, vermutlich als Laienbrüder, klösterlichem Leben eingeordnet haben. Beide haben sich ein gewisses Maß theologischer Kenntnis angeeignet und aus streng asketischer Weltverachtung ihre deutschen Bußpredigten gereimt.

Der „Arme Hartmann" nennt sich selbst mit diesem Büßernamen.
Er muß seine „Rede vom Glauben" vor der Jahrhundertmitte verfaßt haben, da sie dem Dichter der Kaiserchronik bekannt war. Zuvor
hat er, seiner Mitteilung nach, ein „Jüngstes Gericht" gedichtet, das uns
verloren ist. Wie der Titel besagt, knüpft er an das Nizäische Glaubensbekenntnis an. Er zerlegt den Text in einzelne Sätze, die er erst lateinisch
zitiert, danach übersetzt und mit eingehenden Auslegungen versieht.
Formal ist sein Gedicht also eine dogmatische Arbeit und knüpft an die
Tradition der dogmatischen Dichtung der vorigen Generation an. Allein
in der Tat ist eine asketische Predigt daraus geworden; zu einer wirklich theologischen Auslegung reichte sein geistliches Rüstzeug wohl
auch nicht aus. Über eine eingehende Bibelkenntnis hinaus ist ein tiefe-
res theologisches Studium bei ihm nicht zu spüren. Was er sich angeeignet hat, kann ihm aus dem Umgang mit gebildeten Theologen vor
oder während seiner Klosterzeit zugekommen sein. Scholastische Kenntnisse sind ihm fern; die Bezeichnung Christi als *sapientia patris* braucht
nicht aus der abälardschen Trinitätsformel zu stammen; die spekulative
Trinitätslehre, die man sonst in einer auf das Credo gegründeten Predigt
stark spüren müßte, hat auf Hartmann keinen Einfluß gehabt. Die weltliche Wissenschaft der Artes, in denen er sich unerfahren nennt, verwirft er aus seiner Grundhaltung heraus mit ähnlicher Begründung wie
Williram im lateinischen Prolog seiner Auslegung des Hohen Liedes.
Seine Aufgabe sieht er anderswo. Schon aus dem verschiedenen Umfang der drei Abschnitte, die den drei Artikeln des Credo gewidmet
sind, ist erkenntlich, worauf es Hartmann ankam. Auf Gott-Vater entfallen ganze 117 Zeilen (61–178); es ist im wesentlichen ein Preis von
Gottes Unermeßlichkeit. Selbst das Schöpferamt ist in einer dem 11./12.
Jahrhundert geläufigen Anknüpfung an den Eingang des Johannes-

evangeliums dem *verbum*, also dem Sohn, zugewiesen. Auf Christus sind 1470 Zeilen verwendet. In diesem Abschnitt tritt Hartmanns dualistische Weltauffassung und die große Rolle hervor, die er dem Teufel in seinem Denken einräumt. Das Erlösungswerk Christi ist als der Kampf Gottes mit dem Teufel aufgefaßt, nicht, wie im Anegenge, als Rechtsvorgang, und schon hier tritt das Endschicksal des Menschen, das *memento mori* ins Blickfeld. Die eigentliche Entfaltung des Themas geschieht aber erst im dritten Abschnitt über den Heiligen Geist, der mit annähernd 2000 erhaltenen und 400 durch eine Lücke verlorenen Verszeilen weit über die Hälfte des ganzen Gedichtes beansprucht. Der Heilige Geist ist der Meister und Erzieher des Menschen, und in seinen Lehren und Ratschlägen kann Hartmann seine eigene erzieherische Neigung sich ausleben lassen. Hier kann er erzählen und ermahnen. Hier finden wir die Form des Exemplum in den Legenden der vier sündigen Heiligen (Petrus thelonarius, Maria Magdalena, Afra, Maria aegyptiaca) und in der Errettung des Teufelsbündlers Theophilus durch Maria. Hier greift er in die Gegenwart hinein und zeichnet das Weltleben des reichen Herren, dem er mit der ganzen Eindringlichkeit des asketischen Fanatikers das Bild der Vergänglichkeit gegenüberstellt. Almosen und mildtätige Werke sind gut, aber sie genügen nicht; er fordert rücksichtslos und kompromißlos den Verzicht auf alle weltliche Ehre, die nur um den Preis von Leib und Seele zu haben ist. Der Einsichtige läßt Eigen und Lehen, Haus und Hof, Weib, Kind und Gefreunde fahren; er wird Klausner oder Klosterbruder, um in Pein und Mühsal Gottes Huld zu erringen.

Hier steht der ganze Hartmann mit der Unbedingtheit seiner Forderungen und wohl auch mit dem eigenen Lebensschicksal vor uns. Was er fordert, wird er selbst getan haben; er wird sich aus einem ritterlichadeligen Leben zurückgezogen und der strengen Askese eines klösterlichen oder eremitenhaften Daseins zugewandt haben. Er wirkt wie ein Artverwandter jenes Grafen Ludwig von Arnstein, der nach einem bewegten Weltleben im Jahre 1139 sein gesamtes Gut klösterlichen Werken zuwendete, seinen Stammsitz Arnstein in ein Kloster der neuen strengen Prämonstratenser umwandelte und als Laienbruder dieses Ordens lebte und starb. Als Dichter aber steht Hartmann sein etwas jüngerer österreichischer Zeitgenosse Heinrich nahe, der ihn freilich an Weltkenntnis wie an Kraft des Wortes wesentlich überragt.

In der Wiener Handschrift 2696 des 14. Jahrhunderts ist neben anderen Dichtungen des 12. Jahrhunderts ein Gedicht erhalten, das sich „Erinnerung an den Tod" nennt und als Verfasser einen „armen Knecht Gottes" namens Heinrich namhaft macht. Den Namen „Heinrich von Melk" nennt die Handschrift nicht; er beruht auf der ansprechenden Vermutung, daß der in das Schlußgebet der „Erinnerung" besonders eingeschlossene Abt Erchanfrid mit dem gleichnamigen Abt identisch ist, der das Kloster Melk von 1122 bis 1163 leitete. In der Handschrift folgt unmittelbar ein weiteres Gedicht, das vom Priesterleben handelt, aber keinen Verfasser nennt. Wir schreiben es mit Recht dem gleichen Manne zu, der die „Erinnerung" verfaßt hat. Heinrich von Melk ist eine so geprägte Persönlichkeit, daß wir ihn wiedererkennen, wo er uns begegnet. Nach Sprache und Stil, nach Ausdruck und Temperament ist das Priesterleben so „heinrichisch", daß an der Verfasserschaft nicht zu zweifeln ist. Der Name Erchanfrids gestattet zugleich eine zeitliche Festlegung. Stil, formale Technik und theologische Stellungnahme verweisen uns ins Ende von Erchanfrids langer Abtschaft; zwischen 1150 und 1160 denken wir uns die Gedichte Heinrichs entstanden. Allen Einwänden späterer Kritik hat das Bild des Dichters wesentlich standgehalten, das Heinzels schöne Einleitung zu seiner Ausgabe gezeichnet hat. Wir sehen in Heinrich einen Mann ritterlicher Abkunft und Lebensführung, der sich später einem Kloster angeschlossen hat, und wir halten daran fest, daß er, der sich selber als Laien bezeichnet, nicht geistlichen Standes, sondern Laienbruder (Conversus) gewesen ist.

Das erste Gedicht ordnet sich durch seine Namensgebung der Gruppe der Memento-mori-Predigten ein. Es gliedert sich in zwei sehr selbständige Hauptteile, deren erster – als Einleitung gedacht – dem Dichter in seiner Lust an der Zeitkritik zu einem eigenen Werke aufgeschwollen ist, dem er (Z. 450) den eigenen Titel „vom gemeinen Leben" gibt, während er in den Eingangszeilen das Gesamtgedicht mit dem Titel „*von des tôdes gehügede*" als Memento mori charakterisiert hatte.

„Vom gemeinen Leben", d. h. von den menschlichen Lebensordnungen – schon in diesem Titel wird der Wandel der Zeit offenbar. Knapp hundert Jahre früher hatte Noker von Zwiefalten den Gedanken des *memento mori* ganz aus dem Grundsätzlichen entwickelt, dem unvereinbar dualistischen Gegensatz von Welt und Gott, Zeit und Ewigkeit, und der *vil übele mundus* war ihm schlechthin nichtig, für den Menschen nur flüchtige Durchgangsstufe der Bewährung. Heinrich von Melk ist sich der Wertlosigkeit der Welt nicht minder bewußt. Aber er sieht sie in ihrer Existenz als eine vielgestaltige und doch geordnete Wirklichkeit. So wird sein Gedicht zu einer bitteren Zeitpredigt über die menschliche Existenz in ihren Sünden und Lastern, ausgehend vom Wort des Psalmisten: *omnes declinaverunt* (Ps. 3, 3), alle sind abgefallen. Die allgemeine Sündhaftigkeit aber verwirklicht sich ihm in den Sünden der führenden Stände, die seine eigenen waren: Adel und Geistlichkeit. Daher bedeutet „gemeines Leben" insbesondere die ständische Lebensordnung. Diese beiden Stände sind ihm der Inbegriff der „Welt"; die Stadt tritt gar nicht, der Bauer nur einmal in den Gesichtskreis, da er die von oben eindringende Putzsucht der Taglöhnerweiber tadelt. Aus der Urwurzel aller Sünde, der *superbia*, wachsen die anderen heran, Gewinnsucht, Üppigkeit, Zuchtlosigkeit. Wie so viele Sittenrichter blickt Heinrich rückwärts; die neue Sitte ist die schlechte Sitte, die Welt, in der er lebt, ist ein Auflösungszustand einer alten gültigen Ordnung. Eigen ist das Temperament, in dem sich dieses Welterlebnis bricht, die harte, zu keinen Abstrichen bereite Glut der Empörung, für die er sprachgewaltig Wort und Bild findet. Er sagt die Wahrheit stets schonungslos und geradezu und stellt die Gebrechen mit einer Deutlichkeit und Anschaulichkeit bloß, die keinen Zweifel lassen. Er hat nicht nur die Lust des guten Fechters am scharfen Hieb, sondern geradezu eine grimmige Freude am Verletzen. Die Gefahr des kalten Zynismus, die in seiner Natur liegt, wird jedoch gebannt durch die düster glühende Leidenschaft und den sittlichen Ernst, aus dem er sich zum Kampf berufen fühlt. Er sieht das Erlösungswerk Christi gefährdet, das Reich des Teufels im Vordringen. Darum muß er reden, muß enthüllen. Er fühlt den höheren Auftrag; aus ihm quillt seine Beredsamkeit.

Er selber ist Asket, tief durchdrungen von der Nichtigkeit der Welt. Der Klausner erscheint ihm wie Hartmann als die einzig rettende Lebensform. Der Gedanke an die Vergänglichkeit alles Irdischen beherrscht jede Regung in ihm und gibt ihm jene unvergeßlichen Szenen ein, in denen er die Ritterfrau an die Bahre des geliebten Mannes, den Sohn ans geöffnete Grab des Vaters führt, um sie und uns mit schonungsloser Deutlichkeit vom Ruche der Verwesung anwehen zu lassen. Der Vergänglichkeit der Welt steht das endlose Schicksal im Jenseits drohend gegenüber; dem toten Vater leiht er die Kraft des Wortes, damit er dem Sohne in Bildern und Mahnungen, die den beliebten Gattungen der Höllenvision und des Streites zwischen Leib und Seele entnommen sind, das eigene Schicksal ewiger Verdammnis vorzeichnen kann, in das ihn Weltlust und Besitzgier gestürzt haben. Der Ritterfrau aber malt er in schneidenden Antithesen das Bild des weltfrohen, modischen, fein gebildeten Hofmannes und Minnesängers vor, der nun stumm und starr daliegt, die furchtbaren Zeichen beginnender Verwesung an seinem Leibe und in seinen Zügen.

Und dies ist das Neue und Besondere bei Heinrich von Melk. Nicht nur, daß sich ihm, dem scharfen Beobachter, der allgemeine Begriff der „Welt" zu geschauten Bildern formt. Er ist darüber hinaus der erste, der die „neue Sitte" in ihrer grundsätzlichen Bedeutung durchschaut. Das Bild des reichen Herren im Wohlleben hat auch der Arme Hartmann anschaulich gezeichnet; Heinrich verspürt die wirkliche Umwertung des Daseins, die sich vollzieht, das Sinken einer Zeit, die nur eine einzige gültige Daseinsordnung kannte, das Heraufziehen eines neuen Lebensideals, in dem das Diesseits grundsätzlich bejaht wird und ästhetische Werte neben den religiös-sittlichen ihr autonomes Daseinsrecht beanspruchen, das Ideal der höfischen Kultur. Die neue Sitte, die ihm die schlechte Sitte war, ist zugleich die siegreiche Sitte; Heinrich führt das letzte große Rückzugsgefecht der cluniazensischen Lebensrichtung.

In seinem zweiten Gedicht, das wir wegen formaler Fortschritte als das spätere zu betrachten geneigt sind, greift Heinrich das Thema des Priesterlebens noch einmal gesondert auf, das ihn schon im „gemeinen Leben" stark beschäftigt hatte. Zugleich bietet sich ihm hier die Gelegenheit, zu brennenden Fragen kirchlichen Rechtes und kirchlicher Praxis Stellung zu nehmen. Er zielt namentlich auf die beiden geistlichen Laster der Unkeuschheit und der Simonie. Die großen Kämpfe des 11. Jahrhunderts um Zölibat und Investitur waren gewiß vorüber; von einer Priesterehe konnte keine Rede mehr sein. Aber die Sache selber war damit nicht zur Ruhe gekommen: Konkubinat und Verkauf der Heilsmittel waren nach wie vor Gegenstand des Ärgernisses und der Diskussion. Drei Hauptlaster stellt Heinrich bei den Geistlichen fest: Habsucht, Simonie und üppigen Lebenswandel. Sie hängen eng zusammen; die käufliche Liebe der Pfaffendirnen, ihre Ansprüche an Genuß und Putz verlangen Aufwendungen, die den Priester zur Gier nach Reichtum treiben, und diese findet Befriedigung durch die Simonie. Die Sünde des Priesters aber wiegt doppelt schwer; denn er hat zwei Aufgaben, die besondere Reinheit erfordern: er soll die Laien lehren und lenken, und er soll in der Messe den Leib des Herrn wandeln und berühren. So beschäftigen Heinrich, den Laien, besonders lebhaft die Folgen der Sündhaftigkeit des Geistlichen für die Allgemeinheit und damit die Frage nach der Gültigkeit des Meßopfers eines sündigen Priesters. Sie hatte seit den Tagen Gregors VII. die Gemüter gerade der Laienwelt beunruhigt und gequält und war auf Konzilien wie in der theologischen Literatur lebhaft diskutiert worden. Klar bekennt sich Heinrich, in beiden Gedichten gleichlautend, zu der Anschauung, daß das Meßopfer des unwürdigen Priesters dennoch Gültigkeit habe. So gewiß der sündige Priester durch den Vollzug des Meßopfers sich selbst um die Seligkeit bringt, und so sicher solches Tun Gott betrüben und die Menschen erbittern muß – wo Gottes Wort (d. h. die richtige Formel der Messe) und die geweihte Hand zusammenwirken, da ist die Wandlung vollzogen und die Heilswirkung erzielt.

Solche Teilnahme und eigene Entscheidung in einer wichtigen und umstrittenen kirchlichen Frage erweist uns, daß sich Heinrich mit kirchlicher Problematik beschäftigt hat. Ein theologisches Studium erfordert sie nicht. Doch hat Heinzel wohl recht, daß für Heinrich die Meinung des eifervollen Propstes Gerhoh im benachbarten Reichersberg (1132–69) maßgeblich gewesen ist, der in seiner weit verzweigten, allgemeinere Faßlichkeit anstrebenden Schriftstellerei auch zu den Fragen das Wort ergriffen hat, die Heinrich beschäftigten.

4. WEITERE SITTENKRITIK

Dem großen Satiriker war die Einleitung seiner Memento-Predigt unter der Hand zu einer eigenen Auseinandersetzung mit den sozialen Ordnungen erwachsen, und im Priesterleben griff er einen Stand und dessen Fehler heraus. Damit leitet er uns zu der praktischen Sittenlehre über, die gewiß hinter der Sünde den Tod und die Hölle als Sold sieht, die sich aber vor allem mit dem Verhalten im irdischen Bereich, mit dem Menschen als sozialem Geschöpf befaßt. Hier steht nicht mehr „der Mensch" in seiner grundsätzlichen dogmatischen Einordnung in die großen heilsgeschichtlichen Zusammenhänge da, sondern „die Menschen" in ihrer Verflechtung in eine soziale, und das heißt damals in eine ständische Ordnung. Diese gültige soziale und politische Ordnung heißt mittelhochdeutsch: *orden, ordenunge* oder auch *reht*.

Vom Recht handelt denn auch eine Reimpredigt, die uns die Milstätter Handschrift bewahrt hat. Die alte Anschauung, daß es sich dabei um einen österreichischen, speziell Kärntner Dichter handele, ist durch sprachliche Einschläge, die das Gedicht nach Alemannien weisen sollen, nicht erschüttert. Seinem ganzen Habitus nach gehört das „Recht" nicht in die Sphäre der alemannischen Reformklöster, sondern der österreichischen Bibeldichtung. Wir haben die praktische Christenlehre eines Seelsorgers vor uns, der in ländliche Verhältnisse blickt und aus ihnen heraus dichtet. Eine Grundeinteilung wird angelegt in der Dreigliederung höchster „Rechte": Treue, Achtung des Nächsten, Wahrhaftigkeit. Sie bewahren, heißt Gott wohlgefällig sein und führt zu ihm. Gegen sie verstoßen, führt zur Verdammnis. Solche Dreiheit ist nicht aus dem theoretischen System einer Moraltheologie entnommen, sondern aus praktischer Lebenserfahrung. Und sie wird auf praktische Lebensverhältnisse angewendet. Zur Behandlung einzelner „Ordnungen" übergehend, untersucht er ihre Gültigkeit zunächst für das Verhältnis von Meister und Knecht. Es beruht auf gegenseitiger Treue und Achtung. Wenn der Klatsch durchs Dorf geht, soll man sich davon fern halten, um die Lüge zu vermeiden und den Nächsten zu schonen. So werden hier die drei „Rechte" wirksam.

Der so angelegte und zunächst durchgeführte Grundplan geht bald verloren. Mehr noch als die meisten seiner Zeitgenossen ist dieser Dichter der Form des assoziativen, außerlogischen Aufbaus unterworfen. Wo eine Wortassoziation eine Gedankenfolge auslöst, läßt er sie ablaufen, um sich dann mit der Formel *nu grîfen aber an daz reht* wieder zum Hauptthema zurückzufinden. Aber gerade so entwickelt sich lebendig vor uns das Bild der einfachen sozialen Beziehungen, in denen der ländliche Mensch lebt: Herr und Gesinde, Hof und Dorfgemeinschaft,

Familie und Nachbarschaft, Pfarrer und Kirchgemeinde. Selten ist in dieser frühen Zeit der Bauer so sehr im Blickfeld eines Gedichtes. Neben dem bäuerlichen Laien steht der Priester, *des rehtes meister*, Leuchter und Spiegel der Laien, zu erhöhter sittlicher Haltung verpflichtet durch seine drei „Rechte": Güte, Demut, Liebe. Zum Schluß steigt die Betrachtung ins Menschheitliche auf mit den großen allgemeinmenschlichen Ordnungen: Geburt, Tod, Auferstehung, den Schritten, die den Bewahrer des Rechtes zur Seligkeit führen. Hier ist weder von *memento mori* noch von Weltverachtung die Rede. Indem alle Ordnungen von Gott ausgehen, sind sie auch wieder Gott zugeordnet, von ihm gewollt und gesegnet. Der asketischen Verachtung der Welt steht der Satz gegenüber: es ist Recht, daß ein junges Weib seinen Leib schmücke, und dem Ideal des enthaltsamen Lebens, das Hartmann und Heinrich auch dem Laien vorrücken, stellt dieser wohlmeinende Menschenfreund den Segen der recht geführten Ehe gegenüber mit dem drastischen Bilde, daß dort, wo zwei Ehegatten in Freud und Leid *als ein lîp* leben, Gott der dritte unter der Decke sei. Und so klingt das Gedicht in Zuversicht aus; der Schluß spricht nur von der ewigen Seligkeit, nicht von Todesfurcht und Höllenleben. Wir hüten uns, ein solches Gedicht systematisierend einzuordnen. Es ist so wenig ein Denkmal cluniazensischen Denkens wie ein Anzeichen beginnender Auflösung der starren Bindung und neuer Diesseitsfreude. Es atmet die ruhige Sicherheit des bäuerlichen Daseins, des ländlichen Friedens abseits der geistigen Kampfbahnen, jenseits des Meinungsstreites. Damit ist auch für die Frage der Datierung gesagt, daß die Beobachtung der formalen Technik nicht entscheidend sein kann. Als formaler Typus würde sich das Gedicht den Werken um die Jahrhundertmitte zuordnen, als Erzeugnis einer abgelegenen Gegend könnte es recht wohl jünger sein, als es wirkt. Jedenfalls wird man gut tun, es nicht über die Jahrhundertmitte hinaufzudatieren.

In sehr enger Beziehung zum „Recht" steht das in der Handschrift folgende Gedicht, das wir die „Hochzeit" nennen. Man hat es dem gleichen Manne zusprechen wollen wie das „Recht", doch bestehen dagegen starke Bedenken. Der Dichter der „Hochzeit" ist in seinem Denken und Dichten weit grundsätzlicher, stärker theologisch-dogmatisch bestimmt als der ländliche Praktiker, der das „Recht" verfaßt hat. Andrerseits enthält auch das Gedicht von der Hochzeit Strecken, die der ganzen Haltung des anderen Dichters auffallend nahekommen, derselbe praktische Blick, dieselbe Lust an der Abschweifung. Daher ist die Vorstellung wohl berechtigt, daß ein älteres Gedicht durch den Verfasser des „Rechtes" gründlich überarbeitet und mit breiten, praktisch gerichteten Abschnitten durchsetzt worden ist. Doch will eine sichere Aufteilung des überlieferten Textes auf Grundgedicht und Überarbeiter nicht gelingen.

Jedenfalls ist der Kern des älteren Gedichtes, bei dem stärkere Spuren als beim „Recht" auf alemannische Herkunft deuten, die Allegorie von der Hochzeit, der das Gedicht seinen Namen verdankt. Mit hübscher Anschaulichkeit wird – von V. 145 an – das Bild der Hochzeit eines reichen Herrenmannes entwickelt, mit Werbung durch Boten, Einkleidung der Braut, Einholung, Hochzeitszug und Hochzeitsmahl. Darauf folgt eine ausführliche geistliche Auslegung, die dem Dichter freilich weit weniger gelingt als die ansprechende Darstellung eines einfachen menschlichen Vorgangs. Hochzeit – das kann natürlich nur im Sinne der Erklärung des Hohen Liedes ausgedeutet werden. Aber wie sehr wandelt sich hier die inbrünstige Mystik des biblischen Hochzeitssymbols in die sachliche und festliche Wirklichkeit eines mittelalterlichen Hochzeitsfestes, zu dessen Schilderung der Dichter Farben und Formeln heimischer Lieddichtung entlehnt zu haben scheint. Seine Auslegung gründet der Dichter auf die individuelle Deutung des Hohen Liedes, die Beziehung der Seele zu Gott. Diese verbreitete Deutung erhält hier ihre besondere Note dadurch, daß als Bräutigam der Heilige Geist genannt wird (V. 342 f.), und daß als Braut neben der menschlichen Seele von V. 794 ab auch Maria erscheint. Das aber ist die Sonderform, die wir im St. Trudberter Hohen Lied (S. 124 f.) gefunden hatten. Man wird daher annehmen dürfen, daß der Dichter der „Hochzeit" oder der Verfasser seiner lateinischen Quelle – bei allem Abstand der geistigen Qualitäten – dem Kreise irgendwie nahe gestanden hat, aus dem die St. Trudberter Auslegung des Hohen Liedes hervorgegangen ist.

Das Gedicht schließt mit einer ziemlich eingehenden Darstellung der Heilsgeschichte, wobei es an die Deutung der Braut als Maria anknüpft. Wir werden sie dem theologisch gebildeten Verfasser der ursprünglichen „Hochzeit" zuzuweisen haben. Setzt man das „Recht" nach der Mitte des Jahrhunderts an, so läßt sich damit auch eine zu frühe Datierung des ursprünglichen Gedichtes von der Hochzeit vermeiden. Dagegen spricht ohnehin schon die Beziehung zum St. Trudberter Hohen Lied, und auch die liebevolle Anschaulichkeit in der Schilderung einer irdischen Erscheinung wie der Hochzeit stimmt dagegen bedenklich. Ein Gedicht, das solchen Blick für den menschlichen Vorgang mit dogmatisch-heilsgeschichtlicher Exegese zu paaren weiß, möchte man nicht weit unter die Mitte des Jahrhunderts zurückverlegen.

Zu der Gruppe der praktischen Sittenpredigt gehört weiter das Gedicht von der Habsucht (girheid), das Werk eines mittelfränkischen Geistlichen, der sich der „wilde Mann" nennt. Von ihm wird später bei seinem Hauptwerk, der Veronika-Vespasian-Legende (S. 202), zu reden sein. Hierher rechnen wir weiter das elsässische Bruchstück, das sich selber mit dem damals schon altertümlichen Ausdruck als *scoph* bezeichnet, ohne daß darum an einen weltlichen Dichter oder gar einen Spielmann zu denken wäre. Sein Herausgeber hat dem Gedicht den Titel: scoph von dem lône gegeben. Der Verfasser hat mancherlei zusammengerafft, das durch die asso-

ziative Exkurstechnik der frühmittelhochdeutschen Reimpredigt zusammengehalten
wird. Vor allem aber kam es ihm doch auf moralische Belehrung an; er spricht vom
Wankelmut, von getreuen und ungetreuen Frauen, von Mildtätigkeit, von wahrer
Reue und Buße und beleuchtet seine Ausführungen durch Beispiele aus der Bibel
(Zacheus) und der Legende (Martin). Heilsgeschichtliches und Grundsätzliches liegt
mit Praktischem untermischt. Wenn er von dem dreifachen Licht redet, das Gott dem
Menschen gegeben hat, so meint das nichts Dogmatisches, sondern praktisch das
Licht im Menschen – was sich wohl auf die Augen bezieht – das Feuer und den Tag.
Andrerseits weiß er nachdrücklich und mit wirkungsvoller stilistischer Wiederholung
die hohe Würde zu schildern, zu der Gott den Menschen von Ursprung vorgesehen
hatte. Alles ist zu seinem Dienste geschaffen, was auf Erden und im Himmel ist, und
erstmals stoßen wir auf den eigentümlichen Gedanken, daß auch die Engel zu Dienern
des Menschen bestimmt sind – eine Vorstellung, aus der später der Anstoß zu Luzifers
Empörung gemacht wird.

An den Schluß dieser Gruppe stellen wir das Bruchstück eines bayrisch-österreichischen Gedichtes, dem man den Titel „Trost in Verzweiflung" gegeben hat.
In seinem ersten Teil ist es ganz und gar asketische Literatur, Preis der Entsagung
und eines Lebens in Armut. Der zweite Teil ist ein persönliches Bekenntnis, das unter
den Bildern von Jagd und Hinterhalt den Kampf des Menschen gegen die starken
triebhaften Leidenschaften des Herzens schildert. In diesem Kampf, den der Dichter
in tiefster Verlassenheit von den Menschen und sogar den Heiligen geführt hat, ist
er schwer verwundet worden. Vergeblich schaut er nach ärztlicher Hilfe aus, bis ihm
ein „reicher Herr" Hilfe und Heilung verspricht. Damit bricht das Bruchstück ab.
Zweierlei macht uns diese dichterisch wenig hervorragenden Verse wichtig und wert.
Einmal das rücksichtslos hervorbrechende Bekenntnis persönlicher seelischer Not
und Hilflosigkeit. Das Ich des Einzelnen, das einmalige innere Erlebnis des Indi-
viduums, das schon hinter den Auseinandersetzungen Hartmanns und Heinrichs von
Melk mit der Welt und in Heinrichs persönlich-leidenschaftlicher Stellungnahme in
einem vorher nicht gekannten Maße hörbar geworden war, tritt nun unverhüllt
hervor. Zum zweiten erregt die Rolle unsere Aufmerksamkeit, die hier dem menschlichen Herzen zugewiesen ist. Wir kennen die alte, dualistische Antithese von Seele
und Leib; sie ist der Bußpredigt geläufig und wird zum eigentlichen Thema im Streitgespräch zwischen Seele und Leib. Überall aber ist es eben der Leib als der materielle
Teil des Menschen, der die Seele herabzieht und zur Sünde verlockt. Hier ist es das
Herz, der Sitz der triebhaften Leidenschaften, gegen das sich der Dichter verzweifelt,
aber vergeblich gewehrt hat, das Herz, das zärtliche und verzärtelte Organ des Minnesangs. Wir glauben, daß der Kampf, den dieser Mann in sich geführt hat, ein Kampf
gegen die Minne gewesen ist, daß der Dichter selber sich verzweifelnd von einem
Leben abgewandt hat, in dem höfische Daseinslust mit der Minne und dem Herzens-
kult des Frauendienstes als Mittelpunkt schon bestimmend gewesen ist. Wir sehen in
ihm einen Art- und Gesinnungsgenossen Heinrichs von Melk, und wir meinen, daß
die Enthüllung des eigenen Ich vor der Welt, die wir bislang noch nicht angetroffen
haben, nicht ohne Zusammenhang mit minnesängerischer Zergliederung und Selbstdarstellung des eigenen Seelenlebens denkbar ist.

Mit vollem Recht hat man auf das „Büchlein" Hartmanns von Aue als Artverwandten hingewiesen. Auch in diesem antithetischen Disput steht das Herz im Mittelpunkt; aber es ist dort entsprechend der Umwertung des Daseins als Sitz der Minne
zum Träger und Verfechter des höheren Daseins geworden, während dieser Dichter
in scharfem Widerspiel zu solcher höfischen Wertung dem Herzen die Rolle des Verführers zuweist. An eine unmittelbare Antwort auf Hartmanns Jugendwerk braucht
man darum nicht zu denken; die Anklänge, die man aufgespürt hat, sind dazu nicht
deutlich genug. Der Kult des Herzens als Sitz der Minne ist dem frühen Minnesang

und der höfischen Minnetheorie geläufig; das genügt als der allgemeine Hintergrund für die Kampfansage dieses Gedichtes. Damit werden wir zu einem recht späten Zeitansatz geführt; man wird an etwa 1180 denken müssen. Formale Bedenken, gegen die unsere Skepsis ohnehin gewachsen ist, bestehen nicht. Der Reim ist wesentlich rein und die rhythmische Unsicherheit besagt nicht mehr, als daß dem Dichter Hartmanns glänzende Formbeherrschung gefehlt hat.

5. JENSEITSSCHILDERUNG

Wo die Gedanken so stark um das Schicksal der Seele im Jenseits kreisen, ist die greifbare Vorstellung über die Zustände der jenseitigen Orte und das Leben ihrer Bewohner nicht nur ein theoretisches Anliegen theologischer Spekulation. Die gegenständliche Ausmalung von Himmel und Hölle beschäftigt gerade auch die Köpfe der Laien; sie nehmen begierig auf und bilden weiter, was ihnen die Kirche in Predigt, Legende, Vision darüber darbot. So wird die Schilderung von Himmelswonne und Höllenqual zu einem beliebten Gegenstand volkstümlicher Predigt und Dichtung. Die knappe Antithese des Muspilli sahen wir schon in der rhythmischen Prosa von „Himmel und Hölle" zu langen Vorstellungsketten von Wonne und Qual ausgesponnen. Auch Frau Ava schloß ihr Gedicht vom Jüngsten Gericht mit einer eingehenden Schilderung der beiden ewigen Stätten. Dabei sind die Bilder von der Seligkeit des himmlischen Daseins undeutlicher, die Augen sind von dem unermeßlichen Glanz gleichsam geblendet, und die Sprache reicht nicht aus, der inneren Schau Ausdruck zu verleihen. Die unmittelbare Anschauung durch die Vision bleibt in dieser Zeit noch ausgeschaltet. Wo sie dem Menschen zuteil wurde, ist es ihm untersagt, davon zu reden. So lesen wir schon bei Beda über Dryhthelms Vision, daß er nur über die Wonnen des Vorhimmels aussagen, die Orte der höchsten Seligkeit nicht beschreiben durfte. Ähnliches finden wir im Annolied bei der Saalfelder Himmelsvision des Anno und in der lateinischen Visio Pauli, die dem deutschen Gedicht von Paulus zugrunde liegt. In beiden Fällen bezeugt der Erzähler ausdrücklich, daß die so Begnadeten sich über ihr Erlebnis nicht auszusprechen wagten und das Geheimnis des Himmels in sich verschlossen. Handgreifliche Jenseitsfreuden bleiben selten, wie sich der Arme Hartmann Christus als den „Wirt", den himmlischen Hausvater, vorstellt, der den Erwählten zu seiner reichen „Wirtschaft" führt. Meist steht das geistigere Erlebnis im Vordergrund, Gott schauen zu dürfen, so in der Milstätter Sündenklage und bei Heinrich von Melk, begleitet von unbeschreiblichen Eindrücken von Licht und Wonne. Festere Vorstellung bietet die Johannesapokalypse mit ihren Schilderungen des himmlischen Jerusalem, und gern knüpft die Dichtung daran an, indem sie die von Gold und edlen Steinen glänzenden Mauern und

Straßen der ewigen Stadt schildert, in denen die Seligen wandeln, von himmlischem Licht umstrahlt, von Engelchören umhallt, in überirdischen Düften schwelgend. Um die Himmelswonne anschaulich zu machen, wählt man gern die ebenfalls in der Apokalypse vorgebildete Methode der negativen Beschreibung, der Abwesenheit aller irdischen Mängel und Unvollkommenheiten. Die ewige Stadt steht im Mittelpunkt des Gedichtes vom Himmlischen Jerusalem; die negative Schilderung wird virtuos gehandhabt im Gedicht vom Himmelreich.

Um so handgreiflicher sind dagegen die Höllenvorstellungen. Die Grundvorstellung vom „schwarzen" Höllenfeuer, das nur brennt, aber nicht leuchtet – *fuir enti finstri* sagt das Muspilli –, von tödlicher Kälte, vom schwarzen Höllensumpf verdichten sich zu geschauten Bildern wohlausgedachter Qualen. Hier tritt seit alters das Zeugnis der Vision hinzu, die nicht verschwiegen, sondern eindringlich berichtet wird. Dem Apostel Paulus wird eine Unterweltswanderung zugeschrieben, und andere frühchristliche Apokalypsen schildern eingehend und detailliert die Orte der Qual. Die karolingische Zeit wurde durch die Vision des Reichenauer Mönches Wetti bewegt. Das 12. Jahrhundert schauderte namentlich vor den grellen Schreckensvisionen des irischen Ritters Tundalus. Und dazu tritt als weiteres Motiv die Rückkehr der Seele eines Verstorbenen z. B. in der Legende des irischen Heiligen Patricius. Wir haben es bei Heinrich von Melk bei dem Vater des adligen Jünglings als dichterische Fiktion kennengelernt, und wir kennen das beliebte Streitgespräch zwischen Leib und Seele, das darauf aufgebaut ist. So finden wir denn auch in dieser Periode deutsche Gedichte über dieses Thema: die Visio Sti. Pauli und zwei Bearbeitungen der Tundalus-Vision.

Das Gedicht vom Himmlischen Jerusalem, das Werk eines Österreichers, der vor der Jahrhundertmitte dichtete, baut ganz auf der Vorstellung von der ewigen Stadt auf, wie sie durch Apok. 21, 2 –25 dargeboten wird. Es schildert nur den Ort, nicht das Leben der Seligen, und die Auslegung ist ihm wichtiger als die Tatsachen. Den Hauptteil des Gedichtes erfüllt die Behandlung der zwölf Grundsteine der ewigen Stadt. Sie werden mit 12 Edelsteinen gleichgesetzt, und zu jedem von ihnen wird eine kurze Abhandlung über seine Qualitäten und seine mystisch-moralische Bedeutung gefügt. Die Kunde der Edelsteine hat das Mittelalter lebhaft beschäftigt. Ihre Kostbarkeit hatte die edlen Steine von je mit sagenhaften, magischen und mystischen Vorstellungen umsponnen. Orientalisches, alttestamentliches und antikes Wissen und Fabeln um ihre Herkunft, Natur und Wirkung waren in die mittelalterliche Vorstellungswelt übergegangen, in Isidors Enzyklopädie aufgefangen und in den Steinbüchern systematisch dargestellt worden. Wie der Physiologus das Tier, so setzen die Steinbücher den Edelstein in Relation zu dem höchsten Gut, um daraus ihren Wert zu begründen. Auf solcher Steinkunde beruhen die Exkurse des „Himmlischen Jerusalem". Eine unmittelbare Quelle hat sich nicht nachweisen lassen, doch findet sich sein Wissen wesentlich in dem weitverbreiteten Steinbuch des Marbod von Rennes (1035–1120) wieder, und insbesondere steht ihm das Kapitel *de duodecim lapidibus pretiosis* in einer Naturkunde nahe, die als Anhang dem Vogelbuch des Hugo von Folieto angefügt ist. Doch machen es chronologische Erwägungen fraglich, ob wir diese Schrift als Quelle ansehen können. Ein solcher Exkurs zerfällt jeweils in zwei Teile, den wissenschaftlichen, der von der Farbe des Steines ausgehend über seine besonderen Eigenschaften, eventuell über die Gegenden seines Vorkommens und die Art seiner Gewinnung unterrichtet, und eine geistlich-moralische Auslegung, die seine „Bezeichnung" darlegt. Mit seinem Gedicht glaubt der Verfasser den Weg in die ewige Stadt gewiesen und der Lust an weltlicher Dichtung *(von der degenhaite)* einen besseren Gegenstand gegenübergestellt zu haben.

Auch im „Himelrîche" wird der Himmel als eine Burg, d. h. eine Stadt gedacht. Dies ungewöhnliche Gedicht gehört sprachlich in die nächste Nähe der Windberger Psalmen (vgl. S. 119). Diese sind 1187 verfaßt. Dem gleichen Kloster, doch wohl nicht dem gleichen Mann, gehört unser Gedicht an; Form und Sprache legen eine frühere Datierung, um 1160, nahe. Das in Inhalt und Form eigenartige Werk hat seit Scherers Zeiten eine merkwürdig abfällige Beurteilung als „platt naturalistisch" und „prosaisch" gefunden, weil man sich einseitig an den Abschnitt hielt, in dem die Stilform der negativen Beschreibung des Jenseits als Abwesenheit aller irdischen Leiden und Bedürfnisse zu großer Anschaulichkeit entfaltet ist. Nichts kann falscher sein als dieses Urteil. Es überhört nicht nur, wie der Dichter daneben ein eindringliches Gefühl für die Seligkeit der Nähe Gottes und für das geistliche Mysterium des ewigen Lebens besitzt, es geht auch achtlos an den übrigen fünf Sechsteln der Dichtung vorbei, zumal an dem Eingangshymnus, der einer der schönsten Lobgesänge auf Gottes Schöpfermacht in deutscher Sprache ist.

Dieser Mann ist wirklicher Dichter; ihm wandelt sich theoretische Lehre in geschautes Bild und geprägtes Wort. Die Überwältigung durch die Erhabenheit seines Stoffes klingt durch das ganze Gedicht, auch durch die gerügte negative Jenseitsschilderung, und gibt seiner Sprache die Fülle breit schwingender Ergriffenheit. Die Einleitung bildet der Hymnus auf Gottes Schöpfergewalt und Herrscherherrlichkeit. Es folgt die Schilderung des Himmelreiches als der glänzenden Gottesstadt, auf deren Zinnen Engel gegen den Ansturm des Teufels Wacht halten. Sie ist von Gott selbst erleuchtet, und über seinem Thron wölbt sich – nach Apok. 4, 3 – der Regenbogen. Diesem wird ein längerer wissenschaftlicher Exkurs gewidmet über seine Entstehung aus dem Zusammenwirken der 4 Elemente und über die Etymologie seines Namens, wobei Iris von Irene, der Friede, hergeleitet wird. Der Dichter beruft sich hier – gleich dem Dichter des Anegenge – auf sein Schulwissen. Wir blicken in eine Auslegung der Apokalypse hinein, die ganz im Sinne Notkers getrieben worden ist: naturwissenschaftliche Erklärung und Etymologie sind ja Notkers beliebte Mittel der Interpretation. So mündet von Notkers Werken über die Windberger Schule der Psalterverdeutschung etwas in die deutsche Dichtung ein.

Von den Elementen Wasser und Feuer wird der Dichter auf die beiden Weltuntergänge gelenkt, den vergangenen der Sintflut, den künftigen des Endgerichtes. Aber er blickt nicht mit Schrecken auf dieses Ereignis; es ist der ersehnte Augenblick, da die Schatten weichen und das ewige Licht aufgeht, da Gott dem Menschen und der Mensch Gott naht. Jetzt folgt der Abschnitt, in dem das Jenseits mit so starker Anschaulichkeit in der negativen Methode geschildert wird. Der Grundgedanke, daß das Kleid der Seligen das ewige Licht ist, veranschaulicht sich dem Dichter etwa dadurch, daß die Seligen nicht Schleier und Mantel, Hemd und Hose, Socken und Schuhe, auch keine Badegewänder brauchen. Die Grundvorstellung, daß Hunger und Durst ein Ende haben, in die Anschauung, daß kein Tier geschlachtet wird, nicht gebacken und gesotten wird, kein Gelüst mehr nach Wein, Met und Maulbeerwein verlangt. Alle Notdurft wird durch das „Heil" gestillt, so brauchen sie nicht mehr Kamm und Bürste, Polster und Decken. Diese wirklichkeitsgesättigte Realistik der Schilderung nehmen wir gern als ein Zeichen dafür, wie sich die Denk- und Sehweise der Generation um die Jahrhundertmitte gewandelt hat. Nur dürfen wir sie nicht „naturalistisch" nennen. Aus der Menge gereihter Vielheiten einen Gesamteindruck aufzubauen, ist der frühmittelhochdeutschen Stilform eigen. Auch ist es keineswegs eine bloße Aufzählung negierter Einzeldinge. Es liegt vielmehr die Vorstellung einer mystischen Verwandlung dahinter: alles ist, so drückt es der Dichter aus, „mit geistlichen Dingen verwandelt". Nicht das Nicht-Vorhandensein ist wesentlich, sondern das Ganz-anders-Sein. Und dies Ganz-andere wird zum Schluß positiv sichtbar in Gottes Thronsitz mit den Tieren und den Ältesten der Apokalypse 4, 4 ff.

Eigentümlich wie der Inhalt ist auch die Form. Die enge Lachmannsche Metrik stand ratlos vor diesen breit geschwungenen Versen, in denen man sogar den Versuch zu deutschen Hexametern vermutete. Gibt man diesem Gedicht nur die weiträumige Füllungsfreiheit frühmittelhochdeutscher Verse in Auftakt und Innerem und namentlich die Freiheit des Kadenzentausches in An- und Abvers, so erklingen gegliederte Langzeilen vom Typ des Kürnbergers und des Nibelungenliedes. Gewiß überströmt die dranghafte Fülle der Rede öfter die Binnengrenze,

löst den klaren rhythmischen Bau auf. Aber an der gegliederten Langzeile als der gewollten Form darf uns das nicht irre machen. Hävemeiers
umstrittener Versuch der Herstellung krankt noch am Lachmannischen
Zwang; ein gutes Drittel der Zeilen seines Textes müssen davon erlöst
werden. Damit wird das Gedicht formgeschichtlich ungewöhnlich bedeutsam. Neben die sonst allein übliche Kurzzeile der geistlichen Dichtung stellt es die Langzeile als vorhöfischen Vers. Man wird kaum annehmen, daß ihm Kürnbergers Strophik bekannt und vorbildlich war.
Wir glauben vielmehr, daß der bayrische Dichter den Vers aus der
volkstümlichen weltlichen Epik entnommen hat, nicht anders als der
Kürnberger und der Dichter der älteren Nibelungennot; vielleicht sind
auch zwei frühmittelhochdeutsche Reimpaare, die in einem lateinischen
Psalter eingetragen sind (Stammlerfestschrift S. 43) als Langzeilen zu
deuten. Nur ist der Vers hier mit größerer Freiheit behandelt als in der
frühen österreichischen Lyrik, wo die Melodie Grenzen setzte. Hier dagegen schwellt das hymnische Pathos den Vers bisweilen bis zum Zer-
reißen der rhythmischen Linie. Zu den bayrischen Zeugnissen des Regensburger und Rietenburger Burggrafen, den österreichischen des
Kürnberger, Dietmars und ihrer namenlosen Nachbarn, endlich zur
älteren Nibelungennot stellt sich dies ältere oder gleichzeitige Windberger Denkmal, um für den Südosten das frühe Dasein dieser herrlichen
rhythmischen Zeile zu erweisen, zu der in seinem Alter der große
Österreicher Walther von der Vogelweide zurückkehrte.

Die genauen Vorstellungen über die Hölle, ihre Orte und Qualen
berufen sich, wie gesagt, auf die Vision, wie sie zuerst in den frühchrist-
lichen apokryphen Apostelapokalypsen niedergelegt wurden.

Eine weit verbreitete Jenseitsvision wurde Paulus im Anschluß an sein Damaskus-
Erlebnis zugeschrieben: Ein mitteldeutscher Dichter der Jahrhundertmitte hat die
Visio Pauli in ziemlich engem Anschluß an die Quelle, die Paulusapokalypse des
4. Jahrhunderts, recht und schlecht in Verse gebracht. Das erhaltene Stück schildert
einen der Zwischenorte. Der Schwierigkeit, aus der die Vorstellung von Zwischenorten im Jenseits hervorgegangen ist, sind wir schon beim Muspilli begegnet. Sie
liegt in der Zwiespältigkeit zwischen dem Einzelschicksal der Seele nach dem Tode
und dem Endschicksal, und damit in der Frage, wo sich die Seelen nach dem Tode
aufhalten. Nur für die äußersten Gruppen, die Märtyrer und Heiligen einerseits, die
Todsünder andrerseits löst sie sich alsbald. Sonst entscheidet erst das Jüngste Gericht über das letzte Schicksal. Mannigfaltige Lösungen sind in der theologischen Diskussion wie in der volkstümlichen Literatur zu finden. Zu ihnen gehören die Zwischenorte, Vorhimmel, Vorhölle, limbus puerorum, irdisches Paradies, Fegefeuer.
In der Szene unseres Gedichtes sieht Paulus vor dem Tor der ewigen Stadt Bäume,
auf denen Seelen sitzen, bangend, durch den Sturmwind in den Abgrund gefegt zu
werden, aber erquickt durch den Blick in die Himmelsburg und die Hoffnung, endlich dorthin zu gelangen.

Zusammen mit der Paulusvision sind die Reste eines Gedichtes bewahrt, das man
die „Zukunft nach dem Tode" benannt hat. Es gilt neuerlich meist als Teil
des Paulusgedichtes, doch sprechen Inhalt wie Reimtechnik dagegen. Die „Zu-

kunft" ist entschieden empfindlicher in den Anforderungen an den Reim. Inhaltlich ist es die Schilderung des Empfanges einer bösen Seele in der Hölle und einer reinen Seele im Himmel, ohne daß von Paulus die Rede wäre oder daß – wie in der Paulusvision – der begleitende Engel die Gesichte des Apostels mit Erklärungen begleitete. Zwar ist in einer Fassung der lateinischen Paulusvision eine entsprechende Szene nachweisbar. Aber während die deutsche Paulusvision der lateinischen Quelle recht genau folgt, weichen lateinischer und deutscher Text hier, abgesehen vom Grundmotiv, ganz voneinander ab. Es wird sich also empfehlen, die „Zukunft" als ein eigenes Gedicht zu betrachten. Literarische Vorgänger sind reichlich benutzt. Der Höllenabschnitt ist als Abschied der Seele vom Leib gestaltet und verwendet dabei recht wenig geschickt das beliebte Motiv vom Streit zwischen Seele und Leib, vermutlich auf Grund einer deutschen Behandlung dieses Themas. Der Empfang im Himmel verwendet ähnlich das Gedicht von der Hochzeit (vgl. S. 187 f.), indem der Empfang im Himmel als Einholung und Empfang der Braut dargestellt wird.

Solche Bilder mußten das bangende Herz tief beeindrucken. Wieviel schärfer und erschütternder aber mußte die Wirkung sein, wenn das visionäre Erlebnis einem Mitlebenden zuteil wurde! Im Jahre 1149 soll ein irischer Ritter namens Tundalus oder Tnugdalus eine solche Vision erlebt haben. Mitten bei einem Mahl im Hause eines Freundes sank er tot zusammen und wurde aufgebahrt; als er zu Grabe getragen werden sollte, kehrte der Atem wieder. Er war durch die seligen Orte des Himmels und die Qualorte der Hölle gegangen. Dort hatte er Entsetzliches gesehen und am eigenen Leibe verspürt, und wieder erwacht führt er fortan ein reines Leben.

Die Ausmalung der höllischen Orte und Qualen erfolgt mit großer Ausführlichkeit und mit der grellen, zuweilen großartig-düsteren Anschaulichkeit, die, an der Kraßheit keltischer Wundererzählungen geschult, durch die überhitzte Weltangst der Zeit übersteigert ist. Nach Anschaulichkeit hatte im 11. Jahrhundert auch der Verfasser von „Himmel und Hölle" gerungen, aber aus einer ganz anderen Geistigkeit heraus. Ihm war die Hölle ein Gesamtphänomen, dessen Wesen er durch die unendliche Kettung von Prädikaten zu einer Gesamtanschauung zu bringen suchte. Das konkrete Schicksal der einzelnen Seele trat für ihn ganz zurück; die Hölle ist ihm ein dogmatischer Ort. In der Vision des Tundalus geht es um die Leiden und Qualen der einzelnen Seelen; ihr Schreien und Wehklagen erfüllt die Luft. Ins einzelne ausgemalte, individuelle Peinigungen suchen das einzelne Laster in eine spezifische Beziehung zu der Art seiner Höllenstrafen zu setzen. Ja, um die Individualisierung zu vollenden, muß der Visionär selber die einzelnen Peinigungen kostprobenweise am eigenen Leibe durchmachen. So muß er eine Kuh über eine handschmale, einen Pfuhl voller Ungeheuer überquerende Brücke treiben und den Sturz in den Abgrund durchleben, weil er seinem Nachbarn einmal eine Kuh gestohlen hat. Das Ich und sein individuelles Erlebnis stehen im Vordergrund und regen die Mitlebenden auf. Ebenso anschaulich in Einzelheiten aufgelöst ist die Abschilderung des himmlischen Raumes, belebt und ins Individuelle gezogen durch die Begegnung mit namentlich genannten Menschen der unmittelbaren Gegenwart in den Zwischenorten und im Himmel. Dantes Jenseitserlebnisse bereiten sich hier vor.

Alle Elemente der Jenseitsvorstellungen des Mittelalters sind in der altchristlichen Apokalyptik vorgebildet; sie sind nicht erst zu dieser Zeit erfunden. Wichtig ist aber, daß diese individuellen, die realistischen Einzelheiten suchenden Visionen eben jetzt wieder fruchtbar werden und die Gemüter tief ergreifen. Nunmehr ist es der Laie, nicht der Geistliche, der diese individuelle, nicht mehr dogmatische Gegenständlichkeit der jenseitigen Orte erlebt. Denn Tundalus wird vor seinem Visionserlebnis als ein Muster des nun schon höfisch stilisierten Rittertums dargestellt, in dessen Leben Fest und Minne eine erhebliche Rolle gespielt haben. Nach dem Erlebnis läßt er irdische Freuden und irdischen Besitz fahren und zieht sich in ein Kloster zurück. Mit dieser ständischen und standeskritischen Betrachtungsweise stellt sich der Verfasser der Tundalusvision in eine Linie mit dem Armen Hartmann und Heinrich von Melk.

Die Tundalusvision besitzen wir zunächst in der lateinischen Aufzeichnung eines Regensburger Mönches Markus, vermutlich doch eines Schottenmönches, bald nach dem angeblichen Visionserlebnis. Sie fand große Verbreitung und wurde zur Grundlage volkssprachiger Bearbeitungen. Aus dem 12. Jahrhundert sind uns zwei deutsche Tundalus-Dichtungen bekannt, eine mittelfränkische, die eine reine Übersetzung, eine bayrische, die eine leichte Bearbeitung des Markus-Berichtes ist. Als Verfasser des bayrischen Gedichtes nennt sich ein Mann namens Alber, als Veranlasser bezeichnet er einen Geistlichen des Klosters Windberg, das damit abermals durch seine literarischen Interessen hervortritt. Beide Gedichte gehören dem Ausgang der Periode an.

Aus dem gleichen irischen Raum und mit ähnlicher irischer Phantasie geschaffen stammt die Legende des irischen Nationalheiligen Patricius, in der sich das Motiv des erweckten Toten, der von seinen Jenseitserfahrungen berichtet, mehrfach wiederholt. Auf Grund einer lateinischen Patriuslegende ist ein alemannisches Gedicht verfaßt, in dessen uns erhaltenen geringen Resten eben eine solche Erweckungsszene dargestellt ist.

6. SÜNDENKLAGE

Eindringliche Beschäftigung mit dem Schicksal der Seele im Jenseits, aufgepeitscht durch die drastischen Darstellungen in Bußpredigt und Visionsdichtung, hält Weltangst, Sündengewißheit und Reuequal in den Herzen der Menschen wach. Aber die Kirche mit ihren Gnadenmitteln kann helfen, der Priester von Sünde freisprechen, wo Reuegefühl und Bußtat vorangehen. So dauert die Literatur der Beichtformeln fort, und es kommt zu einer gereimten Fassung des kirchlichen Beichtformulars in der Uppsalaer Beichte, einem rheinfränkischen Stück der Jahrhundertmitte. Sie gehört mit einer Reihe prosaischer Beichtformeln zu einer Gruppe jüngster Abkömmlinge der alten bayrischen Beichte und der lateinischen Übersetzung des Honorius, über die wir S. 29 f. berichtet haben. Vor allem aber kennt auch die letzte cluniazensische Generation als Antwort auf die Memento-mori-Predigt die Sündenklage. Neben einigen Prosaklagen aus Rheinau und Klagenfurt steht die bedeutende Vorauer Sündenklage, eine Generation jünger als die Milstätter Sündenklage (vgl. S. 169f.), gleich ihr aus dem Beichtformular entwickelt. Den größten Teil des Gedichtes bildet das anrufende Einleitungsgebet, dem Sündenregister und Reuebeteuerung folgen. Dies Einleitungsgebet aber – rund 450 von 850 Zeilen – richtet sich in seinem ersten und umfänglichsten Teil an Maria! Während in der Milstätter Klage der Anruf an Maria nur kurz und ohne tiefere Resonanz in der Gruppe der Heiligenanrufungen steht, wird er hier so sehr zum Hauptstück, daß der Herausgeber der Vorauer Handschrift, in der die Sündenklage überliefert ist, dem ganzen Gedicht den Titel „Loblied auf Maria" gab. Zwischen den beiden österreichischen Sündenklagen steht der aufblühende Marienkult. Die Jungfrau erscheint hier in ihrer traditionellen Rolle als Helferin und Fürsprecherin des Sünders am Throne ihres Sohnes. Es ist ihr innerer Beruf; „du bist es mir ein wenig schuldig" kann der gläubige Dichter sie mahnen, ohne Ungehöriges in solcher Nähe zu spüren. Zu dieser Gruppe gehört auch die Sündenklage, die mit ihren Berufungen auf sündige Heilige in die Rede vom Glauben des Armen Hartmann eingelegt ist.

Dem Typus der Sündenklage steht ein weiteres Gedicht sehr nahe, das sich an die Heiligenanrufe der kirchlichen Litaneien anlehnt und sich darum selber eine Litanei nennt. Doch ist es mehr als eine solche. Denn aus der Heiligensystematik, wie sie die Litanei darbietet, heben sich einzelne Heiligenanrufe heraus, die in hymnischer Gebetform Leben und Wunder des Heiligen einbeziehen. Auch dies Gedicht ist Zeuge der neuen Marienverehrung; es sieht Maria in ihrer heilsgeschichtlichen Funktion als Gottgebärerin, aus der ihr das Recht erwächst, von Christus als Mutter und als sein Geschöpf Gnade für den Sünder zu fordern und zu erbitten. Dabei ist das ganze Werk so tief durchdrungen von quälendem Sündengefühl, so innig durchklungen von reuigem Bekenntnis, daß es zu einer wirklichen Sündenklage wird. Wir besitzen es in einer Grazer Handschrift (G) aus St. Lambrecht in der Steiermark, in der sich der Dichter als der Knecht Gottes Heinrich bezeichnet. Diese kürzere, wohl in einem kärntnischen Reformkloster bald nach der Jahrhundertmitte entstandene Fassung erhielt nicht viel später eine erweiternde Umarbeitung, die sich durch die Hervorhebung des hl. Koloman als donauländisch erweist; sie ist durch einen Abt Engelbrecht veranlaßt, den wir nicht sicher nachweisen können. Die erweiterte Fassung endlich liegt einer neuen erweiterten Umarbeitung in rheinfränkischer Mundart zugrunde, die in der Straßburg-Molsheimer Handschrift (S) enthalten war, und deren Verfasser sich als besonderer Verehrer des hl. Blasius bekennt.

LITERATUR

Jacob und Esau: hrsg. K. Bartsch, Germ. 31 (1886) S. 57 ff.

Judithepos: Diemer, Deutsche Gedichte S. 125 ff.; E. Schröder, Zur jüngeren Judith, ZfdA 66 (1929) S. 73 ff.; Leitzmann, Lexikalische Probleme S. 20 ff.

Maccabäer: C. v. Kraus Nr. 6 S. 25 ff., 147 ff.

Tobias: Hrsg. H. Degering, Beitr. 41 (1916) S. 528 ff.; H. E. Müller, Münchener Texte H. 12 (1923) S. 61 ff.

Christus und Pilatus: C. v. Kraus Nr. 12 S. 62 ff., 246 ff.

Anegenge: K. A. Hahn, Gedichte des 12. und 13. Jahrhunderts, Quedlinburg und Leipzig 1840 S. 1 ff.; E. Schröder, Das Anegenge, Straßburg 1881; A. Leitzmann, Zum Anegenge, ZfdA 77 (1940) S. 104 ff.; *Quellenfrage:* V. Teuber, Über die vom Dichter des Anegenge benutzten Quellen, Beitr. 24 (1899) S. 247; F. Scheidweiler, Studien zum Anegenge, ZfdA 80 (1944) S. 11 ff.

Linzer Antichrist: hrsg. Hoffmann v. Fallersleben, Fundgruben 2, 104 ff.; E. Schröder, Die Heimat des Linzer Entechrist, Göttinger Nachr. 1918, 340 ff.; A. Leitzmann, Lexikalische Probleme S. 27 ff.

Hamburger Jüngstes Gericht: A. Leitzmann, Kleine Gedichte S. 12 f.; E. Schröder, ZfdA. 71 (1934) S. 209 f. (Lokalisierung in Südrheinfranken). Leitzmann, Lexikalische Probleme S. 31 f.

Zahlensymbolik: G. Sauer in Buchbergers Lexikon für Theologie und Kirche X, 1075 ff. Ursula Großmann, Studien zur Zahlensymbolik des Frühmittelalters. Diss. Freiburg 1948, (Masch.-Schr.).

Siebenzahl: Waag Nr. 6 S. 52 ff.

Vaterunser: Waag Nr. 5 S. 43 ff.

Arnolds Gedicht von der Siebenzahl: H. Polzer-van Kol, Bern 1913. ; Kurt Ranke Volkskundliches zu Priester Arnolds Gedicht von der Siebenzahl. ZdfPhil. 71 (1951–53) S. 343–365.

Werner vom Niederrhein: K. Köhn, Die Gedichte des Wilden Mannes und Wernhers vom Niederrhein, Berlin 1891.

Wahrheit: Waag Nr. 11 S. 135 ff.; Leitzmann, Lexikal. Probleme S. 41 ff.

Cantilena de conversione Sti. Pauli: E. Martin, ZfdA 30 (1886) S. 305 ff. Leitzmann, Kleine Gedichte S. 9 f.

Babylonische Gefangenschaft: C. v. Kraus, ZfdA 50 (1908) S. 328 ff.; Leitzmann, Kleine Gedichte S. 10 f.; O. Mitter, Untersuchungen über das frühmittelhochdeutsche Bruchstück von der Babylonischen Gefangenschaft und sein Verhältnis zur mittelfränkischen Reimbibel, Beitr. 60 (1936) S. 258 ff.

Armer Hartmann: hrsg. Fr. v. d. Leyen, Breslau 1897. A. Leitzmann, Zu Hartmanns Rede vom Glauben, Beitr. 24 (1899) S. 206 ff.; dazu v. d. Leyen ebda 522 ff.; Jos. Brüch, Zur Sprache der Rede vom Glauben des Armen Hartmann, Prager deutsche Studien 17 (1910) (thüringisch); dagegen Gerh. Thiele, Zu Hartmanns Credo, ZfdA 77 (1940) S. 64 f. (rheinisch); Zur Heimatfrage auch Edw. Schröder, Aus der Reimpraxis frühmittelhochdeutscher Dichter. ZfdA 75 (1938) S. 201–205.

Heinrich von Melk: hrsg. R. Heinzel, Heinrich von Melk, Berlin 1867; R. Kienast, Der sogenannte Heinrich von Melk, Heidelberg 1946; G. Hampel, Reimwörterbuch und Beiträge zur Reimtechnik der Gedichte Heinrichs von Melk. Diss. Wien 1950. (Masch.-Schr.); E. Henschel, Zu Heinrich von Melk. Jahrbuch der kirchlichen Hochschule Berlin 4 (1952) S. 267–273; Th. Baunack, Beiträge zur Erklärung Heinrichs von Melk, ZfdA 54 (1913) S. 99 ff.; 57 (1920) S. 49 ff.; 58 (1921) S. 239 ff.

Recht und Hochzeit: Waag Nr. 8 und 9 S. 70 ff.; Helene Robl, Reimwörterbuch und Reimwortverzeichnis zu den Gedichten „Vom Rechte" und „Die Hochzeit".

Diss. Wien. 1949 (Masch.-Schr.); C. v. Kraus, „Vom Rechte" und „die Hochzeit"
Sitzgsber. Wiener Akad. d. Wiss. 123, 4; Fr. Vogt, Beitr. 45 (1921) S. 460 Anm.
(für Österreich).

Girheide, s Wernher vom Niederrhein.

Scoph von dem lône: E. Martin, ZfdA 40 (1896) S. 305 ff.; Leitzmann, Kleine Gedichte S. 5 ff.

Trost in Verzweiflung: Leitzmann, Kleine Gedichte S. 27 ff.; Meyer-Benfey, Mittelhochdeutsche Übungsstücke S. 19 ff.; A. Schönbach, Über Hartmann von Aue,
Graz 1884 S. 376 ff.; A. Leitzmann, Lexikalische Probleme S. 44 f.

Himmlisches Jerusalem: Waag Nr. 7 S. 55 ff.; *Marbod*: Manitius III, 719 ff.; *Hugo
v. Folieto* ebda. III, 226 ff.; *de duodecim lapidibus* auch III, 726.

Himelrîche: Meyer-Benfey, Mittelhochdeutsche Übungsstücke Nr. 1; Leitzmann,
Kleine Gedichte S. 20 ff.; R. Hävemeiers Herstellung in: Das himelrîche, Diss. Göt-
tingen 1891; mit grundsätzlich richtiger Beurteilung der Form. Anders A. Heusler,
Deutsche Versgeschichte I 132 ff. § 599.

Psalterverse: A. Dold, Beachtliche Handschriftenfragmente und frühmittelhochdeutsche Einträge zu lateinischen Canticatexten. Festschr. W. Stammler (1953)
S. 41–44; ; G. Eis, Frühmittelhochdeutscher Fund. Eine gereimte Gebetsanweisung
für Psalter und Laudes. MLN 68 (1953) S. 319–25.

Visio Pauli und *Zukunft*: C. v. Kraus Nr. IX S. 38 ff., 187 ff. bzw. Nr. VIII S. 35 ff.,
182 ff. (die beiden Gedichte als Einheit aufgefaßt) gegen die Trennung bei Scherer,
Quellen und Forschungen 7, 22 ff.

Tundalus: A. Wagner, Visio Tundali lateinisch und altdeutsch, Erlangen 1882
(beide deutschen Fassungen); C. v. Kraus Nr. XI S. 46 ff.; 217 (mittelfränkische
Bruchstücke); E. Schröder, Alber von Windberg, ZfdA 50 (1908) S. 391 ff.; ders.,
Die Überlieferung von Albers Tundalus, ZfdA 72 (1935) S. 249 ff.

Patricius: C. v. Kraus Nr. VII S. 30 ff., 157 ff. (dort lateinische Quelle).

Uppsalaer Beichte: Waag Nr. 13 S. 167 ff.; Einordnung bei Baesecke, Die Altdeutschen Beichten, Beitr. 49 (1925) S. 268 ff.

Vorauer Sündenklage: Waag Nr. 12 S. 141 ff.; Leitzmann, Lexikalische Probleme
S. 36 ff.

Litanei: C. v. Kraus, Mittelhochdeutsches Übungsbuch (2. Aufl.). Heidelberg 1926
Nr. 2 S. 28 ff., 274 ff. (G und S); A. Leitzmann, Zum Wortschatz der Litanei, ZfdA.
80 (1944) S. 170 ff.

ZEHNTES KAPITEL

NEUE FRÖMMIGKEIT, LEGENDE
UND MARIENDICHTUNG

Mit den Marienanrufen und der Heiligenverehrung rühren wir an zwei Erscheinungen, die für die Spätzeit der frühmittelhochdeutschen religiösen Dichtung besonders auszeichnend sind, Marienhymnik und Legendendichtung. Natürlich sind beides keine ganz neuen Erscheinungen; sie sind als Typus weit älter, als Gegenstand deutscher Dichtung in der vorangehenden Generation vorbereitet. Beide aber entfalten sich erst jetzt frei und treten plötzlich mit einer ganzen Menge von Zeugnissen auf den Plan. Und beide sind bedeutsame Zeichen der Lösung und des Ausklangs. In der Marienverehrung sehen wir die Erweichung der dogmatisch und hierarchisch streng gebundenen Frömmigkeitshaltung der cluniazensischen Zeit zu einer neuen, persönlich erfahrenen, gefühlsbetonten Verbindung des Einzelnen mit dem Göttlichen durch die Himmelskönigin. Sie wird erst jetzt aus einer dogmatischen Figur zum Besitz fromm ergriffener Herzen. Und nicht anders steht es mit den Heiligen. Der Heilige ist ein Baustein der ewigen Stadt Gottes, sein Leben und Wirken Zeugnis der fortwirkenden Heilsgeschichte, der *historia divina*. So stehen sie im Kult- und Gebetsleben der Kirche. So empfanden es der Dichter der mittelfränkischen Reimbibel und noch der Verfasser der Kaiserchronik. Aber wenn jetzt der einzelne Heilige aus diesem großen Hintergrund hervortritt, so löst sich die heilsgeschichtliche Einheit in eine bunte Vielheit. Eine neue, individuelle Art der Frömmigkeit knüpft ihre besonderen Verbindungen mit dem einzelnen Heiligen, wie wir es soeben bei dem letzten Überarbeiter der Litanei in seinem Verhältnis zum heiligen Blasius sahen. Was an der Erhabenheit des großen Heilsbildes verlorengeht, wächst an anschaulicher Nähe zu.

Damit schlägt sich aber zugleich eine Brücke zu den neuen geistigen und literarischen Bedürfnissen der Laienwelt: das Heilige wird zugleich das Interessante, die Lehre zur spannenden Geschichte. Diese Wendung in der religiösen Dichtung, die wir in der stofflichen Auswahl der Legenden sehr deutlich spüren werden, nehmen wir als eines der beachtlichsten Vorzeichen dafür, daß der Laie zu literarischer Selbständigkeit erwacht. Noch bleibt er Publikum; aber in dem, was die geistliche Dichtung ihm bietet, ist sie nicht mehr autonom, sie muß nach seinen Wünschen fragen. Die gesamte frühmittelhochdeutsche Dichtung war bisher Lehre und Mahnung gewesen, hatte verkündet, ausgelegt, erzogen, war auf Verstand und Willen gerichtet gewesen. Die Phantasie hatte sie nur angerufen, wo sie sich erzieherische Erfolge versprach, wie in der Visionsdichtung. Hier wird die Phantasie des Laien unmittelbar angesprochen, gewiß in einer religiösen Vorbilddichtung, aber doch voll Erlebnis, Spannung, Abenteuer. Solche Wendung geschieht nicht ohne Grund; wir meinen, daß die wachsende Anteilnahme der führenden adligen Laienschicht an weltlicher Dichtung die deutsche Legendendichtung als Gegenwehr heraufbeschworen hat.

1. LEGENDE

Legendendichtung ist uns zu frühest im althochdeutschen Georgslied begegnet, dort aber als Heiligenhymnus zu festlichem Anlaß. Im Beginn der frühmittelhochdeutschen Dichtung steht das Annolied, doch ist es mit seiner propagandistischen Zeitnähe einerseits, seiner innigen Einordnung in die großen weltgeschichtlichen Abläufe andrerseits so sehr ein Ding für sich, daß es nicht als Ausgangspunkt der späteren Legendendichtung angesehen werden kann. Wo uns sonst Legende bisher begegnete, blieb sie in andere Zusammenhänge und Zwecke eingekapselt. Die mittelfränkische Reimbibel stellte in den Apostellegenden das heilsgeschichtliche Weiterwirken des Geistes, in den Schweißtuch- und Kreuzeslegenden das sichtbare Weiterdauern Christi auf Erden dar. Andere Heilige, mehr beiläufig behandelt, sind ebenfalls Zeugen für die Weiterdauer der *historia divina*. Die Litanei in ihrer Gründung auf den Kultus sieht in den Heiligen die Erfüllung des Gottesreiches, erfaßt sie als eine Gesamtheit, aus der einzelne nur im kurzen hymnisch gebethaften Anruf hervortreten. Die Sündenklagen und Bußpredigten verwenden neben biblischen Gestalten (Daniel, drei Jünglinge, Susanna) auch Heilige als Exempla für Gottes Macht und Gnade und berufen sich kurz auf ihr Leben und ihre Marter. In dieselbe Gruppe gehören die kurzen Heiligengeschichten im *scoph von dem lône* und Hartmanns Rede vom Glauben. All das ist noch nicht Legende um ihrer selber willen.

Ganz sichtlich setzt die freie Legendendichtung in deutscher Sprache erst um die Mitte des 12. Jahrhunderts ein, um sich dann überraschend schnell und reich zu entfalten. Wir kennen mindestens ein Dutzend deutsche Legenden des 12. Jahrhunderts, aber keine von ihnen verlangt oder erlaubt eine frühere Datierung als die Jahrhundertmitte. Im ganzen ist ihr künstlerischer Wert gering; ihre Bedeutung ist grundsätzlicher Art. Die Bruchstücke einer mitteldeutschen Andreaslegende, einer oberdeutschen Veitlegende sind nur eben zu erwähnen. Eine Margarethenlegende kennen wir nur in der Umarbeitung des 14. Jahrhunderts.

Ebenfalls aus dem 14. Jahrhundert besitzen wir eine Legende der hl. Juliane, eine der zahlreichen weiblichen Keuschheitslegenden. Als Dichter nennt sich ein Geistlicher *(êwart)* namens Arnold, in dem man mit Unrecht den Verfasser des Gedichtes von der Siebenzahl wiederzufinden meinte. Weder die stilistischen Übereinstimmungen noch die Gleichheit des häufigen Namens reichen dazu aus; die Bezeichnung *êwart*, die sich dieser Arnold gibt, während der andere sich mit dem kirchlichen

Worte *priester* nennt, spricht stark dagegen. Überhaupt scheint die Legende so, wie sie überliefert ist, dem 12. Jahrhundert nicht anzugehören. Das bei weitem umfänglichste Hauptstück bildet die Episode, wie Juliane den versuchenden Teufel im Kerker bindet und ihn zwingt, über sein Wesen und Tun Bescheid zu geben. Zwar gehört diese Szene zum Grundbestand der Legende, doch inmitten der kargen Knappheit des übrigen Gedichtes wirkt der lange Bericht des Teufels unzugehörig und abseits vom Stil des 12. Jahrhunderts. Vielmehr scheinen Teufelsbild und Teufelsrede des geistlichen Schauspiels auf die leise Komik der Darstellung von Einfluß gewesen zu sein, so daß man das Gedicht zum mindesten in dieser Form nicht unbedingt der frühmittelhochdeutschen Literatur wird zurechnen dürfen.

Eine große Rolle spielte im 12. Jahrhundert die Legende vom Bildtuch der Veronika verbunden mit der Heilung des Kaisers, dem legendären Schicksal des Pilatus und der Zerstörung Jerusalems. Wir waren der Veronika in der mittelfränkischen Reimbibel begegnet und werden sie in der Kaiserchronik wiederfinden. Eine eigene Veronika-Vespasian-Legende hat um 1170 ein kölnischer Dichter verfaßt, der sich der wilde Mann nennt. Er ist uns als Verfasser des moralischen Gedichtes von der *girheide* S. 188 schon begegnet. Sein Name darf nicht dazu verführen, in ihm einen Fahrenden zu sehen, weil bürgerliche Spruchdichter einer jüngeren Zeit sich ähnliche Dichternamen beilegen. Er war zweifellos Geistlicher; wir fassen die Bezeichnung als einen charakterisierenden Beinamen, wie sie eben damals auf städtischem Boden üblich wurden. Am ersten könnte man gerade in Köln, wo Hauszeichen und Hausnamen so früh nachweisbar sind, an einen „wilden Mann" als Hauszeichen denken, nach dem sich die Familie des Besitzers nannte.

Die Veronikalegende ist ganz heilsgeschichtlich eingebettet. Von den 620 Versen des ersten Teiles mit der Überschrift: *Dit is Veronica* handelt nur knapp ein Sechstel von dem Bildwunder. Alles andere ist Heilsgeschichte, von der alttestamentlichen Prophetie über Taufe, Versuchung, Passion in regelrechter Folge bis zum Pfingstwunder, um am Schluß des Vespasiansteiles mit der Hindeutung auf die Ereignisse um den Antichrist auf die Endgeschehnisse überzugehen. So sehr wird Legende hier noch einmal als Stück der *historia divina* erlebt und behandelt.

Unter der weitverzweigten Tradition der Veronika-Erzählung ist eine unmittelbare Quelle nicht nachgewiesen. Der „wilde Mann" benutzt nicht das Motiv des Schweißtuches. Veronika bittet Lukas, ihr ein Bild des Herrn zu malen. Mehrere Versuche mißlingen. Da lädt sich Jesus selber zum Besuch in Veronikas Haus, er wäscht sein Gesicht und hinterläßt auf dem Handtuch den Abdruck seiner Züge. Der Kaiser, an dem Veronika mit dem Bildtuch die Heilung vollzieht, ist Vespasian. Pilatus wird nicht erwähnt. Vespasian und Titus rächen den Tod Christi an den Juden durch die Zerstörung Jerusalems. Damit folgt der wilde Mann einer anderen Tradition als die mittelfränkische Reimbibel und die

Kaiserchronik mit Tiberius als geheiltem Kaiser und der Bestrafung des Pilatus. Die Erzählung ist ebenmäßig und wenig schwungvoll. Trotz der heilsgeschichtlichen Einordnung bleibt theologische Gelehrsamkeit fern; der Dichter will erzählen.

Die Geschichte des Pilatus, die der „wilde Mann" nicht kennt, die Reimbibel nur eben andeutet, fand ihre eigene Darstellung in einem hessischen Gedicht des späten 12. Jahrhunderts, von dem uns beträchtliche Teile des Anfangs erhalten sind. Die Erzählung steht in der Straßburg-Molsheimer Handschrift und bricht mitten im Satz ab. Der Dichter beherrscht bereits die frühhöfische Formtechnik in Reim, Rhythmik und sprachlicher Zucht und Gewandtheit. Eine einleitende Betrachtung setzt sich mit den Schwierigkeiten deutschen Dichtens auseinander; in so später Zeit ein auffallendes Thema und nur verständlich, wenn man es als die Auslassungen eines Mannes betrachtet, der mit den modernen Anforderungen an Form und Sprache zu ringen hat. Ein langer Marienhymnus leitet zum geistlichen Stoff über. Quelle ist die lateinische Prosalegende von Pilatus, die in mehreren, nahe verwandten Fassungen bekannt ist. Sie hat ihr besonderes Interesse darin, daß sie den Typus der Anti-Legende vertritt, der Legende des Gott-Fernen, wie neben ihr namentlich noch die Judaslegende. Wie die Geschichte des Antichrist genau und in allen Einzelheiten das Wirken Christi mit negativen Vorzeichen nachbildet, so ist die Legende der Bösewichter eine genaue Nachbildung der Heiligenvita mit Umkehr aller Werte. Pilatus stammt aus der flüchtigen, sündigen Verbindung eines Königs mit einer Müllerstochter (Müller sind Diebe!). Als Kind schon offenbart er sein böses Wesen; er ermordet aus Neid den echten Sohn des Königs und wird darum als Geisel nach Rom gegeben. Hier erschlägt er abermals einen Gefährten, so daß ihn die Römer, um ihn los zu werden, nach dem wilden Pontus schicken, um das Land zu bezwingen. Wie ein Heiliger wird er also in die Einöde gesandt, und wie jener das Volk durch seine Lehren und Taten für Christus gewinnt, so Pilatus die Pontier durch List und Gewalt für seine irdische Gewaltherrschaft. Und wie in der christlichen Legende der Herrscher, auf die geistliche Gewalt des Helden aufmerksam geworden, ihn zu sich beruft – etwa in der Ägidiuslegende –, so Herodes den Gewaltmenschen, um mit seiner Hilfe die unbotmäßigen Juden zu zähmen. Und so geht es weiter zu Pilatus' großer Untat, dem Tod Christi. Durch Veronika wird sie dem Kaiser offenbar; er läßt Pilatus gefangensetzen und verurteilt ihn zum Tode. Dem mutig-frohen Opfertode des Märtyrers steht der Verbrechertod des Pilatus gegenüber, im christlichen Sinn noch durch Pilatus' Selbstmord im Gefängnis besonders bemakelt. Und wie den Tod des Heiligen Wunder umgeben, so auch den des Pilatus: Als seine Leiche in den Tiber geworfen wird, empören sich die Wogen des Flusses. Sein Leib wird nach Vienne gebracht, findet auch dort keine

Ruhe, bis man ihn endlich – Gegenpol zur Translatio der Gebeine des Heiligen – im wilden, unbewohnten Alpengebiet des Septimer in einem Brunnen verbirgt. Das deutsche Fragment reicht bis zur Berufung durch Herodes. Dem Erzähler ist es mit dem religiösen Sinn seines Stoffes Ernst. Aber in der Tat wird es doch eine spannende historisch-religiöse Novelle, und im Verein mit der gepflegten Form wird sein Gedicht die geeignete Unterhaltungslektüre einer höfisch gestimmten Gesellschaft. Das Religiöse ist trotz allem an die Peripherie gerückt.

In anderer Weise verfließen die Grenzen zum Weltlich-Höfischen bei den beiden Legenden, die uns die Bruchstücke einer Trierer Handschrift bewahren, Ägidius und Silvester. Anachoreten- und Papstlegende stehen gewiß zentral im christlichen Denken verwurzelt. Aber sie sind hier in einer Handschrift vereint mit einem Floyris-Roman, der Geschichte von der Minne der beiden Kinder Floyris und Blancheflur. Religiöse Erbauung und höfische Unterhaltung sind in einem Buch vereint. Die Handschrift stammt aus Hessen; sie mag zur Bibliothek einer vornehmen Dame gehört haben. Der Dichter war wohl Rheinfranke. Da die Silvesterlegende auf der gleichen Erzählung der Kaiserchronik beruht, ist die Zeit auf nach 1150 bestimmt.

Ägidius ist die Legende demütigen Einsiedlertums; in ihrer Weltflucht drückt sie das mönchische Ideal der Zeit voll aus. Demut und Scheu vor weltlichem Ruhm sind die beherrschenden Wesenszüge des Heiligen, der selbst seine Wundertaten sozusagen zaghaft und widerstrebend tut, um nicht die Augen der Welt auf sich zu lenken. Dem Demütigen aber gibt Gott Gnade und erhöht ihn: das Eremitentum des Ägidius nimmt ein Ende, da die Aufmerksamkeit des Königs auf ihn gelenkt wird; er wird Klostergründer, Abt, Beichtvater des großen Karl, er verkehrt in Rom vertraulich mit dem Papst. Immer aber bleibt er in den Mantel scheuester, weltflüchtiger Demut gehüllt bis zu seinem Tode.

Der Dichter fühlte sich solch weltflüchtigem Denken innerlich verwandt; wie der Arme Hartmann und Heinrich von Melk preist er die vollkommene Weltflucht, das Verlassen von Vater, Mutter und Familie als den wahren Weg zu Gottes Gnade. Er muß der Reformbewegung nahegestanden haben; die Klostergründung des Ägidius ist wie ein Reformkloster gedacht, ein Sammelpunkt aller „Gottes Holden", die wahrhaft und zweifellos ein mönchisches Leben führen wollen. Und wie die cluniazensischen Klöster läßt sich Ägidius seine Gründung von aller anderen Oberherrlichkeit eximieren und sie dem Papst unmittelbar unterstellen. Dürfen wir so den Dichter in einem Reformkloster suchen, so gehört er doch nicht zu den streitbaren Reformern. Er erlebt des Ägidius Einsiedlerleben als die beglückendste Zeit des Heiligen, ein friedvolles

Idyll, ein weltverlorenes Waldleben, in dem die Kreatur dem Heiligen vertraulich naht (die nährende Hirschkuh), bis das Getöse der Welt in der Form der königlichen Jagd darin einbricht und den Heiligen in die Welt entführt. Der Dichter weiß auch in der Welt Bescheid; die Jagd ist mit sachgemäßen Einzelheiten gezeichnet. Zum erstenmal begegnet uns hier die große Frage, die alles tiefere höfische Dichten bewegt: Ist es möglich, Gott und der Welt zu gefallen, und wie ist es möglich? Die Bücher sagen – so meint der Dichter –, daß es den doppelten Lohn, den Ruhm der Welt und Gottes Huld, nicht gebe. Er selber aber entscheidet sich dahin, daß man den Gottesknecht um seine Demut wohl loben könne, ohne daß er Gottes Huld verliert. Eine sehr zaghafte Lösung. Aber der weltliche Ruhm des Demütigen – das nimmt den Grundton voraus, auf den später Rudolf von Ems seinen „Guten Gerhard" gestimmt hat.

Der Silvester ist die Legende jenes Papstes, der Kaiser Konstantin vom Aussatz heilte und dadurch für das Christentum gewann, und der in einer großen Disputationsszene das Christentum gegen die heidnischen Philosophen und die jüdischen Schriftgelehrten verteidigte und schließlich den alten, unwiderleglichen Überlegenheitsbeweis aller Bekehrungslegenden erbrachte; das Wunder: er erweckt den toten Stier zum Leben. Die Trierer Legende, deren Reste bis an den Beginn der Disputation reichen, ist kein selbständiges Werk; sie ist eine Bearbeitung des Silvester-Abschnittes der Kaiserchronik, mit dem sie etwa 60% ihres Versbestandes mehr oder weniger wörtlich gemein hat. Der Bearbeiter verfährt bewußt und gründlich; er kürzt im ganzen, fügt aber andrerseits sachliche Neuerungen nach einer anderen lateinischen Quelle ein und erweitert vielfach einzelne Stellen im Sinne betont kirchlicher Frömmigkeit. Entscheidend greift er in den Kern der Legende ein. Sie erhält ihre weltgeschichtliche und kirchenrechtliche Bedeutung ja dadurch, daß an die Heilung des Kaisers durch den Papst die Fiktion der Konstantinischen Schenkung anknüpft, die Übertragung der Herrschaftsinsignien an den Papst, aus dessen Hand der Kaiser die Krone wiederempfängt. Es ist der Rechtsvorgang, auf den sich in der Auseinandersetzung zwischen Kaiser und Papst die Suprematforderung des Papstes über alle weltlichen Herrscher stützt. Die Kaiserchronik ist an diesem bedeutsamen Vorgang nicht vorbeigegangen; sie hat ihn nach ihrer geschichtlichen Grundauffassung ausgebaut. Sie legt allen Nachdruck auf die Schaffung der neuen christlichen Weltordnung durch innige Gemeinschaft von Kaiser und Papst. In einer siebentägigen und damit Gottes Schöpfungswerk nachbildenden Folge von einzelnen Rechtsakten entsteht die neue Ordnung, die Erklärung des Christentums zur einzigen Staatsreligion, das Verbot heidnischer Kultübung, die Zerstörung oder Umweihung der heidnischen Tempel, die Festsetzung des höchsten Gnadenrechts des Papstes, die Ordnung des päpstlichen und des kaiserlichen Hofes und der ganze ständische Aufbau des geistlichen und weltlich-adligen Stufenbaues. Am Sonntag, dem Ende dieses rechtsschöpferischen Siebentagewerkes, erfolgt die Krönung des Kaisers durch den Papst. Aber wir hören nichts von einer Übertragung der Regalien an den Papst und ihrer Zurücknahme aus seiner Hand. Der Papst setzt dem Kaiser eine Krone auf und segnet die Regalien, mehr berichtet die Kaiserchronik nicht. Von einer Schenkung oder feierlichen Übertragung weltlicher Rechte hören wir nichts.

Der Trierer Dichter macht daraus etwas ganz anderes. Er hat den breit ausladenden Vorgang der Rechtsschöpfung zu einem knapp berichteten Tagewerk zusammengezogen und ihn zum bloßen Auftakt des entscheidenden Vorganges, der Übertragung der Herrschaft, gemacht. Entsprechend der üblichen kirchlichen Version setzt der Kaiser seine Krone dem Papst aufs Haupt und bezeichnet ihn damit als den eigentlichen Herrn der Welt; aus der Hand des Papstes erhält er die Krone zurück. Und darüber hinaus überträgt der Kaiser dem Papst ausdrücklich die höchste richterliche Gewalt: *daʒ her immer meister were ubir alle irdische richtere* (365 f.), d. h., daß dem Papst die oberste Gerichtsherrlichkeit in allen weltlichen Dingen zustehen soll. Und bedenken wir, daß in der Kaiserchronik „Richter" synonym mit „Herrscher" gebraucht wird, so wird uns klar, daß hier die Weltherrschaft des Papstes gefordert wird. Wie bewußt hier der Dichter höchstgesteigerte kirchliche Machtansprüche vertritt, erhellt daraus, daß er hier nicht nur von der Kaiserchronik abweicht, sondern auch den Sinn der lateinischen Nebenquelle, der er hier folgt, geradezu umkehrt. Denn dort heißt es: *ut in toto orbe romano sacerdotes ita hunc caput habeant sicut omnes judices regem.* Der Teilung der Machtsphären, die in diesem Satze festgestellt ist, setzt der deutsche Dichter die uneingeschränkte Macht des Papstes in weltlichen Dingen gegenüber. Damit erweist er sich als Vertreter der starren kirchlichen Reformpartei, dem der Reichsgedanke nichts bedeutete, während der Dichter der Kaiserchronik seine ganze Rechts- und Geschichtsauffassung auf die Verwirklichung des Gottesreiches durch das harmonische Zusammenwirken von Papst und Kaiser gegründet hatte und seine Silvesterlegende dementsprechend durchführte. In dem Siebentagewerk Silvesters und Konstantins wird das Gottesreich sichtbar. Bei einer so durchdachten Umformung werden wir nicht mehr mit dem Herausgeber daran denken, daß ein durch mündliche Verbreitung und mangelndes Gedächtnis zerstörter Text der Kaiserchronik unter Zuziehung einer neuen lateinischen Quelle rekonstruiert worden sei; es ging dem Dichter darum, den Text der Kaiserchronik, der ihm vor Augen lag, in bewußter Umformung seinen kirchenpolitischen Auffassungen und Zielen gefügig zu machen.

Wie die Silvesterlegende ist auch die Creszentialegende in der Kaiserchronik vorhanden. Sie ist, wie wir meinen, für diese gedichtet, daneben aber selbständig verbreitet. Außerdem finden wir sie in den Kolmarer Bruchstücken, die uns auch den *scoph von dem lône* und die *Cantilena de conversione Sti. Pauli* aufbewahrt haben. Daneben noch in dem Heidelberger Cod. Pal. 341– und seiner Koloczaer Schwesterhandschrift –, unserer wichtigsten Sammlung mittelhochdeutscher Kleindichtung des 13. Jahrhunderts. Die Kolmarer Fassung steht textlich der Kaiserchronik sehr nahe; sie weicht nicht stärker in Textform und Versbestand von ihr ab, als wir es auch sonst bei selbständig arbeitenden Abschriften gewöhnt sind. Die Heidelberger ist eine gründliche, kürzende Bearbeitung nach dem Geschmack des späten 13. Jahrhunderts. Wo aber der Umarbeiter das alte Gestein anstehen läßt, zeigt es sich, daß auch seine Vorlage dem Text der Kaiserchronik sehr nahegestanden haben muß, bis in die feinsten Einzelheiten oft näher als der Kolmarer Text. Doch halten in beweisenden Einzelheiten auch wieder Kolmarer und Heidelberger Creszentia gegen die Kaiserchronik zusammen. Keiner der drei Texte ist Vorlage des andern; dahinter steht eine Urfassung, die in jeder der drei Überlieferungen leichte Abänderungen erfahren hat, ohne daß sich zwei von ihnen zu einer engeren Gruppe gegenüber der dritten zusammentäten.

Diese „Ur-Creszentia" hat man für ein selbständiges Gedicht gehalten und – wie mir scheint, mit nicht zureichenden Gründen – ins Rheinland versetzt. Die Anschauung, die wir später über die Entstehung der Kaiserchronik als Gemeinschaftswerk Regensburger Geistlicher zu entwickeln haben werden, würde die Vorstellung einer selbständigen Schöpfung, auf die stilistische und formtechnische Beobachtungen hinweisen, nicht aufheben. Sie würde nur darin abweichen, daß dies Creszentiagedicht von vorneherein für die Aufnahme in das große Sammelwerk der Kaiserchronik bestimmt war. Weder sprachliche noch chronologische Bedenken sprechen dagegen; wir werden die Entstehung des ursprünglichen Gedichtes um 1140 ansetzen müssen. Neben der leicht abändernden Übernahme in die Kaiserchronik hat das Gedicht auch sein selbständiges Leben weitergelebt; um 1150 war es im Elsaß bekannt und wurde in die Kolmarer Handschrift aufgenommen. Wo wir die alte Vorlage der Heidelberger Umdichtung zu suchen haben, wissen wir nicht.

Stofflich gehört die Creszentialegende in die ungemein beliebte und weitverbreitete Erzählgruppe von der unschuldig verleumdeten und verfolgten Frau, die uns durch die Genoveva am bekanntesten geworden ist. Sie ist nicht notwendig und nicht von Hause aus Legende. Die ganze Kette der Handlung: Verführungsversuch des Schwagers, listige Abwehr, Verleumdung, Verstoßung und Errettung, ihr Leben im Elend und die endliche Wiedervereinigung mit dem geliebten Gatten, das alles könnte eine reine Märchennovelle sein und ist es von Haus aus – wie viele der Parallelen zeigen – auch gewesen. Auch die Einflüsse, die von der Faustiniansage und vom Apolloniusroman auf die Darstellung von Creszentias Errettung und Leben im Elend ausgegangen sind, verbleiben im Rahmen der novellistischen Abenteuererzählung. Aber die geduldige Liebe der bedrängten Frau machte sie zur Legendenheldin geeignet; schon vor der Kaiserchronik wurde der Stoff durch Erhebung der Heldin zu typologischer Geltung und durch das Eingreifen göttlicher Macht in ihr Schicksal ins Legendäre stilisiert. Zweimal wird Creszentia das Opfer eines Verführers und Verleumders, beide Male wird sie ins Wasser gestürzt und wunderbar gerettet. Schon die Tatsache, daß beide Male ihre Verfolger von Gott mit Aussatz geschlagen werden, erhebt sie zum Rang der verfolgten Heiligen. Ihre zweite Rettung vollends geschieht durch das persönliche Eingreifen des heiligen Petrus. Er führt sie trockenen Fußes über die Flut und verleiht ihr die Gnade, jeden heilen zu können, der öffentlich vor ihr Beichte ablegt: eine sehr eigentümliche Übertragung eines Motives, das nur für einen männlichen Heiligen – etwa den Heiligen Ägidius – verwendbar wäre, auf eine Frau! Mit dieser Gnadengabe heilt sie ihren Gatten wie ihre Verfolger, und in ihrer demütigen Ergebung in der Zeit ihrer Verfolgung wie in ihrer unerschöpflichen Kraft des Verzeihens bewährt sie die höchsten Tugenden, die sie zur Heiligen geeignet machen. Endlich schließt das Gedicht erbaulich mit dem gemeinsamen Klosterleben der wiedervereinten Gatten.

Diese zur Legende umgedeutete Geschichte ist für den Zusammenhang eines Werkes gedichtet worden, das seiner ganzen Anlage nach bereits aus der Literatur mit rein geistlichen Zwecken hinausführt, das den Blick auf den großen Verlauf der Welt richtet und das geistliche wie weltliche Stoffe gleichermaßen seinen weltgeschichtlichen Absichten dienstbar macht.

Ähnlich der Creszentia wächst der Albanusstoff aus dem internationalen Erzählgut heraus. Es ist eine Inzestlegende, dem Gregorius Hartmanns von Aue verwandt. Das Inzestmotiv wird hier wie dort durch Doppelung gesteigert. Albanus ist der Sohn einer sündigen Verbindung von Vater und Tochter, abermals eine Einwirkung des Apolloniusromans auf die Legende, während Gregorius einer sündigen Geschwisterminne entspringt. Das gerettete, vom König von Ungarn als eigener Sohn ausgegebene Kind wird gleich Gregorius unter Verwendung des Ödipusmotivs der Gatte seiner Mutter. Beide Legenden führen über Buße zum Walten der unermeßlichen göttlichen Gnade, die immer größer ist, als menschliche Sünde sein kann. Darum muß die krasseste Form der Sünde vorgeführt werden, in jener Sündenauffassung, die ihr Wesen nicht in den Willen, sondern in die Verstrickung des Menschen in den Sündenfluch alles Irdischen verlegt.

Von dem moselfränkischen Gedicht besitzen wir nur zwei Bruchstücke, deren eines das Aufwachsen des Knaben, das andere die Enthüllung der Schuld enthält. Der Held der Legende ist keiner der bekannten heiligen Namensträger, weder der Mainzer noch der englische. Er ist wohl erst für die Legende erfunden. Eine lateinische Albanuslegende, der sich das deutsche Gedicht eng anschließt, besitzen wir von dem päpstlichen Kanzleibeamten Transmundus, der sein Werk nach 1180 als ein Stilmuster des in der päpstlichen Kanzlei eben neu durchgeführten Cursus, d. h. bestimmt geregelter rhythmischer Satzschlüsse, verfaßt hat. Demnach wäre die deutsche Albanuslegende erst um 1180/90 verfaßt, ihr Dichter ein Zeitgenosse Veldekes und des jungen Hartmann. Seine Form verrät nichts davon; die große Füllungsfreiheit würde es nach unserer üblichen Formchronologie als 20–30 Jahre älter erscheinen lassen. Wir sind gegen diese Chronologie mißtrauisch geworden und halten es für möglich, daß neben der Pilatuslegende mit ihrer frühhöfischen Formzucht auch die ältere, freiere Art noch verspätete Anhänger besessen hat. Doch besteht auch die andere Möglichkeit, daß Transmundus seine Albanuslegende nicht neu verfaßt, sondern eine ältere Satz für Satz in die von ihm gepflegte und in Formelbüchern gelehrte Stilform des Cursus vorbildhaft umgegossen hat, und daß der deutsche Text sich auf diese ältere, einfachere Albanuslegende stützt. Dann bliebe Spielraum, sie bis um 1160 zurückzudatieren.

Die aufregende Buntheit legendärer Erzählung rundet sich ab, wenn wir noch ganz kurz auf zwei Legendenstoffe hinweisen, die ihr Wesen der bunten und grellen irischen Fabuliersucht verdanken: Patricius und Brandan. Der Legende des großen irischen Heiligen Patricius sind wir im Zusammenhang mit der Visionsdichtung begegnet; wesentliche Wunder des Heiligen sind die Erweckungen von Toten, die über die Qualen der Hölle nachdrücklich berichten. An Brandan wird das verbreitete Motiv der wunderbaren Seefahrt angeknüpft: neun Jahre muß er auf Befehl Gottes das Meer durchfahren und die seltsamsten Wunder sehen und erleben. Es ist eine Fahrt in die Wunderwelt wie Alexanders Indienzug oder Herzog Ernsts Orientabenteuer, z. T. mit den gleichen Motiven (Lebermeer, Magnetberg), aber sie ist legendär eingefärbt, indem sie Motive der Jenseitsvision in sich aufnimmt und eschatologische Vorstellungen verarbeitet. Bruchstücke einer Patriciuslegende des 12. Jahrhunderts sind uns erhalten; einen Brandalegende kennen wir erst aus der Spätzeit, dem 13./14. Jahrhundert, doch gilt das Brandangedicht einer Berliner Handschrift als Bearbeitung eines Originals aus dem 12. Jahrhundert.

2. MARIENDICHTUNG

In der Legendendichtung dringt das stoffliche Interesse unaufhaltsam in die erzieherische Absicht religiöser Vorbilddichtung ein. Leicht verblaßt in einer Dichtung, die nach dem horazischen Rezept des *utile dulci* arbeitet, das *utile* vor dem unterhaltsamen *dulce*. Eine besondere Gruppe innerhalb der Legendendichtung bilden die Marienlegenden, die nicht von Leben, Leiden und Taten der heiligen Jungfrau, sondern von ihrer unermeßlichen Hilfsbereitschaft berichten. Diesem Typus Mariendichtung begegnen wir in dieser Epoche nur in der Theophiluslegende des Armen Hartmann; seine große Zeit beginnt erst im 13. Jahrhundert. Aber auch das Marienleben, das in der Dichtung des 13./14. Jahrhunderts eine so große Rolle spielen sollte, tritt erst am Ende der frühmittelhochdeutschen Epoche in den drei Mariengedichten des Priesters Wernher in die deutsche Literatur ein. Es ist vielmehr für die Sonderstellung Marias gegenüber allen anderen Heiligen, auch den Aposteln, bezeichnend, daß die deutsche Mariendichtung aus dem Kult erwächst, als Mariengebet und Marienpreis.

Grundsätzlich aber bedeutet die gewaltig durchbrechende, volkstümliche Marienfrömmigkeit religiös etwas Ähnliches wie die Hinwendung zum Leben der einzelnen Heiligen: Ausweitung und Aufsprengung der alten, strengen heilsgeschichtlichen Trinitätsfrömmigkeit der cluniazensischen Dichtung. Nur senkt der Marienkult seine Wurzel selber viel tiefer in die Heilsgeschichte als der Heiligenkult. Der Heilige ist nur Exemplum des fortwirkenden Gottesreiches in Menschen von vorbildlicher christlicher Tugend und Gottesbeziehung. Bei Maria aber gehört das Geheimnis ihrer sündlosen Empfängnis und die Geburt Gottes in menschlichem Fleische mitten in die Heilsgeschichte hinein und gibt ihr selber eine Rolle im zentralen Heilsgeschehen, mit der sich die dogmatische Diskussion früh und eingehend beschäftigt hat, und die ihr einen hervorragenden Platz im Kultus gesichert hat. Längst vor dem 12. Jahrhundert hat die Kirche eine dichterisch hochwertige Marienhymnik entfaltet, die aus den alttestamentlichen Vorausdeutungen auf die jungfräuliche Geburt des Heilands eine unerschöpfliche hymnische Bildsymbolik um Maria gesponnen hatte.

Indessen verbleibt die Figur der Gottesmutter bis ins 12. Jahrhundert nur ein wichtiges Anliegen der Theologie und der lateinischen Liturgik. Der hier ruhende Schatz an Frömmigkeitswerten wurde erst seit dem 12. Jahrhundert zu lebendiger, volkstümlicher Wirkung erhoben. Die tiefe Ehrfurcht vor der Gottesgebärerin und Himmelskönigin mußte sich erst mit dem warmen Vertrauen zu der göttlichen Frau und Mutter durchbluten und mit der Überzeugung von ihrem liebenden Verständnis für den irrenden, sündigen Menschen erfüllen, damit sie zu der innigen Vertrauten des Volkes der Laien wurde, zur Mittlerin zwischen dem bangen Menschen und dem richtenden Gott. Je höher ihre Majestät stieg, je näher sie dem Thron wie dem Herzen ihres göttlichen Sohnes stand, um so inniger wurde sie zugleich von angstvollen Menschenherzen gesucht. Sie stand selber außerhalb des Richtcramtes, in dem Gott durch seine eigene Gerechtigkeit an Strenge und Unerbittlichkeit gebunden war. In ihr konnte sich darum göttliche Barmherzigkeit und Gnadenfülle rein verkörpern, und ihre frauliche Milde machte sie berufen, den Menschen mütterlich zu verstehen und seine Bitten vor dem Throne ihres Sohnes zu vertreten, der ihr mit unermeßlicher Liebe zugetan war. Diese beiden Pole der Marienverehrung: die Herrlichkeit der Gottesmutter im Throne der Dreifaltigkeit und die Mitleidensfähigkeit der mütterlichen Frau muß man sehen, um den Marienkult des späten Mittelalters zu verstehen, der Maria fast wie eine vierte Person im Gefüge der Trinität erscheinen lassen kann und eine so große Kraft der Frömmigkeit auf sich zog, daß sich das Gottesverhältnis der Menschen darin fast erschöpfen konnte.

Mariengebet, Marienlob und Marienmystik sind uns als Aufbauelemente in anderen Werken der cluniazensischen Spätzeit als Zeugen des Aufbrechens einer neuen Frömmigkeit schon begegnet. In ihnen fanden wir auch bereits die reiche Bilderfülle, die sich im liturgisch-kultischen Raum um Maria entfaltet hatte. Die eine Quelle, die alttestamentlichen Präfigurationen, haben wir soeben erwähnt. Die präfigurativen Bilder herrschen dort vor, wo die heilsgeschichtliche Bedeutung Marias im Vordergrund steht. So sahen wir, wie sich in der Vorauer Sündenklage und der Litanei der Anruf an Maria zu breitem, preisendem Gebet entfaltete. Das Marienlob, das unvermittelt in die Vorauer Bücher Moses' eingelegt ist (S. 160 f.), gesellt sich dazu. Hier herrscht die dogmatische Bedeutung Marias noch deutlich vor. Als Gottesgebärerin ist sie heilsgeschichtlich eingeordnet; ihr Lob speist sich aus den Heilstaten ihres Sohnes. Das Symbol der Rute Jesse steht in dem Vorauer Stück beherrschend im Vordergrund; die Blume, die sie trug, der Sohn Christus, ist ihr alleiniger Sinn, ihr Anspruch auf Verehrung. Noch weiter geht ihre heilsgeschichtliche Bedeutung im Anegenge, das sein Marienbild aus der Antithese Eva – Maria entwickelt, und Maria soviel aktive Teilnahme am Heilswerk zubilligt, wie Eva an dem Sündenfall hatte.

Eine zweite Quelle der Mariensymbolik erschließt sich in der Bildsprache des Hohen Liedes. Maria ist nicht nur die Gottesgebärerin, sondern zugleich die jungfräuliche Gottesbraut, auf die die Liebeshymnen der Salomonischen Gesänge bezogen werden. So fanden wir Maria zuerst in der St. Trudberter Auslegung des Hohen Liedes (S. 123 ff.), danach in der Brautsymbolik des Gedichtes von der Hochzeit (S. 188). Neben diesen biblisch vorgegebenen Marienbildern stellen sich schließlich drittens frei geschaffene Mariensymbole ein, die aus der frommen Betrachtung ihres Wesens und Lebens entspringen, verknüpft mit der Tier-, Stein-, Farben- und Blumensymbolik, die dem Mittelalter so wichtig ist. Die unendliche Fülle mittelalterlicher und neuer Marienlyrik wiederholt dieselben Bilder unermüdlich, und sie behalten unsterbliches Leben, weil in ihnen tiefste religiöse Herzenserfahrung ihren endgültigen Niederschlag gefunden hat.

An deutschen Marienliedern bietet die Epoche gleich vier dar. Sie alle sind lateinischen Vorläufern auf tiefste verpflichtet, zum Teil sind es freie Bearbeitungen lateinischer Hymnen. Bedeutsam aber ist es, daß sich die neue Frömmigkeit nun in der eigenen Sprache auszudrücken müht, in ihr den Ausdruck persönlicher frommer Verbindung mit der hohen Himmelskönigin und Gottesmutter sucht.

An den Anfang setzen wir das Arnsteiner Mariengebet – dieser Name ist richtiger als die üblichen: „Marienlied" oder gar „Marienleich". Es gehört nicht dem Alter, aber dem Typus nach an den Anfang, weil es sich nach Form und Typus am stärksten an schon besprochene Gattungen anlehnt, am festesten in der literarischen Tradition verbleibt.

14*

Wir besitzen es als deutschen Eintrag in ein Psalterium des Klosters Arnstein an der Lahn, im Anfang und Ende durch Rasuren verstümmelt. Das Marienkloster Arnstein ist jenes Prämonstratenserkloster, das Graf Ludwig von Arnstein 1139 auf seiner Burg gründete und mit seinem ganzen Gut ausstattete. Im Orden des Hl. Norbert wurde der Marienkult besonders gepflegt, und aus seinem Kreise ist dies Mariengebet einer Frau hervorgegangen. Es ist eine ansprechende alte Vermutung, daß es Ludwigs Gemahlin Guda zur Verfasserin hat, die ihr Leben als fromme Klausnerin bei dem Kloster führte und 1179 schloß. Das Gedicht ist ein Gebet, kein hymnisches Marienlied. Es gliedert sich in zwei Teile. Der erste (bis V. 119) ist der Anruf an die Jungfrau, altertümlich noch in seiner ausgesprochenen Richtung auf die dogmatische Tatsache der jungfräulichen Geburt und die lehrhafte Form der Ausdeutung, während mystische Brautsymbolik noch fern bleibt. Der zweite Teil ist das eigentliche Gebet, das sich wiederum deutlich in zwei Abschnitte gliedert. Der erste ist die Hinwendung einer von Sündengefühl belasteten Seele an Marias Gnadenfülle und steht somit dem Typus der Sündenklage nahe. Der zweite schließt in die Fürbitte alle reuigen Sünder, insbesondere die Angehörigen der Beterin ein, zeigt also in dieser Anlage Verwandtschaft mit Otlohs Gebet (S. 107f.). Im Schluß kehrt das Gedicht zu preisendem Marienanruf zurück und verwendet hier neben dem biblischen *Benedictus fructus ventris tui* (Z. 325) wörtlich die Schlußzeilen des berühmten Marienhymnus *Salve regina*. Dieser dem Hermannus contractus von Reichenau zugeschriebene Hymnus ist seit dem 11. Jahrhundert nachweisbar; seine offizielle liturgische Verwendung ist jedoch erst seit 1135, und zwar in Cluny und cluniazensischen Kreisen, bezeugt. Von dort griff seine Verwendung dann weiter um sich. Vielleicht wird man vorsichtig sagen dürfen, daß damit für das deutsche Gedicht ein Anhaltspunkt gegeben ist; erst die liturgische Verwendung wird den Hymnus so bekannt gemacht haben, daß die Dichterin ihn in den Abschluß ihres Gebetes stellen konnte. Formal verbleibt das Gebet noch im überlieferten Brauch der einfachen Reimpaare mit freier Behandlung von Reim und Rhythmus. Doch häufen sich im Anfangsteil die breit gefüllten, schwellenden Zeilen so auffällig, daß offensichtlich hier feierlich-hymnische Wirkung angestrebt war.

Die drei anderen Mariengedichte: aus Melk, aus St. Lambrecht oder Seckau und aus Muri, sind wirkliche Marienlyrik. Sie wagen denn auch den Übergang zur lyrischen Strophe, die uns hier also zuerst in deutscher Dichtung entgegentritt. Das **Melker Marienlied** hat man für sehr alt gehalten. Seine Datierung hängt von der Beurteilung ab, die man seinem Verhältnis zu den Vorauer Büchern Moses' zubilligt. Wer glaubt, daß die Stelle vom brennenden Busch in dieser epischen Erzählung aus dem Marienlied entlehnt ist, muß es vor 1130 ansetzen. Das umgekehrte

Verhältnis, das ich für das wahrscheinlichere halte, würde das Melker Lied zu einem ungefähren Zeitgenossen des Arnsteiner Gebetes machen. Das Lied gliedert sich durch den einfachen Refrain: *Sancta Maria* in einfache sechszeilige Strophen aus je drei Reimpaaren. Hier ist weder Erzählung noch Lehre; nur noch Anruf, der die preisenden Bilder der Jungfrau und Mutter, Braut und Königin hymnisch aufreihend häuft. Maria ist aus der heilsgeschichtlichen Einordnung gelöst – was gegen zu frühen Ansatz spricht – und aus der leuchtenden Schönheit ihrer eigenen göttlichen Weiblichkeit begriffen. Sie wird damit fähig, alte dogmatische Christussymbole auf sich zu ziehen: das Bild von der Angel, an der der Teufel gefangen wurde, ist aus einem Kreuzsymbol zu einem Bild von Marias Ahnenreihe geworden; die Ehe von Himmel und Erde vollzieht sich in Marias Mutterleib.

Neben das donauländische Lied tritt in Kärnten vielleicht ein Jahrzehnt später die Mariensequenz von St. Lambrecht oder Seckau. Es ist wirklich eine Sequenz, der erste, noch unvollkommene Versuch, diese schwierige kirchlich-lateinische Form deutsch nachzubilden. Das durch den Verlust eines Blattes der Handschrift verstümmelte Gedicht ist in seiner Bruchstückhaftigkeit schwer zu beurteilen. Es knüpft inhaltlich an die berühmte Sequenz *Ave praeclara maris stella* an, die anfangs wörtlich übertragen, später sehr frei paraphrasiert wird. Auch in der Form ist Anlehnung an diese Sequenz gesucht, ebenfalls zunächst in enger Nachbildung, später in freier Lösung. Der an die frühmittelhochdeutsche Freiheit des Verses gewöhnte Dichter wurde mit dem strengen Silbenbau der Sequenz noch nicht fertig; ihm wurde sie unter der Hand zu einem freieren Gebilde, das den antiphonischen Bau der Sequenz im großen angestrebt zu haben scheint, das aber in der Versfülung bald zu der Freiheit des frühen Reimpaarverses zurückkehrt. Immerhin bleibt es grundsätzlich wichtig, daß hier die alte Form der paarweis gebundenen Kurzzeile durchbrochen ist, daß ungleichtaktige Verse reimend gebunden und drei Zeilen zu strophenartigen Gebilden gebündelt sind.

Aus demselben Quell der Sequenz *Ave praeclara* erfließt die Mariensequenz aus dem schweizerischen Kloster Muri. Freilich kommt von ihr nur noch der Anstoß; die erste Zeile ist wörtlich, die ersten beiden Strophen sind inhaltlich dem lateinischen Gedicht verpflichtet, dessen formaler Aufbau nachgebildet wurde. Sonst ist es ein freier Marienhymnus, kreisend um das Wunder der unbefleckten Empfängnis und jungfräulichen Geburt. Sehr plastisch, wie aus dem Eindruck eines gesehenen Bildes erflossen, erscheint hier die Mutter mit dem Kinde in einer Lösung aus der dogmatischen Starre zu menschlicher Bewegtheit, die merkwürdig modern wirkt. Das Kind liegt an der Brust der Mutter und greift mit seinen Händchen danach – so konnte das heilsgeschichtliche Christuskind nicht gesehen werden. Es ist, ähnlich wie Vorauer Sündenklage 85 ff., Vorklang der Vermenschlichung des Kinderbildes Christi, die sich in den Kindheit-Jesu-Dichtungen des 13. Jahrhunderts fortsetzt.

Dem entspricht es, wenn die Reinheit der Reime und die beherrschte Formkunst das schweizerische Werk ans Ende unserer Epoche, in die Schule frühhöfischer Formzucht verweist. Hier ist der Aufbau der Sequenz voll begriffen, die vorbildgebende Sequenz *Ave praeclara* wirklich nachgebildet. Und doch wird auch hier die lateinische Form dem deutschen Formempfinden angepaßt; die starre Silbenzahl ist verlassen, und der ganze rhythmische Bau von Silbenzahl auf Taktgliederung umgestellt. So entsteht ein rhythmisches Gebilde von großer Spannungsbreite der Zeilen, vom klingenden Vierheber bis zu zehntaktigen Zeilen, und mit – wenn auch noch einfachen – Reimverschlingungen, ein Gesamtwerk, das sich an Mannigfaltigkeit den frühen Leichen der weltlichen Lyrik an die Seite stellen läßt.

Zur Marienlyrik gesellt sich die Marienepik erst im Ausgang der Epoche in dem **Marienleben des Priesters Wernher**, das wir nach der von dem Dichter selbst gegebenen Gliederung und Bezeichnung als *driu liet von der maget* zu betiteln pflegen. Dieses bedeutende Werk der ausklingenden religiösen Dichtung des 12. Jahrhunderts läßt sich zeitlich und räumlich recht genau bestimmen. Der Dichter, der sich Priester Wernher nennt, datiert sein Werk genau auf 1172; seine Sprache weist auf Augsburg, und in seinem Auftraggeber erkennt man mit Recht den Propst Manegold von Sibinache im Kloster St. Ulrich-Sta. Afra zu Augsburg.

Die Darstellungen des Marienlebens stützen sich auf frühe apokryphe Evangelienberichte, deren sich ein ganzer Kranz um die Eltern und die Jugend Marias sowie um die Kindheitsgeschichte Jesu flicht. Für Wernhers Werk ist das Pseudo-Evangelium des Matthäus „*de ortu Beatae Mariae*" die Quelle, doch geht er vom Augenblick der Geburt Christi zu den Erzählungen der kanonischen Evangelien des Neuen Testamentes über. Der Pseudo-Matthäus ist seit dem 5. Jahrhundert belegt und in mehreren, voneinander stark abweichenden Rezensionen bekannt. Damit tritt – nach den schüchternen Ansätzen bei Frau Ava – die apokryphe Evangelienliteratur in die deutsche Dichtung ein, abermals eine stoffliche Weitung und Auflockerung der religiösen Vorstellungswelt, die im 13. und 14. Jahrhundert das Gefüge der kanonischen Evangelienberichte vollends sprengen und ihre ehrwürdige Heiligkeit mit dem bunten Arabeskenwerk fromm-gläubiger, volkstümlicher Geschichten umranken sollte.

Wernher steht damit nicht nur an der Spitze der zahlreichen Marienleben, die das 13./14. Jahrhundert hervorgebracht hat; er wird zu einer der wichtigsten Übergangsfiguren von der theologisch-dogmatischen Frömmigkeit der cluniazensisch bestimmten Generationen zu einer neuen, gefühls- und gemütsbedingten Frömmigkeitshaltung, die sich besonders im Marienkult Ausdruck sucht. Die Einleitung stellt uns Maria als die Gottgebärerin dar, den Quell, aus dem die Heilstat entsprang, die streng dualistisch als der Kampf Gottes wider den Teufel aufgefaßt wird. Marias Lob ist Widerglanz ihres Sohnes. So wird die ganze Geschichte Marias heilsgeschichtlich durchleuchtet, selber ein Teil der großen Heilsgeschichte Gottes. Durch die Reihe der Patriarchen als ihrer Ahnen wird Maria in die heilsgeschichtliche Kette leiblich verflochten. Sie aber sind nur Vorläufer; auch Marias Eltern, Joachim und Anna, stehen noch unter dem alten Fluch der Sünde. Erst als Christus die Heroen des Alten Testamentes aus der Hölle erlöste und ganz rein machte, stiegen auch sie zum göttlichen Lichte empor. Sie sind nicht in sich vollkommen; *Christus victor* mit dem Kreuz als Siegeszeichen muß auch sie erst aus der Hölle zur Seligkeit führen. So wird Marias ganze Geschichte im Zusammenhang mit der Heilstat gesehen. Darum lenkt Wernher in dem Augenblick, da mit der Verkündung die Ebene der kanonischen Evangelien erreicht ist, in diese ein. Es ist nicht die erzählerische Fülle der apokryphen Geschichten, die er sucht; die bezeichnende Wendung *„hie get ez an den ernist"*, mit der er den Übergang zum Evangelienbericht ankündigt, sagt das sehr deutlich aus. Und alsbald spannt er in Gabriels Verkündungsworten den ganzen heilsgeschichtlichen Bogen: „Ehe Himmel und Erde geschaffen wurden, war alles schon so bestimmt", und unterstreicht mit den alttestamentlichen Prophetien der Magdgeburt die heilsgeschichtliche Größe des Augenblicks. So wird das ganze dritte *„liet"* zu einem Leben Christi in der alten heilsgeschichtlichen Orientierung an der Tatsachenfolge des Credo, so daß Christi Erdenwirken zwischen Kindheit und Passion in die knappe Aufreihung seiner Wunder zusammengepreßt, sein Predigertum kaum angedeutet wird, ganz noch wie in den heilsgeschichtlichen Gedichten seit Ezzos Gesang. Maria tritt vor ihrem Sohn hier ganz zurück; auch ihrer Klage unter dem Kreuz, der großen Marienszene, die schon Frau Ava kannte, ist kein Raum gegeben. Erst in dem abschließenden Ausblick auf die Letzten Dinge erscheint Maria wieder im Glanze der himmlischen Helferin und Fürbitterin der Sünder, die sich ihrer Gnade anvertrauen.

Soweit ist hier noch das alte frühmittelhochdeutsche Weltbild lebendig, erweitert um das Leben der hohen Gottesmutter, deren Standort in diesem Bilde bestimmt und umrissen wird. Und wie in der großen Gesamtauffassung erscheinen auch im einzelnen Gedanken und Bilder, die Wernher von seinen Vorgängern übernommen hat. Joachims Aufenthalt in der Wüste (459 ff.) wird ihm zum Bilde des irdischen Lebens, das ein Staub, ein Mist, ein rasch dahinschwindender Schatten ist. Der

asketische Blick auf die Welt ist ihm nicht fremd; 2707 ff. flicht er eine
knappe Memento-mori-Predigt ein, und im Anschluß an das schmähliche
Ende des Herodes entwickelt er (A 4433 ff.) den Gedanken der Vanitas
unter dem Hinweis auf die Superbia als Ursache von Luzifers Sturz. Und
es gibt Stellen in seinem Gedicht, in denen er das aufkommende Rittertum
in seiner Diesseitsfreude verwirft. So darf man auch die persönlichen Be-
kenntnisse, die er über die Entstehung seines Gedichtes macht, nur
unter dem Blickwinkel religiösen Ernstes sehen. Wenn er sagt, daß
Manegold ihn vor der Vollendung des Gedichtes „nicht aus seinem
Hause ließ" und daß bei der Abfassung des Werkes „nicht viel gelacht
wurde" (5822), so darf man das nicht als einen Stoßseufzer über eine
halbe Zwangshaft und unlustige Zwangsarbeit deuten. Die Arbeit geschieht wie in einer Klausur als frommes Bußwerk, dem weltliche Lust
fernbleiben mußte, weil alle ihre „kur*ewíle" – man beachte dieses höfische Stichwort – in Maria ihren Ausgang nahm (5823 f.). Sein Tun erschien ihm zugleich als ein wissenschaftliches; er charakterisiert es damit,
daß er „den Weizen von der Spreu geschieden" habe (5804 f.), das
heißt doch wohl, daß er aus der apokryphen Geschichte das vom Standpunkt heilsgeschichtlicher Betrachtung Wesentliche von der Spreu des
bloß Legendären – z. B. den Kindheitswundern Jesu – getrennt habe.

So ordnet sich Wernher fest in unsere Periode der dogmatisch-heils-
geschichtlich bedingten Dichtung ein. Er besiegelt es auch formal, indem er seine Darstellung in kleine Abschnitte gliedert, die er durch
formale Elemente, eine gelängte Schlußzeile, hervorhebt. Diese besitzt
meist die Form eines klingenden Sechshebers mit Lust an einsilbigen
Taktfüllungen, wie wir sie später in den Strophenschlüssen der Kudrun-,
Walther- und Titurelstrophe wiederfinden. Wenn sich auch nicht alle
solche Zeilen diesem rhythmischen Bau fügen, so war er doch sichtlich
angestrebt und wahrscheinlich in vielen Fällen auch dort erreicht, wo
die handschriftliche Überlieferung sie zerstört hat.

Indessen ist Wernher mit diesen rückgewandten Zügen allein nicht
genügend charakterisiert. Er steht wirklich zwischen zwei Zeiten und
weist mit vielem nach vorwärts. Das gilt nicht nur für die Themenwahl
an sich, das Marienleben auf Grund einer apokryphen Quelle. Er ist
dabei nicht bloßer Übersetzer des lateinischen Textes, er gestaltet ihn
nach eigenem Ermessen aus. Und dabei entfaltet er eine Darstellungs-
kunst von großer, anschaulicher Gestaltungskraft. Szenen gelingen ihm,
die von blutvoller Freude am Leben und dessen Buntheit zeugen, und
in denen biblisches Leben in ein Gegenwartsgewand gekleidet ist, das
bereits ritterlichen Zuschnitt trägt. Die Werber um Maria erscheinen
wie fein gekleidete junge Edelleute, und in genauer Beachtung der sozialen Rangordnung werden ihnen ihre Gerten, die sie im Tempel
niederlegen mußten, zurückgegeben. Josef, der Zimmermann, wird zum

begehrten Schiffsbaumeister, der im Auftrage zweier Könige abwesend ist, während Verkündigung und Empfängnis geschehen. Mit „*spilnden ougen*" steht Maria beim Gottesurteil im Kreise und anwortet dem Priester „*gezogenlîche*". Die Gläubigen müssen dem Stern folgen, wie die Ritter im Volkskampf der Fahne folgen. Bis in Stil und Ausdruck hinein spüren wir die Nähe der frühen höfischen Dichtung, etwa wie im König Rother, und in engem Gemenge liegen typisch frühmittelhochdeutsche und typisch frühhöfische Stilelemente oft durcheinander. Es ist bezeichnend, daß dieses Werk der Übergangszeit seine Anziehungskraft im 13. Jahrhundert nicht verlor. Vor allem ist es natürlich die Beliebtheit des Stoffes, die ihm lange Dauer verbürgte. Die beiden vollständigen Handschriften, die wir besitzen, sind Überarbeitungen einer Zeit mit gesteigerten formalen Ansprüchen; die begabte Bearbeitung der Berliner Handschrift (D) scheint paläographisch noch dem 12. Jahrhundert anzugehören, die primitivere der Wiener Handschrift (A) stammt aus dem 13. Jahrhundert. Aber auch die Bruchstücke von 5 weiteren Handschriften verdanken wir dem 13./14. Jahrhundert, und auch von ihnen sind manche eher eine Bearbeitung als eine Abschrift des ursprünglichen Textes. Durch diese Bearbeitungen tritt Wernhers Marienleben, obwohl nach Zeit und Geist noch Kind des 12. Jahrhunderts, tatsächlich in den Kreis der Mariendichtungen des 13. Jahrhunderts ein.

LITERATUR

Frühmittelhochdeutsche Legende : E. Hamm, Rheinische Legende des 12. Jahrhunderts, Diss. Köln 1937.
Andreas : C. von Kraus Nr. 13 S. 64 ff., 250 ff.
Veit : C. v. Kraus Nr. 5 S. 15 ff.; 124 ff.
Juliane : hrsg. A. Schönbach, Sitzber. Wiener Akad. d. Wiss. 101, 445 ff. (als Werk des Verfassers der Siebenzahl); A. Leitzmann, Zu Arnolds Juliane. Beitr. 73 (1951) S. 315.
Veronika des Wilden Mannes : hrsg. K. Köhn, Die Gedichte des Wilden Mannes und Wernhers vom Niederrhein, 1891.
Pilatus : hrsg. K. Weinhold, ZfdPh 8 (1877) S. 253; Zur Typologie der Veronica-Pilatuslegenden: A. Schönbach, AnzfdA 2, 149 ff.
Ägidius : M. Rödiger, ZfdA 21, 331 ff.; besser K. Bartsch, Germ. 26 (1881) S. 1 ff.; A. Leitzmann, Zum Trierer Aegidius, ZfdA 82 (1948/50) S. 251–256.
Silvester : M. Rödiger, ZfdA 26, 145 ff.; C. v. Kraus, Mon. Germ. Hist. Dtsche Chroniken I, 2 (1895), dort die lateinische Seitenquelle; dazu die Literatur zur Kaiserchronik.
Creszentia : Kolmarer Bruchstücke : E. Martin, ZfdA 40 (1938) S.305 ff.; Leitzmann, Kl. Ged. S. 3 ff.; *Cod. Pal. 341 :* Fr. H. v. d. Hagen, Gesamtabenteuer Nr. 7 Bd. I 129 ff.;
Kaiserchronik (V. 11352 ff.) in Edw. Schröders Ausg. aaO; Sonderausgabe (nach dem Vorauer Text) von W. Bulst, Heidelberg 1946; C. Röhrscheidt, Studien z. Kaiserchronik, Diss. Göttingen 1907; S. Teuber, Crescentiastudien, Diss. Halle 1916;

E. F. Ohly, Sage und Legende in der Kaiserchronik, Münster 1940 S. 189 ff.; E. Scheunemann, Verf.-Lex. unter den Stichworten Crescentia (unter K.!) und Kaiserchronik.

Albanus: C. von Kraus Nr. X S. 41 ff.; 197 ff. (dort Text des Transmundus). *Patricius:* C. von Kraus Nr. VII S. 30 ff.; 157 ff.

Brandan: C. Schröder, Sanct Brandan, ein lateinischer und drei deutsche Texte, Erlangen 1871; C. Selmer, The Beginning of the St. Brendan Legend on the Continent. Catholic historical Revue 29 (1943) S. 169 ff.

Mariendichtung: Religion in Geschichte und Gegenwart III 2068 ff.

Arnsteiner Mariengebet: Waag Nr. 10 S. 124 ff.; Hinweis auf Guda zuerst W. Scherer, Z. f. österr. Gymn. 1868 S. 736, danach in MSD. *Salve regina:* A. Mansor in Buchbergers Kirchenlex. 9. 137 f.

Melker Marienlied: Waag Nr. 15 S. 173 ff.; Fr. Vogt, Zum Kürnberger, Beitr. 45, (1921) S. 459 ff. (richtige Beurteilung des Verhältnisses zur Exodus). Frühe Datierung bei Denecke, Verf.-Lex. III 251 ff.

Mariensequenz aus Seckau: Waag Nr. 16 S. 176 ff.; Zuweisung zu Seckau: Wallner, Beitr. 43 (1918) S. 176; andere Beurteilung der metrischen Form: A. Heusler, Deutsche Versgeschichte II 80 § 527; M. Ittenbach, Seckauer Sequenz. Dichtung und Volkstum 43, (1943) S. 185–193.

Mariensequenz aus Muri: Waag Nr. 17 S. 178 ff.

Priester Wernhers Marienlieder: Hrsg. C. Wesle, Halle 1927; A. Schwinkowski, Priester Wernhers Maria, Eine Stiluntersuchung, Diss. Kiel 1932; U. Pretzel, Studien zum Marienleben des Priester Wernher I–V, ZfdA 75 (1938) 65–82; Hans Fromm, Priester Wernher-Studien. Untersuchungen zum religiösen Ausdruckswert der Sprachphilosophie. Diss. Tübingen 1948 (Masch.-Schr.); Ders., Quellenkritische Bemerkungen zum Marienleben des Priesters Wernher. Festschr. E. Öhmann, Helsinki 954. S. 315–334.

ELFTES KAPITEL

DIE VORHÖFISCHE EPIK

1. GRUNDSÄTZLICHES

Während diese letzte Phase der religiösen Dichtung des 12. Jahrhunderts sich mit neuer Stoffreude und bewegteren Frömmigkeitselementen entfaltete, bereitete sich schon der weitere Schritt zur Erfassung der Welt als Eigenwert vor. Unter der Gruppenbezeichnung „Vorhöfischer Roman" fassen wir eine Reihe von Werken zusammen, die bei aller inneren Verschiedenheit doch nicht nur zeitlich nahe beieinander liegen, sondern auch gemeinsame innere Merkmale teilen. Sie sind nicht mehr dogmatisch-lehrhaft oder predigthaft-mahnend, sondern sie erzählen. Ihr Erzählstoff aber ist nicht mehr kernhaft kirchlich bestimmt wie die alte Bibeldichtung, die jüngere Legendendichtung. Er ist weltnahe, auch dort, wo geistliche Betrachtungsweise noch den Wertmaßstab abgibt (Alexanderlied) oder wo Legende innerlich (Rolandslied) oder äußerlich (Oswald, Orendel) den Ton der Darstellung bestimmt. Die Welt wird nunmehr – im eigentlichen Sinn des Wortes – „erfahren"; der Begriff des Abenteuers beherrscht nunmehr das Bild. Literarisch getragen vom spätgriechischen Abenteuerroman (Alexanderlied, Faustinian in der Kaiserchronik) oder heimischen Brautwerbungsgeschichten (Rother, Salman, Oswald, Orendel) erhält das Abenteuer sein Sondergepräge aus dem zeitnahen Erlebnis der Kreuzzüge; es wird Orientfahrt. Dem Alexanderlied ist es noch der literarische Orient des griechischen Reiseromans, im Rolandslied noch der gegen das Abendland andringende Orient der Karolingerzeit, der sich im heidnischen Weltreich des Baligan in abenteuerliche Fernen dehnt. In Rother und Herzog Ernst aber und in den Legendenromanen öffnet sich der erlebte Orient der Kreuzzüge, das Land unerschöpflicher Erlebnisse und Taten, das dem Westen nun auch seinen Erzählschatz spendet (Salman, Herzog Ernst). Eine Eröffnung der Weite, in ihren Wirkungen nur noch den Entdeckerfahrten des Kolumbus und seiner Zeit vergleichbar, findet hier ihren dichterischen Niederschlag.

Träger des neuen Welt- und Abenteuererlebnisses, wenn auch noch nicht der dichterischen Gestaltung, ist der neue weltliche Führerstand, der ritterliche Adel. Als Ritter sieht der Dichter des Alexander seine griechischen und persischen Helden; höchste Idealisierung des Kreuzrittertums ist das Rolandslied. Ritterlich in Gesinnung und Tat sind die fürstlichen Helden des Rother und des Ernst, ritterliches Lehnsdenken, erfüllt von den alten sittlichen Forderungen des Gefolgschaftsdenkens, bestimmt die Haltung von Herren und Mannen. Ritterliches Kriegertum ist auch unter der legendären Übermalung der Legendenromane lebendig wirkender Antrieb zu Verhalten und Tat. Doch „höfisch" nennen wir dieses Rittertum noch nicht. Denn „höfisch" bedeutet: sich einem Vorbild des vollkommen erzogenen und gebildeten Menschen verpflichtet fühlen, höfische Dichtung: dies Vorbild künstlerisch geformt in seiner Vollkommenheit darstellen. Höfisch bedeutet weiter das Kreisen des Strebens nach Vollkommenheit um ein neues, diesseitig bestimmtes, aber in transzendenter Höhe erlebtes Kraftzentrum, die Minne. So wenig bloßes ritterliches Standesgefühl und ein entsprechendes gesellschaftliches Auftreten schon höfisch genannt werden dürfen, so wenig kann die standesbestimmte gesellschaftlich geregelte Beziehung von Mann und Weib schon Minne heißen, solange ihr nicht die erziehende und beflügelnde Kraft der Menschenformung innewohnt. Gerade die beiden ernstesten der vorhöfischen Romane, Rolandslied und Ernstepos, lassen die Frau und das Verhältnis des Mannes zur Frau so gut wie ganz aus dem Blickfeld. Aber auch dort, wo es um Werben, Begehren und Gewähren geht, ist Liebe nur naturhaft und ständisch bestimmt, noch nicht zu sittigender Kraft erhöht, die in Mühsal und Entsagung des Frauendienstes den Mann zu äußerer und innerer Vollkommenheit heranbildet. Die vorhöfischen Romane sind Zeugen der neuen Weltergreifung, noch nicht der Weltgestaltung, die in den hochhöfischen Romanen geschieht.

Der erste Schritt auf dem neuen Wege geschah in Bayern: eine noch von Geistlichen geschaffene, durch geistliche Blickrichtung bestimmte Dichtung mit weltlichen Stoffen. Kaiserchronik, Alexanderlied, Rolandslied schließen sich zu engerer Einheit zusammen. Noch haben wir diese Dichtungen als geistliches Werk zu betrachten; ihr Weltbild ist von Lehre und Wissenschaft der Kirche bestimmt, auch wenn es übertrieben war, das Alexanderlied schlechthin als eine „alttestamentliche Dichtung" zu behandeln. Sie kommen somit nicht als etwas unerhört Neues; sie sind ein Schritt weiter in dem Aufsplittern der weltabweisenden Unbedingtheit und dogmatischen Geschlossenheit der vorangegangenen Generation, Nachbarn der stoffreudigen Legendendichtung, z. T. (Kaiserchronik) selbst noch weithin Legendensammlung. Von einem trotzigen Gegensatzgefühl einer jungen Durchbruchsgeneration kann keine Rede sein. Und doch tritt in ihnen die Welt in den Kreis des Darstellenswerten ein, und sie entfaltet, so sehr sie göttlichem Plane ein- und untergeordnet bleibt, ihre eigene Daseinsform als Weltgeschichte und Weltgeschehen. Diesen Dichtern ist „Gott zu gefallen" nicht mehr fraglos einzige Aufgabe; das Stichwort: „Gott und der Welt gefallen" wird nicht zufällig in der Kaiserchronik zum erstenmal in ganzer Klarheit ausgesprochen.

Rein äußerlich kommt bei Alexander- und Rolandslied etwas weiteres von großer Tragweite hinzu: sie finden ihre Quellen nicht mehr im lateinischen Schriftwerk der Kirche, sondern greifen nach der vorgeschrittenen französischen Dichtung, von der nun auf lange hinaus alle neuen literarischen Anstöße kommen sollten, und die hinfort lange die führende Literatur Europas werden und das Gesicht der deutschen Dichtung bestimmen sollte.

Für eine solche Neuerung ist die Frage nach der Entstehungszeit grundsätzlich bedeutsam. Sie war und ist Gegenstand lebhafter wissenschaftlicher Erörterung. Den festen Ausgangspunkt gibt die Kaiserchronik her; sie bricht bei Ereignissen des Jahres 1147 mitten im Satz ab, muß also nach dieser Zeit vollendet worden sein. Das Alter der ältesten Bruchstücke und innere Gründe lassen es sicher erscheinen, daß das Werk nicht lange nach dieser Zeit in seiner unfertigen Gestalt verbreitet worden ist. Für alle übrigen Werke sind wir auf die Feststellung einer „relativen Chronologie" verwiesen, das meint, auf den Versuch, die Werke durch eingehende Untersuchung in eine gegenseitige zeitliche Ordnung zu bringen. Ein solcher gelingt dann, wenn man Entlehnungen des einen Werkes aus dem anderen nachweisen und die Entlehnungsrichtung durch einleuchtende Gründe festlegen kann, z. B. durch den Nachweis, daß die betreffende Stelle schon der Quelle des einen Gedichtes angehört hat. Sonst ist gerade in der vor- und frühhöfischen Zeit das gegenseitige Abhängigkeitsverhältnis deswegen so schwer zu beurteilen, weil zu den Stilelementen dieser Gedichte ein ausgedehnter Formelschatz gehört, dessen Anwendung in verschiedenen Werken weder eine gegenseitige Abhängigkeit noch gar deren Entlehnungsrichtung beweist. Nur wo die Gemeinsamkeit klar das Formelhafte überschreitet, kann man von Entlehnung reden und dann versuchen, die Entlehnungsrichtung und damit eine zeitliche Abfolge festzustellen.

Eine solche läßt sich zwischen Roland und Alexander in dem Sinne behaupten, daß das Alexanderlied älter sein muß als das Rolandslied. Der Dichter des Roland hat das Alexanderlied benutzt, und zwar in seiner zweiten, schon überarbeiteten und fortgesetzten Form. Die Datierung schwankt damit immer noch zwischen dem Anfang des 12. Jahrhunderts, der Entstehungszeit der französischen Quellen, und dessen zweiter Hälfte, der Entstehungszeit der ältesten Handschriften.

So werden hier die Angaben wichtig, die der Pfaffe Konrad über seinen Gönner macht. Er nennt ihn den Herzog Heinrich und seine Gemahlin „eines mächtigen Königs Kind"; bei diesem bayrischen Werk muß also einer der bayrischen Herzöge dieses Namens gemeint sein. Hier sind zwei Deutungen möglich: auf Heinrich den Stolzen († 1139) und auf Heinrich den Löwen (Herzog seit 1154). Beide sind mit einer Königstochter vermählt, Heinrich der Stolze mit Gertrud, der Tochter Lothars von Supplinburg, Heinrich der Löwe seit 1168 mit der englischen Königstochter Mathilde. Unter Berücksichtigung aller erwägbaren Umstände würde das Rolandslied in dem einen Falle um 1130, im anderen um 1170 entstanden sein. Das Alexanderlied läge dementsprechend früher, und zwar ein angemessenes Stück früher, um für die erste Bearbeitung im chronologischen Gerüst noch Raum zu lassen.

Die Datierung um 1130 wurde, verbunden mit der These der Verfassereinheit von Kaiserchronik und Rolandslied, am entschiedensten von dem Herausgeber der Kaiserchronik, Edw. Schröder, ausgebaut. Ihm ist der Roland ein Jugendwerk des Dichters der Kaiserchronik. Die Forschung der letzten 20 Jahre hat sehr entschieden auf J. Grimms alte Anknüpfung an Heinrich den Löwen zurückgegriffen. Sie hat sehr deutlich gemacht, daß die engen Beziehungen zwischen den beiden Gedichten nur so gedeutet werden können, daß sich der Dichter des Rolandsliedes an dem älteren

Vorbild der Kaiserchronik geschult hat, und daß wesentliche Schwierigkeiten in der Deutung des Roland-Epiloges fortfallen, wenn man seine Angaben auf Heinrich den Löwen bezieht. Wir setzen das Rolandslied also zuversichtlich um das Jahr 1170 an. Damit gewinnen wir zugleich Atemraum für das Alexanderlied des Pfaffen Lamprecht. Das Original und auch noch die Bearbeitung des Werkes um oder vor 1130 entstanden zu denken, bedeutete einen unwahrscheinlich frühen Ansatz. Nun dürfen wir eine glaublichere Chronologie aufstellen. Über das zeitliche Verhältnis des Gedichtes zur Kaiserchronik sind ganz sichere Aussagen nicht zu machen. Als der Dichter der Kaiserchronik in seiner Einleitung Alexander erwähnte, kannte er schwerlich Lamprechts Werk; denn er berührt gerade zwei Episoden des Alexanderromans, die im Alexanderlied nicht vorkommen. Ob aber Lamprecht erst bald nach der Vollendung der Kaiserchronik gedichtet hat oder neben ihr, ist nicht klar zu erweisen. Jedenfalls dürfen wir das Original des Alexanderliedes jetzt um die Mitte des 12. Jahrhunderts ansetzen. Die erste Bearbeitung (B), die dem Pfaffen Konrad bekannt war, muß also vor 1170 vorhanden gewesen sein; bei der Art ihrer Überlieferung (vgl. S. 234f.) sind genaue Aussagen schwer zu machen, doch kann sie, die im wesentlichen eine Fortsetzung war, schon recht bald nach dem Original entstanden sein, und wird mit spätestens 1160 richtig datiert sein. Die jüngste Fassung des Alexander dagegen (S) ragt nach Stil und Zeit in die frühhöfische Dichtung des unteren Rheins hinein; sie ist Zeitgenossin von Eilharts Tristanroman (um 1170) und eines der stilistischen Vorbilder, an denen der junge Heinrich von Veldeke sich schulte. Zusammenfassend dürfen wir die Zeit kurz vor der Jahrhundertmitte als den Beginn, die siebziger Jahre als den Ausklang dieser ersten Periode weltlicher Epik feststellen.

Kaiserchronik und Rolandslied werden durch ihre Sprache nach Bayern verwiesen; beide sind auch ihrer Haltung nach bayrisch. Namentlich der Dichter der Chronik sieht Welt und Geschichte vom bayrischen Standort aus, bayrische Verhältnisse und Örtlichkeiten sind ihm vertraut, Ereignisse der Reichsgeschichte werden ihm wichtig, wenn sie Bayern betreffen. Die Teilerzählung vom Bayernherzog Adelger ist nicht nur mit warmem bayrischen Stammesgefühl geschrieben, sie spiegelt unmittelbar die politischen Spannungen zwischen den welfischen Bayernherzögen und dem Reich, wie sie unter Heinrich dem Stolzen oder dessen Bruder Welf in seinem Kampf um die Wiedergewinnung des bayrischen Herzogtums bestanden. Das warme Lob des Herzogs Heinrich des Stolzen in der Kaiserchronik, die Quellenangaben des Pfaffen Konrad lassen bayrische Herzöge als Förderer und Gönner dieser Literatur erkennen.

In Bayern ist damals Regensburg die einzige Stadt von Bedeutung, für den Chronisten die „Hauptstadt" schlechthin, doch auch im Roland mit Auszeichnung erwähnt. Beide Dichtungen dürfen im engeren Raum als Leistungen Regensburger Geistlicher betrachtet werden. Dagegen ist Lamprecht, der Dichter des Alexanderliedes, durch seine Sprache als Moselfranke, durch eine Äußerung als Trierer zu erkennen. Indessen hat man gute Gründe dafür geltend gemacht, daß er das Alexanderlied in einem großen städtischen Zentrum mit lebhaftem bürgerlichen Geltungsgefühl und lebendigen literarischen Interessen gedichtet haben muß; das kann um die Jahrhundertmitte nur Köln oder Regensburg gewesen sein. Auch wenn wir uns für Köln entscheiden, muß sein Gedicht bei den lebhaften rheinisch-bayrischen Wechselbeziehungen bald in Regensburg bekanntgeworden sein. Die Aufnahme von Kaiserchronik und Alexanderlied als einzigen Dichtungen weltlichen Stoffes in die Vorauer Sammelhandschrift spricht dafür, daß sie beide mit der gleichen Übermittlung, und also wohl aus Regensburg, dem Vorauer Sammler zugekommen sind.

Bayern war bis zum Sturz Heinrichs des Löwen (1180) welfisches Herzogtum. Wir können diese erste Gruppe weltlicher Literatur – der wir später den König Rother und die älteste Gestaltung des Herzog Ernst anschließen werden – als „welfische Gruppe" zusammenfassen. Dabei soll der politische Inhalt dieser Bezeichnung nicht überspitzt werden. Obwohl bei einigen Werken politische Parteinahme oder Absicht zweifellos vorhanden ist, prägen wir „welfisch" vielmehr als einen Stil- und Geschmacksbegriff. Er umfaßt eine Dichtung, die inhaltlich auf geschichtliche Wahrheit und kirchentreue Frömmigkeit gerichtet ist, formal die frühmittelhochdeutsche Freiheit in Reim und Versfüllung festhält und sich darin wie in ihrem ausgeprägten Formelschatz aus dem Formgefühl der volksläufigen mündlichen Epik speist. Auch der späte Dichter des Rolandsliedes hält an diesen Formen bewußt fest, während gleichzeitig am untern Rhein mit der jüngsten Bearbeitung des Alexanderliedes und Eilharts Tristrant eine nach Inhalt, Ideenwelt und Form neuartige Kunst erschien, die in Veldekes Äneasroman die erste gültige Prägung, in der hochhöfischen Epik ihre endgültige Erfüllung fand. Diese neue Kunst und ihr ritterlich-höfisches Lebensideal bezeichnen wir, ebenfalls ohne politische Betonung, als „staufisch". Der tiefe Eindruck des Mainzer Hoftages von 1184 mit der Schwertleite der Söhne Friedrich Barbarossas auf Heinrich von Veldeke ist der symbolische Ausdruck dafür.

2. DIE KAISERCHRONIK

Als erstes Werk dieser neuen welfischen Literatur betrachten wir ihr umfangreichstes, die Kaiserchronik. Denn auch wenn man das Alexanderlied etwas früher ansetzen wollte als die Veröffentlichung der Kaiserchronik, so muß doch Begründung und Planung eines so umfänglichen Sammelwerkes beträchtlich vor dem Jahre 1147 liegen, bis zu dem es geführt ist. Die Art, wie der Dichter den verstorbenen Herzog Heinrich den Stolzen preist, läßt diesen als den eigentlichen Förderer und Gönner des Dichters erscheinen, so daß die Anfänge des Werkes vor 1139 liegen müssen. Möglich ist, daß der erste Anstoß zu der umfassenden Darstellung eines wichtigen Stückes Weltgeschichte durch die welthistorische Einleitung des Annoliedes gegeben worden ist, die der Chronist weitgehend in die Einleitung seines Werkes verarbeitet hat, und daß dieses kölnisch-siegburger Werk durch den Bischof Kuno von Regensburg (1126–32), der zuvor Mönch und Abt in Siegburg war, nach Regensburg gebracht und dort bekannt gemacht worden ist. Denn ein Geschichtswerk ist die Kaiserchronik und wollte es sein. Ihr Verfasser ist beherrscht von der augustinischen Geschichtsauffassung, nach der die Weltgeschichte in dem doppelten Ablauf der himmlischen und der irdischen Geschichte abrollt, deren himmlischer Teil als Heilsgeschichte von den Uranfängen über Engelsturz, Schöpfung, Sündenfall und Erlösung dem Letzten Gericht zustrebt, während die irdische über den Stufenbau der Weltalter und Weltreiche verläuft, um in der Herrschaft des Antichrist ihre letzte Erfüllung und Offenbarung ihrer Sündhaftigkeit zu finden und im Endgericht in die himmlische Geschichte einzumünden. Die Heilsgeschichte mit ihren Stufen haben wir als eines der großen Anliegen der cluniazensischen Dichtung kennengelernt. Ihr kontinuierlicher Ablauf ist vor der Erscheinung Christi in den Patriarchen, Propheten und Helden des Alten Testamentes gegeben, danach in den Aposteln, Märtyrern und Vätern, überhaupt aber in der Geschichte der Kirche, als Trägerin des Heils, und der Päpste als ihrer Häupter. In dieser ihrer irdischen Verwirklichung berührt und durchdringt sie sich immer neu mit der irdischen Geschichte und ihren Trägern, nach Christi Wirken also mit dem römischen Reich, das im deutschen Reich bis in die Gegenwart fortbesteht. Geschichte ist nunmehr bestimmt durch das Verhältnis von *sacerdotium* und *imperium*, oder gegenständlicher: durch das Verhältnis ihrer Träger, Papst und Kaiser.

Damit ist der Standort der Kaiserchronik bestimmt. Sie stellt ein Stück der *historia terrena* dar, und zwar deren letztes, die Geschichte des römischen Reiches und seines deutschen Erben, gesehen unter dem augustinischen Blickpunkt. Sie gibt Geschichte des Weltreiches Rom; daher beginnt die römische Geschichte mit Julius Cäsar, dem ersten Träger des römischen Weltreichgedankens und dem Spender des Kaisernamens. Das republikanische Rom liegt – mit Ausnahme der Gründung der Stadt durch Romulus und Remus und der in das Kaiserreich fortwirkenden Einrichtung des Senates – außerhalb seines Blickfeldes. Diese Geschichte ist Kaisergeschichte, d. h. eine fortlaufende Reihe von Kaiserbiographien. Die große Lücke zwischen dem letzten römischen Kaiser Theodosius und Karl dem Großen als dem Schöpfer des neuen römischen Reiches deutscher Nation bleibt leer, selbst wenn sie mit drei oströmischen Herrschern ausgefüllt ist; diese erweisen nur die Ungültigkeit der Ansprüche des byzantinischen Kaisertums auf das Weltreich. Und es bezeichnet den Standpunkt des Dichters, wenn er die Kaiser-

krone in dieser leeren Zeit auf dem Altar St. Peters in Rom ruhen läßt.
Denn Geschichte ist gesehen als Beziehung und Spannung zur *historia
divina*, auch wenn die Chronik nicht, wie ihre Quelle es der einleitenden Angabe nach tat, die ganze Reihe der Päpste der Kaiserreihe gegenüberstellt.

Aber spürbar ist diese Beziehung immer. Das sittliche Urteil über die
Kaiser, die sich dualistisch in gut und böse gruppieren, hängt wesentlich
von ihrem Verhalten gegen Christentum und Kirche als der Offenbarung
des Gottesreiches in der irdischen Wirklichkeit und damit Trägerin der
historia divina ab. Die wichtigen Augenblicke dieser Beziehung im Zusammenstoß wie im Gleichklang sind deutlich zur Darstellung gelangt.
Unter Augustus geschah die Geburt des Herrn. Zu Tiberius – von dem
die Gelehrten sagen, er habe seine Seele gerettet (674) – tritt Christus
selber noch einmal durch sein Bild auf dem Tuch der Veronika in Beziehung und übt an ihm seine Wunderkraft; die Zerstörung Jerusalems
durch Vespasian und Titus ist das strafende Gericht über die Juden. Zu
Claudius' Zeit geschieht durch Petrus und Clemens die Grundlegung
des apostolischen Sitzes; in Petrus und des Claudius Schützling Simon
Magus geschieht der erste offenbare Zusammenstoß von Gottesreich
und Weltreich. Unter Nero wird der Apostelfürst selber zum Märtyrer
und beginnt die Reihe der Märtyrer-Päpste. In den Christenverfolgun-
gen eines Domitian, Decius, Diokletian mit ihrem Nachhall unter Ju-
lianus Apostata bricht der Gegensatz von Heidentum und Christentum, Teufelsreich und Gottesreich schroff auf; an ausgewählten Bei-
spielen bewährter – und in Regensburg besonders verehrter – Märtyrer
wird der Sieg des Gottesreiches über den satanischen irdischen Herrscher
in Qual und Tod sichtbar.

Daneben aber stehen die glücklichen Zeiten des Gleichklangs von Irdischem und
Göttlichem, der sich dem Dichter stets als enge Eintracht von Kaiser und Papst darstellt. So zuerst im Zusammenwirken des ersten angeblich christlichen Kaisers
Philippus mit dem hl. Papst Sixtus II., dem das Wüten des Decius ein rasches, blutiges
Ende machte; strahlender und endgültig in dem Paar Constantin und Silvester und
zu engster Gemeinschaft gebunden in der legendären leiblichen Bruderschaft Karls
des Großen mit dem Papst Leo. Damit ist für die deutsche Kaiserreihe Beurteilung
und Bewertung gegeben. Überall ist die Kaiserkrönung durch den Papst wesentlicher
Vorgang, und unter den Herrschern ragen die von der Kirche ausgezeichneten hervor: Ludwig der Fromme wird zum Erben und Träger eines fast augusteischen Friedensreiches, Heinrich II., der Heilige – *der Baier herzoge*, wie 16146 ausdrücklich no-
tiert wird –, steht als Bezwinger und Bekehrer der heidnischen Ungarn, Böhmen und
Polen, als Helfer der Armen, als Gründer des Bistums Bamberg einträchtig neben
Papst Benedikt. Bei Lothar von Supplinburg endlich, dem Schwiegervater Heinrichs
des Stolzen, fließen kirchliche Wertung und welfische Parteinahme zusammen: Gott
mehrt ihm seine weltliche Ehre, er steht dem rechten Papst Innozenz gegen den falschen Anaklet bei, und ihm wird doppeltes Herrscherlob zuteil: das germanisch-
volkstümliche, daß zu seiner Zeit Wachstum und Friede (nord. *ár ok fridr*) geherrscht
habe, und das christlich-mittelalterliche, daß er Gottes Lehre liebte und doch welt-

liche Ehre gewann. Die kirchliche Mißbilligung dagegen trifft vor allem Heinrich IV.; und wenn auch die großen Auseinandersetzungen des 11. Jahrhunderts zwischen Kaiser und Papst für dieses Geschichtswerk bereits verklungen sind und Heinrichs großer Gegenspieler Gregor VII. nicht einmal genannt wird, so haftet doch die Verunglimpfung der kirchlichen Schmähschriften an ihm und seinem Berater Adalbert von Bremen. Er ist bösen Lastern ergeben, und der Zwiespalt mit seinem Sohn Heinrich V. führt eine schlimme Zeit innerer Wirren über das Reich. Es ist die einzige Stelle, wo der Bann des Papstes erwähnt und damit der Zwiespalt zwischen Gottesreich und Weltreich beleuchtet wird. Als Gegenbild aber stellt die Chronik dagegen die Figur Gottfrieds von Bouillon, den ersten Kreuzzug und die Gründung des christlichen Königreiches Jerusalem. In der Wahl Konrads III. endlich entlädt sich das Unbehagen des welfisch gesinnten Dichters; die Anfänge des welfisch-staufischen Gegensatzes, die die Gegenwart überschatten, deuten sich als Zeiten neuer Verwirrung an.

Dieser klaren weltgeschichtlichen Linie steht eine erstaunliche Gleichgültigkeit gegen geschichtliche Tatsachen und Zusammenhänge gegenüber. Kann man kritische Wertung geschichtlicher Zusammenhänge in einer mittelalterlichen Chronik ohnehin nicht erwarten, so scheint hier Geschichte, wenigstens in der römischen Periode, überwuchert und verdrängt durch eine Überfülle legendären oder sagenhaften Erzählstoffes. Die Kaiserreihe gibt fast nur ein Fachwerk dafür her. Wo die Erzählung fehlt, schrumpft das Leben des Kaisers zu einer bloßen Chronistennotiz von wenigen Zeilen zusammen. Doch auch in der deutschen Geschichte handelt es sich nicht eigentlich um Geschichtsschreibung; auch hier, wo seit Karl dem Großen die literarischen Stoffe zurücktreten, war es dem Chronisten offensichtlich mehr um die Mitteilung erstaunlicher und eindrücklicher Einzeltatsachen zu tun, die in flächenhafter Reihung rasch und oft unklar an uns vorüberziehen, und die nicht selten eher anekdotisch als historisch sind.

Es ist nach Stil und Aufgabenstellung eine Chronik. Sie nimmt alles Erzählte als Historie und erhebt den ausdrücklichen Anspruch, „Wahrheit" zu berichten. Der Chronist nimmt einleitend entschieden Abstand von bloßer Unterhaltungsliteratur, d. h. für ihn von den mündlichen Liedern volkstümlicher Sänger (29 ff.). Er verurteilt sie streng als Lügner und Verderber der Jugend und verdammt sie – die Lüge mit dem Urlaster der superbia *(übermuot)* paarend – zur Hölle und belegt ihre geschichtliche Unzuverlässigkeit – darin gelehrten lateinischen Chronisten folgend – an der Geschichte Dietrichs von Bern (14176 ff.).

Die Wahrheit seiner Geschichten liegt in den Augen des Chronisten in ihrem exemplarischen moralischen Gewicht; Geschichte wird zum Beispiel, an dem sich das Walten göttlicher Macht offenbart oder sittliches Verhalten vorbildlich oder abschreckend darlegen läßt. Nicht wenige Erzählungen schließen mit der Mahnung, eine Nutzanwendung daraus zu ziehen; sie werden aus bloßer Tatsache zur Lehre. Das ist die Art des Predigers, solche „Predigtmärlein" zu verwenden, um damit zugleich zu ergötzen und zu erziehen; spätere Zeiten haben planmäßige

Sammlungen solcher Geschichten veranstaltet – am bekanntesten sind die Gesta Romanorum geworden – und dem Prediger zur Verfügung gestellt. Damit steht hinter dem berichtenden Historiker der geistliche Mahner und Erzieher. Seinen Stoff sammelt und ordnet der Chronist ohne Skrupel. Darin liegt für uns der Reiz und Wert seines Werkes; es gibt uns Einblick in den Erzählschatz, der seiner Zeit zur Verfügung stand, und in den Geschmack seines Publikums, der adligen Laienwelt, um die Jahrhundertmitte. Es kommt ihm nicht darauf an, Kaiser eigener Erfindung in die überlieferte Kaiserreihe einzuschieben, so Faustinian zwischen Caligula und Nero, um den breiten Familienroman des Titelhelden in seiner Verbindung mit Petrus und Clemens einzufügen, so Tarquinius (nach Nero) als Träger der Lukretiageschichte, Narcissus, oder vielmehr dessen Sohn Dietrich, als Gegenspieler in der Geschichte der Creszentia. Anderwärts werden Erzählungen ganz eigener Herkunft bei einem geschichtlichen Kaiser untergebracht, so Marcus Curtius (Jovinus) bei Caligula, Mucius Scaevola (Odnatus) bei Vitellius, der Stier (Roß) des Perillus bei Nerva, und unter Severus berichtet er die Geschichte vom Bayernherzog Adelger und dessen klugem Ratgeber. Wieder anderwärts wird der geschichtliche Stoff mit anekdotischer Erzählung durchsetzt, so erscheint bei Trajan die Witwe, die ihr Recht fordert, bei Karl die Sage vom Mädchenheer u. a.

Dies Sammelbecken so mannigfaltiger Erzählungen stellt die Frage nach seinen Quellen. Der Chronist beruft sich einleitend auf ein Buch *cronica*, das von „den Päpsten und Königen, guten und bösen, bis auf den heutigen Tag" berichtet habe. Wir glauben ihm, daß er als Gerüstwerk einen jener kurzen chronistischen Abrisse verwendet hat, die Papst- und Kaiserreihen aufzählten und mit gelegentlichen knappen Sachnotizen versahen, auf die Gegenwart zu auch breiter wurden. Für die ältere Zeit wird es ihm kaum mehr als die Namen, Regierungszeiten und Todesarten der Kaiser geboten haben, die er stets sorglich verzeichnet. Für die deutsche Geschichte läßt sich erkennen, daß ihm ein chronistisches Werk zur Verfügung stand, das Beziehungen zu der Gruppe der Würzburger Chronik und Ekkehard von Aura (d. i. Frutolf von Michelsberg) besaß, ohne daß doch eine uns bekannte Darstellung als unmittelbare Quelle in Betracht käme oder ausreichte. Für die jüngste Zeit spielt eigenes Erleben mit. In dies chronistische Gerüstwerk sind dann die selbständigen Erzählungen oft sehr lose eingeknüpft; für sie könnte die chronistische Quelle höchstens zuweilen das Stichwort hergegeben haben.

Die Einzelgeschichten sind ihrem Stoff nach meist früh belegt und weit verbreitet. Es ist literaturgeschichtlich wichtig, daß sie alle entweder aus dem Kreis der Legende oder der alten römischen Sage stammen, d. h. also aus überlieferter klösterlicher

Literatur; der Schatz byzantinischer und orientalischer Erzählungen, den die Kreuzzüge neu heranführten, war diesem Chronisten noch kaum eröffnet. Die häufige Anknüpfung an römische Örtlichkeiten und Gegenstände macht es wahrscheinlich, daß
die Stoffe oder wenigstens die Anregung vielfach aus der stadtrömischen Ortsüber-
lieferung stammen, die eben damals in der römischen Mirabilienliteratur, d. h. etwa
Reisehandbüchern für Romfahrer, aufgesammelt wurde. Die Stoffe sind mit großer
Freiheit und Selbständigkeit behandelt; daher ist ihre Stellung innerhalb der einzelnen
Stoffkreise oft schwer bestimmbar, die unmittelbare Quelle selten sicher nachweisbar.

Die einzelnen Erzählungen bilden oft eine so deutlich in sich geschlossene Einheit, daß man sie als selbständige Gedichte betrachten
möchte, die als Ganzes in die Chronik aufgenommen worden sind. Die
Trierer Silvesterlegende (vgl. S. 205 f.) erweist die selbständige Lebens-
fähigkeit eines solchen Stückes aus der Kaiserchronik. Nur will es nicht
gelingen, mit unseren Mitteln formaler Untersuchung die ursprüngliche
Selbständigkeit einzelner Stücke wirklich zu erweisen. Insbesondere ist die
Sprache des ganzen Werkes einheitlich; nirgends will sich, wie sonst so
oft bei frühmittelhochdeutschen Entlehnungen, die abweichende Mundart eines Vorläufers greifen lassen. Daher drängt sich der Gedanke auf,
daß die ganze Kaiserchronik aus der Gemeinschaftsarbeit Regensburger
Geistlicher hervorgegangen ist. Man könnte sich vorstellen, daß ein
leitender Kopf, den wir den Chronisten nennen wollen, die Grundidee
konzipiert und das chronistische Gerüstwerk geschaffen hat, und daß
andere die einzelnen Erzählstücke für die Aufnahme in das Gesamtwerk
beigesteuert haben.

Am Ende der Silvesterlegende findet sich ein Schlußgebet, das die Seele dessen,
der das Lied begann, der Fürsprache des hl. Silvester vor Gottes Thron empfiehlt
(10619ff.). Es liegt am nächsten, daß es einem Verstorbenen gilt, und daß es sich nicht
auf den ganzen bis dahin fertigen Teil der Chronik, sondern speziell auf die Silvesterlegende bezieht. Dann würde uns ein solcher Mitarbeiter des Werkes hier greifbar.
Bei solcher Gemeinschaftsarbeit eines Kreises von Männern gleicher Mundart und
gleicher Ansprüche an formale Durchbildung muß eine auf Sprache und Form gerichtete Untersuchung notwendig versagen. Auch dort, wo man die Sonderstellung
eines Teiles auf Grund solcher Kriterien allgemein annimmt, bei der Creszentia-
legende, beruht dieser Eindruck nur auf einer gradweise verschiedenen Gewandtheit
in der Verwendung derselben formal-stilistischen Mittel. Aber mindestens ebenso
stark ist der Eindruck der Eigenständigkeit bei der Lukretiageschichte mit ihrem starken Anflug frühhöfischer Elemente, bei der Geschichte von Adelger mit weit stärker
hervortretenden Merkmalen volkstümlich-heldenepischer Stilisierung, bei dem Faustinian mit der Einfärbung des spätgriechischen Familienromans; auch bei der Veronikalegende glaubt man die größere Gewandtheit der Creszentia wieder zu spüren.
Gegen die Erzählfreude solcher Einlagen sticht der Chronist mit seiner trockenen und
knappen Art erheblich ab, ohne daß wir den Umfang seines dichterischen Beitrages
im einzelnen schon genau umschreiben könnten.

Wir befragen dieses erste Dichtwerk weltlichen Stoffes nach den Lebensformen und -ansprüchen seiner Menschen. Als Kaisergeschichte,
die ihre Figuren moralisch wertet, macht sie vor allem das Herrscher-

ideal des Chronisten deutlich. Es ist der christliche *rex justus et pacificus*. Machtentfaltung ist ihm nicht fremd, aber Krieg ist nicht kämpferisches Lebensziel in sich; wo der gute Herrscher Krieg führt, ist es das *bellum iustum*, die Wahrung des Reiches gegen äußere und innere Feinde, der Schutz der Christenheit gegen heidnische Bedrohung. So nehmen in der deutschen Geschichte die Kriege gegen die heidnischen Ungarn und Böhmen, ihre Raubzüge und endliche Vernichtung und Bekehrung, einen breiten Raum ein. Sinn des Krieges ist die Herbeiführung eines gedeihlichen Friedenszustandes; er zeichnet die „guten" Herrscher aus: Karl, Ludwig den Frommen, Heinrich II., Lothar von Supplinburg, wie dagegen das Versinken des Reiches in die blutigen Wirren des Familienzwistes Folge des schlechten Regimentes Heinrichs IV. ist. Als *rex pacificus* ist der Herrscher vor allem Hüter des Rechtes, Schutz der Schwachen, Witwen und Waisen. „Richter" ist die häufigste Bezeichnung, die der Chronist für den Herrscher wählt; an vorbildlichen Geschichten wird uns der gerechte Herrscher vor Augen gestellt, höchstes Herrscherlob ist Unbestechlichkeit und Verbreitung der Rechtskenntnis.

Den Kaiser umgibt eine adlige Gesellschaft als Hof- und Kriegsgefolge. Sie ist auch in der römischen Zeit unter den Formen des Lehnswesens gesehen. Sie hat ihre Ansprüche auf Geltung und Reichtum, Freude an der Entfaltung von Pracht und Glanz, bestimmte Formen privaten und öffentlichen Auftretens. Ihre Bedeutung liegt in ihrer kriegerischen Leistung, die sie in ritterlicher Rüstung nach den sittlichen Geboten von Ehre und Treue in den Dienst des Kaisers als höchsten Lehnsherrn und Verkörperung des Reiches stellt. Allein so sehr der Stoff Anlaß zur Schilderung von kriegerischen Taten gibt, so fühlbar ist nach Auswahl der Erzählungen wie nach Art der Darstellung, daß es dem Chronisten nicht um kriegerische Tat zu tun war. Er hat kein Gefühl für das Heroische und nimmt in seiner Verwerfung der volkstümlichen Epik bewußt davon Abstand. Auch für den heroischen Lebensnerv der beiden von ihm aufgenommenen altrömischen Sagenstoffe hat er kein Empfinden. Die Geschichte des Mucius Scaevola ist – freilich nach älteren Vorstufen – in seinem Odnatus umgedeutet worden. Das Opfer der Hand wird zu einem Strafvollzug an ihr, weil sie den falschen Gegner getroffen und damit ihren Träger zum Lügner und Meineidigen gemacht hat. Aus einer heroischen Gebärde ist ein Rechtsakt geworden. Das Selbstopfer des Marcus Curtius wird in der Figur des Jovinus vollends entstellt, wenn er sich als Lohn für sein Opfer auf eine bestimmte Zeit die freie Verfügung über alle Frauen und Mädchen in Rom ausbedingt, eine Forderung, für die ihn der Dichter ausdrücklich zur Hölle verdammt (1192).

Seine Schätzung gehört vielmehr dem politischen Menschen, der redegewandt und listenreich schwierige Lagen zu meistern versteht. In der Adelgersage stellt er den klugen Ratgeber in den Vordergrund, der, ohne seine Treuepflicht gegen den Kaiser formell zu verletzen, seinen bayrischen Herzog durch die klug ersonnene Geschichte vom Hirschherzen zu warnen weiß, und mehr als Adelgers Kriegstaten beschäftigt ihn das rasche Verständnis, mit dem dieser die warnende Geschichte versteht und auslegt. Gewandte Rede erfreut die Dichter mehr als kühne Tat; nichts ist mit solcher Breite dargestellt wie die großen Disputationsszenen in Faustinian und Silvester.

Die adlige Gesellschaft, die der Dichter uns darstellt, dürfen wir nach Auftreten und Erscheinung als „ritterlich" bezeichnen, wie auch der Dichter selber Wort und Begriff „Ritter" kennt. Dagegen halten wir den Begriff des „Höfischen" noch fern. Adlige Lebensführung mit Sinn für äußeren Glanz und geregelte Lebensformen genügen nicht zu seiner Verwendung. Schon äußerlich fehlen seinem Bilde des Ritters bezeichnende Züge, die dem höfischen Ritter unerläßlich sind. Nirgends finden wir, obwohl der Name *buhurt* bekannt ist und Ritterspiele erwähnt werden, die ausgebildete Kunst des ritterlichen Turniers und seine glanzvolle Entfaltung. Überhaupt ist die äußere Erscheinung des gerüsteten Ritters noch nicht zu dem glänzenden Idealbild geworden, das höfische Dichtung so eingehend und liebevoll zu gestalten weiß. Gleich dem Turnier fehlt der Begriff der Aventiure, der Tat um der Tat willen, die der Held aufsucht. Selbst das große Abenteuer des Orients, das sich schon im Rother bescheiden, im Herzog Ernst in seiner ganzen Fülle auftut, ist noch kaum in Sichtweite. Einzig in dem fabelhaften Zuge Vespasians gegen Babylon und den König von Afrika (5171 ff.) deutet er sich – auch in dem Namentypus „Milian" – leise an. Der Kreuzzug Gottfrieds von Bouillon dagegen ist rein geschichtliches Ereignis, voll Kampf, Leiden und göttlicher Wunderhilfe, doch entfernt von allem Abenteuer.

Weit wesentlicher ist ein anderes. Den Dichtern fehlt für die Gestaltung ihrer Menschen noch die vorbildliche Anschauung eines seelisch und formal verfeinerten, von einer veredelnden Humanität überglänzten Menschenideals, das sich nur durch Erziehung und Selbstzucht verwirklichen läßt. Ihre Menschen sind von so zufälliger Mannigfaltigkeit, wie die Quellen sie darboten. Ungehemmter Ausbruch triebhafter Leidenschaften wertet den Menschen noch nicht ab; wo der Chronist nach gut und böse scheidet, ist es der Maßstab der christlichen Tugendlehre, nicht der eines ständischen Ideals der Erziehung und Haltung.

Prüfstein des Höfischen ist die Stellung zur Frau und die Wertung der Minne. Die Kaiserchronik enthält die vielbesprochene Stelle vom Gespräch über die Minne zwischen Almenia und dem römischen Ritter Totila (4573 ff.). Almenia stellt an Totila die Frage, was er höher werte, eine Liebesnacht mit einer schönen Frau oder den Kampf mit einem ebenbürtigen Gegner, und in seiner Antwort wird etwas von der rätselhaften Allmacht der Minne und ihrer versittlichenden Wirkung auf den Mann hörbar, Töne des frühen Minnesangs. Das ist wirklich „höfisch", ein *jeu parti* französischen Stils, ein Minnedialog, der ähnlich bei Veldeke stehen könnte. Allein man darf diese Szene in ihrer Vereinzelung nicht überschätzen. Sie ist eine Episode innerhalb der überhaupt am stärksten „höfisch" berührten Lukretiageschichte, und bedeutungslos im Zusammenhang fällt sie ohne Lösung zu Boden. Almenias Frage wird als *„baldspraeche"* (vorlaut) abgewertet, Totila erklärt sich für einen *tumben man*, der die Entscheidung nicht fällen könne. Ihr steht die Geschichte von Astrolabius und der Venusstatue (13067 ff.) gegenüber, in der die Zaubermacht der Minne in ihrem teuflischen Ursprung enthüllt, ihr Bann durch Priesterwort und Taufe gebrochen wird. Und wenn *hövesch* in der Lukretia mehrfach ein auszeichnendes Wort ist, so steht doch dort, wo sich der Chronist selber ausdrückt, der Ausdruck *hövescen rîten* als Vorwurf gegen Heinrich IV. daneben, und er bedeutet hier wie beim Ende des Frauenschänders Justinian Ausschweifung und Notzucht edler Frauen.

Das Frauenbild der Chronik ist vielmehr die treue, edle, ergebene Ehefrau. Die unschuldig verleumdete und gerechtfertigte Frau erscheint mehrfach (Faustinians Gattin, Creszentia, die Frau Karls des Dicken). Lukretia wird als Idealtyp einer Ehefrau dem Weibe des Tarquinius gegenübergestellt, umsichtig, geduldig und keusch; ihr wird sogar ihr Selbstmord nicht angekreidet. Sie wird zur Probe von ihrem Gatten roh behandelt, wie es Justinians Gattin Tharsilla im Ernst geschieht; beide ertragen es geduldig. Für den Mann dagegen ist Minne noch die ungezügelte Lust sinnlichen Begehrens von Tarquinius bis zu Heinrich IV., sofern nicht christliche Neigung zur Askese (Abschluß der Creszentia) zur Entsagung führt.

Wir bezeichnen die Haltung der Kaiserchronik demnach richtig als „vorhöfisch". Äußerer Ausdruck dafür ist die gelöste Form. Der Reim zeigt noch keinen Trieb zur Reinheit, die Versfüllung ist sehr frei; neben knappen Zeilen sprengen sehr breite das Viertaktgefüge auf. Eine Neigung, Absätze durch füllungsreiche Verse, vielleicht von bewußt größerer Taktzahl, zu unterstreichen, ist stellenweise spürbar, in der „Creszentia" als Grundsatz des Redeschlusses vorhanden. Doch sind die überlangen Verse nicht durchweg aus Gliederungsabsichten erklärbar. Reimbrechung ist als formales Prinzip spürbar, aber bescheiden im Vergleich mit der frühhöfischen Epik. Der Sprache fehlt die gewandte Beherrschung der sprachlichen Formen. Die Sätze sind bald schwerfällig am Latein geschult, bald knapp und kantig; das ausgewogene Spiel von Satz und Vers, das schon die letzte Bearbeitung des Alexander beherrscht, fehlt. Poetisches Stilmittel sind ausgedehnte Formeln, namentlich in der Kampfsphäre. Sie wiederholen sich im Werk selbst und kehren in anderen Gedichten wieder. Damit erweisen sie sich als Erbgut, nicht als Schöpfung der Dichter. Sie sind der inhaltlich verworfenen epischen Volksdichtung entnommen. Sie geben namentlich den Kampfschilderungen ein formelhaftes Pathos und lassen uns ahnen, wie ähnliche Szenen der frühen heroischen Epik, die uns verloren ist, etwa die Rabenschlacht oder der Saalkampf der Nibelungen im 12. Jahrhundert, geklungen haben können.

Mühsam noch ist die Bewältigung so großer Stoffmassen. Die Einheit des Werkes liegt in seinem geschlossenen Geschichtsbild. Die Fähigkeit, die Stoffmengen aus diesem Grundgedanken zu ordnen und zu gestalten, darf man nicht überschätzen. Die einzelnen Teile führen ein überwucherndes Eigenleben, ihre Dichter waren Männer mit Fabulierlust, keine Systematiker. Doch läßt nicht nur das Gesamtwerk Ordnung und Abgewogenheit vermissen, auch die Einzelerzählungen lassen erkennen, wie schwer es noch fiel, einen verwickelten Ablauf kunstgerecht zu formen. Während Einzelszenen eindrucksvoll gelingen, gehen größere Zusammenhänge oft verloren, der Faden verwirrt sich oder reißt ab. Darin wie in aller dichterischen Technik erweist sich die Kaiserchronik als typisches Werk eines tastenden Neubeginns. Wenn wir sie mit dem gut eine Generation jüngeren Heinrich von Veldeke vergleichen, so ermessen wir die Größe der Aufgabe und der Leistung, die erforderlich war, und wir begreifen aus solchem Vergleich das hohe Lob, das Mit- und Nachwelt dem Veldeker als Schöpfer des neuen Kunststils gespendet hat.

Indessen war die Kaiserchronik für ihre Zeit eine große imponierende Leistung. Sie bot beides: einen erhabenen Grundgedanken und eine Fülle lebendiger Erzählung und traf damit den Geschmack ihrer Zeit. Sie fand weite Verbreitung, wie ihre Aufnahme in Österreich (Vorauer Handschrift) und am Rhein beweist. Eine Umsetzung in rheinische Sprachformen war schon um 1160 vorhanden. Sie hat auch weit in die Zeit hinein gewirkt und zeitbedingte Abänderungen und Erweiterungen erfahren. Neben einer Umsetzung in reine Reime, doch ohne Fortsetzung, kennen wir eine bayrische Fortsetzung, die bis zum Tode Friedrichs II., eine schwäbische, die bis über das Jahr 1274 hinausreicht. Damit tritt die alte Kaiserchronik in die blühende Weltchronistik des späteren 13. Jahrhunderts ein. In diesem Zusammenhang ist sie – damit zugleich ihre Wirkung in Norddeutschland bekundend – in mehrere Handschriften der sächsischen Weltchronik verarbeitet worden. Im späten 13. Jahrhundert hat der Verfasser des Schwabenspiegels seinem Werke eine Prosaauflösung der Kaiserchronik als *buoch der künege niuwer ê* vorausgeschickt. Es ist noch einmal ihr Ideal des *rex justus*, des Königs als Richter, das sie berufen machte, ein Rechtsbuch beispielhaft einzuleiten.

3. LAMPRECHTS ALEXANDER

Neben die geschichtliche Darstellung einer ganzen Epoche stellt das Alexanderlied die geschichtliche Behandlung eines der Weltreichgründer, der in jähem Aufstieg und frühem Tod zum Beispiel irdischer Größe und ihrer Nichtigkeit geworden war. Sein Dichter nennt sich der

Pfaffe Lamprecht. Vor dem Alexander hat er eine wenig belangvolle Darstellung der Tobiasgeschichte (vgl. S. 173) verfaßt, von der wir Bruchstücke besitzen. Seine moselfränkische Mundart und eine Anspielung im Tobias erweisen ihn als Trierer; doch besteht, wie erwähnt, die Wahrscheinlichkeit, daß er in einer großen bürgerlichen Gemeinschaft, vermutlich in Köln, gedichtet hat. Sein Werk wird nicht nach 1150 entstanden sein.

Person und Geschichte Alexanders waren dem Mittelalter geläufig. Es schöpfte seine Kenntnis aus dem Geschichtswerk des Curtius Rufus, mehr noch aus dem spätgriechisch-alexandrinischen Alexanderroman. Dieser wurde seit der Renaissance fälschlich einem Kallisthenes zugeschrieben und geht daher in der modernen Forschung unter dem Namen Pseudo-Kallisthenes. Nach dem griechischen Romantypus ist er aus geographisch-ethnographischem Interesse geschrieben; er wendet daher seine Aufmerksamkeit besonders den fabelhaften Alexanderzügen in den fernsten Orient zu und umspinnt ihn mit pseudowissenschaftlichen Berichten über diese Gegenden. Dem Westen kam der Alexanderroman auf zwei Wegen zu, durch die *res gestae Alexandri Macedonis* des Julius Valerius (etwa 300 n. Chr.), die im Mittelalter hauptsächlich in einem Auszug, der Epitome des Julius Valerius, bekannt waren, und durch die *Historia de preliis (Alexandri Magni)* des neapolitanischen Erzpriesters Leo (um 950), die im Mittelalter weit verbreitet war. Dazu kommen einzelne, für die mittelalterliche Dichtung bedeutsame Ergänzungen, von denen namentlich zwei, Alexanders Brief an Aristoteles über die Wunder Indiens und das *Iter ad paradisum* für die deutsche Alexanderdichtung wichtig geworden sind.

Lamprecht benutzt indessen die lateinischen Werke nicht unmittelbar, er übersetzt das Gedicht eines Franzosen, den er Alberich von Bisinzo (Besançon) nennt, und von dessen Werk uns ein kleines Stück des Anfanges erhalten ist. Der Trierer Grenznachbar der Franzosen wird damit zum ersten Vermittler der fortgeschrittenen französischen Literatur.

Im Annolied wie bei Lamprecht trägt Alexander die fest geprägte Bezeichnung „*der wunderliche Alexander*", das will sagen, der erstaunliche Alexander, erstaunlich nach Taten und Erlebnissen. Zugleich aber ist er in seiner Welteroberung ein warnendes Beispiel der Unersättlichkeit *(giricheit)* und in seinem jähen Ende ein Beispiel der Vergänglichkeit irdischer Größe. Der Drang Alexanders nach Unermeßlichkeit hatte schon den antiken Alexanderroman beeindruckt, und er hatte bezeichnende Beispiele dafür geprägt. Nachdem der große König den bewohnten Erdkreis durchschritten hatte, versuchte er nach den Inseln der Seligen vorzudringen; er senkte sich in einer gläsernen Taucherglocke in die Tiefen des Meeres, um die Geheimnisse des Ozeans zu erforschen; er ließ sich in einem mit Greifen bespannten Wagen in den Himmel tragen. Christliche Dichtung fügte das *Iter ad paradisum* hinzu, in dem der Weltherrscher in das Gottesreich vorzudringen sich erkühnte. Von allen Mühsalen brachte er jedoch nichts heim, als den geheimnisvollen Augenstein, den ein Alter ihm aus dem Torfenster des Paradieses gereicht hatte, und dessen Rätsel ihm ein weiser Jude deutet: Auf eine Waage gelegt, vermag alles gehäufte Gold ihn nicht aufzuwiegen; wird er aber mit ein wenig Erde bedeckt, läßt eine Feder ihn in die Höhe schnellen. Hier wird die christliche Wertung an den Welteroberer herangetragen; solange der Mensch lebt, ist seine Gier mit allem Golde der Welt nicht zu ersättigen, deckt ihn die Erde, so wiegt er geringer als eine Feder. Diese Wertung ist auch für Alberich und Lamprecht bestimmend. Beide Gedichte beginnen nachdrücklich mit dem Salomonischen *Vanitatum vanitas*, der Eitelkeit alles Irdischen. So wird das Leben Alexanders umschlossen vom Vanitas-Gedanken der Einleitung und dem Memento mori der Steinfabel, eingeordnet in das asketisch-weltflüchtige Denken der Zeit. Der Alexanderroman wird zum Exemplum der Lehre, die in der religiösen Dichtung so eindringlich gepredigt wird. Diese Haltung wird aber notwendig widersprüchlich, wenn man zugleich den antiken Roman als geschichtliche Wahrheit unangetastet übernimmt. Denn dem spätgriechischen Romandichter war Alexander der bewunderte Held, der kühne, listenreiche Eroberer, der große Erforscher des Erdkreises, dessen Taten und Fahrten er ohne jede Abwertung darstellte. Damit wird der Lamprechtsche Alexanderroman ein Zwitter, sehr fühlbar darin, wie unvermittelt auf den Vanitas-Gedanken der Preis Alexanders als des größten Helden und Königs folgt. Im Verlauf des ganzen Romans versinkt der Vergänglichkeitsgedanke und die Kritik an der menschlichen Unersättlichkeit, um erst mit der Paradiesfahrt und Alexanders Tod wieder vorzubrechen. Zwischen Anfang und Ende steht ein Heldenleben voll siegreicher Kämpfe und wunderbarer Abenteuer.

Hier beginnen die inneren Fragen des deutschen Alexanderliedes und seiner drei Fassungen. Die drei bekannten Handschriften stellen nämlich drei selbständige Bearbeitungen dar. Die älteste Fassung der Vorauer Handschrift (V) enthält nicht den ganzen Roman. Sie führt gleich in der ersten Perserschlacht die beiden Gegner Alexander und Darius persönlich zusammen und läßt Darius – gegen Geschichte und Roman – unter Alexanders Schwert fallen. Mit einigen sachlichen Zeilen, die besagen, daß Alberich und Lamprecht hier geendet hätten, findet das Gedicht seinen überstürzten Abschluß. V bewahrt die moselfränkische Sprache des Originals; seine Abfassung setzen wir um 1150 neben oder gleich nach der Kaiserchronik an.

Die beiden anderen Fassungen enthalten den ganzen Alexanderroman einschließlich der Paradiesfahrt und enden mit dem Tode Alexanders. Es sind:

1. Der – 1870 verbrannte – Straßburger Alexander (S). Er unterdrückt die abschließende Schlachtschilderung von V an dieser Stelle, fährt vielmehr im Ablauf des antiken Romanes fort und verwendet die Verse der Schlachtschilderung weit später in der Darstellung der Schlacht bei Issus. Das ganze Gedicht ist grundlegend nach den Formansprüchen der frühen höfischen Zeit umgebildet und erneuert. Der Verfasser sprach eine rheinische Mundart und könnte etwa im untern Lahntal beheimatet sein. Die Kenntnis dieser Bearbeitung durch Eilhart von Oberge und den jungen Veldeke legen sie auf etwa 1170 fest.

2. Der Basler Alexander (B). Es ist eine ganz entstellte Abschrift des Liedes, eingefügt in eine prosaische Basler Weltchronik des 15. Jahrhunderts, und daher in seiner Versform teilweise zerstört, überhaupt mit einer selbst für diese Zeit ungewöhnlichen Roheit verstümmelt. Dem Chronisten lag eine Bearbeitung des Liedes vor, die es mit

wenig Kunst den Anforderungen des 13. Jahrhunderts an Glätte des Verses und Reinheit des Reimes angepaßt hatte. Außerdem ist der Anfang des Liedes dem lateinischen Roman entsprechend umgeformt. Der ägyptische Zauberer Nectanebus ist zum Vater Alexanders gemacht (Nectanebusprolog), und am Ende sind einige Alexanderabenteuer aufgenommen, die in S fehlen. Die Bearbeitung ist alemannisch; vielleicht könnte es sich dabei um das Alexandergedicht jenes Berthold von Herbolzheim handeln, das Rudolf von Ems in seinem Alexander erwähnt. Hinter dieser höfischen Bearbeitung steht ein alter Text, der, soweit ein Vergleich möglich ist, der alten Fassung von V weit näher bleibt als der von S, im Umfang aber mit S übereinstimmt. Damit vertritt B eine ältere Fassung des Gesamtromanes, als wir sie aus S kennen. Mundart und Zeit dieser ältesten Form *B sind nicht feststellbar.

Es ist umstritten, ob wir in V wirklich das ganze Werk Lamprechts besitzen, wie das Nachwort behauptet, oder ob schon Lamprecht den ganzen Roman verfaßt hat, V also eine Kürzung, das Nachwort ein Schwindel ist. Im ersten Fall würde man in *B den ersten Fortsetzer sehen müssen, der das erhaltene Werk seines Vorgängers im wesentlichen unangetastet ließ, es aber durch Hinzufügung der großen fehlenden Teile des Alexanderromanes, Hauptteil der Perserkämpfe, Kampf mit Porus von Indien, Abenteuerfahrten, Paradiesfahrt und Tod Alexanders ergänzte. Im zweiten Fall wäre *B nicht viel mehr als eine Abschrift von Lamprechts Gedicht, das uns also hier, wenn auch schwer entstellt, in seiner ganzen Erstreckung vorläge. In beiden Fällen hat B große Bedeutung, die Wiedergewinnung seiner Urgestalt * B soweit irgend möglich ist ein wichtiges Anliegen der Forschung.

Wir glauben nicht an den Lamprechtschen Gesamtroman. Alle formalen Untersuchungen der Straßburger Fassung haben übereinstimmend gezeigt, daß ihr Bearbeiter in dem Teil, der sich mit V deckt, seine formalen Ansprüche an Reim, Versfüllung und Brechung viel unvollkommener erfüllt als in denen, die über V hinausgehen. Das verlangt die Deutung, daß ihn seine Vorlagen darin verschieden begünstigten; wo er an V gebunden war, fand er mehr Hindernisse für seine freie Entfaltung als in der Fortsetzung, die demnach formal schon bessere Vorarbeit geleistet hatte. In einigen späten Abschnitten, die in B fehlen oder offenbar nur sehr kurz behandelt waren (Mädchenwald, Paradiesfahrt), können wir S in seiner eigenen Arbeit beobachten; hier erst erkennen wir ihn ganz als den formalen Meister frühhöfischen Stils, der er gewesen sein muß. Aus der Verschiedenheit der Form in S spricht eine Verschiedenheit der Quellen; ein einheitliches Werk von Lamprecht hat es nicht gegeben.

Wie haben wir dann Lamprechts Werk zu beurteilen? Das kleine Bruchstück von Alberichs französischem Gedicht, das wir besitzen – 105 Verse –, erlaubt einen Vergleich. Er zeigt, daß Lamprecht, ganz wie er sich selber darstellt, nur Übersetzer ist, und zwar kein geschickter. Die Übertragung von Alberichs gleichreimigen Tiraden in Reimpaare macht ihm Mühe. Daher verbreitert er aus Ungewandtheit oder Reimnot, oder er läßt sich von seinem Formelschatz tragen. Gelegentlich meldet sich der gelehrte oder betrachtende Geistliche, aber nur einmal (134–38) wagt er eine sachliche Ergänzung, die auf eigene Kenntnis des lateinischen Romans zurückgehen könnte. Wir glauben ihm, daß er sich genau an seine Vorlage gehalten hat, daß nicht er, sondern Alberich die Verantwortung für den Inhalt trägt. So werden wir auch den Rest des Gedichtes beurteilen; es wird wenig enthalten, das nicht aus Alberich stammt. Vielleicht einige der gelehrten Notizen des Bibelkenners zu Namen von Örtlichkeiten und Völkern, sicher die Aufnahme der Schlacht am Wülpenwert (1321 ff.) neben dem Kampf um Troja als Vergleich zur Furchtbarkeit der Alexanderschlacht.

Für die Frage nach dem ursprünglichen Umfang des Gedichtes gilt dasselbe: darin hat die Schlußnotiz recht; Lamprecht hat gewiß nicht mehr gedichtet, als ihm seine Vorlage bot. Aber wie kam es zu dem plötzlichen Abschluß? Man könnte den Eindruck eines sinnhaften Aufbaus gewinnen. Im Mittelpunkt der Erzählung stände die Zinsforderung des Darius, die Alexander abschüttelt. Sie setzt seinen Zug in Gang und findet Lösung und Abschluß in der Perserschlacht, in der Alexander den Zinsforderer besiegt und tötet. Auch kompositorisch wirkt der Schluß folgerichtig aufgebaut. Auf die Sammlung des Massenheeres durch Darius folgt unmittelbar die zu erwartende Schlacht, während die Fortsetzung, in die Spuren des Romans zurücklenkend, Alexanders Rückkehr nach Mazedonien zu seiner erkrankten Mutter, seine Sammlung eines Heeres und eine neue, breit erzählte, episodenreiche Anabasis einschiebt. Es wäre etwas wie die Rückkehr zum geschichtlichen Alexander, die sich auch darin ausdrückte, daß das Gedicht mit Vers 1209 den Roman verläßt und sich durch die Historiker Arrian und Curtius anregen läßt. Allein diese Deutung wäre zu modern. Sie setzte einen kritischen Blick voraus, den das Mittelalter nicht besaß. Ihm war der ganze Alexanderroman Geschichte; der „wunderliche Alexander" ist gerade auch der Held der Abenteuer im fernen Orient. Auch darstellerisch melden sich Bedenken. Der Schlußkampf, der doch die Krönung des Ganzen sein müßte, ist zu abrupt, die Schlacht selber zu flüchtig dargestellt. Unmöglich könnte der Tod des Darius nur in zwei Zeilen abgetan sein und der Triumph des Siegers ganz verschwiegen bleiben, wenn wirklich das Zinsmotiv die tragende Grundidee wäre. So wie es in V steht, ist es nicht Krönung, sondern Verlegenheit. Und noch mehr: Wer sein Gedicht so nachdrücklich mit dem Vanitas-Gedanken begann, sah nicht nur den Aufstieg des Mazedoniers; er hatte den Blick schon auf die Vanitas-Lehre des Paradiessteines und das Ende Alexanders gerichtet. Demnach werden wir nur annehmen können, daß das Gedicht als Ganzes geplant, aber Fragment geblieben und durch den Tod des Darius mit einem Notschluß versehen worden ist. Unter den beiden Möglichkeiten, daß Alberichs Werk unvollendet war und von Lamprecht mit jenem Notdach versehen wurde, oder daß Lamprecht vorzeitig abbrach und ein anderer den Notschluß anfügte, haben wir uns für die zweite zu entscheiden. Die letzten Verse sprechen dafür, nicht, weil Lamprecht darin in dritter Person von sich redet, sondern weil er der „gute Pfaffe Lamprecht" heißt, ein Ehrentitel, den er selber sich nicht beilegen konnte. So wird der Verfasser der Schlußnotiz auch den Torso von Lamprechts Gedicht durch den Tod des Darius zu einem notdürftig raschen Ende geführt haben.

Lamprecht will Geschichte schreiben. Gleich dem Verfasser der Kaiserchronik verwahrt er sich gegen „Lüge", d. h. gegen literarische Erfindung. Lebhaft lehnt er mit Alberich die Fabel vom Zauberer Nectanebus als Alexanders Vater als Lüge ab; er weiß, daß Alexander echter Königssproß ist. Und sorglich deckt er sich gegen den Vorwurf der Lüge, indem er seinen Gewährsmann für alles Inhaltliche verantwortlich macht. Ein Stück Weltgeschichte soll sich abspielen, die Ablösung des persischen Weltreichs durch das mazedonische des Alexander, das letzte vor dem römischen Imperium. So hatten schon Annolied und Kaiserchronik auf Alexander verwiesen. Alexander lebte als heidnischer Herrscher vor Christi Heilstat. Das Spannungsverhältnis zwischen Welt und Gott konnte sich in der Auseinandersetzung der beiden Weltreiche nicht entfalten, sie beide waren Teile der *historia terrena*. Dennoch sieht Lamprecht dieses Spannungsverhältnis. Dem einleitenden Preis des Königs, den er seiner Vorlage nachbildet, fügt er selbständig eine Gegenüberstellung mit Salomo hinzu, dem Träger der göttlichen Geschichte, dem er Alexander unterordnet: „*wande Alexander was ein heiden*" (V 70). Er berichtet unabhängig vom Alexanderroman, daß Alexander Jerusalem, Bethlehem und andere biblische Stätten zerstört hat, und stellt ihn damit in Gegensatz zum christlichen Orientfahrer. Und wo es bei Orten und Menschen angeht, ist das biblische Gegenbeispiel zur Hand, so daß die *historia divina* wenigstens in Sichtweite der Vorgänge der Weltreichsgeschichte bleibt. Bis dann in Alexanders Zug gegen das Paradies der heidnische Weltherrscher dem Reich Gottes leibhaft gegenübergestellt und seine *superbia* in ihrer Ohnmacht vor Gott enthüllt wird.

Alexander erscheint als Held des antiken Romans mit vielen auszeichnenden Charaktereigenschaften versehen, die dem spätgriechischen Humanitätsgedanken entspringen: eine gefühlshaft vertiefte Liebe zu seiner Mutter, Fähigkeit zu Milde und Großmut gegen die Besiegten, Anerkennung edler Gesinnung auch bei dem Feind, Edelmut gegen den gestürzten Darius und dessen Familie. Alberich-Lamprecht haben sie ihm belassen. Er erwirbt in einer sorgfältigen Erziehung die Bildung seiner Zeit als Schüler des großen Philosophen Aristoteles, dem er in dankbarer Anhänglichkeit verbunden bleibt. Zum ersten Male in deutscher Literatur wird die Erziehung eines jungen Helden dargestellt; in Anlehnung an den antiken Roman umfaßt sie Teile der Artes, dazu Waffenübung und Rechtskunde als Vorbereitung für seinen königlichen Beruf. So wächst er zu dem großen Helden heran, dem Abgott des Heeres, dem immer überlegenen Feldherrn mit der mitreißenden Kraft des wahren Heerführers. Der Anstoß zu seinem Zuge, die Abschüttelung einer übermütigen Zinsforderung, läßt diesen als *bellum justum* erscheinen, wie es auch einige seiner Jugendtaten als Kämpfe gegen Angreifer oder Abtrünnige zweifellos sind.

Solchen aus der Quelle stammenden Schimmer mochte Lamprecht dem Mazedonier ruhig belassen – er wurde darum doch nicht der im christlichen Sinne vorbildliche *rex justus et pacificus*. Dem griechischen Menschenbild fehlt es an der Gottbezogenheit, die sich in der demütigen Verantwortung vor Gott und in dem eigenen Bewußtsein der sündhaften Unvollkommenheit äußert. Damit ist Alexander im Kern seines Wesens „Heide". Die Bezeichnung der „*wunderlîche Alexander*" ist in Lamprechts Munde so wenig ein uneingeschränktes Lob wie „stolz" und „übermütig", und es wäre undenkbar, daß ihm das mittelhochdeutsche Lobeswort „*der guote Alexander*" zuteil würde, wie es den guten Herrschern der Kaiserchronik zufällt. Alexanders plötzlich vorbrechende Züge unbeherrschter Rachsucht und Grausamkeit weiß Lamprecht gut in das Gesamtbild einzufügen, und in dem ausführlich geschilderten Kampf gegen Tyrus nimmt er – hier bewußter Stadtbürger – offen gegen den Helden Partei. In Alexanders Tun und Wesen liegt immanent der *übermuot*, in seiner glänzenden Gestalt ist der gottferne Glanz der „Welt"; die Paradiesfahrt macht seine luziferische *superbia* vollends deutlich. Der Fortsetzer wertet die Paradiesfahrt nach dieser Richtung voll aus. Die Antwort des Alten am Paradiestor an die Abgesandten Alexanders ist eine Bußpredigt mit Aufforderung zu Demut und Reue, und in gleicher Weise wendet der alte Jude seine Steindeutung; er läßt sie ausklingen in einer Mahnung zur „Bekehrung" (7153 ff.), einer Warnung vor der *giricheit* und einem eindringlichen *memento mori*.

Wichtig bleibt dennoch, daß die christliche Abscheugebärde vor dem Heidentum fehlt. Sie war leicht zu vermeiden, wo der unmittelbare Zusammenstoß mit dem Christentum fehlte. Darum ist auch Alexanders Zug in den Orient, dem etwas von der wissenschaftlichen Sachlichkeit des griechischen Romans verbleibt, mit den Orientabenteuern der Kreuzzugssphäre nicht gleichzustellen. Alexanders Heidentum bleibt sozusagen außer Sicht; heidnischer Glaube und Kult treten im Lamprechtschen Gedicht nirgends, in der Fortsetzung wenig hervor. Alexander wohnt in der milden Helle, die dem griechisch-römischen Altertum gegönnt wird, und die auch die Kaiserchronik ihren guten Kaisern zubilligt. Es ist die Tradition der Klosterschule und ihrer Ehrfurcht vor dem Erbe des antiken Bildungsgutes, die darin zum Ausdruck kommen. Die cluniazensische Ablehnung dieses Bildungsgutes und der weltlichen Wissenschaft ist darin freilich überwunden, und insofern ist der Anbruch einer neuen Epoche in diesem Werk zu erkennen. In diesem Sinn ist Lamprecht auch geistig ein Vorläufer von Veldekes Äneasroman; daher mochte die frühe höfische Generation das Bedürfnis spüren, das veraltete Werk ihren Formansprüchen anzupassen, wie es in der Straßburger Bearbeitung geschehen ist.

Die gesellschaftliche Lebensform ist nach dem Bilde des zeitgenössischen Lehnswesens gestaltet. Die fast ausschließlich kriegerischen Ereignisse geben besonders reichlich Anlaß zur Verwendung der Formeln aus der heimischen mündlichen Epik. Doch überschätze man solche Einstilisierung hier und anderwärts nicht. Sie ist so wenig bewußte Neuformung aus heimischem Denken wie die Einkleidung des Heilandslebens in die Stabreimformeln des Heliand oder die Verhöfischung der Marienleben des 13. Jahrhunderts. Den inneren Kern des Stoffes und das grundsätzliche Denken des Dichters berührt es nicht. Alexander wird dadurch zum zeitlichen Nachbarn, nicht zum Verwandten eines Gunther oder Dietrich von Bern. Eine Neudeutung wird man dem kümmerlichen Übersetzergeist Lamprechts schwerlich zutrauen wollen. Höfisches Wesen ist so wenig entfaltet wie in der Kaiserchronik. Züge von edler Mäßigung und Humanität sind der Quelle zu verdanken; sie gehören nicht einem erstrebten Menschenbilde an. Der Frau räumt der Stoff wenig Platz ein; sie tritt am meisten in der Gestalt von Alexanders Mutter hervor. Doch spielt Olympias keine Rolle; was sie bedeutet, erhellt aus der verehrenden Liebe, die der Sohn ihr entgegenbringt. Minne hat in Lamprechts eigenem Werk keinen Raum, obwohl die Möglichkeit, eine Minneszene zu entfalten oder die magische Macht der Minne zu veranschaulichen, in Philipps Abfall von Olympias zu Kleopatra gegeben war. Sie blieb unausgenutzt; Philipps Handeln scheint launisch-unbegründet, Alexanders Eindringen in das Hochzeitsfest gehört zu den rohesten Szenen von Alexanders aufflammendem Jähzorn, das Schicksal der Braut wird mit einer ironischen Bemerkung abgetan.

Der Fortsetzer *B dagegen kannte und nutzte die schöne Stelle von dem Perser, der sich ins griechische Heer einschlich, um Alexander zu töten und dadurch die Hand von Darius' Tochter zu erwerben. Dem antiken Dichter war es ein Beispiel für Alexanders Edelmut gegen den tapferen Feind. Der deutsche Dichter macht Minne zum Handlungsantrieb des Persers (2763 ff.), ihn schmerzt mehr der Verlust der Frau als der des Lebens, er weiß um das Mannesschicksal, das Leben für ein *herzeliebez lieb* einzusetzen, und hat nur noch den einen Wunsch, die geliebte Frau vor seinem Tode noch einmal zu sehen. Der Hof der Königin Kandake wird mit allen Farben höfischer Pracht ausgemalt, ihr Aufzug könnte in jedem Artusroman stehen. Sie verweist dem überlisteten Alexander seinen Unmut mit der höfischen Lehre: Du sollst Frauen nicht drohen, schelten und schlagen, und sie heilt seine Beschämung durch *tougen minne.*

Lamprechts dichterische Gaben sind gering. Er bewegt sich ganz in den freien frühmittelhochdeutschen Formen, doch fehlt ihm das Formgefühl der besten seiner Vorläufer. Seine Verse sind von der Zufälligkeit seiner ungewandten Sätze und der Not des Reimes bestimmt. Von dem Quaderbau der Verse eines Ezzo oder Anno ist nichts zu spüren. Wo er klangvoll wird, verdankt er es der vorgeprägten Formelwelt, mit der er sich bewegt. Wo der Halt am stilistischen Vorbild fehlt, z. B. wo er der Quelle entsprechend individuelle Kampfhandlungen schildern muß, schwindet Anschaulichkeit und Schwung. Nicht seine dichterische Leistung, nur sein Stoff und seine Stellung an dem Schnittpunkt einer literarischen Epoche geben seinem Werk einen bedeutenden Platz in der deutschen Literaturgeschichte.

4. KONRADS ROLANDSLIED

Das dritte der weltgeschichtlichen Epen, das Rolandslied, ist, wie wir sahen, das jüngste Glied der Gruppe, aber nach seiner Regensburger Heimat der Kaiserchronik örtlich nahe, in seinem Formgefühl noch ganz an dem älteren Vorbild geschult, ohne dem am Rhein schon aufblühenden neuen Formwillen irgendwelche Zugeständnisse zu machen. In solcher Haltung werden wir nicht die Weltferne eines zeitabgewandten Eigenbrötlers sehen dürfen. Wer im Auftrage Heinrichs des Löwen ein französisches Werk übertrug, mußte etwas gelten und mit den literarischen Bestrebungen seiner Zeit vertraut sein. Seine Art zu dichten ist ein Bekenntnis; wie er stofflich und gedanklich von der aufkommenden „ritterlichen" Dichtung Abstand nahm, so lehnte er auch das moderne Wichtignehmen der schönen Form bewußt ab. Er mußte sich dabei von der Zustimmung seiner Umwelt getragen fühlen; seinem fürstlichen Auftraggeber hätte er kein so rückgewandtes Werk liefern dürfen, wenn er nicht gewußt hätte, damit dessen Geschmack zu entsprechen.

Als Gönner haben wir Heinrich den Löwen und seine Gattin Mathilde, als Abfassungszeit etwa 1170 schon festgestellt. Die Handschriften, eine vollständige und mehrere Bruchstücke, unter denen A rund die Hälfte des Gedichtes umfaßt, liegen fast alle noch im Ende des 12. Jahrhunderts. Damals hat das Gedicht eine gewisse Verbreitung gefunden; es ist auch im Zuge des rheinisch-bayrischen Austausches an den Rhein gelangt. Dem 13. Jahrhundert war das Gedicht nicht mehr gemäß; um 1220 hat der Stricker (vgl. Bd. 2 S. 193) eine erweiternde Bearbeitung vorgenommen, in der Konrads Gedicht dann größte Verbreitung fand (gegen 40 Handschriften). Auch die Darstellung der Schlacht bei Ronceval, die abermals ein Jahrhundert später (um 1320) in den niederrheinischen Sammelroman Karlmeinet Aufnahme fand, beruht auf Konrads Rolandslied.

Quelle ist das bald nach 1100 verfaßte französische Rolandslied, der großartige Beginn der in Frankreich weit mehr als in Deutschland gepflegten, zur eigentlichen Nationalepik aufsteigenden Dichtung um Karl den Großen. Das französische Original, das Herzog Heinrich beschaffte, hat Konrad zunächst ins Lateinische übertragen; dem bayrischen Geistlichen war offenbar bei dem vertrauten Latein wohler als beim Französischen. Diese unmittelbare Quelle ist uns nicht bekannt, wir wissen also nicht, wie weit die Verschiebung der Gesichtspunkte, die wir an Konrads Gedicht gegenüber der französischen Chanson de geste beobachten, schon in der lateinischen Übersetzung vorgenommen worden ist.

Auch das Rolandslied ist Geschichte. Nicht mehr Weltreichsgeschichte als Ganzes, sondern nur eine Episode aus Karls spanischem Krieg. Als geschichtliche Tatsache liegt die Vernichtung der fränkischen Nachhut in den Pyrenäen im Jahre 778 durch baskische Bergbewohner zugrunde. Unter den Gefallenen befand sich auch Hruodland, Markgraf der Bretagne. Die Umprägung des geschichtlichen Rohstoffs zum heroischen Gedicht geschah in Frankreich. Die besonderen Bedingungen, unter denen dort die Schöpfung einer heroisch-kriegerischen Adelsdichtung möglich war, können uns hier nicht beschäftigen. Gegenüber der älteren germanischen Heroik mit ihren Wurzeln in Sippendenken und Gefolgschaft ist der Wurzelboden dieser jüngeren Schöpfung das umfassendere Gemeinschaftserlebnis von Volk, Heimat und Vaterland, das jene älteren germanischen Bindungen einordnet und übergreift. Ein solch bewußtes Nationalgefühl war der germanischen Heroik völlig fremd. Die französische Heroik der Karolingerzeit ist bereits christlich gebunden, Gott und Heimat sind daher dort die beflügelnden Vorstellungen. Unter sie stellt auch das französische Rolandslied seine Helden. Karl ist der von Gott inspirierte und gelenkte Schöpfer und Beherrscher des Frankenreiches, sein spanischer Feldzug gilt der Ausbreitung des Glaubens und der Ehre Frankreichs. Dabei sieht die Chanson noch das Karolingische Universalreich, aber sie entzündet sich an dem engeren Begriff der *douce France*, d. i. Nordfrankreich. Dem Kaiser dienen seine Vasallen aus diesem Geiste heraus, getragen von den Pflichten der Vasallität setzen sie ihr Leben für diese beiden hohen Ziele ein, die Karl ihnen herrscherlich weist. Damit ist also das französische Rolandslied nicht in das System augustinischen Geschichtsdenkens eingeordnet; es sieht die modernen Begriffe Heimat und Nation.

Dem deutschen Dichter mußte sich das Bild von seinem Blickpunkt aus notwendig verschieben. Das Nationalgefühl des Franzosen konnte er weder nacherleben noch durch ein deutsches Gegenerlebnis ersetzen. Das deutsche Denken kannte neben dem universalen Reich nur ein Stammesgefühl. Weder das bayrische Sonderdenken des Dichters noch die Person Karls des Großen boten Ansatzpunkte für die Übertragung des französischen Denkens in das deutsche. Von Deutschland gesehen war Karl nur der große Erneuerer des alten Imperium mit christlichem Vorzeichen. Aus diesem Karlsbild hat der Regensburger Geistliche den Sinn des Werkes erfaßt und unter Benutzung der starken Ansätze, die das französische Vorbild dafür bot, folgerichtig durchgestaltet. Damit ordnete sich sein Stoff zugleich in das ihm verbindliche augustinische Geschichtsbild ein; er konnte ihn nun als ein Stück Weltreichsgeschichte auffassen und behandeln.

Ganz seinem Denken gemäß war dabei die christliche Grundhaltung; er hat in Überhöhung seines Vorbildes Karls Weltreich zu einer

Erfüllung des Gottesreiches gemacht. Karls Herrschaft ist nicht nur von
christlichem Denken getragen; Karl wird zu einem gottgesandten, in
seinen Entschlüssen und Taten von Gott unmittelbar inspirierten Weltherrscher, das Reich wird zu einer Theokratie. Gottesreich und Weltreich stehen sich nicht mehr im Spannungsverhältnis von *imperium* und
sacerdotium gegenüber. Diese Spannung ist – ebenfalls unter Anknüpfung
an das Vorbild – als die Urfeindschaft zwischen Christentum und mo-
hammedanischem Heidentum gesehen, das in seinen Göttern zugleich
die alten römischen in sich aufnahm. In streng dualistischem Denken
stehen sich zwei Weltreiche, Karls und Baligans, und in ihnen Gott und
Teufel unmittelbar gegenüber. Karls Eroberungszüge sind unter diesem
Gesichtspunkt *bellum justum*, sei es, daß sie der Zusammenfassung des
christlichen Weltkreises in einem Reiche dienen, sei es, daß sie, wie Karls
spanischer Feldzug, im göttlichen Auftrag ein Stück Teufelsreich dem
Satan entreißen, die Heiden ausrotten oder bekehren wollen. Karl ist
getragen von dem apostolischen Auftrag: gehet hin und lehret alle
Völker.

Damit wird das Urerlebnis des frühen Christentums wieder unmittelbar lebendig; die Träger des wahren Glaubens stehen den verworfenen
Vertretern des satanischen Unglaubens Auge in Auge gegenüber. Und
ganz folgerichtig ergibt sich daraus das Märtyrererlebnis. Wer in diesem
Gottesstreit fällt, geht als Märtyrer unmittelbar zu Gott ein; Heiligkeit
umwittert seinen Tod und seine Gebeine, wie es bei Roland handgreiflich geschieht. Die geschichtliche Erzählung wird zur Märtyrerlegende, und wie die alten Märtyrer drängen nun die karolingischen
Paladine dem Märtyrertode zu, um die Krone des ewigen Lebens zu erringen.

Dies Geschichtsbild und die Frömmigkeitsform, die sich darin auslebt, kann man auch mittelbar nicht mehr cluniazensisch nennen, wenn
man den Begriff nicht überdehnen und sprengen will. Ihr fehlt sowohl
die Betonung der klaren dogmatischen Ordnung des Glaubens als auch
die unbedingte Einordnung des Menschen in die hierarchische Heilsinstitution. Kirche und Dogma bleiben natürlich in ihrer absoluten
Geltung unangetastet, sie sind aber nicht mehr Ziel der Dichtung. Roland und Turpin wären in der alten aufgliedernden Formel: *pfaffen unde
laien* nicht mehr zu fassen; sie sind beide Kinder und Künder einer neuen,
unreflektierten, aus gefühlshaften Tiefen aufquellenden Glaubensgewißheit. Die Angst des *memento mori* führt nicht mehr zur Weltabkehr,
sondern die Gewißheit der Seligkeit zu Weltüberwindung und Todesbereitschaft. Dem Aufruf des Armen Hartmann (vgl. S. 181 f.) zu ere-
mitenhafter Weltflucht antwortet hier Turpins tatenfrohes Kriegertum
und die wegwerfende Handbewegung, mit der er das Mönchtum abtut
(6297 ff.). Konrad fand sie in der Quelle vor, aber er hat sie nicht ge-

tilgt. Wir müssen von Kreuzzugsfrömmigkeit sprechen, einer neuen Form kämpferischer Glaubensglut, die in Deutschland erst durch die Predigt Bernhards von Clairvaux geweckt worden ist. Von dieser entfachten Kreuzzugsfrömmigkeit läßt die Kaiserchronik in ihrer Darstellung des ersten Kreuzzuges noch wenig spüren. Damit löst sich die Frage nach der Verfassereinheit von Kaiserchronik und Rolandslied, die schon aus chronologischen Gründen zu leugnen war, auch im Sinn ihrer ganzen geistigen Haltung negativ. Das Bild der Kaiserchronik, die den Spannungszustand zwischen *imperium* und *sacerdotium* als entscheidend ansah und Einordnung unter die Kirche zum Prüfstein machte, wäre noch cluniazensisch zu nennen. Ihr Karlsbild ist von dem des Roland grundsätzlich verschieden. Was dort Karls Reich vorbildlich erhöhte, war die enge Gemeinschaft zwischen Kaiser und Papst, die sich in der leiblichen Bruderschaft symbolisch verdichtete. Karl ist der vom Papst gekrönte Kaiser, und seine Frömmigkeit sucht cluniazensisch-asketisch durch demütige Bußübungen in den Kirchen Roms Ausdruck. Im Rolandslied tritt die Kirche gewiß eindrücklich in Erscheinung und umgibt Leben und Sterben der Helden mit ihrer Heilswirkung. Neben Turpin, den Vertreter der *vita activa*, stellt Konrad aus eigener Zutat den greisen Bischof mit dem bezeichnenden Namen Johannes als Vertreter der *vita contemplativa*. Doch wird die Kirche sozusagen eingeordnet in Karls theokratisches Gottesreich. Karl erscheint wie als weltliches so auch als geistliches Oberhaupt seines Reiches. In diesem Bild ist für einen Papst, der gleichberechtigt oder überhöht neben dem Kaiser stände, kein Platz. Es will etwas bedeuten, wenn Rom zum Mittelpunkt des Reiches Karls gemacht ist, ohne daß der Papst auch nur einmal erwähnt wird; Rom ist Zentrum eines christlichen Weltreiches, in dem Karl mit uneingeschränkter Machtfülle herrscht. Er ist nur Gott verantwortlich und empfängt seine Aufträge unmittelbar von ihm.

Gottes Auftrag an Karl aber ist kriegerische Tat: die Eroberung Spaniens und die Zerstörung des spanischen Heidentums. Auch darin unterscheiden sich Kaiserchronik und Rolandslied. Der spanische Krieg ist dort nur Episode eines Herrscherlebens, in dem andere Ereignisse in den Vordergrund gerückt sind. Den spanischen Feldzug selber entscheidet nicht kriegerische Tapferkeit, sondern eine von einem Engel eingegebene List. Die Mädchen des Reiches werden aufgeboten und gerüstet, und vor dieser neuen Heerschar gibt der Heidenkönig seinen Widerstand freiwillig auf. Solche Lösung lag dem Dichter des Rolandsliedes nicht nur zufällig stofflich, sondern denkmäßig fern. Ihm steht kriegerische Tat in der Mitte; was ihn innerst bewegt, ist Heldentum.

Auch damit ist, anknüpfend an das französische Vorbild, etwas für Deutschland Neues geschehen. Tätiges, kämpfendes Kriegertum wird vorbildlich, Schlachtentod von Ruhmesglanz überstrahlt. Das war in Deutschland seit dem Hildebrandslied nicht mehr aufs Pergament gekommen.

16*

Auch die Kaiserchronik hatte Kriegstaten die Fülle zu erzählen; allein sie war nicht von Heldentum durchdrungen, es war ihr nicht Herzstück männlichen Wesens. So sieht erst das Rolandslied den Mann.

Kriegerische Kraftentfaltung und Waffenleistung sind eingehender Darstellung wert. Zum erstenmal wird eine Schlacht in all ihren Phasen mit Lust erzählt. Der aus dem Französischen übernommene Typus der ritterlichen Schlacht ist hier endgültig deutsch geprägt: die Heere sind unter namhaften Führern in einzelne Scharen gegliedert, die Schlacht vollzieht sich im Nacheinander einzelner Scharkämpfe. Sie heben mit dem persönlichen Zweikampf der Führer an, lösen sich in ein blutiges Gewoge des Massenzusammenstoßes auf und enden mit Vernichtung oder Flucht des Unterliegenden, worauf sich der Blick einer anderen Zone des Schlachtfeldes zuwendet und die Schlacht so in immer neuem Wogenschwall fortwütet. Es ist der Typus, der für die deutsche Dichtung vorbildlich wurde und etwa die Kämpfe der Dietrichdichtung bestimmt.

Solche Schlacht gewinnt heroische Tönung, wenn die kleine Schar der Erlesenen im Schwall der Massen standhält. Die Lust des Kampfes von Einem gegen Viele offenbart Gesinnung, Furchtlosigkeit aus innerem Überlegenheitsgefühl. Sie wird im Rolandslied am deutlichsten in dem Augenblick, da Roland es ablehnt, durch seinen Hornstoß Karls Heer zu Hilfe zu rufen. Noch stärker macht sich Gesinnung in dem selbstlosen Einsatz für den bedrängten Genossen, am stärksten in der Todesbereitschaft und dem von keiner Furcht angewandelten Sterben kund, in dem der Mensch sich selbst behauptet. In all dem liegt tiefe Wesensverwandtschaft und geschichtliche Verbindung mit dem germanischen Heldenlied. In uralt vorgebildeter Form spürt eine neue Adelsschicht ihr eigenes Wesen ausgesprochen.

Doch ist heroisches Rittertum hier kein absoluter Wert wie im Nibelungenlied. Wie alles Diesseitige erhält es nur Wert durch Gottbezogenheit. Nicht nur, daß ritterliche Tat für Gott eingesetzt wird, auch ritterliche Gesinnung muß von Gott durchdrungen sein. Rolands Schwert, in dessen Griff Reliquien verborgen sind, ist symbolischer Ausdruck dafür. Darum ist das ganze Gedicht von Gebet, Heiligenanruf und Kult durchdrungen, Leben und Sterben in christliche Handlungen eingebettet. So wird auch das kriegerische Sterben zu christlichem Sterben. Der sterbende Roland läßt in seiner Anrede an sein Schwert noch einmal seine ganze strahlende Heldenbahn vorüberziehen, aber er endet mit der Ergebung seiner armen Seele an Gott in demütigem Gebet, und von der Walstatt steigt seine Seele zum Himmel empor.

Rittertum als Eigenwert im Sinne artushafter Aventiure wäre diesem Dichter fremd; wir glauben, daß er es in der seltsamen Vermeidung des Wortes „Ritter" bewußt abgelehnt hat. Gültig ist der Ritter, der mit dem Zeichen des Kreuzes auf dem Gewand und in dessen Auftrag ficht. Solches Rittertum darf auch der Priester üben; Erzbischof Turpin kämpft und stirbt so mannhaft wie die übrigen Paladine. Dem christlichen

Rittertum steht das ungeweihte Kämpfertum der Heiden gegenüber. Sie werden kämpferisch nicht abgewertet; im guten Gegner erhöht sich der Held. Aber ihrem Rittertum fehlt die höhere Sinngebung: Targis (der Heide) focht um die Ehre und das Erdreich, Anseis (der Christ) um die Seele und das Himmelreich, so stellt der Dichter 4719 ff. den Gegensatz knapp und klar heraus. Darum ist das Fechten der Heiden „Übermut" und muß trotz ihrer gewaltigen Übermacht in der Niederlage enden. Rittertum ist aber für Konrad mehr als kämpferische Tat und Gesinnung, es ist auch gesellschaftliche Form. Das Rolandslied liebt die Entfaltung von Pracht und Glanz, die leuchtenden Farben, die funkelnden Steine, die erlesenen Waffen, in denen die ritterliche Erscheinung strahlend hervortritt. Auch dem Gottesritter sind diese Dinge angemessen; in der Schilderung von Karls Heerlager (641 ff.) besitzen wir die erste eingehende Schilderung eines höfischen Gesellschaftslebens, zu dessen Abrundung sogar im Feldlager die edlen Frauen nicht fehlen, die sich *mit pfellel und sîden, mit guldînem gesmîde* zieren. Die kaiserliche Erscheinung ist mit einer ergreifenden Majestät umgeben. Doch nur darum ist der Glanz der Welt erlaubt, weil er innerlich überwunden ist. Neben Karls Herrscherglanz vor den heidnischen Boten muß man das demütige Gebet seiner Nächte sehen. Darum ist die glänzende Erscheinung, die bei den Christen ein Recht ist, bei den Heiden, weil als Eigenwert erstrebt und genossen, wieder nur Ausdruck der satanischen *superbia*. Ihnen fehlt die Demut und muß fehlen; denn wie könnten heidnische Götzen sie erzeugen? Darum schlägt bei den Heiden bei Mißerfolgen der Übermut in Verzweiflung um; Marsilie zertrümmert die Götterbilder, die machtlos versagen. Auch Karl wird uns auf dem Feld von Ronceval in seiner tiefen Verzweiflung eindrücklich dargestellt, aber sie wandelt sich bei ihm in Demut. Karl erkennt den Quell seines Unglücks in seiner Sünde. Er stellt sich in Gottes Hand, darum sendet ihm Gott durch einen Engel wieder Aufrichtung. Karl wird wieder Held, weil er sich im unmittelbaren Kontakt mit Gott neu mit Kraft erfüllt. Damit steht Karl im scharfen Gegensatz zu der heroischen Selbstbehauptung germanischer Helden.

Von hier ist auch die Verrätergestalt des Genelun zu verstehen. Er ist, von der Welt her gesehen, keineswegs abgewertet. Als Karls Schwager steht er gleichberechtigt im Kreise der höchsten Vertrauten. In der Beratung über Marsilies Friedensangebot vertritt er seinen Standpunkt mannhaft und mit erwogenen Gründen. Er ist als vorbildlicher Gatte und Vater gezeichnet. Er spricht vor den Heiden von Karl mit Ehrfurcht, wie ein Mann von seinem Herrn reden soll, und zieht mitten im feindlichen Hoflager kühn sein Schwert, um erlittene Beleidigung zu rächen. Bis zuletzt steht seine Sippe zu ihm; er findet bei ihr den Verfechter seines Rechtes und Bürgen, die ihr Leben für ihn einsetzen. Er

wäre als Typus eines glanzvollen Ritters durchaus geeignet. Aber ihm
fehlt der innere Schwerpunkt der Gottbezogenheit. Er trägt die *superbia*
Luzifers in sich; nicht zufällig wird im Augenblick seines Aufbruchs
zum Verrat seine glanzvolle Erscheinung ungewöhnlich ausführlich dargestellt. Er ist damit seinem Wesen nach zum Bösen bestimmt und wird
Judas gleichgestellt. Daher fehlt ihm auch im entscheidenden Augenblick die innere Sicherheit; als Roland ihn für die gefährliche Botschaft
vorschlägt, bricht sein ganzer Glanz in einer fast unverständlichen Halt-
losigkeit zusammen. Die Maßlosigkeit seiner Haßausbrüche wie die
Kläglichkeit seiner Todesangst sind nicht Versagen von Zucht, Mâze
und Ehre im höfischen Sinn; sie sind Ausbruch einer inneren Befleckung
der Seele, die von Gott gelöst ist. Zugleich ist aber Genelun das Zeugnis
dafür, daß auch in Karls Reich das Gottesreich nicht endgültig erfüllt ist.
Es ist von dieser Welt, die dem Teufel zur Verführung immer offen ist;
wahre Vollkommenheit gibt es erst im Reich Gottes.

Das Gottesrittertum Karls und seiner Paladine steht nicht beziehungslos in der Gegenwart. Sie sind mit aller Deutlichkeit als Kreuzritter gezeichnet. Das christlich-heroische Ideal des Dichters läßt sich im Kreuz-
rittertum der Gegenwart nachleben. Hier steht wirklich Rittertat in
Gottes Dienst, und wirklich galt der Tod im Kreuzzug als Martyrium,
das zur Seligkeit führt. Die Kreuzzugslyrik von Hartmann von Aue bis
zu Walthers Alterselegie ist von diesem Gedanken getragen. Damit wird
das Rolandslied zur ritterlichen Vorbilddichtung, die der Gegenwart
ein Idealbild als Ziel vor Augen stellt. Es soll damit nicht zu einer Pro-
pagandadichtung für den Kreuzzug abgewertet werden, es setzt vielmehr
die Kreuzzugsbegeisterung voraus, wie sie in Deutschland seit den
Kreuzzugspredigten Bernhards von Clairvaux durchbrach. Seit adliges
Rittertum seinen Eigenwert zu erleben begann, stellte sich ihm die große
Frage, wie man Gott und der Welt gefallen könne. Das cluniazensische
Denken hatte diese Möglichkeit verneint; Gott und Welt sind unverein-
bare Gegensätze, Gott gefallen kann nur heißen: die Welt verachten.
Der Kaiserchronik wurde das Problem bewußt, aber sie beschränkt es
auf das Herrschertum, dem sie die Lösung des *rex justus* darbot. Hier, im
Typus des Kreuzritters, ist der erste umfassende Lösungsversuch gegeben; man kann ritterliche Daseinsfreude und tätige Weltleistung be-
jahen, wenn sie sich in den Dienst Gottes stellen. Das Rolandslied ist die
vollkommenste und geschlossenste dichterische Verklärung dieses Typus, die wir besitzen.

Darin – und darin allein – liegt seine Zeitbezogenheit. Grade bei dem Rolandslied
scheint es falsch, engere politische Absichten im welfischen Sinn zu wittern. Die
Gestalt des Herzogs Naimes von Bayern bleibt hinter den Haupthelden Roland, Olivier
und Turpin im zweiten Rang; er wird gegenüber der Vorlage nicht so erhöht, daß
man von einer bayrischen Absicht sprechen könnte. Es gibt um diese Zeit auch

keinen Anlaß zu Parteinahme! Die alten welfisch-staufischen Gegensätze aus der Zeit Heinrichs des Stolzen sind verglichen, Heinrich mit Friedrich Barbarossa ausgesöhnt, unangefochten in seinem bayrischen Herzogtum, Stütze der kaiserlichen Politik. Die neuen Zusammenstöße, die zum Sturz Heinrichs des Löwen führen, beginnen erst später. Man soll aber auch in Karls theokratischem Weltreich keine Gegenwartsbeziehungen suchen. Es ist eine Idee, kaum als konkrete Mahnung an die Gegenwart, sicher nicht als ihr Abbild gedacht.

Mit der Gesamtschilderung ist bereits gesagt, daß dies Werk nicht höfisch ist, weil es nicht höfisch sein will. Die „höfische" Schilderung von Karls glänzendem Hofhalt haben wir in ihrem anderen Sinn schon erkannt; er wird noch durch den Vergleich mit Salomons Herrlichkeit unterstrichen. Wesentlich ist wieder die Stellung zur Frau. Dem Kreuzritter ist die Frau ein Stück der Welt, die er erlebt, aber überwindet. Anklänge höfischer Frauenwertung finden sich bei dem Heiden Marsilie und dem Verräter Genelun, ein deutliches Werturteil des Dichters. Solchem Denken entspricht Rolands Haltung. Sein Verlöbnis mit Alda wird ihm nirgends zum Handlungsantrieb, ja, als Olivier ihn unter Berufung auf Alda zu dem rettenden Hornstoß veranlassen will, lehnt er das mit dem Hinweis auf Gottes Helfermacht ab. Damit wird ein wichtigstes Motiv des Frauendienstes – im Namen der Frau etwas tun – als Teil der Welt ausdrücklich verworfen. Die beiden einzigen weiblichen Randfiguren, die dies überaus männliche Gedicht kennt, die Heidenkönigin Brechmunda und Rolands Braut Alda, sind völlig unminniglich gestaltet. Brechmundas eigentliche Rolle ist ihre Bekehrung; ihre nüchtern-einsichtige Überlegenheit über ihren verblendeten Gatten erinnert an die ähnliche Gestaltung von Konstantins Gemahlin im König Rother und könnte nach deren Vorbild geschaffen sein. Auf Alda aber fällt nicht das Licht der Minne, sondern der Keuschheit. Als die Nachricht von Rolands Tod ihr das Herz bricht, wünscht sie sterbend in den seligen Chor der reinen Jungfrauen aufzusteigen – neben Isoldes Liebestod ein eindrückliches Beispiel dafür, wie das gleiche „Motiv" völlig Gegensätzliches ausdrücken kann.

Damit wird auch die Bewußtheit in der Wahl der äußeren Form gesichert. Um 1170 mußte man von Zucht der Form, Bändigung der Füllung, Reinheit des Reimes wissen. All das war ein wesentliches Anliegen jenes werdenden höfischen Rittertums, dem der Dichter des Rolandsliedes das ganz andersartige Gottesrittertum entgegenstellte. Er lehnt auch dessen verfeinerte dichterische Form ab und verbleibt bei der alten Form der Regensburger Tradition. Er ist der letzte „frühmittelhochdeutsche" Dichter, und wahrlich nicht der schlechteste. Die Beweglichkeit der metrischen, die formelhafte Gebundenheit der sprachlichen Form, wie sie am weltlichen heroischen Gedicht gebildet waren, zeigen hier noch einmal ihre Nachdrücklichkeit und ihre Fähigkeit zu echtem Pathos.

LITERATUR

Zur Epik: S. Beyschlag, Zur Entstehung der epischen Großform in früher deutscher Dichtung, Wirkendes Wort 5 (1954/55) S. 6–13; W. Stammler, Die Anfänge weltlicher Dichtung in deutscher Sprache, ZfdPh. 70 (1947/50) S. 10–32; A. Schaflitzel, Gehalt und Gestalt im vorhöfischen Epos, Diss. München 1950 (Masch.Schr.); H. Naumann, Kurzer Versuch über Welfische und Staufische Dichtung, Elsaß-Lothr. Jahrbb. Bd. 8, Frankfurt 1929; D. Haacke, Weltfeindliche Strömungen und die Heidenfrage in der deutschen Literatur von 1170–1230, Diss. Berlin Freie Universität 1951 (Masch.Schr.); Anne-Marie Kray, Der Glaubenskrieg und seine Darstellung in den Kreuzzugsepen des Mittelalters, Diss. Freiburg 1950 (Masch.Schr.); E. Klassen, Geschichts- und Reichsbetrachtung in der Epik des 12. Jahrhunderts, Bonner Beitr. 7. Würzburg 1938; Gerh. Schmidt, Die Darstellung des Herrschers in den deutschen Epen des Mittelalters, Diss. Leipzig 1951 (Masch.Schr.); Edith Kirchberger, Role of Women as Mother in the German Epic of the twelfth and early thirteenth Century. These Univ. of Wisconsin 1949.

Zur Datierungsfrage: Rolandslied um 1130 Edw. Schröder in der Ausgabe der Kaiserchronik. So noch Ehrismann, Litgesch. II 1, Schwietering, Deutsche Dichtung des Mittelalters, Ohly, ZfdA 77 (1940) S. 206 ff. Die Datierung um 1170 ruht auf dem Aufsatz von M. Lintzel, Zur Datierung des deutschen Rolandsliedes, ZfdPh. 51 (1926) S. 13 ff., dazu ZfdPh. 54 (1929) S. 168 ff. Die Datierung nehmen an: Wesle und Maurer in ihren Ausgaben des Rolandsliedes, Herm. Schneider, Heldendichtung, Geistlichendichtung, Ritterdichtung, 2. Aufl. 1942, E. Sitte, Die Datierung von Lamprechts Alexander, Halle 1940. Dort die ganze relative Chronologie der Gruppe. Er ordnet: Kaiserchronik – Alexanderlied – Rolandslied und setzt den Straßburger Alexander zwischen Eilhart und Veldeke.

Kaiserchronik: Ausgg. von Massmann, 3 Bde., Quedlinburg und Leipzig 1849/54, Text veraltet, Bd. 3 für alle Stofffragen noch wichtig. Edw. Schröder, Mon. germ.-hist. Deutsche Chroniken, Bd. 1, 1892. Literatur: Ehrismann II 1, 267; Scheunemann, Verf.-Lex. II 32 ff.; R. G. Crossley, Die Kaiserchronik, ein literarhistorisches Problem der altdeutschen Literaturgeschichte, Diss. Freiburg 1937 (ersch. 1939); E. Fr. Ohly, Sage und Legende in der Kaiserchronik, Münster 1940; M. Ittenbach, Über die Kaiserchronik als strophische Dichtung, Dichtung und Volkstum 42 (1942) S. 15–46; Wolfgang Mohr, Lucretia in der Kaiserchronik, Deutsche Vierteljahrsschr. 26 (1952) S. 433–446.

Alexanderlied: Ausgg. Karl Kinzel, Halle 1884 (V, S Alberich; B und lat. Quelle in Auszügen unter dem Text); H. E. Müller, Münch. Texte H. 12, 1923 (Handschriftenabdruck von V); Fr. Maurer, Deutsche Literatur in Entwicklungsreihen, Geistliche Dichtung des Mittelalters, Bd. 5, 1940. Basler Alexander ed. R. M. Werner, Stuttg. Lit. Ver. 154, 1881; Cola Minis, Handschrift und Dialekt des Vorauer Alexander. Archiv 190 (1954) S. 289–305. Verhältnis von B zu V und S: H. de Boor, Frühmittelhochdeutsche Studien, Halle 1926; ders. ZfdPh. 54, (1929) S. 129 ff. Literatur: Ehrismann II 1, 235 f.; W. Krogmann, Verf.-Lex. III 4 ff.; E. Sitte s. o.

Rolandslied: Ausgg. C. Wesle, Bonn 1928; Fr. Maurer vgl. Alexanderlied 1940. Französisches Rolandslied: J. Bedier, La chanson de Roland, Paris 1924. Literatur: Ehrismann II 1, 255; Scheunemann, Verf.-Lex. II 870 ff. Ferner: Edw. Schröder, Aus der Überlieferung des Rolandsliedes, ZfdA 76 (1939) S. 300–301; Cola Minis, Über einige Namen aus dem Rolandslied des Pfaffen Konrad, Neophil. 31 (1941) S. 67–68, Alf. Bieling, Das deutsche Rolandslied im Spiegel des französischen Rolandsliedes: Diss. Göttingen 1934 (gedr. 1936); dort die wichtigste Literatur zum französischen

Rolandslied; E. Fr. Ohly, Zum Reichsgedanken des deutschen Rolandsliedes, ZfdA 77, (1940) S. 189 ff; G. Fliegner, Geistliches und weltliches Rittertum im Rolandslied des Pfaffen Konrad, Diss. Breslau 1937; Phil. Aug. Becker, Zum deutschen Rolandslied, Beitr. 68 (1945/46) S. 124–138; Fr. Maurer, Zum deutschen Rolandslied, Beitr. 69 (1947) S. 491; Ruth Hoppe, Die romanische Geste im Rolandslied, Schriften der Albertus-Universität, Geisteswiss. Reihe 10, Königsberg 1938; O. Ackermann, Germanische Gefolgschaft und ecclesia militans im Rolandslied des Pfaffen Konrad. Germ. Rom. Monschr. 26 (1938) S. 329–341; Gabriele Glatz, Die Eigenart des Pfaffen Konrad in der Gestaltung seines christlichen Weltbildes, Diss. Freiburg 1949 (Masch. Schr.); H. Ibach, Reckentum und Reichsdienst. Beobachtungen am deutschen Rolandslied. Neues Abendland, H. 11, S. 680–686.

ZWÖLFTES KAPITEL

DIE SOGENANNTEN „SPIELMANNSEPEN"

Neben den drei Gedichten mit grundsätzlich weltgeschichtlichem Blick stehen im welfischen Kreise zwei weitere Werke, der König Rother und der Herzog Ernst. Auch sie sind geschichtsgebunden, doch mit einer starken Verschiebung nach dem Unterhaltenden hin und mit einer leichteren Haltung dem Leben gegenüber. Beide gelten als Werke rheinischer Dichter, aber wesentliche sachliche Beziehungen verbürgen ihre Entstehung in oder für Bayern.

1. DER BEGRIFF SPIELMANN

In der üblichen literarischen Anordnung erscheinen diese beiden Werke, der König Rother und der Herzog Ernst, meist in einer Gruppe mit den drei in losestem Sinne legendären Romanen: Salman und Morolf, Oswald und Orendel als „Spielmannsepen" zusammengefaßt. Die Gruppierung wird mit stilistischen Eigenarten begründet: Freude am Stofflichen, Sinn für das Bunte und Grelle, im Humor für das Burleske, Sorglosigkeit des Aufbaus, geringe Ansprüche an die Form, überwuchernde Formelhaftigkeit gelten als die bestimmenden „spielmännischen" Merkmale. Somit wird der Spielmann (*joculator, iongleur*) als Träger dieses epischen Typus und als Dichter der genannten Epen betrachtet. Sein Bereich spannt aber noch weiter; er gilt zugleich als Bewahrer und Fortbildner der heroischen Epik, deren tragende Idee, die Gefolgschaftstreue, auch in den „Spielmannsepen" wiederklingt, und als Schöpfer ihrer neuen Gestalt im breiten Heldenroman von der Art des Nibelungenliedes. Endlich gilt er als Träger und Schöpfer der Spruchdichtung, und damit überhaupt als der gute Geist, der die alten germanischen Stoffe und Gattungen, die von der Kirche ins Dunkel der mündlichen Überlieferung abgedrängt waren, weiter gehütet hat, bis die Weltfreude des ausgehenden 12. Jahrhunderts sie wieder ans Licht hob.

Mit dem Begriff des Spielmanns ist viel Mißbrauch getrieben worden. Wollen wir seine Rolle bestimmen, so müssen wir zu klarer Fragestellung kommen. Wir müssen in reinlicher Begrenzung nach dem deutschen Zustand des 12. Jahrhunderts fragen. Zustände und Erscheinungen einer späteren Zeit dürfen nicht ohne weiteres auf das 12. Jahrhundert angewendet werden; der wandernde, bürgerliche Literat des 13./14. Jahrhunderts ist eine Figur für sich und wird im Zusammenhang mit der späten Spruchdichtung zu behandeln sein. Außerdeutsche literarische Lebensformen können klärende Beleuchtung bringen; verbindlich sind sie für Deutschland nicht, wenn nicht deutsche Quellen Ansatzpunkte oder Parallelen bieten. Der russische Skomoroch des späten Mittelalters ist für das Deutschland des 12. Jahrhunderts nicht beweisend. Hier lassen Literatur- und Rechtsquellen des ausgehenden 12. und beginnenden 13. Jahrhunderts den Spielmann in seiner sozialen Lage als recht- und ehrlos, in seiner Darbietung vor allem als zirkushaften Artisten und als Instrumentalmusiker erkennen. Der Riesenkönig Asprian heißt im König Rother scherzhaft „der Riesen Spielmann" in dem Augenblick, wo er durch Vorführung von Krafttaten die Gaffer von König Rothers Weg zur Kemenate der Kaisertochter ablenkt. Auch wenn der „Spielmann" wie im Nibelungenlied nach Herkunft oder Stellung gehoben erscheint, so ist er, wie Etzels Spielleute, fest angestellter Hofmusikus oder wie Volker ritterlicher Dilettant. In beiden Fällen ist nur von instrumentaler Musik die Rede; *spilman* und *fidelaere* sind bei Volker synonym. Daß ein vielgewandter Artist auch einmal Verse vortragen und Gelegenheitsverse dichten konnte, ist damit nicht geleugnet, trägt aber für die grundsätzliche Frage nichts ab. Aber die Pflege oder gar Schöpfung wesentlicher und umfänglicher Dichtung wird aus den Quellen nirgends greifbar. Wo das Buch anfängt – und alle „Spielmannsepen" sind Buchdichtung – ist ohnehin der reiche Gönner und mindestens im 12. Jahrhundert der geistliche Schreiber vorauszusetzen; hier scheidet der Spielmann von vornehrein aus. Bei den großen Heldenromanen des 13. Jahrhunderts wird heute ritterliche oder allenfalls geistliche Herkunft nicht mehr ernsthaft bestritten sein; aber auch die Buchepen des 12. Jahrhunderts verlangen nach Stoffwahl, religiöser Haltung und mindestens teilweise nach ihrer Bildungshöhe den geistlichen Dichter. Was in der Form als „spielmännisch" gilt, bezeugt uns vielmehr lediglich, daß bei den breiteren vorhöfischen Publikum ein handfesterer Geschmack herrschte, der von der höfischen Verfeinerung noch ablag. Überdies finden sich sehr wesentliche Merkmale des „spielmännischen" Stils in der anerkannten, vorhöfischen Geistlichendichtung wieder, das Vorherrschen von Formelhaftigkeit, die lose anreihende Komposition, die freie Form von Vers und Reim. Unterschiede der inneren Haltung zwischen dem Typus Kaiserchronik und Alexander einerseits, Rother und Salman andrerseits sind zweifellos vorhanden. Aber es ist übertrieben,' diese Stilunterschiede zu Gattungsmerkmalen aufzublähen. Wir haben darin teils landschaftlich, teils sozial bedingte Geschmacksnuancen zu sehen, und wir täten der geistigen Beweglichkeit des geistlichen Standes Unrecht, wollten wir ihm die Fähigkeit zum leichteren Stil absprechen.

Ernsthaft zu erwägen bliebe der Spielmann demnach nur als der Pfleger der vom Pergament abgedrängten mündlichen Literatur. Über ihre Lebensform wissen wir nur sehr wenig. Dem altgermanischen Gefolgschaftssänger war mit dem Verschwinden der Gefolgschaft als Gesellschaftsform der Wurzelboden abgegraben. Sein westgermanischer Name war *scop* oder *scopf*. Als Bezeichnung eines Dichters treffen wir das Wort im 12. Jahrhundert nicht mehr an, wohl aber als Namen von Dichtwerken. *Scoph* nennt sich selbst ein kurzes, leicht vorzutragendes, aber geistliches Gedicht *(scoph von dem lône*, S. 188). Die Kaiserchronik verwendet das Adj. *scophelich* für die von ihr abgelehnten mündlichen, weltlichen Gedichte. Der gereimte Physiologus der Milstätter Handschrift (vgl. S. 130) beruft sich für eine wunderbare Einzelheit auf das Zeugnis der *schophbuoch*, und dasselbe Kompositum kehrt wieder in Quellenberufungen des Königs Rother (in der Münchner Handschrift) und des Herzog Ernst. Damit erhalten wir für den Begriff des *scoph* eine reichliche Bedeutungsbreite; er reicht vom heroischen (Kaiserchronik) über das historische (Ernst) Gedicht zum geistlichen Kurzgedicht *(scoph v. d. lône)* und zum geistlichen deutschen Buchwerk (Physiologus, der auf dem deutschen Prosaphysiologus beruht). Das Gemeinsame scheint nur noch die Volkssprachigkeit zu sein. Die Bezeichnung *scoph* wird also dem mündlich vortragbaren deutschen Gedicht insgemein gegolten haben; wo man sich auf eine schriftliche deutsche Quelle berufen wollte, verwendete man dann das Kompositum *scoph buoch*.

Für den Träger solcher „scophlichen" Literatur ist damit freilich noch nicht viel gewonnen. Die erste Nachricht über den mündlichen Vortrag eines deutschen Heldenliedes erhalten wir aus Dänemark, wo im Jahre 1131 ein sächsischer Sänger aus bestimmtem Anlaß den „weitbekannten Verrat der Kriemhild an ihren Brüdern" vortrug. Der Vortragende heißt „arte cantor", d. h. in der Kunst geschulter Sänger, nicht joculator, wie etwa 70 Jahre nach ihm Walther von der Vogelweide cantor heißt. Er ist offensichtlich ein geachteter Mann von adliger Herkunft und einem, wenn nicht berufsmäßig geübten, so doch fachlich geschulten Können. In Männern dieser Art, künstlerisch begabten Mitgliedern des landsässigen Adels, der fern von Stadt, Hof und Klosterschule alte Traditionen festhielt, werden wir die Träger und Gestalter volkstümlicher Dichtung, heroischer oder historischer Balladen, Kurzepen, Spruchdichtung erblicken müssen. An solche Männer dachte wohl auch die Quedlinburger Chronik aus dem Anfang des 11. Jahrhunderts, wenn sie die Sänger alter Lieder von Dietrich und Ermanarich als „rustici" – nicht als joculatores! – bezeichnete. Daß auch Männer der führenden geistlichen Bildungsschicht sich mit solcher Dichtung befassen konnten, sagt uns das bekannte Zeugnis über die Beschäftigung Gunthers von Bamberg mit heroischen Stoffen. Bei Sängern dieser Art ist wanderndes Leben und berufsmäßige Kunstübung denkbar, aber nicht erforderlich; wie bei dem Skalden des Nordens kann Wanderleben mit Seßhaftigkeit gewechselt haben. Ständische Zugehörigkeit und Schätzung haben unter der künstlerischen Betätigung nicht gelitten. Will man für diese Art Leute die eingebürgerte Bezeichnung „Spielmann" beibehalten, so tue man es mit dem Bewußtsein einer Bedeutungsverschiebung; besser schaltet man das Wort aus der literaturgeschichtlichen Terminologie ganz aus. Für die beiden Epen König Rother und Herzog Ernst ist uns der geistliche Dichter ohnehin sicher.

2. KÖNIG ROTHER

Das Epos von König Rother ist uns in einer Heidelberger Handschrift (H) des späten 12. Jahrhunderts und in Bruchstücken von drei, z. T. formal bessernden Handschriften des 12.–14. Jahrhunderts erhalten. Sehr weite Verbreitung scheint das Gedicht demnach nicht gehabt zu haben. Wegen seines Stoffes, der Vielfalt der aufbauenden Elemente und wegen des Mischcharakters der Sprache ist das Gedicht besonders vielen Versuchen einer Aufgliederung nach Schichten oder Ausscheidung von Einschüben ausgesetzt gewesen. Uns beschäftigt es zunächst als das einheitliche Werk eines einzigen Dichters. Als Entstehungszeit wird sich uns die Jahrhundertmitte ergeben.

Der Dichter kommt vom untern Rhein; seine Sprache bezeugt es ebenso wie seine Verehrung für die rheinischen Heiligen Ägidius und Gertrud von Nivelles. Die rheinische Sprache des Dichters führt nicht auf eine einheitliche Mundart; eine schematische Aufgliederung der sprachlichen Erscheinungen auf Herkunft aus einzelnen Mundartengebieten würde zu unlösbaren Schwierigkeiten verwickelter Vorstufen führen. Wir müssen mit literatursprachlichen Mischungen im rheinischen Kulturraum rechnen und in dem Vorhandenen die literarische Sprache des Dichters sehen. Neben der tragenden rheinischen Schicht zeigt die

Handschrift oberdeutsche, speziell bayrische Eigenheiten. Auch sie weisen wir dem Original zu; denn sie werden inhaltlich gedeckt durch lebhafte Anspielungen auf bayrische Adelsgeschlechter; sie dürfen nicht als „Interpolationen" entfernt werden. Somit haben wir den König Rother als das Werk eines Rheinländers zu betrachten, der es in Bayern für bayrische Gönner geschrieben hat. Das Gedicht ist ein weiteres Glied in der Kette rheinisch-bayrischer Beziehungen des 12. Jahrhunderts.

Das Epos ist auf der weit verbreiteten und gerade in der vorhöfischen Dichtung beliebten Formel von der Brautwerbung aufgebaut. Ein junger König berät im Kreise seiner Mannen über die Möglichkeit, eine Frau zu erwerben, um dem Reich einen Erben zu sichern. Ein alter, erfahrener Ratgeber weist auf eine schöne Königstochter hin, doch ist deren Erwerbung mit schweren Bedingungen oder Gefahren verknüpft. Der König beschließt, sie zu erringen, und zieht nach ihr aus. Hauptinhalt ist dann, wie der Held die Liebe der Schönen erringt, die Gefahren mit Glück oder List besteht, sie heimführt und sich mit ihr vermählt. Meist tritt als Gegenspieler ein Vater oder Verwandter des Mädchens auf, mit dem der Held Kämpfe zu bestehen hat, die endlich siegreich enden.

In dieser „Formel" sind zwei alte Erzähltypen unterscheidbar, z. T. ineinander verflochten. Das eine ist der Typus der gewaltsamen Entführung, der Brautraub, dem man wohl germanische Wurzeln zuschreiben muß, und der, bis in die Merowingerzeit zurück verfolgbar, in spätnordisch-wikingischer Dichtung besonders beliebt ist. Der andere ist die listenreiche Werbung und Entführung mit Zustimmung des Mädchens. Dieser Typus wird für orientalischen Ursprungs gehalten.

So wenig die Gemeinsamkeit in sprachlichen Formeln gegenseitige Abhängigkeit von Gedichten beweist, so wenig auch die Gemeinsamkeit in derartigen Inhaltsformeln. Auf deutschem Boden kehrt die gleiche Erzählformel, mannigfach variiert, im Salman und Morolf, im Oswald und Orendel, auf heroischem Gebiet mehrfach in der Kudrun und bei Hugdietrich wieder. Stärker abgewandelt liegt sie auch Gunthers Werbung um Brünhild zugrunde und färbt noch Siegfrieds und – wenigstens in ihrer Einleitung – Etzels Werbung um Kriemhild ein.

Aus der vorgegebenen Formel entwickelt der Rother seine individuelle Erzählung durch die nur ihm eigene Ausgestaltung. Sie geschieht insbesondere durch die Einführung des Botenmotives. Die als Werber ausgeschickten Boten des Königs werden von dem grimmigen Vater des Mädchens in den Kerker geworfen. Damit erhält der Zug des Helden eine doppelte Aufgabe; neben der Werbung die Befreiung der Boten. Beides hat der Dichter geschickt innerlich miteinander verbunden und aus dem Botenmotiv sittliche Antriebe gegenseitiger Treue gewonnen. Dazu kommen zahlreiche Einzelzüge: Rothers Auftreten als von ihm selber verfolgter Recke, die Riesen in seinem Gefolge, die Schuhprobe, die Harfenlieder als Erkennungszeichen, die Entführung während der Abwesenheit des Vaters auf Heerfahrt, u. a. Zu den Besonderheiten des Rother gehört weiter die stoffliche Erweiterung durch Anfügung eines zweiten Teiles mit Rückentführung der Frau und ihre abermalige Gewinnung. Endlich wird die Erzählung durch die Ansiedlung Rothers in Rom und Süditalien (Bari), des Gegenspielers in Konstantinopel sowie durch die Verknüpfung Rothers mit der karolingischen Genealogie örtlich und geschichtlich festgelegt.

Unter allen Brautwerbungsgeschichten steht nur eine mit dem Rother in unmittelbarem literarischem Zusammenhang, die Geschichte von der Werbung des Wilzenkönigs Osantrix um die Tochter des Königs Milias von Hunaland in der altnorwegischen Thidrekssaga. Diese um 1250/60 für den Hof König Hakons von Norwegen in Bergen verfaßte Lebensgeschichte Dietrichs von Bern ist aus Nacherzählungen deutscher Epen aufgebaut und ein weitumfassendes Sammelbecken deutscher heroischer Stoffe, die in fester oder loser Beziehung zu Dietrich von Bern stehen. Die Geschichte von Osantrix' Werbung trägt den besonderen Namen Vilcinasaga. Sie wird in der Saga an zwei verschiedenen Stellen zweimal erzählt, doch sind beide Berichte nur verschiedene Prosaumformungen derselben poetischen Vorlage. Die Vilcinasaga teilt mit dem Rother eine Reihe von Zügen, so das Auftreten des Königs als ein von ihm selber vertriebener Recke, den Decknamen Dietrich, das Botenmotiv, die Riesen, die auch die gleichen Namen tragen, die Schuhprobe. Hier ist literarischer Zusammenhang unleugbar. Dessen Art ist umstritten. Neben guten Gründen, die eine Benutzung des Rotherepos durch den Sammler der Saga einleuchtend machen, stehen so wesentliche Abweichungen in der Sache, in den Namen und den örtlichen Beziehungen, daß es sich doch wohl empfiehlt, an eine gemeinsame dichterische Grundlage zu denken, die alle gemeinsamen Züge schon enthielt, die aber auf beiden Seiten starken Eingriffen und Umgestaltungen ausgesetzt gewesen ist. Die Vorstufe, die „scophbuoch" der Münchner Handschrift des Rother, war wohl eher eine Osantrix- als eine Rotherdichtung. Sie war einfacher, kannte nicht die räumliche Festlegung auf das Mittelmeer, nicht die Kreuzzugsatmosphäre und noch nicht die Doppelung des Entführungsmotivs.

All dies, wie auch die bayrischen und die karolingischen Verknüpfungen, hat erst der Dichter des Rotherepos hinzugetan, wie er überhaupt aus dem kurzen, mündlich vortragbaren Vorbild das breite Buchepos gemacht hat. Bei dem zweiten Teil hat ein Gedicht von Salomons Brautwerbung, wie wir es im Salman und Morolf besitzen, Pate gestanden. Ihm entstammt die dramatische Zuspitzung des Schlusses: der als Pilger verkleidete Rother wird erkannt, gefangen und zum Galgen geführt; sein Hornstoß ruft das nahe verborgene Heer zu Befreiung und endgültigem Sieg herbei.

Wichtiger noch als die stoffliche Verbreiterung war dem Dichter die geschichtliche Verknüpfung. Sie ist dreifacher Art:

Erstens werden Beziehungen auf bayrische Adelsgeschlechter in das Gedicht eingeflochten. Der alte Waffenmeister trägt den Titel Herzog von Meran, das ist Dalmatien. Diesen führte seit 1153 das mächtige bayrische Grafengeschlecht der Dachauer, bis ihn 1178 die Andechs-Dießener Grafen übernahmen. Besonders gefeiert für ihre Treue werden die Tengelinger, Amelger und Wolfhart, Vater und Sohn, während zugleich ein Hadamar von Dießen in Rothers Abwesenheit als Rebell auftritt. Hier sind innerbayrische Spannungen dichterisch festgehalten; ein Tengelinger oder Dachauer wird unmittelbarer Auftraggeber des Dichters gewesen sein.

Zweitens spielt das Epos auf dem süditalisch-griechischen, das heißt aber kreuzzugsbedingten Schauplatz. Bari, Rothers Stammsitz, ist der größte Einschiffungshafen für Palästinafahrer, Konstantinopel die große Zwischenstation am Tor des Orients. Im Kaiser Konstantin ist nicht der zeitgenössische byzantinische Herrscher Manuel porträtiert. Er ist der Typus des griechischen Kaisers schlechthin, wie die abendländischen Kreuzfahrer ihn sahen, hochfahrend und verschlagen, geizig und feige; im Namen Konstantin faßt sich das Bild symbolisch zusammen. Rother ist Herr in Süditalien; die römische Kaiserwürde, die er trägt, verdeckt nicht, daß sein eigentliches Herrschergebiet Süditalien, seine Residenz Bari ist. Die altbeliebte Verknüpfung des Helden mit dem bekannten langobardischen König und Gesetzgeber Rothari bietet keine Vergleichspunkte; sie muß aufgegeben werden. Mit beachtlichen Gründen hat Fr. Panzer in Rother den großen Roger II., Herrn des süditalisch-sizilischen Normannenreiches, und in Rothers Werbung die Werbung Rogers um die byzantinische Kaisertochter in den Jahren 1143/44 wiedererkannt. Besser würde man sagen, daß die alte epische Brautwerbungsformel unter Benutzung eines älteren rheinischen Gedichtes auf diese Ereignisse zeitnaher Geschichte angewendet worden ist. Panzer macht auch begreiflich, wie Person und Schicksal Rogers gerade in welfischen Kreisen um Welf VI., den Bruder Heinrichs des Stolzen, Interesse und sympathische Anteilnahme finden konnten. Roger hatte, die welfisch-staufischen Zwistigkeiten nützend, um die staufische Aktivität in Italien zu hemmen., Welf gegen Konrad III. gestützt und ausgespielt. Damit ist zugleich ein Anhalt für die Datierung gewonnen; zwischen Rogers Werbung 1144 und der Beilegung der welfisch-staufischen Zwistigkeiten beim Regierungsantritt Heinrichs des Löwen 1156 oder sehr bald danach muß der Rother gedichtet worden sein.

Drittens sucht der Dichter den Blick welthistorisch zu weiten. Das war schon mit dem Kreuzzugs-Schauplatz gegeben. Das große zeitgenössische Anliegen des Kreuzzuges wird in der Bedrohung Konstantins durch den heidnischen König von Babylon unmittelbar spürbar; da stoßen Gottesreich und Teufelsreich zusammen. Konstantins innere Zweideutigkeit, sein Versagen vor der großen Aufgabe, enthüllt sich darin, daß er die rückgewonnene Tochter dem Sohn des Heidenkönigs anvermählt, bis dann Rothers Eindringen in das Hochzeitsfest und der spannungsreiche Endkampf die Heiden vernichtet. Ihm, dem Griechenkaiser, wird Rother gegenübergestellt, nicht nur als ein Held, sondern als der Träger des deutschen Kaisertums, der die Aufgabe des Kampfes für Gottes Reich löst, wo der Griechenkaiser versagt hat. Rother ist

Kaiser von Rom, und in der Ausdehnung seines Reiches von Sizilien bis Ripuarien und Friesland, von Spanien bis Polen und Böhmen ist die Weite von Karls des Großen Weltreich umschrieben. Und so wird denn Rother mit den Karolingern auch genealogisch verknüpft; er wird zum Vater Pipins, zum Großvater Karls des Großen gemacht, dessen Reich in dem des Rother schon vorgebildet erscheint. So tritt Rother in die Geschichte des römischen Weltreiches ein.

In solcher Einordnung eines erzählerischen Stoffes in weltgeschichtliche Zusammenhänge erkennen wir die welfische Interessenrichtung wieder. Zeitlich zwischen Kaiserchronik und Roland stehend, wird der Rother von denselben Interessen getragen wie jene. Oder sagen wir besser: der Dichter des Rother sucht sein Werk seinen bayrischen Auftraggebern dadurch zu empfehlen, daß er es dem Geschmack des welfischen Hofes anzupassen sucht. Denn die welthistorischen Aspekte sind diesem rheinischen Dichter, dem die Lust des Erzählens aus den Augen sieht, nicht das ernste Anliegen wie dem gelehrten Chronisten der Kaiserchronik. Und ebensowenig sind ihm die religiösen Züge, die er einflicht – im zweiten Teil mehr als im ersten, wo er das Gefüge seiner Vorlage nicht sprengte – und der Kreuzzugseifer so heiliger Ernst wie dem Pfaffen Konrad. Es sind Gewänder, in die er sich mit Blick auf seine Gönner drapiert. Im Grunde gelüstet es ihn einzig zu erzählen. Noch nie war in deutscher Sprache so gut und unterhaltend erzählt worden wie hier; allenfalls ist darin der Dichter der Creszentia als Vorläufer des Rotherdichters zu nennen. Indem er die Dinge nimmt, wo er sie findet, fügt er ein spannungsreiches Ganzes zusammen. Manches muß ihm schon die Vorstufe geboten haben, und zwar nicht nur den Grundriß der Brautwerbungsformel, sondern auch alle jene Einzelheiten, die der Rother mit der Vilcinasaga teilt. Für den zweiten Teil steht es ähnlich mit der Salomosage; der spannende Augenblick unter dem Galgen wie die Entführung der Königin durch die Kaufmannslist sind von dort erborgt. Der Dichter verwendet Motive französischer Dichtung (die Riesen im königlichen Gefolge, die verschlagene Kammerfrau) und belebt das Milieu von Konstantinopel durch kleine Züge aus kreuzzugshafter Wirklichkeit. Aus heroischem Geist ist diese leichte Geschichte glückhaften Gelingens gewiß nicht erwachsen, aber das Verhältnis innigster Treue zwischen Herren und Mannen wußte der Dichter mit warmem Nacherleben für sein Gedicht zu nutzen. Wo es ihn gut dünkt, läßt er auch die Riesen erbauliche Ansprachen halten, ohne daß man darum gleich mit „Interpolationen" bei der Hand sein muß, und das asketische Schwänzchen des Lebensendes im Kloster rundet das Herrscherbild im mittelalterlichen Denken zur Vollkommenheit.

Dem zeitoffenen und weltfrohen Rheinländer waren auch Denken und Wesen des frühen höfischen Rittertums nicht fremd. Mehr als die

Regensburger Geistlichen ist er in diese Atmosphäre eingedrungen, ein Zeichen seiner westlichen Herkunft. Er weiß nicht nur von dem äußeren Glanz und geregelten Zeremoniell eines fürstlichen Hofhaltes. Ihm ist „Zucht" als Grundbedingung weltmännischer Haltung bereits vertraut; er stuft nicht nur die Riesen gegen die Ritter, sondern auch Konstantin gegen Rother durch Züge unbeherrschter Triebhaftigkeit ab und gibt neben dem Hervorbrechen kraftvoller Leidenschaften vorbildliche Beispiele von Selbstbeherrschung und Mäßigung. Doch auch höfische Haltung ist ihm nicht Problem, sondern Farbwirkung in seinem bunten Lebensbild. Er strebt so wenig nach höfischer wie nach christlicher Vorbilddichtung; denn er hat kein Programm, sondern dichterische Phantasie und erfaßt mit ihr nicht Typen, sondern wirkliche Menschen. Darum wirkt er so modern in der Zeichnung überraschend individuell gerundeter Figuren wie Konstantin, wie dessen prächtige, an Haltung und Lebensklugheit ihm so überlegene Frau, wie der verarmte Graf Arnold und die armen Ritter, wie die Kammerfrau Herlind, und gelingen ihm so packende Szenen wie Rother in der Kemenate der Kaisertochter oder das Wiederfinden mit den gefangenen Boten. Liebe ist noch nicht Minne; sie ist gegenseitige Zuneigung bei passender gesellschaftlicher Lage. Die unbefangene Initiative der Kaisertochter vergleiche man mit der höfischen Zurückhaltung der jungen Kriemhild. Und doch schwingt in der Kemenatenszene etwas von minniglicher Stimmung, und der entscheidende Augenblick, da Rother vor der Prinzessin kniet und ihr Fuß in seinem Schoß steht, hat etwas Symbolhaftes für den Beginn der seelischen Überhöhung der Frau und den Aufblick des Mannes.

Der erzählfrohe Dichter fragt wenig nach der äußeren Form. Vers und Reim bleiben bei der alten Beweglichkeit. Als Ganzes und in vielen Einzelheiten ist der formale Stil des Rother dem von Lamprecht und der Regensburger Gruppe nahe verwandt; chronologische Schlüsse lassen sich daraus nicht ziehen.

3. HERZOG ERNST

Nach Art und Heimat steht das jüngere Epos von Herzog Ernst dem älteren Rother nahe. Ein Rheinfranke – oder Moselfranke – vielleicht ein Geistlicher in Bamberg, das in der fiktiven Quellenangabe genannt wird, hat es in oder für Bayern mit ausgesprochen welfischer Blickrichtung gedichtet.

Von dem ursprünglichen Gedicht des späten 12. Jahrhunderts, das wir mit A bezeichnen, kennen wir nur Bruchstücke aus Marburg, Prag und Sagan, von denen die Prager eine Umsetzung ins Niederhessische, die Saganer eine sprachliche Glättung im Sinn des späteren 13. Jahrhunderts bieten. Anders als dem Rother ist dem Herzog Ernst eine ungewöhnlich lebendige Wirkung auf die folgenden Jahrhunderte beschieden gewesen. Aus den vielen späteren Bearbeitungen können wir inhaltlich auch das alte Gedicht sehr genau ablesen. Zwei späte Handschriften des 15. Jahrhunderts überliefern uns eine stilistisch verbreiternde, den Ablauf der Erzählung aber kaum verändernde Bearbeitung des 13. Jahrhunderts (B). Eine Gothaer Handschrift bewahrt uns eine sehr freie Umarbeitung des alten Gedichtes (D), die aus dem Kreis der späten höfischen Nachblüte in Böhmen zu Ende des 13. Jahrhunderts stammt und vielleicht Ulrich von Eschenbach zum Verfasser hat. In die Spätzeit endlich gehört eine kurze balladeske Form in der kunstvollen Eckenstrophe (G) und die Prosa des Volksbuches von Herzog Ernst (F). Eigentümlich ist dem Herzog Ernst die mehrfache Übertragung ins Lateinische. Im welfisch-sächsischen Gebiet erfolgt zur Zeit des Welfenkaisers Ottos IV. zwischen 1205 und 1218 eine Bearbeitung in lateinischen Hexametern (E); ihr Verfasser, ein Priester Odo, widmet sie dem Erzbischof Albrecht von Magdeburg. Sie ist eines der Zeugnisse dafür, wie im sächsisch-welfischen Bezirk Latein die Sprache auch der weltlichen Bildung blieb. Dazu kommen zwei unabhängige lateinische Prosabearbeitungen aus der ersten Hälfte des 13. Jahrhunderts, von denen die eine den Text des alten Gedichtes ziemlich genau, die andere ziemlich frei überträgt. Aus der genauen Übertragung der Erfurter Handschrift läßt sich ein gutes Bild des ältesten Textes gewinnen. Dies Fortleben der Ernstdichtung bietet geradezu eine Musterkarte der literarischen Lebensformen des hohen und späten Mittelalters.

Das alte Gedicht von Herzog Ernst, so wie wir es kennen, ist aus zwei ganz unabhängigen Stoffteilen vermutlich erst von diesem Dichter zusammengefügt worden: aus der geschichtlichen Tradition von Herzog Ernst von Schwaben und der orientalischen Abenteuerkette von Sindbad dem Seefahrer.

Das Gedicht von Herzog Ernst ruht auf geschichtlicher Grundlage, und wir halten daran fest, daß die geschichtliche Überlieferung unserem Dichter nicht aus lateinischer Chronistik, sondern aus einem deutschen historischen Lied zugekommen ist. Es geht um das Widerspiel zwischen Kaiser und Herzog, Reichsgewalt und Stammesbewußtsein, zusammengeballt und menschlich greifbar geworden als Zusammenstoß von kaiserlichem (Stief-)Vater und herzoglichem (Stief-)Sohn, zwischen denen als Gattin und Mutter die Kaiserin steht – als Typus heroisches Frauenschicksal, aber nicht mehr zu heroischer Tat gesteigert. Zwei geschichtliche Vorgänge, in denen diese menschliche Verdichtung des Konfliktes Wirklichkeit war, sind zu einheitlicher dichterischer Prägung verbunden worden. Das eine ist die Empörung Herzog Ernsts II. gegen Konrad II. Sie gab die verwandtschaftliche Beziehung des Stiefverhältnisses zwischen Vater und Sohn her, weiter den Namen des Helden, Ernst, und die Figur des Grafen Wetzel (Wernher von Kyburg), an den sich das Motiv der Gefolgschaftstreue knüpfte. Die zweite ist der Zusammenstoß Ottos I. mit seinem Sohne Liudolf. Er stellte die Namen Otto für den Vater, Adelheid für die Mutter, die Belagerung von Regensburg, den versöhnenden Abschluß, dazu einige geschichtliche Einzelheiten wie den Namen Ottegebe (aus angelsächsisch Eadgif) für Ottos erste Frau, die Gründung des Erzstiftes Magdeburg. Die Art, wie hier geschichtliches Ereignis selbstherrlich umgeprägt ist, die volkstümliche Namensform Ottegebe machen es uns sicher, daß wir mit deutscher Liedtradition zu tun haben, einem *scophliet*, das dem schreibenden Buchdichter des 12. Jahrhunderts unmittelbar – oder falls wir der Berufung auf eine in Bamberg vorhandene lateinische Quelle (Z. 4467 ff.) Bedeutung beimessen – mittelbar zur Grundlage wurde. Doch schreiben wir die Schöpfung der letzten handelnden Person des Epos, des rheinischen Pfalzgrafen Heinrich, des Neffen des Kaisers und Verleumders des Herzogs lieber dem deutschen Dichter als dem hypothetischen lateinischen Chronisten zu. Und damit gehört diesem Dichter auch das Stück Handlung, das um Heinrich spielt, Ernsts (und Wetzels) kühner Einbruch in die Kaiserpfalz und in den geheimen Rat des Kaisers mit Heinrich, der Tod des Verleumders, die Bedrohung des Kaisers durch Ernst und damit der endgültige offene Bruch zwischen Kaiser und Herzog. Diese Figur und ihr Schicksal kannte der Rheinländer aus der Chanson-de-geste-Dichtung des benachbarten Frankreich.

Mit solcher Geschichtsnähe und mit der Behandlung von Reichsgeschichte steht der Herzog Ernst im Bezirk welfischen Literaturinteresses. Die Umprägung Ernsts zum Bayernherzog, das Aufgreifen der Belagerung von Regensburg als entscheidender Vorgang rückt Herzog Ernst in unmittelbare bayrische Beziehungen; er wird zum Artverwandten des bayrischen Herzogs Adelger in der Kaiserchronik.

Bei solcher Grundlage scheint es erlaubt, hinter der Dichtung zeitpolitische Beziehungen zu spüren. Man wird an den Zusammenstoß zwischen Friedrich Barbarossa und Heinrich dem Löwen zu denken haben, und zwar an die Zeit, da des Welfen Glück und Glanz sich schon dem Ende zuneigte. Wenn in Herzog Ernst Heinrich der Löwe zu sehen ist, so ist er der aus seinem Herzogtum vertriebene, in Reichsacht stehende aus der Zeit zwischen 1176 und 1180. Vom Reich her gesehen mußte er als Rebell, vom Welfentum her als Verteidiger angestammter Rechte erscheinen, und mit beachtlicher Objektivität ist Herzog Ernst in diesem doppelten Sinn gezeichnet. Erinnerungen an Heinrichs Palästinafahrt mögen in Ernsts als Kreuzfahrt gedachtem Zuge in den Orient anklingen. Das Ende des Gedichtes aber ist Versöhnung. In einer Szene im Dom zu Bamberg, die sichtlich der berühmten Frankfurter Versöhnungsszene zwischen Otto dem Großen und seinem Bruder Heinrich nachstilisiert ist, erlangt Ernst mit Unterstützung aller Reichsfürsten die Gnade des Kaisers. Er wird wieder in sein bayrisches Herzogtum eingesetzt und steigt zum vertrauten Berater des Kaisers auf. Dieser aber empfängt aus Ernsts Hand den kostbaren Edelstein, der als der „Waise" in der Krone des Reiches steht und in dem die letzte symbolische Verdichtung der Würde des Reiches erblickt wurde. Die großen, tragenden Kräfte des Reiches, Kaisertum und Stammesfürstentum, kommen durch Zusammenstoß zum Ausgleich, der Rebell wird zum Ratgeber, und aus der Hand des Stammesherzogs empfängt der Kaiser das Symbol seiner Würde, den Waisen. Solche bedeutende politische Vision mochte sich wohl einem denkenden Kopf aus der Zeit des großen Zwists zwischen Staufern und Welfen als beglückendes Zukunftsbild auftun. Das „Reich" dieses Dichters ist nicht die ideale, zeitlose Konstruktion des theokratischen Universalreiches, wie es dem Pfaffen Konrad im Herzen stand. Es ist das gegenwärtige Reich mit seinen wirklichen Aufbauelementen in schwerer Spannung, aber auch beglückendem Ausgleich durch einen „Frieden", der beiden Teilen Vorteil bringt. Der Dichter steht auf der Seite des bayrischen Herzogs Ernst, er führt einen gerechten Kampf um Geltung und Existenz gegen einen Kaiser, der sich von einem Verleumder auf unrechte Wege hat locken lassen und die hohe Pflicht der herrscherlichen Gerechtigkeit versäumt. Aber der Dichter ist doch auch von tiefem Verständnis für das Reich getragen, dessen Höhe und Würde auch der Rebell fühlt und achtet und nur in höchster Notwehr durchbricht. Die Welfen waren nach Tradition (Lothar von Supplinburg) und Anspruch dem Reiche zu nahe, als daß sie in der Enge einer bloß territorial gerichteten Selbstsucht befangen zu denken sind. Der Zusammenstoß zwischen Reich und Herzogtum wird durch die Einführung der Figur des Verleumders gemildert, der Kaiser von der Schuld unmittelbarer Willkür entlastet, der Ausgleich nach Behebung des Mißverständnisses vorbereitet und ermöglicht. Soweit ist der Herzog Ernst ein gegenwartspolitisches Gedicht von hoher Warte, allem Spielmännischen weit entrückt. Und sein Dichter mochte glauben, daß eine solche dichterische Mahnung zu einer milden und weisen Lösung des furchtbaren Konfliktes auch bei der kaiserlichen Partei Verständnis und Anklang finden könnte. In die Zeit des welfischen Zusammenbruches, vielleicht auch unmittelbar danach, als der Herzog aus Deutschland verbannt war (bis 1185), d. h. um oder bald nach 1180, würde demnach das Gedicht entstanden sein. Früh genug für das älteste Zeugnis seiner Existenz, nämlich den Brief des Berthold von Andechs an den Abt Ruprecht von Tegernsee (gest. 1186), in dem er diesen um Überlassung des „libellum teutonicum de herzogen Ernesten" zum Zweck einer Abschrift bittet.

Das Weiterleben der Ernstdichtung beruht z. T. auf diesen welfischen Zeitbeziehungen. Das anspruchsvolle lateinische Hexametergedicht des Odo, entstanden in welfischen Landen zur Zeit des Welfenkaisers Otto IV., ist dem Erzbischof von Magdeburg gewidmet. Die früh vollzogene, wenn auch erst verhältnismäßig spät in Dichtungen hervortretende Übertragung von Ernsts Orientabenteuern auf die Kreuzfahrt Heinrichs des Löwen bezeugt, daß man wußte, wer mit Ernst gemeint war. Und sollte es nicht auf dem gleichen Wissen beruhen, daß im späten strophischen Ernstgedicht G der kaiserliche Gegenspieler nicht Otto, sondern Friedrich heißt?

Mitten in diesen weiten geschichtlichen Rahmen ist nun der andere Teil des Ernstgedichtes gestellt, die Orientfahrt. War dort der welthistorische und politische Sinn der bayrischen Führer befriedigt, so wird es hier die zeitgenössische Begier nach dem Kreuzzugserlebnis in seiner phantasiebeschwingten Form. In voller Breite ist nun das arabische Erzählgut der deutschen Dichtung erschlossen – auch das warnt vor zu frühem Ansatz; Sindbads berühmte Abenteuer: Magnetberg, Greifen, Flußfahrt durch die Berghöhle, einäugige Riesen sind auf den bayrischen Herzog übertragen. Sie sind aus dem spätantiken Schatze phantastischer Völkerschaften der Weltgrenzen vermehrt, wie er dem Mittelalter namentlich aus Isidors großer Enzyklopädie bekannt war. Ob Ernsts Orientabenteuer über französische Vermittlung gekommen sind, ist doch mindestens zweifelhaft. Die Durchdringung neuen orientalischen Erzählstoffes mit gelehrter Überlieferung des Abendlandes lassen den buchgebildeten geistlichen Verfasser klar erkennen.

Die Abenteuerfahrt, als Kreuzzug über Ungarn, den Balkan und Konstantinopel begonnen, klingt in kreuzzugshaften Taten auch wieder aus. Ernst steht erst dem christlichen König von Morland, d. h. dem christlichen äthiopischen König, gegen den Sultan von Babylon, d. h. Kairo, bei; danach ist sein ehrenvoller Aufenthalt in Jerusalem mit Heidenkämpfen erfüllt, die seinen Ruhm zuerst wieder in die Heimat tragen. Über Bari und Rom – wo zwar der Peterskirche, aber nicht des Papstes Erwähnung geschieht – kehrt Ernst schließlich nach Deutschland zurück. Die großen Fragen der Zeit, die Gestaltung des Reichsbaues und die Kreuzfahrt, sind so in einem umfänglichen Gedicht voll Spannung und Abenteuer, aber auch voll ernster Gegenwartsbetrachtung zusammengefaßt. Ernsts Erlebnisse sind dem Dichter „Wahrheit", bezeugt durch die Niederschrift von Ernsts Abenteuern nach seinem eigenen Diktat, die der Kaiser veranlaßte, und deren Erwähnung im Schluß des Gedichtes als mittelbare Quellenberufung betrachtet werden kann.

Das Gedicht von Herzog Ernst steht neben dem Rother: ernster, gewichtiger, sachlicher; es fehlt ihm die helle Heiterkeit, die Erzählfreude und Gestaltungskraft. Auch die Abenteuer Ernsts sind Sachberichte, ethnographisch-geographische Entdeckungen: Der Dichter läßt den Helden von jeder Sorte der Fabelwesen, sozusagen als Belegexemplare, ein Paar mitbringen; sein Schiff wird zu einer Arche der Kuriositäten. Die Menschen bleiben Typen, die wirkliche Gabe des Erzählens, die im Rother die einprägsamen Episoden schuf, suchen wir vergebens. Darum fehlt dem alten Ernstgedicht, soweit wir es beurteilen können, auch die höfische Leuchtkraft, die der ältere Rotherdichter seinen Gestalten zu geben vermochte. Auch der Ernstdichter umgibt seinen Helden mit den kostbaren Dingen des reichen Besitzes und steigert die Pracht in der Stadt der Kranichleute ins Märchenhafte. Aber das Gold will nicht strahlen, die kostbaren Stoffe bleiben Namen ohne Leuchtkraft der Farbe. Die Frau hat in diesem Gedicht wenig zu sagen. Neben der Mutter bleibt Ernst ohne weibliche Beziehung; Minne wird nirgends ein Wert in seinem Leben. Das einzige Mal, wo er als Helfer einer bedrängten Frau auftritt, bei der indischen Königstochter unter den Kranichleuten, ist die der Quelle entsprechende Tötung der Frau nicht getilgt; menschlich-christliches Mitleid, nicht Frauendienst bestimmt Ernsts Eingreifen. Andrerseits fehlt dem Dichter die glühende Kampfesleidenschaft des Rolandsliedes; Kriegsschilderungen werden sachlich abgetan, Kreuzzugsmilieu entzündet nicht Kreuzzugsleidenschaft, Kampfbereitschaft wird nicht zu Märtyrerdrang. Trocken und nebenbei erwähnt Ernst in einer Ansprache einmal die Verheißung der Seligkeit als Lohn christlichen Kampftodes.

Dem entspricht sein Verhältnis zur Form; die Verse bewegen sich maßvoll, doch ohne charakteristische Eigenheit im Rahmen der alten Freiheit von Füllung und Reim, gebändigter als die breite Aufschwellung der Zeilen im Roland, altertümlich doch im Reimtyp. Noch ein Jahrzehnt nach dem Roland ist hier ein Dichter in Bayern von dem bewußten Formwillen der frühen höfischen Dichtung unberührt. Wir stellen uns den Dichter als einen älteren Mann mit politischen und gelehrten Interessen vor. Vielleicht war er ein Geistlicher in einer fürstlichen oder bischöflichen Kanzlei; man könnte an Bamberg denken, das zum Schauplatz der entscheidenden Versöhnungsszene gemacht ist, und das einmal, im Zusammenhang mit dem Waisen (4462 ff.), nachdrücklich genannt wird.

4. DIE LEGENDENROMANE

Die drei Legendenromane, wie man die Gedichte von Salman und Morolf, Oswald und Orendel wohl zusammenfassend nennen darf, stehen außerhalb des bayrischen Kreises; mindestens zwingen weder äußere Merkmale noch innere Haltung zu einer solchen Zuordnung. Sie führen in der überlieferten Form überhaupt aus unserer Zeit hinaus. Keines der drei Gedichte kennen wir aus alten Handschriften; ihre gesamte Überlieferung liegt im 15. und 16. Jahrhundert. Beim Salman kommen wir mit der ältesten der vier bekannten Handschriften noch in den Anfang des 15. Jahrhunderts, von den beiden poetischen Fassungen der Oswaldlegende und ihrer Prosaauflösung gehören sämtliche bestimmbaren Handschriften der 2. Hälfte des 15. Jahrhunderts an; für den Orendel lauten die Daten der drei erhaltenen Handschriften bzw. Drucke 1477 und 1512. Nichts berechtigt dazu, die Wurzeln der Handschriftenstammbäume über das späte 14. Jahrhundert hinaufzudatieren. Auch beim Oswald, dessen Legende wir in drei Fassungen besitzen, die völlige Neudichtungen einer gemeinsamen Grundlage darstellen, kommen wir zeitlich völlig aus, wenn wir das „Urgedicht" dem 14. Jahrhundert zuweisen wollten.

Dennoch pflegen wir die drei Versromane ins 12. Jahrhundert zurückzudatieren. Für den Salman gibt der zweite Teil des Rother einen festen Anhaltspunkt; wir sahen (S. 256), daß dieser nach dem Grundriß der Salomonlegende gestaltet ist, und dürfen mit der Möglichkeit rechnen, daß ihm dabei ein deutsches Gedicht dieses Inhaltes bekannt war. Für

Oswald und Orendel geschieht die Rückdatierung lediglich aus literarischen Erwägungen; stilistische Eigenheiten und die Beliebtheit von Brautwerbungsgeschichten in der vorhöfischen Epik lassen eine Vorstufe des späten 12. Jahrhunderts denkbar erscheinen. Doch die stilistische Begründung hält kaum Stich; namentlich für den Orendel ließe sich eine stilistische Zuordnung zum spätmittelalterlichen Balladenstil durchführen. Und das stoffliche Element ist ebensowenig zwingend; die weite Verbreitung und große Beliebtheit des Apolloniusromanes – der das Grundschema des Orendel liefert – im späten Mittelalter würde das Auftreten anderer Brautwerbungsgeschichten im 14./15. Jahrhundert wohl begreiflich machen. Der massive, holzschnitthafte Wunderglaube, die Zurichtung des Stoffes für ein wirkliches Massenpublikum weisen eher auf die späte als auf die frühe Zeit. Der Zweifel der älteren Forschung an dem hohen Alter beider Gedichte scheint mir nicht unbegründet; die ganze Frage ist neuer Untersuchung wert.

Wir behandeln die Legendenromane, darstellerischer Gewohnheit folgend, dennoch an dieser Stelle. Wir sind uns jedoch klar darüber, daß die Originale des 12. Jahrhunderts, auch wenn sie bestanden haben, mit keiner Scheidekunst mehr wiederzugewinnen sind. Alle von Widersprüchen des Inhalts oder Aufbaus ausgehenden Versuche, Schichten der Übermalung abzutragen, gehen von einer Verkennung der kompositorischen Grundsätze aus und tragen Forderungen einer logischen und psychologischen Einheitlichkeit an diese Gedichte heran, die dem Stil der Kettung von selbständigen Erzählgliedern nicht gerecht wird. Es ist sehr möglich, daß die Gedichte des 12. Jahrhunderts sehr anders ausgesehen haben als die erhaltenen Texte. Aber wir können nichts tun als die Gedichte als Ganzes so zu nehmen, wie wir sie besitzen; alles andere wäre historische Verfälschung.

Das Gedicht von Salman und Morolf gehört seiner Sprache nach an den Mittelrhein, ist also südlicher als der König Rother anzusetzen. Wir kämen in eine frühe Zeit, vor 1150, wenn wir den zweiten Teil des Rother auf dieses Gedicht stützen wollten. Doch bleibt hier alles unsicher. Die Tatsache, daß im Salman-Roman die Rückentführung der Frau durch die Kaufmannslist nicht vorkommt, wohl aber in den russischen Volksliedern, die uns wichtige Quelle der Stoffkenntnis sind, könnte darauf deuten, daß der Rother den Salman in einer anderen und dann wohl noch liedhaften Fassung kannte und nicht in der unseres Gedichtes. Manches, so namentlich der starke höfische Einschlag, ließe einen späteren Zeitansatz wünschenswert erscheinen, aber auch hier bleibt die Unsicherheit, wieviel davon dem alten Gedicht wirklich angehört hat.

Das Epos ist eine neue und eigenartige Gestaltung des Brautwerbungsmotives. Nicht der Held wirbt um die umwehrte Königstochter, sondern dem Helden Salomo wird seine Frau Salme durch den Heiden-

könig Fore – und im zweiten Wiederholungsteil durch den Heiden
Prinzian – entführt, und er gewinnt sie mit Hilfe seines listigen Helfers
und Bruders Morolf zurück. Damit erhält die Frau eine neue, lebendige
Rolle. Sie hört auf, bloßes Objekt und Ziel einer Handlung zu sein. Sie
ist die ungetreue, ehebrecherische Frau, die mit den Heiden im Bunde
steht, selber wollend, handelnd, listenreich. Ihre Schönheit wird von
formelhafter Starre zu einer dämonischen Lebendigkeit geweckt, der
einzig Morolf nicht unterliegt, so daß allein er ihr im Gegenspiel gewachsen ist. All dies, das sehr neuartig wirkt, ist im Stoff der spätjüdi-
schen Salomolegende vorgebildet, wie wir sie in byzantinischer Umbildung aus russischen Volksgesängen und Prosaerzählungen kennen.
Auch dort wird Salomos Frau Salmanija mit ihrem Willen entführt,
auch dort gerät Salomo durch sie in die Gewalt seiner Feinde und wird
mit ihrem Willen zum Galgen geführt, wo dann sein Hornstoß die Ret-
ter – hier ein von Salomo beherrschtes Geisterheer – herbeiruft. Diesen
Stoff hat der deutsche Dichter aus byzantinischer Quelle gekannt und
neu gestaltet; neben den Sindbadabenteuern des Herzog Ernst ist uns
die Salomodichtung wichtigstes Zeugnis dafür, daß der Erzählschatz
des Ostens nun vollen Eingang in die westliche, die deutsche Literatur
gefunden hat.

   Die Gestalt des Salomo ist uns in der frühmittelhochdeutschen Literatur begegnet. In der heilsgeschichtlichen Typologie ist er das Gegenbild Gottes, sein Hof das Gegenbild des himmlischen Reiches. So steht
er als der göttliche Bräutigam in der Deutung des Hohen Liedes, in dessen Liebessängen ist die Geliebte die Kirche und die Christenheit oder
die Jungfrau Maria oder die jungfräulich minnende Seele. Seine Herrschaft ist Gottesherrschaft, im Alexanderliede dem heidnischen Weltherrscher kontrastiert, im Rolandslied das karlische Gottesreich be-
stätigend. In diesem Gedicht dagegen ist Salomo in die Welt hineingenommen. Auch hier ist er Weltherrscher – was nicht übersehen werden
darf –, der christliche Kaiser und König von Jerusalem, Vorläufer des
christlichen Königtums, das die Kreuzzüge zu schaffen suchten, von
dem alten Glanz salomonischer Hofhaltung umgeben. Aber welch ein
Abstand von der Braut des Hohen Liedes zu der ehebrecherischen
Schönheit der Heidin Salme, welche Verirdischung des „geistlichen"
Königs und Tempelbauers zum verkleideten Pilger, der erwischt und
unter den Galgen geführt wird! Und vollends welche Entkleidung
von aller göttlichen Größe in dem Bruderverhältnis zu Morolf, der
„spielmännischsten" Figur vorhöfischer Dichtung, des listenreichen
Verkleidungskünstlers, des eulenspiegelhaften Ersinners gröblicher
Streiche! Wir erinnern uns der Bedeutung, die die leibliche Bruderschaft zwischen Herrscher und Papst im Karlsbild der Kaiserchronik
besaß, und ermessen daran den Abstand.

Morolf, nicht Salomo, ist der tätige Held der Handlung, ebenso der alles durchschauende Warner und Rater wie der listenreiche Kundschafter, Gegner und Wiedergewinner der Königin. Auch Morolf trägt die Züge des wahren Königsbruders, die aus aller Verkleidung hervorleuchtende Schönheit des Edelgeborenen, die Pracht und Sicherheit im Auftreten des höfischen Weltmannes, die Tapferkeit des Ritters im Gefecht. Diesen Morolf darf man nicht übersehen, wenn man behauptet, er sei die dichterische Verklärung des Spielmannstums. Seine Verkleidungen, Listen und Streiche sind Rollen im Dienst seiner Aufgabe, aber freilich nunmehr Rollen, die dem Dichter so sehr am Herzen liegen, daß sie den Königsbruder auf weite Strecken ganz vergessen machen. Namen und Wesen hat dieser seltsame Bruder des Königs Salomo aus dem Spruchgedicht von Salomon und Markolf, das in der Disputation zwischen Salomon und Markolf menschlich-königliche Weisheit und platt bäuerliche Lebenserfahrung gegenüberstellt. Damit wird Morolf durchaus zweischichtig, königlicher Edelmann und listiger oder grober Spaßmacher; doch hüten wir uns, darin kompositorische und chronologische Schichtung zu spüren. Erst die Doppelheit des Wesens macht die unwiederholbare Einheit der Figur.

Das Werk steht in der zeitgenössischen Beleuchtung: Salomo als König von Jerusalem ist Herr der Christenheit und trägt darum auch den Kaisertitel. Seine Gegner Fore (Pharao?) und Prinzian sind Heiden; auch Salme ist eine heidnische Königstochter. Die Taufe vermag bei ihr den Teufelssinn nicht zu tilgen. Aber dieser Gegensatz wird nicht zum Handlungsantrieb, kaum zum Maßstab sittlicher Wertung. Wir dürfen von Kreuzzugsumwelt reden, nicht von Kreuzzugsstimmung. Christen und Heiden sind nicht grundsätzlich gestuft; die Wertung des Menschen ergibt sich aus Spiel und Gegenspiel. Das läßt einen frühen Ansatz bedenklich erscheinen. Dasselbe gilt von den höfischen Zügen; sie sind dem Dichter wichtiger als die religiösen, und er weiß sie schon als Antrieb im Handeln einiger Gestalten zu verwenden. Salomos alte Herrlichkeit ist in höfische Form gekleidet, Salmes Schönheit in einer Ausführlichkeit der Schilderung dargestellt, wie sie uns bislang noch nicht begegnet ist. Ihr Aufzug zum Kirchgang hat allenfalls im Aufzug der Kandake im Straßburger Alexander ein Seitenstück, und die Wirkung der Frauenschönheit auf die Ritter wird dabei lebhaft ausgemalt. Auch Salomos Verhalten gegen Salme erhält etwas Minnedienerisches, wenn er den gefangenen Feind ihrer Obhut anvertraut, wenn er zweimal ihr verwirktes Leben schont und nach allem Ungemach ihren Tod weinend beklagt. Nicht weniger höfisch ist sein Verhalten, als er in höchster Bedrängnis lieber den Tod erleiden als Fores hilfreiche Schwester zu Schaden bringen will. Noch in Salmes sanftem Tod durch Aderlaß im Bade – verglichen etwa mit Kriemhilds Schwerttod – liegt etwas höfisch

Schonsames. Doch die Liebe Salmes zu den beiden Entführern ist nur magische Wirkung des Zauberringes und erscheint als ein bloßes Begehren ohne tiefere Bindung. Zu beiden Malen sieht sie den Liebhaber sterben, während sie ihr eigenes Leben rettet. Der gegebene Stoff ist nicht aus grundsätzlich höfischem Denken neu durchseelt.

In der Form bringt uns das Gedicht etwas Neues: es ist das erstemal, daß wir im Epos der Strophe begegnen, die ja später weitgehend ein Merkmal der heroischen Romandichtung wird. Sie kommt aus dem sangbaren Liede; eine dem breiten Epos von Hause angemessene Form ist sie nicht. Strophische Gliederung gibt der Dichtung einen quaderhaften Bau; lauter formal in sich geschlossene Einzelstücke setzen sie zusammen. Statt des gleichmäßigen Fortfließens von in sich kaum strukturierten, womöglich durch Brechung noch aufgelösten Reimpaaren entsteht ein immer neues aufstauendes Anhalten, ein immer neuer Einsatz. Die sprachliche Form wird dadurch weitgehend bestimmt; sie verlangt Einpassung des Satzbaues in die vorgeprägte metrische Form, Zusammenpressung oder – wo der Inhalt zur Ausfüllung einer Strophe nicht ausreicht – künstliche Überdehnung des Satzes, oder auch, um die Strophe aufzufüllen, sachlich unwesentliche, oft formelhafte Anhängsel. Die Erzählung ist nicht gleichmäßig verlaufendes Band, sondern aus Kugeln gereihte Kette. Auch die Formel, dieses wichtigste vorhöfische Stilmittel, bekommt ein anderes Gesicht; sie nimmt an Umfang zu, bis ganze Formelstrophen die gleiche Situation mit den gleichen oder leise variierten Worten darstellen. Das wirkt dann, z. B. im Oswald und Orendel, als Stilart wieder auf Reimpaarerzählungen zurück, ohne daß man daraus auf ursprüngliche Strophenform schließen darf. Die Strophe dieses Gedichtes – die wir danach Morolfstrophe nennen – besteht aus 5 Zeilen, zwei viertaktig vollen Reimpaaren, deren zweites durch eine eingelagerte reimlose klingende Zeile (Waise) aufgespalten wird. In der handschriftlichen Überlieferung ist diese Form oft zerstört, nicht immer herstellbar. Die Versfüllung ist frei, oft sehr breit genommen, der Reim ist der freie Reim der frühmittelhochdeutschen Zeit.

Der heilige König Oswald ist einer der frühen christlichen Könige in England; er herrschte 635–42 in Northumbrien. Er war mit der Tochter eines unter seiner Assistenz getauften Nachbarkönigs verheiratet und fiel im Kampf gegen den heidnischen König Penda. So berichtet Beda in seiner Kirchengeschichte. Seinen Kult finden wir auf dem Festland zuerst am Niederrhein, in Friesland und Flandern, seit dem 12. Jahrhundert in den österreichischen und alemannischen Alpenländern, wo er im Spätmittelalter als einer der 14 Nothelfer besonders große Verbreitung fand.

Deutsche Oswalddichtung besitzen wir in zwei ganz getrennten Strängen, deren gemeinsame Gründung auf ein älteres Oswaldgedicht nur eben noch aus einem guten Dutzend gemeinsamer Versgrüppchen zu spüren ist. Sonst sind der sogenannte Münchener und Wiener Oswald zwei eigene Gedichte nach dem gleichen Aufbauplan

Die Überlieferung von M, vier Handschriften und drei weitere einer Prosaauflösung, liegt ganz im bayrisch-schwäbischen Raum, und ganz im 15./16. Jahrhundert. Aus M leitet sich auch die kurze deutsche Prosa im Sommerteil des verbreiteten „Lebens der Heiligen" ab. W dagegen ist mit seinen 3 Handschriften des 15. Jahrhunderts ebenso fest an Schlesien gebunden und wird mit Recht aus der schlesischen Zisterzienserkultur abgeleitet und mit der einzigen schlesischen Oswaldkirche zu Crummendorf b. Strehlen verbunden. Keine der beiden Dichtungen geht in ihrer Urform über das 14. Jahrhundert zurück; was dahinter liegt, ist ungreifbar, selbst wenn sprachliche Spuren einen rheinischen Text hinter der bayrischen Form von M erspüren ließen. Doch schon über das Verhältnis der beiden Gedichte zueinander sehen wir nicht klar. Die alte Anschauung, daß wir in M die ungefähre Fortsetzung des alten „Spielmanngedichtes" aus dem 12. Jahrhundert, in W eine geistlich abglättende Neubearbeitung vor uns haben, ist keineswegs erwiesen und bedarf einer neuen Untersuchung. Es wäre durchaus denkbar, in W mit seiner dem Stil der lateinischen Vita näherstehenden, sachlich geebneten Darstellung das Ältere, in der unbekümmerten Wundersucht und Erzählfreude von M die jüngere, spätmittelalterliche Form zu sehen.

Die kirchliche Legende, wie sie bei Beda steht, bot für diese Oswalddichtung kaum mehr als den Ansatzpunkt, die Ehe eines christlichen Königs mit der Tochter eines getauften Heiden. Lebendig und dichterisch verwertbar wurde die Figur erst durch die Anwendung der Brautwerbungsformel. Und sein Sondergepräge innerhalb dieser Brautwerbungsgruppe erhält der Oswald dadurch, daß die wichtige Figur des allgewandten Werbers und Helfers hier als sprechender Wunderrabe erscheint. Ohne ihn gäbe es keinen Oswald. Es ist kein gewöhnlicher Vogel; das Naturspiel des sprechenden Vogels hat die mittelalterliche Dichtung vorher (Ruodlieb) und nachher mehrfach beschäftigt. So bedenkenlos im Umfang seiner Begabung und in der Gleichsetzung von Reden und Denken ist kein anderer Vogel vermenschlicht worden wie Oswalds Rabe. Wirklichkeitsfern ist er auch in seiner äußeren Erscheinung, von Goldschmieden prächtig geziert, mit einer goldenen Krone gekrönt – ein stämmigerer Artgenosse des mit Golde wohl bewundenen Minnefalken – wird er zu einem funkelnden Wunderwesen, dem jede Leistung zuzutrauen ist. Seine Aufgabe erfüllt er genau wie ein listenreicher menschlicher Bote, und die Fährlichkeiten, die er erlebt, sind vom Erlebnisstandpunkt des Menschen, nicht dem des Vogels erdacht. Er macht Fährnisse auf dem wilden Meere durch, ganz wie ein seefahrender Mensch, er gelangt über Gefangenschaft bei dem bösen Heidenkönig und Bedrohung mit dem Galgen (!) zur umworbenen Prinzessin, er versteht sich aufs Schachspiel, teilt menschliche Lust an reichbesetzter Tafel und menschliche Empfindlichkeit über Zurücksetzung. Er führt moralische Reden – es fehlt nur das Gebet in seinem Schnabel. Die Werbung und ihre Abenteuer aber sind aus dem Ton der Legende eingefärbt, von Gebetswunder und Engelhilfe, göttlicher Rettung und

Kreuzfahrt durchflochten, und zwar in der Anlage, nicht erst durch nachträgliche Übermalung. Das Keuschheitsgelübde und seine Erfüllung sind nur legendenmäßige Steigerung der Mönchwerdung, die auch bei weltlicher Dichtung nicht selten den Abschluß bildet (Rother, Floyris). Sie verträgt sich in einer Dichtung dieser Art ruhig mit der alten Eingangsformel: Werbung, um dem Reich einen Nachfolger zu sichern. Beides ist für seinen Zweck an seiner Stelle typisch vorgeprägt; es logisch aufeinander zu beziehen und durch den Widerspruch Schichten auszusondern, geht nicht an.

Die Kraßheit des Wunderglaubens, die Primitivität der Gottesvorstellung mag man volkstümlich nennen; den geistlichen Dichter schließt sie hier so wenig aus wie die gleiche holzschnitthafte Kraßheit der Wunder und Leiden im althochdeutschen Georgslied. Vielleicht sind sie im späten Mittelalter zeitgemäßer als im späten 12. Jahrhundert, dessen Legenden sonst anders aussehen. Den geistlichen Zusammensteller des spätmittelalterlichen „Lebens der Heiligen" haben sie jedenfalls nicht gestört. Er hat diese Oswaldlegende, auf das Maß der knappen Vita zurückgeschnitten, in sein Legendar aufgenommen, und auf den bildlichen Darstellungen des Heiligen wird der Rabe sein Attribut. In der Freiheit von Form und Reim, die der Münchener Oswald besitzt, könnte ein Merkmal des 12. Jahrhunderts liegen; zwingend ist auch dies nicht. Breite Füllungsfreiheit und Sorglosigkeit des Reimes finden wir z. B. auch im geistlichen Drama der Spätzeit. Ihm möchte der Oswald artgemäß näherstehen als der Legendendichtung des späten 12. Jahrhunderts.

Ähnliches läßt sich über den Orendel aussagen. Nur in einer (1870 verbrannten) Straßburger Handschrift des 15. Jahrhunderts, einem Druck von 1512 und einer gedruckten Prosa desselben Jahres – dem Jahr der ersten feierlichen Ausstellung des ungenähten Rockes in Trier – erhalten, ist er die Legende des „grauen Rockes" Christi, oder vielmehr um diesen Rock gesponnene Abenteuerlegende. Einleitend wird mit unbeschwerter Sachkenntnis die Vorgeschichte des Rockes bis zu seiner Auffindung durch Orendel berichtet. Orendel, Sohn des Königs Ougel von Trier, fährt auf Werbung um die Königin Bride von Jerusalem aus. Angesichts des Heiligen Grabes – das also in Küstennähe gedacht wird – scheitert die Flotte; einzig Orendel rettet sich an Land, wird von dem Fischer-Burgherrn Ise aufgenommen, findet bei einem wundersamen Fischzug den grauen Rock im Bauch eines Walfischs, erdient und erwirbt ihn mit göttlicher Hilfe, trägt ihn hinfort und heißt selber nun „der graue Rock". Er zieht zum Heiligen Grabe, tut sich vor Brides Augen in schweren Kämpfen mit Heiden, Riesen und ungetreuen Tempelherren (!) hervor, gibt sich nach mehrfacher ablehnender Demutsgebärde zu erkennen und wird Brides Gemahl. Ise wird reich belohnt, zum Ritter geschlagen und zum Herzog erhöht. Bride selbst tritt in Todesgefahr fechtend an Orendels Seite, erlebt mit ihm bedrohliche Abenteuer und kehrt mit ihm nach Trier zurück, wo der graue Rock hinfort in einem Steinsarg aufbewahrt wird. Ein zweiter Wiederholungsteil fehlt auch hier nicht, ausgelöst durch die Kunde, daß das Heilige Grab in die Hände der Heiden gefallen ist. Er bringt neue Nöte und Gefahren, namentlich für Bride, endlich den Sieg und, wie es sich gehört, das abschließende Klosterleben aller Hauptbeteiligten.

Das Erzählgerüst stellen die Brautwerbungsformel und der spätantike Apolloniusroman, einer der großen Lesestoffe des späten Mittelalters; vermutlich ist die Umarbeitung in dem französischen Roman Jourdain de Blaivies benutzt. Dazu treten geläufige Abenteuermotive aus der ritterlichen Romanliteratur. Diese Erzählgrundlage, der Legendenton mit einer mechanisierten Wundervorstellung – Maria trägt Orendels Anliegen ihrem Sohn in formelhaft wiederholter Anrede vor, dieser entsendet den Engel Gabriel mit Geld, Brief oder Botschaft – die seelenlose Übersteigerung der Heldentaten, die Armut in der Erfindung der Namen, bei denen der Typus Merzian, Prinzian, Belian vorherrscht, die völlige Sorglosigkeit gegenüber der Form in Sprache, Rhythmus und Reim, all das wäre in der Massenliteratur des spätesten Mittelalters denkbar. Es hätte – auf anderer Ebene – seine nächsten Artverwandten in den letzten Nachblüten des Heldenromans, etwa den jüngsten Formen des Wolfdietrich oder der Virginal, wie sie die geschriebenen und gedruckten Heldenbücher des 15./16. Jahrhunderts sammelten.

Allein aus dem Namenwust heben sich die Namen der Hauptfiguren heraus, Ougel und Orendel, Bride und Ise. Der altgermanische Zusammenhang des Namens Orendel mit angelsächsisch *earendel*, dem „Frühwandler" als Name des Morgensterns, und dem nordischen Aurvandill, einer mythischen Figur, die ebenfalls mit einem Stern zu tun hat, ist nicht zu leugnen. Und mit den Namen sind wirkliche Rollen verknüpft: Orendel ist der schweifende Held, der – ganz unabhängig von der Legende – im grauen Rock verhüllt auftritt, Bride die kampfkühne Heldenjungfrau, Ise der Fischer, der zugleich mächtiger Burgherr ist. Sie weisen auf eine Dichtung, die wir uns losgelöst von aller Legende denken können und der wir höhere künstlerische Würde und größere Altertümlichkeit zutrauen. Nur zu einer erkennbaren Linienführung der Handlung fügen sie sich nicht mehr, auch wenn wir das Werbungsmotiv als alt annehmen. Die Überschichtung mit Legende und spätem Romanstoff ist zu dick, und weder Bergers phantasievoller, heute längst aufgegebener Versuch der Wiedergewinnung des Alten, noch Steingers vorsichtigerer können überzeugen. Noch weniger als beim Oswald wird uns greifbar, was hinter dem bänkelsängerischen Werk spätmittelalterlicher Massenliteratur steht, und wir wissen nicht, ob die Rückdatierung ins 12. Jahrhundert, oder gar in die Mitte dieses Jahrhunderts, zu Recht vorgenommen wird.

LITERATUR

Spielmann: Hans Naumann, Versuch einer Einschränkung des romantischen Begriffs Spielmannsdichtung. Dtsche Vierteljahrsschr. 2 (1924) S. 777ff.; H. Steinger, Fahrende Dichter im deutschen Mittelalter, ebda 8 (1930) S. 61ff., dazu Naumanns Antwort, S. 80ff.; H. Naumann, Merker-Stammlers Reallex. III 253 ff.; ders., Höfische Kultur, Halle 1929; M. Braun und Th. Frings, Heldenlied, Beitr. 59 (1935) S.289 ff.; Th. Frings, Die Entstehung der deutschen Spielmannsepen, Z. f. Geisteswiss. II 306 ff.; P. Wareman, Spielmannsdichtung, Versuch einer Begriffsbestimmung. Diss. Amsterdam 1951; J. Bahr, Der „Spielmann" in der Literaturwissenschaft des 19. Jahrhunderts, ZfdPh. 73 (1954) S. 174–196.

Sächsischer Sänger: Saxo Grammaticus (ed. Holder, Straßburg 1886) Buch 13 S. 427, Stelle auch Grimm, Deutsche Heldensage S. 53. *Quedlinburger Chronik:* Stelle Grimm, Heldensage S. 36.

Rother: Ausgg. von Bahder, Halle 1884; Frings-Kuhnt, Bonn 1922; J. de Vries, Heidelberg 1922; *Vilcinasaga:* in Bertelsens Ausg. d. Thidreksaga (Kopenhagen 1905 ff.) Kap. 41 ff. bzw. 329 f., auch bei de Vries und Panzer. *Brautwerbungsformel:* Th. Frings, Z. f. Geisteswiss. II 306ff.; E. Seemann, Die „Zekulo"-Ballade und die Ballade von der „Brautwerbung". Eine Studie zu zwei Goltscheer Liedern. Jahrb. f. Volksliedforschung 7 (1941) S. 40–70; *Historische Grundlage:* Fr. Panzer, Italische Normannen in deutscher Heldensage, Frankfurt 1925; Th. Frings, Rothari-Roger-Rother. Beitr. 67 (1942) S. 368–370; H. Weyhe, Die Heimat der Riesen des Rother, Festschrift für G. Baesecke 1941. S. 153–159.

Herzog Ernst: Ausgg. K. Bartsch, Wien 1869 (Bruchst. A und Fassung B); Fr. H. v. d. Hagen, Deutsche Gedichte des Mittelalters Bd. I (D); dazu: H. Fr. Rosenfeld, Herzog Ernst D und Ulrich v. Eschenbach, Leipzig 1929; Bänkelsängerballade (G); ZfdA 8, 477–507; Volksbuch (F) in Bartschs Ausg. S. 227ff.; Odos Hexametergedicht (E) Thesaurus novus ancedotorum, Paris 1717; lat. Prosa C: ZfdA 7 193 ff.; Erfurter lat. Prosa: P. Lehmann, Abh. d. Münch. Akad. d. Wiss. 32, 5; Saganer Bruchst. W. Göber, Festschr. Th. Siebs z. 70. Geb., Breslau 1933 S. 17ff., dazu: H. Fr. Rosenfeld, Der Saganer Herzog Ernst. Annales Academiae Scientiarum Fennicae. Bd. XXX, 1934 S. 577 ff.; Würzburger Bruchst., ZfdA 47 (1904) S. 421 ff.; Klagenfurter Bruchst.: ZfdA 65 (1928) S. 201 ff.; M. Wetter, Quellen und Werk des Ernstdichters, Halle 1941; Cl. Heselhaus, Die Herzog-Ernst-Dichtung, Dtsche Vierteljschr. 20 (1942) S. 170 ff.; J. H. Scholte, Die Sage von Herzog Ernst. Neophil. 27 (1942) S. 133–134; Gertrud Boensel, Studien zur Vorgeschichte der Dichtung von Herzog Ernst. Diss. Tübingen 1944 (Masch.-Schr.); H. Neumann, Die deutsche Kernfabel des Herzog Ernst-Epos. Euphorion 45 (1950) S. 140–164; Esther Ringhandt, Das Herzog Ernst-Epos. Vergleich der verschiedenen Fassungen A, B, D, F. Diss. Berlin Freie Universität 1955 (Masch.-Schr.).

Salman und Morolf: Ausg. Fr. Vogt, Halle 1880; Spruchged. *Salomon und Markolf:* v. d. Hagen-Büsching, Deutsche Gedichte des Mittelalters I. Es gehört erst dem 14. Jahrhundert an, der Anhang (V. 1605 ff.), ein knappes Inhaltsreferat des Salman und Morolf, könnte für die Kritik Wert haben. G. Baesecke ZfdPh. 52 (1927) S. 17ff.

Oswald: Münchner Oswald: G. Baesecke, Breslau 1907; Wiener Oswald: ders., Heidelberg 1912; Dessauer Handschrift: G. Fuchs, Breslau 1922; Prosa: I. v. Zingerle, Die Oswaldlegende und ihre Beziehungen zur deutschen Mythologie Stuttgart u. München 1856. Zweifel am Alter registriert Baesecke, Münch. Osw. S. VI f.

Orendel: Ausg. E. Berger, Bonn 1880; H. Steinger, Halle 1935.

BIBLIOGRAPHISCHER ANHANG

EINLEITUNG
Seite 1–15

LITERARISCHE NACHSCHLAGEWERKE

Reallexikon d. deutschen Literaturgesch., 2. Aufl., hrsg. von W. Kohlschmidt u. W. Mohr, Bln. 1958 ff. (bisher bis Buchstabe L);
Lexikon f. Theologie u. Kirche, 2. Aufl. hrsg. von J. Höfer u. K. Rahner, Freiburg i. Br. 1957 ff. (bisher bis Bd. 3 erschienen);
Deutsche Philologie im Aufriß, hrsg. von W. Stammler, 2. Aufl., Bln. 1957 ff. (bisher bis Lfg. 21);

GESAMTDARSTELLUNGEN

G. Ehrismann, Gesch. d. deutschen Literatur bis zum Ausgang d. Mittelalters, Neudruck (der ersten drei Bände) München 1954;
J. Schwietering, Die deutsche Dichtung d. Mittelalters, Neudruck Darmstadt 1957;
Deutsche Literaturgeschichte in Grundzügen. Die Epochen deutscher Dichtung, hrsg. von B. Boesch, Bern 1946.

ALTGERMANISCHE DICHTUNG

A. Heusler, Die altgermanische Dichtung, Neudruck Darmstadt 1957;
H. de Boor, Dichtung (in H. Schneiders Germanischer Altertumskunde), 2. Aufl., München 1951, S. 306–430.

FAKSIMILE-SAMMLUNGEN

M. Eneccerus, Die ältesten deutschen Sprachdenkmäler, Frankfurt a. M. 1897;
E. Petzet – O. Glauning, Deutsche Schrifttafeln d. 9.–16. Jh.s aus Handschriften d. Kgl. Hof- u. Staatsbibl. in München, 5 Bde, 1910–19;
Lichtdrucke nach ahd. Handschriften, hrsg. von G. Baesecke, Halle 1926;
G. Eis, Altdeutsche Handschriften, München 1949;
dazu: J. Kirchner, Germanistische Handschriftenpraxis, München 1950.

ALLGEMEINES

Artes liberales, Von der antiken Bildung zur Wissenschaft des Mittelalters, hrsg. von J. Koch (Studien u. Texte zur Geistesgesch. d. Mittelalters, 5), Leiden-Köln 1959;
E. R. Curtius, Europäische Literatur u. lateinisches Mittelalter, 2. Aufl., Bern 1954;
E. Auerbach, Mimesis. Dargestellte Wirklichkeit in d. abendländischen Dichtung, Bern 1946;
J. Schwietering, The Origins of the Medieval Humility Formula, PMLA 69 (1954) S. 1279–91;
G. Eis, Von der verlorenen altdeutschen Dichtung. Erwägungen u. Schätzungen, GRM 37 (1956) S. 175–89;
W. Stammler, Von mittelalterlicher deutscher Prosa, JEGPh. 48 (1949) S. 15–44;
F. Tschirch, Schlüsselzahlen. Studie zur geistigen Durchdringung d. Form in d. deutschen Dichtung d. Mittelalters, in: Beitr. zur deutschen u. nord. Literatur. Festgabe f. L. Magon, Bln. 1958, S. 30–53;
W. Mohr, Wandel des Menschenbildes in d. mittelalterl. Dichtung, Wirk. Wort, 1. Sonderheft (1953) S. 37–48;

F. Panzer, Vom mittelalterlichen Zitieren, Sitzungsber. d. Heidelberger Ak. d. Wiss., Phil.-hist. Kl., Jg. 1950, 2. Abh.;

W. Betz, Das gegenwärtige Bild d. Althochdeutschen, Deutschunterr. 1953, H. 6, S. 94–108;

M. D. Moosbrugger, Liturgisches Gut in d. ahd. Sprachdenkmälern. Untersuchgn. über das Verhältnis zwischen d. Liturgie u. d. ahd. Texten, Diss. Innsbruck 1955 (Masch.-Schr.);

I. Reiffenstein, Das Ahd. u. die irische Mission im oberdt. Raum, Innsbruck 1958; Hugo Kuhn, Gattungsprobleme d. mhd. Literatur, Sitzungsber. d. Bayer. Ak. d. Wiss., Phil.-Hist. Kl. 1956, H. 4;

B. Boesch, Über die Namengebung mhd. Dichter, Deutsche Vierteljahrsschr. 32 (1958) S. 241–62;

E. Kobel, Untersuchgn. zum gelebten Raum in d. mhd. Dichtung, Diss. Zürich 1950.

I. DIE ÄLTESTE SCHICHT,
VORKARLISCHE UND KARLISCHE LITERATUR
Seite 16–42

Ahd. Lesebuch (Leseb.) von W. Braune, 13. Aufl. bearb. von K. Helm, Tübingen 1958.

GLOSSEN

H. Thoma, Reallexikon Bd. 1, S. 579–89 (dort Nachträge zu Steinmeyer-Sievers genannt);

E. Schwentner, Zu den ahd. u. altisländischen Glossen, Beitr. Tübingen 78 (1956) S. 467;

W. Wissmann, Zum Abrogans, in: Fragen u. Forschgn. im Bereich u. Umkreis d. German. Philologie, Festgabe f. Th. Frings, Bln. 1956, S. 80–113;

K. Schütz, Die Lehnprägungen d. Reichenauer Glossare Rb, Rc, Rd, Re und Rf, Diss. Bonn 1958 (Masch.-Schr.);

H. Mettke, Die ahd. Aldhelmglossen, Jena 1957 (Diss. Halle).

BENEDIKTINERREGEL

Ausgabe: U. Daab, Tübingen 1959 (Altdt. Textbibl. 50);

H. Thoma, Interlinearversion, Reallexikon Bd. 1, S. 750–52;

S. Sudhof, Benediktinerregel, Verf.–Lex. 5, Sp. 79–84;

H. Ibach, Zu Wortschatz und Begriffswelt d. ahd. Benediktinerregel, Beitr. Halle 78 (1956) S. 1–110, 79 (1957) S. 106–85, 80 (1958) S. 190–271;

F. L. Woods, Nominal Compounds of the Old High German Benedictine Rule, JEGPh 56 (1957) S. 42–51;

H. Neuhold, Die ahd. Interlinearversion d. Benediktinerregel u. ihre klassischen Vorlagen (mit Faks.), Diss. Wien 1957 (Masch.-Schr.);

U. Daab, Die Schreiber d. ahd. Benediktinerregel im Cod. Sang. 916, Beitr. Tübingen 80 (1958) S. 379–403.

PSALMEN

altsächs. Bruchstücke: Textabdruck von W. Krogmann (Die Lubliner Psalmenfragmente), Korrespondenzbl. d. Ver. f. ndd. Sprachforschg. 57 (1950) S. 47–58 (auch separat erschienen);

altniederfränk. Bruchstücke: H. K. J. Cowan, De localisering van het Outnederfrankisch der psalmenfragmenten, Leuvense Bijdragen 48 (1959) S. 1–47.

GESETZE

Wattenbach-Levison, Deutschlands Geschichtsquellen im Mittelalter. Vorzeit u. Karolinger, Beiheft: Die Rechtsquellen, von R. Buchner, Weimar 1953;
K. F. Freudenthal, Arnulfingisch-karolingische Rechtswörter. Eine Studie in d. juristischen Terminologie d. ältesten germanischen Dialekte, Tübingen 1949.

LEX SALICA

Ausgabe: Pactus legis Salicae, hrsg. von K. A. Eckhardt, 2 Bde. in 4 Teilen, Göttingen 1954/57 (Germanenrechte N.F., Abt. Westgerman. Recht); 100 Titel-Text, hrsg. von K. A. Eckhardt, Weimar 1953 (Germanenrechte N.F., Abt. Westgerm. Recht);
Th. Frings-W. v. Wartburg, Französisch-Fränkisches. Drei Wörter d. Lex Salica, Zs. f. rom. Phil. 72 (1956) S. 282–88;
R. Schmidt-Wiegand, Zur Gesch. d. Malbergischen Glosse, Zs. d. Savigny-Stiftg. f. Rechtsgesch., Germ. Abt. 74 (1957) S. 220–31.

ALTHOCHDEUTSCHE LEX SALICA

Leseb. 13. Aufl. S. 42 f. Nr. XVIII.

EINHART

M. L. Bulst, Verf.-Lex. 5, Sp. 178–83.

TAUFGELÖBNISSE

C. Minis, Verf.-Lex. 5, Sp. 1077–78;
altsächs.: Leseb. 13. Aufl. S. 38 f. Nr. XVI;
W. Foerste, Das altwestfälische Taufgelöbnis, in s. Buch: Untersuchgn. zur westf. Sprache d. 9. Jh.s, Marburg 1950, S. 90–125.

GEBETE

Wessobrunner Prosa: G. E. Friesse, The Form of the Wessobrunn Prayer II, MLR 50 (1955) S. 317–19.

BEICHTEN

H. Eggers, Beichtformel, Reallexikon Bd. 1, S. 141–44;
ders., Die althochdeutschen Beichten, Beitr. Halle 77 (1955) S. 89–123, 80 (1958) S. 392–403;
ders., Gotisches in d. Altbairischen Beichte, ZfMu 22 (1954) S. 129–44;
J. Hofmann, Zur Würzburger Beichte, Beitr. 76 (1955) S. 534–52;
W. Foerste, Die altwestfälische Beichte, in s. Buch: Untersuchgn. zur westf. Sprache d. 9. Jh.s, Marburg 1950, S. 9–89.

ISIDOR

G. Nordmeyer, Syntaxis Analys of the Old High German Isidor, in: Waechter u. Hueter. Festschr. f. H. J. Weigand, New Haven 1957, S. 29–38;
ders., On the OHG Isidor and its Significance for Early German Prose Writing, PMLA 73 (1958) S. 23–35;
L. Rittmayer, Untersuchgn. zum Wortschatz d. ahd. Isidor-Übersetzung. Ein Beitr. zur Lehngutforschung, Diss. Freiburg i. Br. 1958 (Masch.-Schr.).

II. NACHKARLISCHE PROSA,
HRABANUS MAURUS UND FULDA

Seite 43-48

HRABANUS MAURUS

K. L(angosch), Verf.-Lex. 5, Sp. 423-24;
M. Bernards, in: Die großen Deutschen, Bd. 5, Bln. 1955, S. 20-29.

TATIAN

E. Karg-Gasterstädt, Verf.-Lex. 4, Sp. 370-73;
D. Haacke, Evangelienharmonie, Reallexikon Bd. 1, S. 410-13;
W. G. Moulton, Scribe γ of the Old High German Tatian Translation, PMLA 59 (1944) S. 307-34;
W. Henß, Zur Quellenfrage im Heliand und ahd. Tatian, Jb. d. Ver. f. nd. Sprachforschg. 77 (1954), S. 1-6;
E. Feist, Der religiöse Wortschatz d. ahd. Tatian-Übersetzung in seiner Abhängigkeit vom Latein d. Vorlage. Studien zur Lehngutforschung, Diss. Freiburg i. Br. 1953 (Masch.-Schr.);
R. H. Lawson, The Old High German Translation of Latin Future Active in Tatian, JEGPh. 57 (1958) S. 64-71.

WALAHFRID STRABO

K. Langosch, Verf.Lex. 4, Sp. 734-69;
H. Mettke, Stammen die f-Glossen von Walahfrid?, Wiss. Zs. d. Fr.-Schiller-Univ. Jena, Ges.- u. sprachwiss. Reihe 6 (1956/57) S. 213-18;
W. Schröder, Kritisches zu neuen Verfasserschaften Walahfrid Strabos u. zur ,ahd. Schriftsprache', ZfdA 87 (1956/57) S. 163-213.

III. DIE ALTDEUTSCHEN STABREIMGEDICHTE

Seite 49-73

STABREIMVERS

A. Heusler, Deutsche Versgeschichte, Bd. 1, Neudruck Bln. 1956.

WESSOBRUNNER GEBET

W. Perret, On the Wessobrunner Gebet, London Mediaeval Studies I (1937/39) S. 134-49;
D. R. McLintock, The Negatives of the Wessobrunn Prayer, MLR 52 (1957) S. 397-98;
E. Ochs, Das Wessobrunner Gebet, Archiv 194 (1958) S. 43.

MUSPILLI

E. Karg-Gasterstädt, Verf.-Lex. 5, Sp. 699-700;
W. Krogmann, Muspilli u. Muspellsheim, Zs. f. Rel.- u. Geistesgesch. 5 (1953) S. 97-118;
H. W. J. Kroes, Muspilli, GRM 38 (1957) S. 393-94;
A. C. Dunstan, Muspilli and the Apocryphal Gospels, German Life & Letters 11 (1957/58) S. 270-75.

HELIAND UND GENESIS

Ausgabe: O. Behaghel, 7. Aufl. bes. von W. Mitzka, Tübingen 1958 (Altdt. Text-bibl. 4);

S. Lupi., I problemi esterni del Heliand, in: Istituto Universitario Orientale, Sezione Germanica, Neapel, Annali 1 (1958) S. 115–37;

E. Rooth, Saxonica. Beiträge z. ndsächs. Sprachgesch., Lund 1949;

W. Foerste, Zur Sprache d. Heliandhandschrift M, in s. Buch: Untersuchgn. zur westf. Sprache d. 9. Jh.s, Marburg 1950, S. 126–55;

R. Drögereit, Werden u. der Heliand. Studien zur Kulturgesch. d. Abtei Werden u. zur Herkunft des Heliand, Essen 1951;

ders., Die Heimat des Heliands, Jb. d. Ges. f. niedersächs. Kirchengesch. 49 (1951) S. 1–18;

I. Dal, Zur Stellung d. Altsächsischen und der Heliandsprache, NTfSpr. 17 (1955) S. 410–24;

E. Rooth, Über die Heliandsprache, in: Fragen u. Forschgn. im Bereich u. Umkreis d. German. Philologie, Festgabe f. Th. Frings, Bln. 1956, S. 40–79;

W. Krogmann, Beitrr. z. altsächs. Sprache u. Dichtung 1–12, Jb. d.Ver. f. nd. Sprach-forschg. 78 (1955) S. 1–27, 79 (1956) S. 1–39, 80 (1957) S. 25–50, 81 (1958) S. 1–21;

ders., Der Schöpfer des altsächsischen Epos, ZfdPh 77 (1958) S. 225–44, 78 (1959) S. 19–39;

T. A. Rompelman, Heliandprobleme, Wilhelmshaven 1957;

D. Hofmann, Die altsächs. Bibelepik ein Ableger der angelsächsischen geistlichen Epik?, ZfdA 89 (1958/59) S. 173–90;

F. Bechert, Über die Entfernung vom Heliand zu Otfrids Evangelienbuch, Diss. Tübingen 1948 (Masch.-Schr.);

W. Foerste, Otfrids literarisches Verhältnis zum Heliand, Jb. d. Ver. f. nd. Sprach-forschg. 71/73 (1948/50) S. 40–67;

W. Henß, Zur Quellenfrage im Heliand und ahd. Tatian, Jb. d. Ver. f. nd. Sprach-forschg. 77 (1954) S. 1–15;

F. P. Pickering, Christl. Erzählstoff bei Otfrid und im Heliand, ZfdA 85 (1954/55) S. 262–91;

H. Rupp, Der Heliand. Hauptanliegen seines Dichters, Deutschunterr. 8 (1956) H. 1, S. 28–45;

ders., Leid und Sünde im Heliand und in Otfrids Evangelienbuch, Beitr. Halle 78 (1956) S. 421–69, 79 (1957) S. 336–79;

G. Eberhard, geb. Jauch, Germanische u. christl. Elemente im Heliand dargestellt an d. dichterischen Gestaltung d. Christusbildes, Diss. Freiburg i. Br. 1948 (Masch.-Schr.);

H. Eggers, Altgermanische Seelenvorstellungen im Lichte des Heliand, Jb. d. Ver. f. nd. Sprachforschg. 80 (1957) S. 1–24;

C. E. Reed, Gnomic Verse in the Old Saxon Heliand, PQ 30 (1951) S. 403–10;

E. R. Friesse, The Beginning of the ‚Heliand‘, MLR 50 (1955) S. 55–57;

M. Ohly-Steimer, Huldi im Heliand, ZfdA 86 (1955/56) S. 81–119.

HILDEBRANDSLIED

H. Rosenfeld, Verf.-Lex. 5, Sp. 409–16;

W. Schröder, Georg Baesecke u. d. Hildebrandslied, Wiss. Zs. d. Martin-Luther-Univ. Halle-Wittenberg, Ges.- u. sprachwiss. Reihe 3 (1953/54) S. 887–99;

F. Norman, Some Problems of the Hildebrandslied, London Mediaeval Studies I (1937/39) S. 5–26;

J. Meyer-Franck, Die Hildebrandssage u. ihre Verwandtschaft, Beitr. 69 (1947) S. 465–72;

E. R. Friesse, Gaps in the 'Hildebrandslied', MLR 49 (1954) S. 214–15;

F. Maurer, Hildebrandslied u. Ludwigslied. Die altdeutschen Zeugen d. hohen Gattungen der Wanderzeit, Deutschunterr. 9 (1957) H. 2, S. 5–15;

F. Norman, Hildebrand and Hadubrand, German Life & Letters 11 (1957/58) S. 325–34.

Zu einzelnen Textstellen vgl. Leseb. 13. Aufl. S. 155–66.

IV. DIE KAROLINGISCHE ENDREIMDICHTUNG

Seite 74–93

FORM

A. Heusler, Deutsche Versgeschichte, Bd. 2, Neudruck Bln. 1956;

F. Maurer, Über Langzeilen u. Langzeilenstrophen in d. ältesten deutschen Dichtung, in: Beitr. z. Sprachwiss. u. Volkskunde. Festschrift f. E. Ochs, Lahr 1951, S. 31–52; ders., Langzeilenstrophen u. fortlaufende Reimpaare, Deutschunterr. 11 (1959) H. 2, S. 5–24;

H. Thomas, Der altdeutsche Strophenbau u. d. unliturgische Sequenz, in: Festgruß f. H. Pyritz, Heidelberg 1955, S. 14–20;

E. Jammers, Das mittelalterliche deutsche Epos u. d. Musik, Heidelberg. Jbb. 1 (1957) S. 31–90; ders., Der musikalische Vortrag d. altdeutschen Epos, Deutschunterr. 11 (1959) H. 2, S. 98–116.

OTFRIED

Ausgabe von O. Erdmann u. E. Schröder, 3. Aufl. von L. Wolff, Tübingen 1957 (Altdt. Textbibl. 49);

E. Karg-Gasterstädt, Verf.-Lex. 5, Sp. 830–31;

H. Rupp, Otfrid von Weißenburg u. die spätantike Bibeldichtung, Wirk. Wort 7 (1956/57) S. 334–43;

F. Bechert, Über die Entfernung vom Heliand zu Otfrids Evangelienbuch, Diss. Tübingen 1948 (Masch.-Schr.);

H. Rupp, Leid u. Sünde im Heliand u. in Otfrids Evangelienbuch, Beitr. Halle 78 (1956) S. 421–69, 79 (1957) S. 336–79;

J. Rohrer, Otfried u. Tatian. Beiträge zur Frage einer ahd. Schrift- u. Kirchensprache, Diss. Tübingen 1955 (Masch.-Schr.);

D. A. McKenzie, Otfrid von Weißenburg: Narrator or Commentator?, London 1946;

O. Springer, Otfrid von Weißenburg: Barbarismus et Soloecismus. Studies in the Medieval Theory and Practise of Translation, Symposium 1 (1957) II S. 54–81;

F. P. Pickering, Christl. Erzählstoff bei Otfrid und im Heliand, ZfdA 85 (1954/55) S. 262–91;

H. Swinburne, The Selection of Narrative Passages in Otfrid's „Evangelienbuch", MLR 53 (1958) S. 92–97;

S. Gutenbrunner, Otfrids regula und ziti, Archiv 192 (1955) S. 159–62;

L. Forster, Isine steina und Otfrids Verherrlichung d. Frankenlandes, Beitr. Halle 78 (1956) S. 316–21.

RATBERTS LOBGESANG

F. Brunhölzl, Verf.-Lex. 5, Sp. 932–33.

GEORGSLIED

Ausgabe: Leseb. 13. Aufl. S. 124–27, Nr. XXXV;

F. Maurer, Zur Geistlichendichtung des Mittelalters, 1. Zum Georgslied, in: Fragen u. Forschgn. im Bereich u. Umkreis d. German. Philologie, Festgabe f. Th. Frings, Bln. 1956, S. 338–41.

PETRUSLIED

E. Karg-Gasterstädt, Verf.-Lex. 5, Sp. 885–87.

138. PSALM

F. Willems, Psalm 138 u. ahd. Stil, Deutsche Vierteljahrsschr. 29 (1955) S. 429–46; E. Ochs, Psalm 138, Neuphil. Mitt. 59 (1958) S. 220–21.

LUDWIGSLIED

W. Schwarz, The 'Ludwigslied', a Ninth-Century Poem, MLR 42 (1947) S. 467–73; Th. Melicher, Die Rechtsaltertümer im Ludwigslied, Anz. d. Phil.-Hist. Kl. d. Österr. Ak. d. Wiss., Jg. 1954, Nr. 18, S. 255–75; F. Maurer, Hildebrandslied u. Ludwigslied. Die altdeutschen Zeugen d. hohen Gattungen d. Wanderzeit, Deutschunterr. 9 (1957) H. 2, S. 5–15.

V. MAGIE, SPRUCH

Seite 94–100

ZAUBERSPRÜCHE

Leseb. 13. Aufl. S. 86 ff., Nr. XXXI; Literatur daselbst S. 170 ff.; W. Krogmann, Verf.-Lex. 4, Sp. 1121–30; H. H. Braches, Magisches in d. Struktur d. germanischen Zauberspruches, in: Miscellanea Litteraria, Groningen 1959, S. 9–16.

MERSEBURGER SPRÜCHE

G. Eis, Eine neue Deutung des ersten Merseburger Zauberspruchs, Forschungen u. Fortschritte 32 (1958) S. 27–29; H. W. J. Kroes, Noch einmal hera duoder, GRM 40 (1959) S. 204; J. K. Bostock, „H", MLR 48 (1953) S. 328; L. Forster, Zum zweiten Merseburger Spruch, Archiv 192 (1955) S. 155–59; H. B. Willson, Bluotrenki, MLR 52 (1957) S. 233–35; W. Betz, Sose gelimida sin, Rhein. Vjbll. 21 (1956) S. 11–13; K. Northcott, An Interpretation of the Second Merseburg Charm, MLR 54 (1959) S. 45–50.

SONSTIGE SPRÜCHE

G. Eis, Der älteste deutsche Zauberspruch, Forschungen u. Fortschritte 30 (1956) S. 105 – 11 (Wurmsegen); A.-M. Webinger, „Contra rehin". Untersuchgn., Textkritik, Interpretation einer altdt. Zauberformel, Diss. München 1958 (Masch.-Schr.); H. Schiel, Trierer Segensformeln u. Zaubersprüche, Trierisches Jb. 1953, S. 23–36.

VI. DEUTSCHE PROSA DER ÜBERGANGSZEIT

Seite 101–132

CAMBRIDGER LIEDERHANDSCHRIFT

Ausgaben: K. Strecker, 2. Aufl., Bln. 1955; W. Bulst, Heidelberg 1950 (Editiones Heidelbergenses 17).

GLOSSARE

K. Matzel, Die Bibelglossen des Clm 22201, Diss. FU. Berlin 1957 (Masch.-Schr.).

NOTKER

Ausgabe der Psalmen: E. H. Sehrt, Halle 1952–55 (Altdt. Textbibl. 40, 42, 43).
E. Karg-Gasterstädt, Verf.-Lex. 5, Sp. 775–90;
Notker-Wortschatz, bearb u. hrsg. v. E. H. Sehrt u. W. K. Legner, Halle 1955;
P. Klopsch, Der Wortschatz Notker Labeos auf dem Gebiet des Fühlens. Umfang u.
    Herkunft, Diss. Köln 1955 (Masch.-Schr.);
K. Ostberg, Interpretation and Translation of animal/animans in the Writings of
    Notker Labeo, Beitr. Tübingen 81 (1959) S. 16–42;
H.-O. Schwarz, Die Lehnbildungen der Psalmenübersetzung Notkers von St. Gallen,
    Diss. Bonn 1957 (Masch.-Schr.);
E. Schwentner, Catull, Boethius, Notker, GRM 36 (1955) S. 77–78;
P. Gocht, Die Mythologie d. Martianus Capella bei Notker III. (eine terminologische
    Untersuchung), Diss. FU. Bln. 1956 (Masch.-Schr.);
M. Mehring, Die Lehnprägungen in Notkers Übersetzung der „Nuptiae philologiae
    et Mercurii" des Martianus Capella, Diss. Bonn 1958 (Masch.-Schr.);
H. Penzl, Zur Erklärung von Notkers Anlautgesetz, ZfdA 86 (1955/56) S. 196–210.

WILLIRAM

H. Eggers, Verf.-Lex. 4, Sp. 985–96.

ST. TRUDPERTER HOHES LIED

Zur Ausgabe: H. Menhardt, ZfdA 88 (1957/58) S. 266–91;
F. Ohly, Hohelied-Studien. Grundzüge einer Gesch. d. Hoheliedauslegung des Abend-
    landes bis um 1200, Wiesbaden 1958;
J. Fuchs, Der Einfluß Bernhards von Clairvaux auf die frühmhd. Dichtung. Studien
    zum St. Trudperter Hohen-Lied unter Berücksichtigg. d. Väter-Lehre, Diss. Tü-
    bingen 1956 (Masch.-Schr.);
G. Keseling, Die Satzverknüpfung im St. Trudperter Hohen Lied, Diss. Göttingen
    1955 (Masch.-Schr.).

PHYSIOLOGUS

K. Stackmann, Verf.-Lex. 5, Sp. 901–08;
H. Menhardt, Der Milstätter Physiologus u. seine Verwandten, Klagenfurt 1956;
ders., Der Physiologus im Schloß Tirol, Der Schlern 31 (1957) S. 401–05.

VII. DIE CLUNIAZENSISCHE FRÜHZEIT

Seite 133–158

ALLGEMEINES

H. Rupp, Über das Verhältnis von deutscher u. lateinischer Dichtung im 9.–12. Jahrh.
    GRM 39 (1958) S. 19–34;
ders., Der Neubeginn der deutschen religiösen Dichtung um die Mitte d. 11. Jh.s,
    Wirk. Wort 8 (1957/58) S. 268–76;
ders., Deutsche religiöse Dichtungen d. 11. u. 12. Jh.s. Untersuchungen u. Inter-
    pretationen, Freiburg i. Br. 1958;
H. Schrod, Die kleinen Gedichte d. 11. u. 12. Jh.s. Eine stilistische Untersuchung,
    Diss. München 1952 (Masch.-Schr.);

A. Rossmann, Wort u. Begriff d. Wahrheit in d. frühmhd. Literatur, Diss. Tübingen 1953 (Masch.-Schr.);

G. R. Leuthold, „Gnade" und „Huld". Ein Beitrag zur Wort- u. Begriffsgeschichte auf Grund deutscher Geistlichen- u. Ritter-Dichtungen aus der Zeit der Salier u. Staufer, Diss. Freiburg i. Br. 1953 (Masch.-Schr.);

H. W. Rathjen, Die Höllenvorstellungen in d. mhd. Literatur, Diss. Freiburg i. Br. 1956 (Masch.-Schr.).

HANDSCHRIFTEN

Vorauer Handschrift, Faksimile: Die deutschen Gedichte d. Vorauer Handschrift (Kodex 276 – II. Teil). Faksimile-Ausgabe d. Chorherrenstiftes Vorau unter Mitwirkung von K. K. Polheim, Graz 1958 (Vorauer Hs. II);

H. Menhardt, Die Vorauer Handschrift kam durch Propst Konrad II. (1282–1300) aus dem Domstift Salzburg nach Vorau, Beitr. Tübingen 78 (1956) S. 116–59;

P. Fank, Kam die Vorauer Handschrift durch Propst Konrad II. aus dem Domstift Salzburg nach Vorau ?, Beitr. Tübingen 78 (1956) S. 374–93;

H. Menhardt, Zur Herkunft d. Vorauer Handschrift, Beitr. Tübingen 78 (1956) S. 394–452, 80 (1958) S. 48–66.

EZZO

Ausgabe: Leseb. 13. Aufl. S. 136–43 Nr. XLIII (nach S und V);

Faksimile: K. A. Barack, Ezzos Gesang von den Wundern Christi u. Notkers Memento mori in phototyp. Facs. d. Straßburger Handschrift, Straßburg 1879 (nach S); Vorauer Hs. II, 128rb-129vb (nach V);

Hugo Kuhn, Gestalten u. Lebenskräfte d. frühmhd. Dichtung. Ezzos Lied, Genesis Annolied, Memento mori, Deutsche Vierteljahrsschr. 27 (1953) S. 1–30;

I. Moehl, Die Einflüsse der Logos-Lux-Vita-Theologie auf die frühmhd. Dichtung (mit bes. Berücksichtigg. d. Ezzoliedes), Diss. Tübingen 1954 (Masch.-Schr.);

B. Mergell, Ezzos Gesang, Beitr. 76 (1954) S. 199–216;

G. Schweikle, Ezzos Gesang u. Memento mori. Textphil. u. formkrit. Studien, ausgehend vom frühen deutschen Reim, Diss. Tübingen 1956 (Masch.-Schr.);

H. Rupp, Deutsche religiöse Dichtungen d. 11. u. 12. Jh.s, S. 26–82;

F. Maurer, Das alte Ezzolied, in: Dienendes Wort, Festgabe f. E. Bender, Karlsruhe 1959, S. 1–10.

NOKERS MEMENTO MORI

Faksimile: K. A. Barack (Titel s. unter Ezzo);

W. Krogmann, Verf.-Lex. 5, Sp. 678–80;

Hugo Kuhn, Gestalten (Titel s. unter Ezzo);

G. Schweikle, Ezzos Gesang u. Memento mori (Titel s. unter Ezzo);

H. Rupp, Deutsche religiöse Dichtungen d. 11. u. 12. Jh.s, S. 1–25.

WIENER GENESIS

E. Henschel, Zur Heimat des Dichters d. Wiener Genesis, Beitr. 75 (1953) S. 489–90 Beitr. Halle 77 (1955) S. 147–58;

Hugo Kuhn, Gestalten (Titel s. unter Ezzo);

R. Gruenter, Der paradisus d. Wiener Genesis, Euphorion 49 (1955) S. 121–44.

ANNOLIED

Hugo Kuhn, Gestalten (Titel s. unter Ezzo);

G. Gigglberger, Untersuchungen über das Annolied, Diss. Würzburg 1954 (Masch.-Schr.);

H. Eggers, Ein textkritisches Problem im Annolied, in: Festgruß f. H. Pyritz, Heidelberg 1955, S. 9–13;
B. Mergell, Annolied u. Kaiserchronik, Beitr. Halle 77 (1955) S. 124–46;
K. Fritschi, Das Annolied, Diss. Zürich 1957;
E. Henschel, ‚Anno‘ und Kaiserchronik, Beitr. Halle 80 (1958) S. 470–79.

MERIGARTO

P. G. Foote, Merigarto and Adam of Bremen, MLR 51 (1956) S. 413–14.

VIII. DIE ZWEITE CLUNIAZENSISCHE GENERATION

Seite 159–171

MILSTÄTTER GENESIS UND EXODUS

F. P. Pickering, Zu den Bildern der altdeutschen Genesis. Die Ikonographie der trinitas creator, ZfdPh 75 (1956) S. 23–34.

VORAUER BÜCHER MOSES'

Faksimile: Vorauer Hs. II, 74ra–96ra.

FRAU AVA

Faksimile: Vorauer Hs. II, 115va–125ra (nach V);
H. Menhardt, Ein früher Teildruck der Görlitzer Ava-Handschrift (G), Beitr. Tübingen 81 (1959) S. 111–15;
H. Rosenfeld, Verf.-Lex. 5, Sp. 71–72;
E. Henschel, Zu Ava ‚Leben Jesu‘ 341f., Beitr. Halle 78 (1956) S. 479–84.

LOB SALOMONIS, JÜNGLINGE, JUDITHLIED

Faksimile: Vorauer Hs. II, 98va–100va;
E. Perjus, ‚Salomos Lob‘, Verf.-Lex. 4, Sp. 30–34;
E. Henschel, Zum Lob Salomos, Beitr. 75 (1953) S. 486–87.

SUMMA THEOLOGIAE

Faksimile: Vorauer Hs. II, 97ra–98va;
E. Perjus, Verf.-Lex. 4, Sp. 318–25;
H. Rupp, Deutsche religiöse Dichtungen d. 11. u. 12. Jh.s, S. 83–138.

MILSTÄTTER SÜNDENKLAGE

K. Stackmann, Verf.-Lex. 4, Sp. 335–39.

IX. CLUNIAZENSISCHE SPÄTZEIT

Seite 172–199

JUDITHEPOS

Faksimile: Vorauer Hs. II, 100va–108vb.

TOBIAS

C. Minis, Pfaffen Lambrehts Tobias u. Alexander, Neophilologus 38 (1954) S. 252–54

ANEGENGE

H. Rupp, Deutsche religiöse Dichtungen d. 11. u. 12. Jh.s, S. 231–79.

SIEBENZAHL

K. Stackmann, Verf.-Lex. 4, Sp. 201–04.

VATERUNSER

V. Schupp, Die ‚Auslegung des Vaterunsers‘, u. ihre Bauform, Deutschunterr. 11 (1959) H. 2, S. 25–34.

ARNOLDS GEDICHT VON DER SIEBENZAHL

Faksimile: Vorauer Hs. II, 129vb–133vb.
H. Rosenfeld, Verf.-Lex. 5, Sp. 61.

WERNHER VOM NIEDERRHEIN

H. Eggers, Verf.-Lex. 4, Sp. 929–33.

WAHRHEIT

Faksimile: Vorauer Hs. II, 96ra–96vb;
W. Krogmann, Verf.-Lex. 4, Sp. 732–33.

CANTILENA DE CONVERSIONE STI. PAULI

H. Eggers, Verf.-Lex. 5, Sp. 130–31.

ARMER HARTMANN

H. Rupp, Deutsche religiöse Dichtungen d. 11. u. 12. Jh.s, S. 139–230.

HEINRICH VON MELK

E. Kimmich, Das Verhältnis des sogen. Heinrich von Melk zur mittellat. Dichtung, Diss. Tübingen 1952 (Masch.-Schr.);
E. Schweigert, Studien zu Heinrich von Melk, Diss. München 1952 (Masch.-Schr.);
E. A. Ebbinghaus, Zu Heinrichs von Melk Priesterleben, MLN 71 (1956) S. 355.

RECHT

W. Krogmann, Verf.-Lex. 5, Sp. 936–37;
I. Schröbler, Das mittelalterliche Gedicht vom ‚Recht‘, Beitr. Tübingen 80 (1958) S. 219–52.

SCOPH VON DEM LÔNE

E. Perjus, Verf.-Lex. 4, Sp. 97–100.

TROST IN VERZWEIFLUNG

W. Krogmann, Verf.-Lex. 4, Sp. 501–03.

HIMMLISCHES JERUSALEM

Faksimile: Vorauer Hs. II, 133vb–135va;
F. Ohly, Zum Text des Himmlischen Jerusalem, ZfdA 86 (1955/56) S. 210–15.

PSALTERVERSE

G. Eis, Ein weiterer Psalter-Codex mit gereimten frühmhd. Marginalien, Beitr. Tübingen 78 (1956) S. 61–64.

VISIO PAULI UND ZUKUNFT

L. (L.) Hammerich, ‚Visio S. Pauli‘, Verf.-Lex. 4, Sp. 706–07.

TUNDALUS

L. L. Hammerich, Verf.-Lex. 4, Sp. 515–17.

UPSALAER BEICHTE

H. Eggers, Verf.-Lex. 4, Sp. 663–66.

VORAUER SÜNDENKLAGE

Faksimile: Vorauer Hs. II, 125ra–128rb;
W. Krogmann, Verf.-Lex. 4, Sp. 341–42.

X. NEUE FRÖMMIGKEIT.
LEGENDE UND MARIENDICHTUNG
Seite 200–218

VEIT

H. Hansel, Verf.-Lex. 4, Sp. 685–86.

JULIANE

H. Rosenfeld, Verf.-Lex. 5, Sp. 60–61.

PILATUS

F. Neumann, Verf.-Lex. 5, Sp. 908–13.

SILVESTER

E. Perjus, Verf.-Lex. 4, Sp. 214–19.

BRANDAN

L. Denecke, Verf.-Lex. 5, Sp. 106;
T. Dahlberg, Der hochdeutsche Zweig d. Brandan-Überlieferung, in: Emil Öhmann
zu s. 60. Geburtstag, Helsinki 1954, S. 53–66;
ders., Brandania. Kritische Bemerkungen zu d. deutschen u. niederl. Brandan-Versio-
nen d. sogen. Reise-Klasse, Stockholm 1958;
C. Selmer, The Vernacular Translations of the Navigatio Sancti Brendani: A Biblio-
graphical Study, Mediaeval Studies 18 (1956) S. 145–57.

MARIENDICHTUNG

M. Bindschedler, Mittelalterliche Marienlyrik, Deutschunterr. 9 (1957) H. 2, S. 30–37.

ARNSTEINER MARIENGEBET

R. Schützeichel, Zu einigen Schreibungen d. Arnsteiner Marienliedes, Nassauische
Annalen 66 (1955) S. 270–71.

MARIENSEQUENZ AUS SECKAU

H. Eggers, Verf.-Lex. 5, Sp. 666–68.

PRIESTER WERNHERS MARIENLIEDER

U. Pretzel, Verf.-Lex. 4, 901–10;
H. Fromm, Untersuchungen z. Marienleben d. Priesters Wernher, Turku 1955.

XI. DIE VORHÖFISCHE EPIK

Seite 219–249

ZUR EPIK

G. Zimmermann, Die Darstellung d. Zeit in d. mhd. Epik im Zeitraum von 1150–1210, Diss. Kiel 1951 (Masch.-Schr.).

ZUR DATIERUNGSFRAGE

P. Wapnewski, Der Epilog u. d. Datierung des deutschen Rolandsliedes, Euphorion 49 (1955) S. 261–82;
A. Hämel, Vom Herzog Naimes ‚von Bayern', dem Pfaffen Konrad von Regensburg u. d. Pseudo-Turpin, Sitzungsber. d. Bayer. Ak. d. Wiss., Phil.-hist. Kl. 1955, H. 1;
F. R. Schröder, Die Datierung d. deutschen Rolandsliedes, Beitr. Tübingen 78 (1956) S. 57–60;
L. Wolff, Ze gerihte er im nu stat. Zur Datierung des Rolandsliedes, Beitr. Tübingen 78 (1956) S. 185–93.

KAISERCHRONIK

Faksimile: Graz 1953 (Vorauer Handschrift);
G. Eis, Ein neues Fragment aus d. Kaiserchronik, MLN 68 (1953) S. 325–28;
E. E. Stengel, Die Entstehung d. Kaiserchronik u. d. Aufgang d. staufischen Zeit, Deutsches Archiv 14 (1958) S. 395–417;
F. Urbanek, Zur Datierung d. Kaiserchronik. Entstehung-Auftraggeber-Chronologie, Euphorion 53 (1959) S. 113–52;
B. Mergell, Annolied u. Kaiserchronik, Beitr. Halle 77 (1955) S. 124–46;
E. Henschel, ‚Anno' u. Kaiserchronik, Beitr. Halle 80 (1958) S. 470–79;
D. Haack, Geschichtsauffassungen in deutschen Epen d. 12. Jh.s. Studien über das Verständnis u. d. Darstellg. d. Gesch. im Alexanderlied, im Rolandslied u. in d. Kaiserchronik, Diss. Heidelberg 1953 (Masch.-Schr.).
I. Möller, geb. Korn, Die deutsche Geschichte in d. Kaiserchronik, Diss. München 1958 (Masch.-Schr.);
H. Naumann, Das Reich in d. Kaiserchronik, Diss. Münster 1953 (Masch.-Schr.);
H. Voswinckel, Repräsentation in d. Kaiserchronik, Diss. Tübingen 1955 (Masch.-Schr.).

ALEXANDERLIED

Faksimile von V: Vorauer Hs. II, 109ra–115va;
C. Minis, Verf.-Lex. 5, Sp. 581–83;
G. Cary, The Medieval Alexander, ed. by D. J. A. Ross, Cambridge 1956;
C. Minis, Über die ersten volkssprachigen Alexander-Dichtungen, ZfdA 88 (1957/58) S. 20–39;
C. Minis, Pfaffen Lambrehts Tobias u. Alexander, Neophilologus 38 (1954) S. 252–54;
E. Czerwonka, Der Basler Alexander (Eine textkritische Untersuchung u. Rekonstruktionsversuch seiner Vorstufe im 12. Jh.), Diss FU. Bln. 1957 (Masch.-Schr.);
D. Haack, Geschichtsauffassungen usw., Diss. Heidelberg 1953 (genauer Titel s. Kaiserchronik);

H. W. J. Kroes, Die Hildestelle in Lamprechts Alexanderlied u. d. Kudrunsage, Neophilologus 39 (1955) S. 258–61;

G. Jungbluth, Ein Topos in Lamprechts Alexander?, GRM 37 (1956) S. 289–90.

ROLANDSLIED

Ausg.: Halle 1955 (nur Textabdruck der Ausg. von C. Wesle, Bonn 1928);
Lit.: C. Minis, Verf.-Lex. 5, Sp. 537–44;

C. Minis, Über Rolands Horn, Burgers »Passio Rotolandi« u. Konrads »Roland«, in: Mélanges de linguistique et de littérature romanes à la mémoire d'István Frank, Saarbrücken 1957, S. 439–53;

E. Henschel, lîchnâme im Rolandslied, Beitr. 75 (1953) S. 487–89;

F. Ohly, Zu Rolandslied v. 3944 ff., ZfdA 86 (1955/56) S. 79–80;

D. Haacke, Weltfeindliche Strömungen u. d. Heidenfrage, Diss. FU. Bln. 1951, S. 1–89;

D. Haack, Geschichtsauffassungen usw., Diss. Heidelberg 1953 (genauer Titel s. Kaiserchronik);

W.-I. Geppert, Christus u. Kaiser Karl im deutschen Rolandslied, Beitr. Tübingen 78 (1956) S. 349–73;

I. Wenk, Der Tod in d. deutschen Dichtung d. Mittelalters, dargestellt an den Werken d. Pfaffen Konrad, Hartmanns von Aue u. Wolframs von Eschenbach, Diss. FU. Bln. 1956 (Masch.-Schr.).

XII. DIE SOGENANNTEN „SPIELMANNSEPEN"

Seite 250–270

SPIELMANN

W. Thoß, Untersuchungen zum Stil d. Spielmannsdichtung, Diss. München 1954 (Masch.-Schr.);

I. Schwendenwein, Das Historische in d. vorhöfisch-spielmännischen Geistlichendichtung, Diss. Wien 1955 (Masch.-Schr.).

ROTHER

Ausg.: Halle 1954 (nur Textabdruck der Ausg. von Th. Frings u. J. Kuhnt, Bonn u. Lpz. 1922);

Lit.: G. Kramer, Voruntersuchgn. zu einer krit. Ausg. d. König Rother, Diss. Lpz. 1958 (Masch.-Schr.);

K. Siegmund, Zeitgeschichte u. Dichtung im ‚König Rother'. Versuch einer Neudatierung, Bln. 1959;

J. Bahr, Der ‚König Rother' u. die frühmhd. Dichtung. Formgeschichtliche Untersuchungn., Diss. Göttingen 1951 (Masch.-Schr.);

W. J. Schröder, König Rother. Gehalt u. Struktur, Deutsche Vierteljahrsschr. 29 (1955) S. 301–22;

ders., Zur Textgestaltung des ‚König Rother', Beitr. Halle 79 (1957) S. 204–33;

F. Bäumel, A Note to König Rother, MLN 71 (1956) S. 351–53;

G. Kramer, Zum König Rother (Über dulden und lobesam, lustsam), Beitr. Halle 79 (1957) S. 186–203;

W. J. Schröder, Zu König Rother v. 45–133, Beitr. Tübingen 80 (1950) S. 67–71.

HERZOG ERNST

H.-Fr. Rosenfeld, Verf.-Lex. 5, Sp. 386–406;

K. C. King, Das strophische Gedicht vom Herzog Ernst, ZfdPh 78 (1959) S. 269–91.

SALMAN UND MOROLF

Ausg.: Halle 1954 (nur Textabdruck der Ausg. von F. Vogt, Halle 1890);
Lit.: H.-Fr. Rosenfeld, Verf.-Lex. 4, Sp. 4–21;
H. W. J. Kroes, Zum mhd. Salman und Morolf, Neophilologus 30 (1946) S. 58–63.

Spruchgedicht Salomon und Markolf

Ausg.: W. Hartmann, Halle 1934;
Lit.: H. Suolahti, Das Spruchgedicht von Salomon und Markolf, Helsinki 1946;
E. Schimmel, Zu dem ‚Deutschen Spruchgedicht von Salomon u. Markolf', MDU 43 (1951) S. 193–98;
E. Schönbrunn-Kölb, Markolf in d. mittelalterl. Salomondichtugen u. in d. deutschen Wortgeographie, ZfMu 25 (1957) S. 92–122, 129–174.

OSWALD

W. Krogmann, Verf.-Lex. 5, Sp. 814–17.

ORENDEL

W. Krogmann, Verf.-Lex. 5, Sp. 791–95;
E. Teubner, Zur Datierungsfrage d. mhd. Orendelepos, Diss. Göttingen 1954 (Masch.-Schr.).

ZEITTAFEL

Um 1000	de Heinrico (zwischen 996 und 1002)
Nach 1000 ...	Wessobrunner Predigten
	Summarium Heinrici
Etwa 1060 ...	Hohes Lied des Williram von Ebersberg
	Deutsche Fassung des Gebets von Otloh von St.Emmeram
1060/65	Wiener Genesis (Kärnten)
1063	Ezzos Heilshymnus in Bamberg
1070	Reform von Hirsau durch Abt Wilhelm
Etwa 1070 ...	älterer Prosa-Physiologus (aus Hirsau?)
1070/80	Bamberger Beichte mit „Himmel und Hölle"
	Memento mori des Noker von Zwiefalten
Etwa 1085(?)..	Annolied in Siegburg
	Merigarto
Nach 1100 ...	Aufblühen der reformerischen geistlichen Dichtung, namentlich in Mitteldeutschland und Österreich: Vorstufe von Milstätter Sündenklage und Rheinauer Paulus; Vorstufe von Friedberger Christ; „Von Christi Geburt"; Volkstümliche Balladen mit biblischem Stoff (Judithlied, Jünglinge, Lob Salomonis)
Etwa 1120 ...	Vorauer Ezzolied
	Summa Theologiae (mitteldeutsch)
	Milstätter Sündenklage
	Wiener Exodus und jüngerer Prosa-Physiologus
1120/30	Gedichte der Frau Ava in Melk
	Milstätter Genesis und Exodus mit Vers-Physiologus
	Baumgartenberger und Adelbrehts Johannes
1130/50	Hochblüte der geistlich-reformerischen Dichtung
	Vorauer Bücher Moses
	Siebenzahlgedichte
	Judithepos
	Lamprechts Tobias
	Himmlisches Jerusalem
	Alemannische(?) Urfassung der „Hochzeit"
1126–39	Heinrich der Stolze, Herzog von Bayern
Um 1135	Beginn der Kaiserchronik in Regensburg
1140/50	Lamprechts Alexanderlied (in Köln?), Torsofassung V.
Nach 1147 ...	Kaiserchronik (bricht mit 1147 ab)
1154	Heinrich der Löwe Herzog von Bayern
1150/70	Letzte Generation der geistlichen Dichtung, neue Frömmigkeitsformen, Legenden, Marienlyrik, Kreuzzugsfrömmigkeit
1150/60	Credo des Armen Hartmann
	Vorauer Sündenklage
	Visio Pauli
	Lateinische Tundalusprosa des Marcus (Regensburg)
	Kolmarer Creszentia
	Arnsteiner Mariengebet
	Makkabäerdichtung
	König Rother (rheinischer Dichter in Bayern)
	Urfassung von Salman und Morolf(?)
Etwa 1160 ...	St. Trudberter Hohes Lied (alemannisch?, bayrisch?)
	Heinrich von Melk
	„Recht" und Überarbeitung der „Hochzeit" in Kärnten
	Trierer Silvester und Ägidius

SACHVERZEICHNIS

Die schrägen Ziffern verweisen auf die Hauptstellen